# HISTOIRE

DU

# CONSULAT

ET DE

# L'EMPIRE

TOME X

L'auteur déclare réserver ses droits à l'égard de la traduction en Langues étrangères, notamment pour les Langues Allemande, Anglaise, Espagnole et Italienne.

Ce volume a été déposé au Ministère de l'Intérieur (Direction de la Librairie), le 25 juin 1851.

PARIS. IMPRIMÉ PAR PLON FRÈRES, RUE DE VAUGIRARD, 36.

# HISTOIRE

DU

# CONSULAT

ET DE

# L'EMPIRE

FAISANT SUITE
A L'HISTOIRE DE LA RÉVOLUTION FRANÇAISE

## PAR M. A. THIERS

TOME DIXIÈME

PARIS
PAULIN, LIBRAIRE-ÉDITEUR
60, RUE RICHELIEU

1851

# HISTOIRE
# DU CONSULAT
ET
# DE L'EMPIRE.

## LIVRE TRENTE-QUATRIÈME.

### RATISBONNE.

Arrivée de Napoléon à Paris dans la nuit du 22 au 23 janvier 1809. — Motifs de son brusque retour. — Profonde altération de l'opinion publique. — Improbation croissante à l'égard de la guerre d'Espagne, surtout depuis que cette guerre semble devoir entraîner une nouvelle rupture avec l'Autriche. — Disgrâce de M. de Talleyrand, et danger de M. Fouché. — Attitude de Napoléon envers la diplomatie européenne. — Il se tait avec l'ambassadeur d'Autriche, et s'explique franchement avec les ministres des autres puissances. — Ses efforts pour empêcher la guerre, mais sa résolution de la faire terrible, s'il est obligé de reprendre les armes. — Son intimité avec M. de Romanzoff, resté à Paris pour l'attendre. — Demande de concours à la Russie. — Vastes préparatifs militaires. — Conscription de 1810, et nouveaux appels sur les conscriptions antérieures. — Formation des quatrième et cinquième bataillons dans tous les régiments. — Développement donné à la garde impériale. — Composition des armées d'Allemagne et d'Italie. — Invitation aux princes de la Confédération de préparer leurs contingents. — Premiers mouvements de troupes vers le Haut-Palatinat, la Bavière et le Frioul, destinés à servir d'avertissement à l'Autriche. — Moyens financiers mis en rapport avec les moyens militaires. — Effet sur l'Europe des manifestations de Napoléon. — Dispositions de la cour d'Autriche.

# LIVRE XXXIV.

— Exaspération et inquiétude qu'elle éprouve par suite des événements d'Espagne. — Les embarras que cette guerre cause à Napoléon lui semblent une occasion qu'il ne faut pas laisser échapper, après avoir négligé de saisir celle qu'offrait la guerre de Pologne. — Encouragements qu'elle trouve dans l'irritation de l'Allemagne et l'opinion de l'Europe. — Ses armements extraordinaires entrepris depuis long-temps, et maintenant poussés à terme. — Nécessité pour elle de prendre une résolution, et de choisir entre le désarmement ou la guerre. — Elle opte pour la guerre. — Union de l'Autriche avec l'Angleterre. — Efforts du cabinet autrichien à Constantinople pour amener la paix entre les Anglais et les Turcs. — Tentatives à Saint-Pétersbourg pour détacher la Russie de la France. — Refroidissement d'Alexandre à l'égard de Napoléon. — Causes de ce refroidissement. — Alexandre redoute fort une nouvelle guerre de la France avec l'Autriche, et s'efforce de l'empêcher. — N'y pouvant réussir, et ne voulant point encore abandonner l'alliance de la France, il adopte une conduite ambiguë, calculée dans l'intérêt de son empire. — Grands préparatifs pour finir la guerre de Finlande et recommencer celle de Turquie. — Envoi d'une armée d'observation en Gallicie sous prétexte de coopérer avec la France. — L'Autriche, quoique trompée dans ses espérances à l'égard de la Russie, se flatte de l'entraîner par un premier succès, et se décide à commencer la guerre en avril. — Déclaration de M. de Metternich à Paris. — Napoléon ne doutant plus de la guerre, accélère ses préparatifs. — Départ anticipé de tous les renforts. — Distribution de l'armée d'Allemagne en trois corps principaux. — Rôles assignés aux maréchaux Davout, Lannes et Masséna. — Le prince Berthier part pour l'Allemagne avec des instructions éventuelles, et Napoléon reste à Paris pour achever ses préparatifs. — Passage de l'Inn le 10 avril par les Autrichiens, et marche de l'archiduc Charles sur l'Isar. — Passage de l'Isar et prise de Landshut. — Projet de l'archiduc Charles de surprendre les Français avant leur concentration, en traversant le Danube entre Ratisbonne et Donauwerth. — Ses dispositions pour accabler le maréchal Davout à Ratisbonne. — Soudaine et heureuse arrivée de Napoléon sur le théâtre des opérations. — Projet hardi de concentration, consistant à amener au point commun d'Abensberg les maréchaux Davout et Masséna, l'un partant de Ratisbonne, l'autre d'Augsbourg. — Difficultés de la marche du maréchal Davout, exposé à rencontrer la masse presque entière de l'armée autrichienne. — Conduite habile et ferme de ce maréchal placé entre le Danube et l'archiduc Charles. — Sa rencontre avec les Autrichiens entre Tengen et Hausen. — Beau combat de Tengen le 19 avril. — Réunion du corps du maréchal Davout avec Napoléon. — Napoléon prend la moitié de ce corps, avec les Bavarois et les Wurtembergeois, et perce la ligne de l'archiduc Charles, qui s'étend de Munich à Ratisbonne. — Bataille d'Abensberg livrée le 20. — Napoléon poursuit cette opération en marchant sur l'Isar et en prenant Landshut le 21. — Il enlève ainsi la ligne d'opération de l'archiduc, et rejette son aile gauche en Bavière. — Apprenant dans la nuit du 21 au 22 que le maréchal Davout a eu de nouveau l'archiduc à combattre vers Leuchling, il se rabat à gauche sur Eckmühl, où il arrive à midi le 22. — Bataille d'Eckmühl. — L'archiduc, battu, se rejette en Bohême. — Prise de Ratisbonne. — Caractère des opérations exécutées par Napoléon pendant ces cinq journées. — Leurs grands résultats militaires et politiques.

Janv. 1809.

Napoléon, parti à cheval de Valladolid le 17 janvier 1809, arrivé le 18 à Burgos, le 19 à Bayonne, était monté en voiture dans cette dernière ville, après avoir pris à peine le temps d'expédier quelques ordres, et se trouvait aux Tuileries le 22 au milieu de la nuit, surprenant tout le monde par la promptitude de son apparition. On ne s'attendait pas à le revoir sitôt, et, soit en France, soit en Europe, on en devait ressentir quelque trouble. Les motifs de ce trouble s'expliquent par les motifs mêmes de son brusque retour. Il était parti de Valladolid, laissant à ses généraux malheureusement divisés, et faiblement rapprochés par le timide commandement de Joseph, le soin d'achever la conquête de l'Espagne; il était parti, parce que de toutes parts lui était arrivée la nouvelle que l'Autriche poursuivait avec plus de vivacité que jamais ses armements tant de fois ralentis, tant de fois repris depuis deux ans; parce qu'on lui faisait parvenir de Vienne, de Munich, de Dresde, de Milan, le détail précis de ces armements, de manière à ne laisser aucun doute sur l'imminence du danger; parce que de Constantinople on lui racontait les efforts inouïs de l'Autriche pour brouiller les Turcs avec la France, et pour les réconcilier avec l'Angleterre; parce que de Paris enfin on lui mandait qu'une agitation inconnue se manifestait dans les esprits, qu'on intri-

Arrivée de Napoléon à Paris, et motifs de son retour.

guait timidement mais visiblement à la cour, qu'on parlait hardiment à la ville, et que partout en un mot on était inquiet, mécontent, aussi mal pensant que mal disant. Un mouvement d'irritation s'était tout à coup produit dans son âme ardente, et il n'avait pu s'empêcher de revenir immédiatement en France. Ceux qui, tant au dehors qu'au dedans, avaient provoqué son retour, devaient s'en ressentir, et ils en étaient agités à l'avance. La diplomatie européenne s'attendait à un éclat. La cour effrayée craignait quelque rigueur.

Napoléon, en effet, de retour à Paris, allait trouver la France comme il ne l'avait pas encore vue. Bien que depuis dix ans de règne il eût pu discerner, à travers l'admiration qu'il lui inspirait, des défiances, des improbations même, il ne l'avait jamais connue telle que la lui peignaient en ce moment quelques serviteurs fidèles, telle enfin qu'il allait l'apercevoir lui-même. Ce changement était dû tout entier à la guerre d'Espagne, qui commençait à produire ses funestes conséquences.

D'abord on avait blâmé l'entreprise elle-même, qui semblait devoir ajouter de nouveaux poids au lourd fardeau dont l'Empire était déjà chargé. On avait blâmé la forme, qui n'était qu'une perfidie envers de malheureux princes hébétés et impuissants. Mais on avait compté sur le génie de Napoléon, toujours heureux, pour vaincre ces nouvelles difficultés; on avait été ébloui et fier des hommages dont il avait été entouré à Erfurt, et on avait flotté ainsi entre la crainte, l'espérance, et l'orgueil satisfait. Cependant cette campagne même, où il n'avait eu qu'à paraître pour dissiper les levées en masse des Espagnols, avait inspiré de tristes réflexions. On l'avait vu obligé de transporter ses vaillantes armées du Nord, où elles étaient toujours nécessaires, au Midi, où aucun danger sérieux ne menaçait la France; de les disperser sur un sol dévorant, où elles s'épuisaient à détruire des rassemblements qui ne tenaient nulle part, mais qui revivaient sans cesse en guérillas quand ils ne pouvaient plus combattre en corps d'armée; de faire rembarquer les Anglais, qui se retiraient en se défendant énergiquement, pour reparaître bientôt sur d'autres points du littoral, aussi mobiles avec leurs vaisseaux que les Espagnols avec leurs jambes. De toutes parts on se disait qu'il y avait là un gouffre, où viendraient s'enfouir beaucoup d'argent, beaucoup d'hommes, pour un résultat fort incertain, désirable sans doute si on se reportait au siècle de Louis XIV, infiniment moins important à une époque où la France dominait le continent, résultat d'ailleurs qu'on aurait bien pu ajourner en présence de tant d'autres entreprises à terminer, et qui devait rendre plus difficile cette paix générale, déjà si difficile et si justement désirée. Mais ce qui mettait le comble à la désapprobation publique, c'était la conviction très-répandue que l'Autriche, profitant du départ des armées françaises pour la Péninsule, allait saisir cette occasion de recommencer la guerre avec plus de chances de succès. A cette certitude s'ajoutait la crainte de voir d'autres puissances se joindre à elle, et la coalition redevenir générale. Dans une faute on voyait ainsi

Janv. 1809.

Janv. 1809.

mille fautes, s'enchaînant les unes aux autres, et entraînant une interminable suite de funestes conséquences. En même temps, des appels réitérés, s'adressant non-seulement à la classe de 1809, mais à celle de 1810, levée un an à l'avance, et même aux classes antérieures de 1806, 1807, 1808, 1809, qui avaient pu se croire libérées, ces appels commençaient à produire un mécontentement universel dans les familles, et à y faire sentir comme une souffrance très-vive, cette guerre qui n'avait été jusque-là qu'une occasion de triomphe, un sujet d'orgueil, un moyen de faire descendre dans les campagnes les plus reculées les preuves de la munificence impériale envers de vieux soldats. Les anciens royalistes, en partie ramenés, s'étaient tus jusqu'ici, et le clergé avec eux. Mais aujourd'hui les moins corrigibles trouvaient dans les événements d'Espagne et d'Autriche, dans la souffrance des familles, un motif pour tenir des discours pleins de fiel. Le clergé, ordinairement uni à eux d'intérêt et de sentiment, avait, dans les mauvais traitements qu'on faisait essuyer au pape à Rome, une cause de déplaisir tout aussi grande que celle que les anciens royalistes pouvaient trouver dans les renonciations forcées de Bayonne. Aussi bien des curés se permettaient-ils un langage fort équivoque dans certaines chaires soit de la ville, soit de la campagne, et, sous prétexte de prêcher la soumission chrétienne, on commençait à parler aux peuples comme l'Église a coutume de le faire dans les temps de persécution.

On s'exprimait dans les lieux publics avec une

étrange liberté, et ce Paris si mobile, tour à tour si turbulent ou si docile, si dénigrant ou si enthousiaste, jamais soumis ou insoumis tout à fait, et qu'on peut toujours s'attendre à revoir sage au moment des plus grands égarements, ou insensé dans les temps de la plus parfaite sagesse, Paris presque ennuyé d'admirer son Empereur, oubliant même la reconnaissance qu'il lui devait pour avoir abattu l'échafaud et rétabli les autels, pour avoir ramené le calme, le luxe, les plaisirs, Paris aimait à relever ses torts, à commenter ses fautes, et, à travers la satisfaction de fronder, commençait à éprouver pour l'avenir des craintes sérieuses, qu'il traduisait en un langage triste et souvent amer. Les fonds publics, malgré les achats obstinés du Trésor, baissaient au-dessous du taux de 80 francs, déclaré normal par l'Empereur pour la rente cinq pour cent, et seraient tombés bien au-dessous, sans les efforts qu'on faisait pour les soutenir.

*Janv. 1809.*

Autour du gouvernement on ne montrait pas moins d'inquiétude et d'indiscipline d'esprit. Le Corps Législatif était demeuré assemblé pendant tout le temps qu'avait duré la courte campagne de Napoléon au delà des Pyrénées. On l'avait occupé, comme c'était l'usage à cette époque, non de politique, mais d'affaires financières, et surtout de matières législatives. Il avait eu à discuter le Code d'instruction criminelle, œuvre difficile, et qui pouvait réveiller plus d'un ancien dissentiment. Les opposants, bien peu nombreux alors, qui n'arrivaient jamais à donner plus de 10 ou 15 suffrages négatifs aux projets qu'on leur soumet-

*Commencement d'opposition dans le Corps Législatif.*

tait, avaient cette fois tenu tête au gouvernement, et réuni jusqu'à 80 et 100 suffrages négatifs, sur 250 à 280 votants, dans la délibération des divers titres de ce Code. L'archichancelier Cambacérès, qui, avec sa perspicacité ordinaire, avait discerné cette renaissance de l'esprit de contradiction, et qui avait craint de l'exciter en livrant à la discussion un Code qui mettait si fort en présence les anciens penchants des uns pour la liberté, des autres pour l'autorité, l'archichancelier Cambacérès avait prévenu l'Empereur de ce danger, et avait cherché à le dissuader de terminer cette année le Code d'instruction criminelle. Il aurait préféré choisir un moment où l'on aurait été plus enclin à l'approbation, et où l'Empereur aurait été présent, car, lui absent, tout le monde était plus hardi. Mais Napoléon, ne connaissant pas d'obstacle, avait voulu que le Code d'instruction criminelle fût mis en délibération cette année même, et de vives discussions, suivies de votes plus partagés que de coutume, avaient étonné les esprits réfléchis, et contribué à indisposer un maître attentif, quoique absent, à tout ce qui se passait en France.

*Conduite de MM. de Talleyrand et Fouché.*

Encouragés par cette absence, certains personnages avaient aussi donné un libre cours à leur langue et à leur penchant pour l'intrigue. Deux surtout avaient poussé jusqu'à l'imprudence l'oubli d'une soumission à laquelle ils semblaient habitués depuis bientôt dix années, c'étaient MM. Fouché et de Talleyrand. Nous avons fait connaître ailleurs le caractère, et le rôle pendant les premières années du Consulat, de ces deux personnages si divers, si hostiles l'un à l'autre, et les plus importants de l'époque après l'archichancelier Cambacérès. L'archichancelier Cambacérès, quoique moins consulté que jadis, s'efforçait toujours en secret, et sans ostentation, de faire prévaloir dans l'esprit de Napoléon des pensées de modération et de prudence, à quoi il réussissait beaucoup plus rarement qu'autrefois. Du reste, les événements commençaient à le fatiguer et à l'attrister, et il tendait chaque jour à s'effacer davantage, ce qui est facile en tout temps, car les acteurs pressés sur la scène du monde ne sont jamais fâchés qu'on leur laisse la place vide. Napoléon seul s'en apercevait avec regret, appréciant sa rare sagesse, quoiqu'il en fût souvent importuné. On songeait donc beaucoup moins au prince archichancelier. MM. Fouché et de Talleyrand, au contraire, aimaient fort qu'on s'occupât d'eux, et attiraient volontiers sur eux-mêmes tout ce qui restait d'attention à un public dont Napoléon occupait presque seul la pensée. M. Fouché, excellent ministre de la police dans les premiers temps du Consulat, par son indifférence indulgente envers les partis qui le portait à ménager tout le monde, avait cependant deux inconvénients graves pour un ministre de la police, c'était le soin de se faire valoir aux dépens du gouvernement, et le besoin de se mêler de toutes choses. Ménageait-il celui-ci ou celui-là, prévenait-il un acte de rigueur, il s'en attribuait le mérite auprès des intéressés, leur donnant à entendre que sans lui on aurait bien autrement souffert de la tyrannie d'un maître impétueux. Il affectait de contenir le zèle emporté du préfet de police Dubois, fonctionnaire personnellement dévoué à l'Empereur, le raillait des découvertes qu'il prétendait faire, et traitait de complots chimériques tous ceux qui étaient dénoncés par cet agent. En cela M. Fouché pouvait avoir raison, mais il avait lui-même ses excès de zèle. Il voulait se mêler de tout, pour paraître influent en tout. Récemment, dans le désir de se donner de l'importance, il avait pris sur lui de conseiller le divorce à l'impératrice Joséphine, croyant qu'il plairait ainsi à Napoléon, en amenant un sacrifice que celui-ci n'osait pas demander, mais qu'il souhaitait ardemment. Ces vues trop personnelles, cette indiscrète intervention dans ce qui ne le regardait pas, avaient déjà failli perdre M. Fouché auprès de Napoléon, qui ne voulait pas naturellement qu'on se fît valoir à ses dépens; qu'on le peignît aux partis comme dur et cruel, en se réservant pour soi les honneurs de l'indulgence; qu'on affectât l'incrédulité en fait de complots pouvant compromettre la sûreté de son gouvernement; qu'on se permît enfin de prendre l'initiative dans de graves affaires d'État ou de famille, qui ne concernaient que lui seul, et dont seul il pouvait et voulait juger la maturité.

Une circonstance toute récente lui avait donné occasion de témoigner à cet égard son sentiment, et il l'avait fait d'une manière fâcheuse pour M. Fouché. Un ancien militaire, le général Malet, conspirateur incorrigible, Servan, autrefois ministre de la guerre, un ex-conventionnel, Florent-Guyot, un employé peu connu du département de l'instruction publique, étaient compromis dans une trame peu sérieuse, mais qui annonçait déjà un commencement de résistance au pouvoir absolu. Il n'y avait là qu'une chose grave, et personne ne s'en aperçut alors, c'était la manie du général Malet de penser que, Napoléon étant souvent absent pour la guerre, il fallait profiter de l'une de ses absences pour le dire mort, et provoquer un soulèvement. Le projet du général Malet, réalisé plus tard, était-il seulement en germe alors, ou déjà fort mûri dans la prétendue trame que M. Dubois croyait avoir découverte, c'est ce qu'il est impossible de décider. M. Fouché railla beaucoup M. Dubois, et celui-ci, se sentant soutenu, traita son ministre avec peu de respect. Napoléon averti en Espagne de ce différend, et n'aimant pas que son ministre de la police jouât l'esprit fort en matière de complots, ou peut-être se fît valoir auprès des corps de l'État en étouffant une affaire dans laquelle plusieurs de leurs membres étaient compromis, prêta tout appui à M. Dubois, et voulut que la question fût examinée dans un conseil présidé par le prince Cambacérès. Le prudent archichancelier pacifia la querelle en décidant que s'il n'y avait pas lieu à suivre, il y avait du moins grande attention à donner à ces premiers symptômes de l'esprit de révolte. M. Fouché fut vertement réprimandé par ordre de l'Empereur. Il venait de l'être plus durement encore au sujet de sa proposition de divorce. Cette proposition faite spontanément à l'impératrice Joséphine par le ministre de la police, avait paru à celle-ci dictée par l'Empereur lui-même, car elle n'avait pu supposer qu'un ministre prît sur lui de hasarder une telle

Janv. 1809.

démarche s'il n'y avait été autorisé, et il en était résulté des agitations intérieures qui avaient vivement affecté Napoléon. Cherchant la stabilité qui lui échappait, il désirait un héritier, et sentait peu à peu mûrir en lui la résolution du divorce. Mais plus il approchait du moment de cette résolution, moins il voulait s'infliger à l'avance une douleur qui devait lui être très-sensible. M. Fouché fut donc désavoué pour cette démarche, et condamné auprès de l'impératrice à des excuses humiliantes. M. Cambacérès fut encore l'intermédiaire, le pacificateur de ce différend. Mais M. Fouché put dès lors s'apercevoir du déclin rapide de son crédit.

Quant à M. de Talleyrand, sa situation était aussi fort compromise, et également par sa faute. Il avait déjà donné plus d'un sujet de défiance et de déplaisir à Napoléon, surtout en quittant le ministère des affaires étrangères en 1807, pour le vain motif de devenir grand dignitaire de l'Empire. Il avait regagné la faveur impériale en se faisant l'instrument actif de la politique qui avait amené la guerre d'Espagne, et Napoléon l'avait tour à tour conduit à Erfurt, ou laissé à Paris, afin de pallier auprès de la diplomatie européenne ce que cette politique pouvait avoir d'odieux et d'inquiétant pour les cours étrangères. Mais M. de Talleyrand était de tous les hommes le moins capable de résister à l'opinion du jour, et la guerre d'Espagne, ayant fini par encourir la réprobation universelle, n'était plus bonne à ses yeux qu'à désavouer. Aussi ne manquait-il pas de dire qu'il ne l'avait point conseillée, se fondant sans doute sur ce qu'il avait préféré, entre les projets proposés, le démembrement de l'Espagne à l'usurpation de la couronne. Les désaveux commencés, il remontait jusqu'à l'affaire du duc d'Enghien, car dans ce moment de défaveur on revenait sur toutes les fautes que Napoléon avait pu commettre, et M. de Talleyrand voulait n'avoir été complice d'aucune. Son imprudence était grande, car si tout se redit vite à Paris, tout se redisait bien plus vite alors, à l'indiscrétion se joignant plus qu'à aucune autre époque le goût perfide de plaire. M. de Talleyrand ne pouvait donc manquer d'être bientôt dénoncé à l'Empereur.

Ses torts ne s'étaient pas bornés à quelques désaveux peu fondés, il s'était réconcilié avec M. Fouché, après dix ans de haine et de dénigrement réciproques. Ils se traitaient l'un l'autre d'intrigant frivole, affectant de diriger une diplomatie qui, aidée par la victoire, allait toute seule; d'intrigant subalterne agitant l'Empereur de vulgaires dénonciations, et faisant étalage d'une police que la soumission générale rendait facile, même inutile. M. de Talleyrand méprisait la vulgarité de M. Fouché, celui-ci la frivolité de M. de Talleyrand. Cependant, comme si une situation grave avait paru exiger de leur part l'oubli d'anciens ressentiments, MM. de Talleyrand et Fouché, rapprochés par des officieux, s'étaient réconciliés, et publiquement visités, ce qui avait produit une surprise générale. Le motif vrai de leur réconciliation, c'est que des circonstances pouvaient se présenter prochainement où leur union serait nécessaire à tous deux. On se persuadait, en effet, que Napoléon finirait par rencontrer en Espagne le poignard d'un fanatique, ou en Autriche un boulet de canon. MM. Fouché et de Talleyrand, plus enclins à croire à la chute d'un ordre de choses qui n'était plus de leur goût, semblaient partager l'opinion que la personne de Napoléon succomberait infailliblement à un péril trop souvent bravé. Que deviendrons-nous? que ferons-nous? étaient les questions qu'ils s'étaient adressées, et que certainement ils n'avaient pas résolues. Mais les intermédiaires, exagérant comme de coutume les demi-confidences que ces deux personnages avaient pu se faire, prétendaient que tout un plan de gouvernement avait été préparé par eux pour le cas où Napoléon serait frappé. On leur prêtait même l'idée de transmettre la couronne impériale à Murat, qui avait porté à Paris, avant de se rendre à Naples, le mécontentement de n'être pas roi d'Espagne.

Ces vains bruits ne mériteraient pas d'occuper l'histoire, s'ils n'attestaient un commencement d'altération dans les esprits, résultat des fautes de Napoléon, et surtout s'ils n'avaient pas eu le fâcheux effet de tenir les étrangers en éveil sur ce qui se passait à Paris, de leur persuader que l'autorité de Napoléon était fort affaiblie, que la nation était dégoûtée de sa politique, que ses moyens d'action étaient très-diminués, et que le moment enfin était venu de lui déclarer de nouveau la guerre. Il est certain que l'état des esprits à Paris [1] agit alors

[1] Ce fait est tristement prouvé par toutes les correspondances diplomatiques de l'époque. On est étonné d'y voir à quel point tout ce qui se disait à Paris se redisait à Vienne, à Berlin, à Saint-Pétersbourg.

beaucoup sur l'état des esprits en Europe, et contribua extrêmement à rallumer la guerre, comme on va bientôt le voir.

Janv. 1809.

Napoléon connaissait, avant de quitter Valladolid, une grande partie de ce que nous venons de rapporter, et il en éprouvait une irritation dont il ne sut pas contenir les éclats. La veille de son départ, apprenant que les grenadiers de la vieille garde murmuraient parce qu'on les laissait en Espagne, du moins momentanément; apprenant aussi que le général Legendre, l'un des signataires de la capitulation de Baylen, devait se présenter à lui dans une revue qu'il allait passer, Napoléon se livra à des mouvements de colère qui affligèrent profondément ceux qui en furent témoins. Parcourant à pied les rangs de ses grenadiers qui lui présentaient les armes, soit qu'il eût entendu quelque murmure, soit qu'il eût reconnu l'un des mécontents, il lui arracha son fusil des mains, et le tirant à lui : Malheureux, lui dit-il, tu mériterais que je te fisse fusiller! et peu s'en faut que je ne le fasse. — Puis, le rejetant dans les rangs, et s'adressant à ses camarades : Ah! je le sais, leur dit-il, vous voulez retourner à Paris pour y retrouver vos habitudes et vos maîtresses, eh bien, je vous retiendrai encore sous les armes à quatre-vingts ans! — Ayant ensuite aperçu le général Legendre, il lui saisit la main et lui dit : Cette main, général, cette main, comment ne s'est-elle pas séchée en signant la capitulation de Baylen? — L'infortuné général, foudroyé par ces paroles, sembla s'abîmer dans sa honte, et chacun s'inclina devant le visage enflammé de Napoléon, tout en blâmant secrètement ces inqualifiables violences.

Il partit ensuite pour Paris, où il arriva, comme nous l'avons dit, avec une rapidité égale à ses passions. On lui avait beaucoup écrit en Espagne; car indépendamment de ses ministres il avait de nombreux correspondants, qui lui communiquaient tout ce qu'ils pensaient et tout ce qu'ils recueillaient[1]; il avait beaucoup appris en route, quoique en courant; il avait donné un grand nombre d'ordres, prescrit notamment l'arrestation d'un abbé Anglade qui, dans la Gironde, avait mal parlé en chaire de la conscription, et mandé à Paris l'archevêque de Bordeaux, qui avait souffert les sermons de l'abbé Anglade. A peine entré aux Tuileries, il avait été assailli par des milliers de rapports sur ce qui s'était passé en son absence. Ces rapports fort exagérés ne pouvaient tromper un esprit aussi sagace que le sien, mais on accueille volontiers ce qui flatte l'irritation qu'on éprouve, et Napoléon crut, ou parut croire beaucoup de choses invraisemblables. Il appela auprès de lui l'archichancelier Cambacérès, auquel il redit avec une extrême animation tout ce qu'on lui avait raconté, s'emportant surtout contre MM. Fouché et de Talleyrand, qui, selon lui, n'avaient pu se réconcilier que dans de très-mauvaises intentions. L'archichancelier Cam-

[1] Parmi ces correspondants se trouvaient MM. Fiévée, de Montlosier, madame de Genlis, qui n'écrivaient pas pour dénoncer, mais pour dire leur opinion sur ce qu'ils voyaient, et sur ce qui se passait tous les jours sous leurs yeux. Les correspondances de M. Fiévée ont été imprimées, et prouvent que Napoléon se laissait dire beaucoup de choses, et des plus hardies.

bacérès essaya de le calmer, mais il n'y réussit qu'imparfaitement. Ce qui blessait Napoléon, c'était qu'on disposât de sa succession comme si sa mort eût été certaine; ce qui le blessait plus encore, c'était le désaveu de sa politique, fait par un homme qui en avait été le complice, et qui avait été conduit à Erfurt et laissé à Paris pour en être l'apologiste. Aussi le principal orage devait-il fondre sur la tête de M. de Talleyrand, M. Fouché ayant déjà reçu par écrit de vertes réprimandes, et bien que commençant à déplaire, n'ayant pas encore assez comblé la mesure pour être sacrifié.

*Janv. 1809.*

Napoléon, dans un conseil de ministres auquel assistaient plusieurs grands dignitaires présents à Paris, se plaignit de toutes choses et de tout le monde, car il n'était rien dont il ne fût mécontent. On avait perdu à cette époque, au milieu du calme de l'Empire, la connaissance de l'opinion publique et de ses brusques revirements; on croyait qu'un gouvernement pouvait la diriger à volonté, et on avait à cet égard une foi puérile dans l'influence de la police, parce qu'elle avait une autorité absolue sur les journaux. Napoléon se plaignit de ce qu'on avait laissé les esprits s'égarer sur les événements du jour, de ce qu'on avait laissé interpréter sa dernière campagne, toute marquée par des succès, comme une campagne féconde en revers; lança plusieurs traits acérés contre ceux qui avaient parlé et agi comme en présence d'une succession déjà ouverte, comme en présence d'un règne près de finir. Il se plaignit surtout avec une extrême amertume de ceux qui, pour le désavouer, ne crai-

*Disgrâce de M. de Talleyrand.*

Janv. 1809.

gnaient pas de se désavouer eux-mêmes; enfin ne se contenant plus, parcourant à grands pas la salle du conseil, et s'adressant à M. de Talleyrand, qui était immobile, debout, adossé à une cheminée, il lui dit en gesticulant de la manière la plus vive : — Et vous osez prétendre, Monsieur, que vous avez été étranger à la mort du duc d'Enghien! Et vous osez prétendre que vous avez été étranger à la guerre d'Espagne! — Étranger, répétait Napoléon, à la mort du duc d'Enghien! mais oubliez-vous donc que vous me l'avez conseillée par écrit? Étranger à la guerre d'Espagne! mais oubliez-vous donc que vous m'avez conseillé dans vos lettres de recommencer la politique de Louis XIV? oubliez-vous que vous avez été l'intermédiaire de toutes les négociations qui ont abouti à la guerre actuelle? — Puis passant et repassant devant M. de Talleyrand, lui adressant chaque fois les paroles les plus blessantes, accompagnées de gestes menaçants, il glaça d'effroi tous les assistants, et laissa ceux qui l'aimaient pleins de douleur de voir abaissée dans cette scène la double dignité du trône et du génie[1]. Napoléon congédia ensuite le conseil, fâché de ce qu'il avait fait, et ajoutant au mécontentement qu'il avait des autres le juste mécontentement qu'il devait avoir de lui-même.

M. de Talleyrand rentré chez lui éprouva une sorte de saisissement. Les médecins furent inquiets pour sa vie, car il n'avait nullement le courage de

---

[1] Le véridique et honnête duc de Gaëte, témoin oculaire de cette scène, me l'a racontée avec les moindres détails quelques jours avant sa mort.

la disgrâce, quoiqu'il la soutînt avec une impassibilité apparente. Cependant Napoléon était trop irrité pour s'en tenir à des paroles. Il voulut qu'une manifestation officielle apprît au public que M. de Talleyrand avait encouru sa défaveur. Ce personnage, qui aimait tous les genres d'honneur, avait aspiré à être grand chambellan lorsqu'il occupait les fonctions si sérieuses de ministre des affaires étrangères. Devenu grand dignitaire, il était resté grand chambellan, et en cumulait les avantages pécuniaires avec ceux de sa nouvelle dignité. Le lendemain même de la séance orageuse qui avait eu lieu au conseil des ministres, Napoléon lui fit redemander la clef de grand chambellan, et la transmit à M. de Montesquiou, l'un des membres du Corps Législatif les plus justement honorés, qui joignait à ses titres actuels des titres anciens, fort appréciés par Napoléon quand ils s'ajoutaient à un mérite réel. Toutefois M. de Talleyrand, s'apercevant qu'il s'était trop hâté de se conduire avec le gouvernement impérial comme avec un gouvernement perdu, chercha à racheter par une extrême soumission les propos imprudents qu'on lui reprochait. Deux ou trois jours après il se rendit à une grande fête aux Tuileries, dans le plus brillant costume, s'inclinant profondément devant le maître dont il avait essuyé les outrages, voulant presque le faire douter lui-même et surtout faire douter le public de ce qui s'était passé. Il y réussit dans une certaine mesure, car Napoléon, désarmé par cette soumission calculée, découvrit le calcul, mais agréa l'humilité.

Janv. 1809.

Signes
avant-coureurs
d'une guerre
prochaine.

Après avoir réprimé les langues autour de lui, sans les réprimer dans le public, qu'on ne pouvait pas disgracier, Napoléon s'occupa sur-le-champ des graves affaires qui l'avaient amené à Paris. Ces affaires étaient la diplomatie et la guerre qu'il fallait conduire de front, car on se trouvait à la veille d'une rupture avec l'Autriche. Cette puissance, que nous avons vue si agitée depuis trois ans, flottant tour à tour entre le désir de venger ses humiliations et la crainte de nouveaux revers; cherchant sans cesse une occasion opportune, ayant cru en découvrir une dans le hardi mouvement de Napoléon vers le Nord en 1807, l'ayant laissée passer sans la saisir, et regrettant amèrement de l'avoir manquée; croyant en apercevoir une nouvelle dans la guerre d'Espagne, hésitant depuis six mois si elle en profiterait ou non, et au milieu de ces hésitations armant avec une activité toujours croissante, cette puissance semblait enfin près d'éclater. Tout ce qu'elle faisait dans l'étendue de son empire comme préparatifs militaires, auprès des cabinets européens comme intrigue politique, décelait une résolution presque arrêtée. L'approche du printemps d'ailleurs donnait lieu de penser qu'on aurait tout au plus deux ou trois mois pour se préparer à lui tenir tête. Il fallait donc se hâter si on ne voulait être pris au dépourvu; mais c'est dans l'art de bien employer le temps et de créer par miracle ce qui n'existait pas que Napoléon excellait, et il en fournit ici une nouvelle et éclatante preuve.

Avec les préparatifs militaires, il avait à conduire simultanément les négociations qui devaient ou prévenir la guerre, ou en rendre le résultat plus certain au moyen d'alliances bien ménagées. Il avait eu quelques mois auparavant, à son premier retour d'Espagne, avec l'ambassadeur d'Autriche, des explications si franches, si développées, et cependant suivies de si peu d'effet, que recommencer semblait superflu, et aussi peu digne que peu efficace. Napoléon jugea qu'une extrême réserve à l'égard de cet ambassadeur, une extrême franchise à l'égard des autres, et le déploiement d'une grande activité administrative, étaient la véritable conduite à tenir et la seule manière de provoquer d'utiles réflexions à Vienne, si on y était encore capable d'en faire de pareilles. Il se montra donc poli, mais froid et sobre de paroles envers M. de Metternich. Il enjoignit à toute la famille impériale, dans le sein de laquelle M. de Metternich était ordinairement bien accueilli, d'imiter cette réserve. Il se montra au contraire beaucoup plus ouvert avec les autres ambassadeurs, leur avoua le motif de son retour à Paris, leur déclara que c'était l'Autriche et ses armements qui le ramenaient si vite, et qu'il allait y répondre par des armements formidables. — Il paraît, leur dit-il à tous, que ce sont les eaux du Léthé et non celles du Danube qui coulent à Vienne, et qu'on y a oublié les leçons de l'expérience. Il en faut de nouvelles; on les aura, et cette fois terribles, j'en réponds. Je ne veux pas la guerre, je n'y ai pas d'intérêt, et l'Europe entière est témoin que tous mes efforts, toute mon attention étaient dirigés vers le champ de bataille que l'Angleterre a choisi, c'est-à-dire l'Espagne. L'Au-

*Janv. 1809.*

Attitude de Napoléon envers la légation d'Autriche et envers les autres légations étrangères.

triche, qui a sauvé les Anglais en 1805, au moment où j'allais franchir le détroit de Calais, les sauve encore une fois en m'arrêtant au moment où j'allais les poursuivre jusqu'à la Corogne : elle payera cher cette nouvelle diversion. Ou elle désarmera sur-le-champ, ou elle aura à soutenir une guerre de destruction. Si elle désarme de manière à ne me laisser aucun doute sur ses intentions futures, je remettrai moi-même l'épée dans le fourreau, car je n'ai envie de la tirer qu'en Espagne, et contre les Anglais. Sinon la lutte sera immédiate et décisive, et telle que l'Angleterre n'aura plus à l'avenir d'alliés sur le continent. —

L'Empereur produisit sur tous ceux qui l'entendirent l'effet qu'il désirait, car il était sincère dans son langage, et il disait vrai en assurant qu'il ne voulait pas la guerre, mais qu'il la ferait terrible si on l'obligeait à la recommencer. Tout en pensant qu'il se l'était attirée par sa conduite en Espagne, chacun jugea que l'Autriche commettait une grande imprudence, et s'effraya pour l'Europe des conséquences auxquelles cette cour allait s'exposer.

On avait, tantôt par un motif, tantôt par un autre, retenu en France, depuis l'entrevue d'Erfurt, M. de Romanzoff, le ministre des affaires étrangères de Russie. Comme il a été dit plus haut, ce ministre s'était rendu à Paris à la suite de Napoléon pour veiller lui-même aux négociations qui allaient s'entamer avec l'Angleterre, et hâter autant que possible l'acquisition des provinces du Danube. La négociation avec l'Angleterre ayant échoué, M. de Romanzoff aurait pu repartir pour Saint-Pétersbourg, afin de rejoindre son jeune maître, qui l'attendait avec une vive impatience. Mais un motif, tiré de leurs désirs communs, avait retenu M. de Romanzoff. Il ne fallait pas plus de deux mois, lui avait-on dit à Paris, pour terminer les affaires d'Espagne, pour ramener le roi Joseph à Madrid, pour l'y couronner de nouveau, pour jeter les Anglais à la mer, et inspirer à l'Europe des pensées de résignation au lieu de pensées de résistance à l'égard des desseins conçus à Erfurt. Il pouvait donc y avoir un intérêt véritable à différer encore les ouvertures qu'il s'agissait de faire à Constantinople relativement à la Moldavie et à la Valachie; car si Napoléon était complétement victorieux, l'Autriche n'oserait pas entreprendre une nouvelle lutte, l'Angleterre ne trouverait pas d'alliés sur le continent, les Turcs n'en trouveraient ni sur terre, ni sur mer, et, sans conflagration européenne, la Russie acquerrait les provinces du Danube, comme elle était près d'acquérir la Finlande, au moyen d'une guerre toute locale et d'une importance très-limitée. Ce motif valait la peine d'un nouvel effort de patience, car ce n'était après tout qu'un retard de deux mois, et ces deux mois M. de Romanzoff avait jugé utile de les passer près des événements dont il attendait l'issue. Dans l'intervalle il observait soigneusement le colosse dont la Russie était pour un temps la complice plutôt que l'alliée ; il en étudiait la force passagère ou durable; il cherchait à apprécier la valeur des mille propos répétés à Saint-Pétersbourg par les échos de la diplomatie européenne, et il vivait en atten-

Janv. 1809.

dant au milieu d'un nuage d'encens, car la cour impériale avait reçu l'ordre de combler de caresses l'ancien ministre de Catherine, le ministre actuel d'Alexandre, ordre de tous le plus facilement obéi à Paris, où l'on aime tant à plaire quand on ne met pas son orgueil à blesser.

M. de Romanzoff avait passé d'abord deux mois, puis trois à Paris, ne s'apercevant pas du temps qui s'écoulait, et cherchant à calmer l'impatience de son souverain, qui le pressait sans cesse de revenir. Napoléon avait tenu parole, et en deux mois il avait dispersé les armées espagnoles comme de la poussière, chassé les Anglais du continent espagnol, ramené son frère à Madrid, sans donner cependant à personne l'idée que la guerre d'Espagne fût une guerre finie. Ce n'était pas là ce qu'il avait espéré, ni surtout ce qu'il avait promis, car on ne pouvait plus se flatter de réaliser les grandes acquisitions projetées en Orient par un simple acte de volonté. Napoléon, à peine arrivé, vit M. de Romanzoff, exerça sur lui sa puissance ordinaire de fascination, fit par son esprit tout ce qu'il n'avait pas fait par ses armes, exprima sa colère de voir l'Autriche intervenir encore au moment décisif pour lui arracher les Anglais des mains, car, s'il les avait poursuivis lui-même, il ne s'en serait pas sauvé un seul, disait-il, et enfin il se montra résolu à tirer d'un tel manque de foi (il rappelait toujours les promesses qu'on lui avait faites au bivouac d'Urschitz) une vengeance éclatante. Confiant comme il l'était dans les immenses moyens qui lui restaient, il ne se montra envers le représentant de la Russie ni fanfaron ni obséquieux, mais ferme et positif, et exigea de lui l'accomplissement des engagements pris à Erfurt, en homme qui était prêt à se battre encore avec tout le monde, avec ceux qui lui manqueraient de parole en l'attaquant, comme avec ceux qui lui manqueraient de parole en ne l'aidant pas après s'y être engagés. — Si votre empereur avait suivi mon conseil à Erfurt, dit-il à M. de Romanzoff, nous ne serions pas aujourd'hui où nous en sommes. Au lieu de simples exhortations, nous aurions fait des menaces sérieuses, et l'Autriche aurait désarmé. Mais nous avons parlé au lieu d'agir, et nous allons peut-être avoir la guerre, moi pour ce que je veux achever en Espagne, vous pour ce que vous voulez terminer en Finlande et commencer en Turquie. En tout cas, je compte sur la parole de votre maître. Il m'a promis que, si le cabinet de Vienne devenait l'agresseur, il mettrait une armée à ma disposition. Qu'il remplisse ses promesses; qu'il conduise plus activement la guerre de Finlande, de manière à en finir avec cette petite puissance qui le tient en échec; qu'il ait une armée suffisante sur le Danube pour déjouer auprès des Turcs toutes les intrigues des Anglais et des Autrichiens coalisés; qu'enfin il ait une armée imposante sur la Haute-Vistule pour faire comprendre à l'Autriche que le jeu est sérieux avec nous. Quant à moi, je vais réunir sur le Danube et le Pô trois cent mille Français et cent mille Allemands, et probablement leur présence obligera l'Autriche à nous laisser en paix, ce que j'aime mieux pour vous et pour moi, car dans ce cas vous aurez la Mol-

Janv. 1809.

davie et la Valachie presque sans coup férir, et moi je pourrai sans nouvelles dépenses achever la soumission de la Péninsule. Si ces démonstrations ne suffisent pas, s'il faut employer la force, eh bien! nous écraserons pour jamais les résistances qui s'opposent à nos communs projets. Mais, alliance pour la paix comme pour la guerre, alliance franche, effective, voilà ce que j'ai promis, ce qu'on m'a promis, et ce que j'attends. — A ce langage d'un homme qui n'était rien moins qu'intimidé, Napoléon ajouta ce qu'il fallait de caresses pour compléter l'effet qu'il voulait produire, et il obtint de M. de Romanzoff les déclarations les plus satisfaisantes. Celui-ci ne dissimula pas le chagrin qu'il éprouvait à voir la Russie exposée à une collision avec l'Autriche, la difficulté des acquisitions projetées en Orient augmentée de toutes les difficultés que rencontrait la politique française en Occident, en un mot le cercle de la lutte s'étendant au lieu de se restreindre; mais il reconnut la nécessité de parler énergiquement à Vienne pour prévenir la nécessité d'agir; il convint qu'aux paroles il faudrait joindre certaines démonstrations, si on voulait que les paroles fussent efficaces, et promit en conséquence que la Russie aurait une armée en Gallicie prête à prendre ou la route de Prague, ou celle d'Olmutz, qui l'une et l'autre mènent à Vienne.

Napoléon, satisfait de M. de Romanzoff, et voulant lui prouver à quel point c'était la paix qu'il désirait, et non la guerre, émit l'idée d'offrir à l'Autriche la double garantie de la France et de la Russie pour la conservation de ses États actuels, garantie qui devait la rassurer complétement, si elle était sincère dans les craintes qu'elle disait avoir conçues pour elle-même à la suite des événements de Bayonne. L'idée de cette garantie, en effet, s'il n'y avait eu que des craintes personnelles dans les motifs qui déterminaient l'Autriche, aurait eu de quoi la contenter, et peut-être aurait pu prévenir la guerre. M. de Romanzoff l'accueillit pour en faire le sujet d'une prompte communication tant à sa cour qu'à celle de Vienne.

Janv. 1809.

A ses entretiens avec M. de Romanzoff Napoléon ajouta mille attentions délicates, comme de le conduire lui-même aux manufactures des Gobelins, de Sèvres, de Versailles, montrant partout à ce ministre les merveilles de son empire, et voulant à chaque instant lui en donner des échantillons, à ce point, disait lui-même M. de Romanzoff, qu'il n'osait plus rien louer devant un souverain si magnifique, de peur de s'attirer de nouveaux présents en tapisseries, en porcelaines, en armes de luxe.

Après avoir fait ce qui convenait auprès de l'ambassadeur de son principal allié, Napoléon tint un langage tout aussi utile aux ministres de la Confédération du Rhin. Il leur dit, et il écrivit à leurs maîtres, les rois de Bavière, de Saxe, de Wurtemberg, de Westphalie, les ducs de Bade, de Hesse, de Wurtzbourg, qu'il ne voulait pas les exposer à des dépenses prématurées en exigeant la réunion immédiate de leurs troupes, mais qu'il les invitait à la préparer, vu qu'il s'attendait à des hostilités prochaines; qu'il fallait, soit pour prévenir la guerre, s'il en était temps encore, soit pour

Explications de Napoléon avec les ministres des princes allemands ses alliés.

la rendre heureuse, si elle était inévitable, se mettre en mesure d'opposer la force à la force ; qu'il allait, quant à lui, réunir 150 mille Français et Italiens sur le Pô, 150 mille Français sur le Haut-Danube, qu'il comptait sur 100 mille Allemands, qu'avec ces 400 mille hommes il préviendrait la guerre, ou la rendrait décisive, et garantirait à jamais ses alliés des répétitions que l'Autriche prétendait exercer sur les puissances allemandes, autrefois dépendantes ou sujettes de son empire. Il écrivit en particulier au roi de Bavière et au roi de Saxe, pour leur demander formellement la réunion d'une première partie de leurs forces autour de Munich, de Dresde, de Varsovie. Se défiant de la Prusse, qui pouvait être tentée d'imiter l'Autriche et de chercher la réparation de ses malheurs dans un acte de désespoir, il lui notifia que, si elle levait un seul homme au delà des 42 mille que ses conventions secrètes l'autorisaient à réunir, il lui déclarerait sur-le-champ la guerre. Il chargea la Russie de faire savoir à Kœnigsberg que le moindre acte d'hostilité serait l'occasion d'une nouvelle lutte qui deviendrait mortelle pour les uns ou pour les autres, si on faisait mine de se joindre à l'Autriche.

A ces manifestations, qui devaient être d'autant plus significatives qu'elles reposaient sur des précautions non moins réelles qu'apparentes, Napoléon ajouta des mouvements de ses propres troupes, qui n'étaient que la suite de combinaisons déjà conçues et ordonnées à Valladolid même. Ces combinaisons furent aussi vastes que le commandaient la situation et la masse d'ennemis, tant connus qu'inconnus, auxquels il devait bientôt avoir affaire.

Janv. 1809.

Pendant qu'il se trouvait en Espagne, Napoléon, prévoyant que l'Autriche, bien qu'elle eût été intimidée par la présence des deux empereurs à Erfurt, bien qu'elle ne fût pas entièrement préparée, et qu'elle ne fût pas enfin assez excitée pour perdre toute prudence, finirait cependant par éclater au printemps, avait veillé avec une extrême sollicitude à l'exécution de ses ordres. Les principaux de ces ordres avaient trait à la levée des deux conscriptions autorisées en septembre 1808 par le Sénat. L'une comprenait les conscrits de 1810, levés suivant l'usage une année à l'avance, mais ne pouvant être appelés avant le 1er janvier 1809, et ne devant pendant cette même année servir que dans l'intérieur. C'était une levée de 80 mille hommes. Mais comme cet appel, d'après ses projets d'organisation, ne suffisait pas à Napoléon, il avait songé à revenir sur les classes antérieures de 1806, 1807, 1808 et 1809, qui n'avaient jamais fourni au delà de 80 mille hommes chacune. Les cent quinze départements de cette époque n'offraient pas une population de beaucoup supérieure à celle des quatre-vingt-six départements d'aujourd'hui, car, tandis que la classe présente actuellement 320 mille jeunes gens ayant acquis l'âge du service, les cent quinze en fournissaient 377 mille. Napoléon prétendait que c'était peu que d'appeler 80 mille hommes sur 377 mille, et qu'il en pouvait lever 100 mille, c'est-à-dire un peu plus du quart. On le pouvait assurément, mais à condition de ne pas recommencer

Levée de la conscription de 1810, et rappel sur les conscriptions antérieures de 1806, 1807, 1808 et 1809.

souvent; car il n'est pas de population qui ne périt bientôt, si on lui enlevait chaque année le quart des mâles parvenus à l'âge viril.

Il voulut donc porter à 100 mille la contribution annuelle de la population, ce qui en revenant en arrière l'autorisait à demander un supplément de 20 mille hommes à chacune des classes antérieures. Cet appel avait l'avantage de lui procurer des jeunes gens bien plus robustes que ceux qu'il levait ordinairement, puisqu'ils devaient avoir 20, 21, 22, 23 ans, tandis que ceux de 1810 ne comptaient qu'environ 18 ans. Mais c'était un grave inconvénient que d'arracher à leurs foyers des hommes qui avaient pu se croire exempts de tout service, la classe à laquelle ils appartenaient ayant déjà fourni son contingent. Aussi, pour diminuer le fâcheux effet de cette mesure, ne manqua-t-on pas d'ajouter à la décision du Sénat que les classes antérieures à l'an 1806 seraient définitivement libérées, ce qui laissait sous le coup de nouveaux appels les malheureuses classes de 1806, 1807, 1808 et 1809. Pour adoucir davantage encore le mécontentement, on renonça à tirer de leurs foyers les hommes qui s'étaient mariés dans l'intervalle; mais cette atténuation de la nouvelle mesure calma peu le déplaisir de la population, qui voyait les remplacements renchérir tous les jours, et les appels se succéder sans interruption. Du reste, excepté dans quelques départements de l'Ouest, où un petit nombre de réfractaires recommença la vie des chouans, et où la répression fut aussi prompte que sévère, l'obéissance était générale, et une fois au corps les hom-

mes prenaient sur-le-champ l'énergique esprit de
l'armée française.

Janv. 1809.

Il fallait employer cette vaste levée de jeunes gens, et en fait d'organisation personne, on le sait, n'a jamais égalé Napoléon. Il avait depuis deux ans décrété la formation de tous les régiments à cinq bataillons. Diverses causes avaient empêché jusqu'alors la complète exécution de cette mesure : d'abord le nombre des conscrits qui n'était pas encore suffisant, et qui n'allait le devenir que par l'arrivée aux corps des 160,000 hommes récemment appelés; ensuite la dépense, qui ne pouvait manquer d'être grande; enfin le mouvement des régiments qui se déplaçaient sans cesse, et employaient leur temps, quand ils ne combattaient pas, à se rendre de la Vistule sur le Tage, ou du Pô sur l'Èbre. Par ces motifs, la plupart des régiments en étaient à s'occuper de la création du quatrième bataillon, et presque aucun n'avait formé le cinquième.

Organisation de l'armée destinée à agir en Allemagne.

Après avoir envoyé en Espagne trois corps de la grande armée : ceux du maréchal Victor (autrefois premier corps), du maréchal Mortier (autrefois cinquième corps), du maréchal Ney (autrefois sixième corps), et les troupes qui avaient formé le corps du maréchal Lefebvre, plus tous les dragons; après avoir détaché de l'armée d'Italie de quoi tripler l'armée de Catalogne, Napoléon s'était fort affaibli du côté de l'Allemagne, surtout en vieux soldats. Il lui restait sous le titre d'armée du Rhin, et sous les ordres du maréchal Davout, six divisions d'infanterie, les belles divisions Morand, Friant, Gudin (qui

Janv. 1809.

avaient jadis composé le troisième corps); l'excellente division Saint-Hilaire, qui avait fait partie du corps du maréchal Soult; la fameuse division des grenadiers et voltigeurs d'Oudinot, actuellement à Hanau; la division Dupas, celle-ci de deux régiments seulement, composant avec les Hollandais la garde des villes anséatiques; quatorze régiments de cuirassiers, troupe incomparable devant laquelle aucune infanterie européenne n'avait pu tenir; enfin dix-sept régiments de cavalerie légère la mieux exercée qu'il y eût au monde, et une formidable artillerie. Il fallait ajouter à ces forces les deux divisions Carra Saint-Cyr et Legrand ayant appartenu au corps du maréchal Soult, et actuellement dirigées sur Paris pour faire une démonstration vers le camp de Boulogne; les deux divisions Boudet et Molitor, long-temps laissées sur l'Elbe comme noyau de l'armée de réserve en 1807, et depuis ramenées sur Lyon dans la supposition d'une expédition toujours projetée, jamais accomplie, contre la Sicile. Ces belles troupes, les meilleures de l'Europe, ne formaient pas toutefois une masse de plus de 140 mille hommes, après en avoir défalqué tous les soldats que leur âge ou leurs blessures rendaient impropres au service. Ce n'était pas avec de telles forces que Napoléon pouvait réduire la maison d'Autriche, quelque bons que fussent les soldats dont elles se composaient. Voici comment il avait résolu de les étendre.

L'armée du Rhin comprenait vingt et un régiments d'infanterie, qui avaient reçu leurs trois bataillons de guerre, depuis qu'on avait commencé à former les quatrièmes bataillons. Lorsqu'ils en auraient quatre, ce qui allait résulter de la création des cinquièmes, cette armée du Rhin devait présenter quatre-vingt-quatre bataillons et 70 mille hommes d'infanterie. Le corps d'Oudinot, composé de compagnies de grenadiers et de voltigeurs, détachées originairement des régiments qui ne faisaient point partie de l'armée active, n'avait plus actuellement les mêmes raisons d'exister. Il devenait difficile en effet, maintenant que les régiments agissaient si loin de leurs dépôts, qu'ils avaient à la fois des bataillons en Allemagne, en Italie, en Espagne, de détacher les compagnies d'élite pour les envoyer à de si grandes distances. Ayant en outre dans la garde impériale une troupe de choix, qui se développait tous les jours davantage, Napoléon n'était plus réduit comme autrefois à en chercher une dans la réunion des compagnies de grenadiers et de voltigeurs. Il imagina donc tout simplement de convertir le corps d'Oudinot en une réunion de quatrièmes bataillons qui seraient détachés des régiments auxquels ils appartenaient. D'abord, comme ce corps renfermait vingt-deux compagnies de voltigeurs et de grenadiers appartenant à l'armée du maréchal Davout, il les lui envoya pour servir de noyau à la formation des quatrièmes bataillons dans cette armée. Les compagnies de fusiliers devaient partir le plus tôt possible des dépôts répandus en Alsace, en Lorraine, en Flandre, pour compléter ces quatrièmes bataillons. Les autres compagnies d'élite du corps d'Oudinot appartenaient à trente-six régiments qui avaient passé d'Allemagne en Espagne.

Napoléon résolut également de faire de ces compagnies le noyau de trente-six quatrièmes bataillons, qui, pour le moment, serviraient en Allemagne, où ils étaient tout transportés, sauf à les rapprocher plus tard de l'Espagne, si leurs régiments continuaient à y servir. Les compagnies de fusiliers allaient leur être successivement envoyées des dépôts répandus dans le nord et l'est de la France. Ils devaient être distribués en trois divisions de douze bataillons chacune, et après leur formation présenter 30 mille hommes d'infanterie.

Les quatre divisions Carra Saint-Cyr, Legrand, Boudet, Molitor, comprenaient douze régiments, actuellement à trois bataillons de guerre, devant bientôt en avoir quatre, ce qui ferait encore quarante-huit bataillons, et procurerait environ 30 mille hommes. L'armée du Rhin pouvait ainsi s'élever à 130 mille hommes d'infanterie, sans compter les 5 mille de la division Dupas. Sur le vaste recrutement ordonné, Napoléon voulut prendre de quoi porter à 11 cents hommes tous les régiments de cavalerie, ce qui ne pouvait manquer de leur assurer 9 cents combattants. Les quatorze régiments de cuirassiers comptaient 11 ou 12 mille cavaliers dans le rang; il espérait en prenant dans les dépôts tout ce qui était disponible les porter à 13 ou 14 mille présents sous les armes. Il se proposait d'étendre jusqu'à 14 ou 15 mille cavaliers l'effectif des dix-sept régiments de cavalerie légère. Il résolut aussi de tirer parti des vingt-quatre régiments de dragons employés en Espagne. Une pareille force était plus que suffisante pour les besoins de cette guerre, en égard surtout aux besoins des autres guerres qui se préparaient au nord de l'Europe. Les dépôts en outre regorgeaient de dragons tout formés, que Napoléon dans le moment croyait plus utiles en Allemagne qu'en Espagne. Il ordonna donc à l'état-major de Madrid de renvoyer au dépôt le cadre du troisième escadron de guerre, en versant dans les deux premiers escadrons les hommes capables de servir, ce qui devait laisser à peu près au même effectif la force active en Espagne, et fournir des cadres pour utiliser les cavaliers déjà formés dans les dépôts. Son projet était de tirer successivement des dépôts pour les verser dans le cadre des troisièmes et quatrièmes escadrons, tous les hommes instruits, et de les envoyer ensuite en Allemagne, en composant avec ces quarante-huit escadrons douze régiments provisoires de dragons de quatre escadrons chacun. Les dépôts de dragons étaient répandus dans le Languedoc, la Guyenne, le Poitou, l'Anjou. Napoléon espérait ainsi avoir d'abord trois mille, puis six, et jusqu'à douze mille dragons, dès que la conscription aurait fourni le personnel nécessaire. Il pouvait en conséquence compter avant deux mois sur 13 ou 14 mille cuirassiers, sur 14 mille hussards et chasseurs, sur 3 mille dragons, presque tous vieux soldats, c'est-à-dire sur 30 mille hommes de cavalerie. Avec 130 mille hommes d'infanterie, 30 mille de cavalerie, 20 mille d'artillerie, 5 mille de la division Dupas, 15 ou 20 mille de la garde, il se promettait de réunir 200 mille Français en Allemagne, lesquels, avec 100 mille Allemands et Polonais auxiliaires, devaient lui assurer 300 mille

*Janv. 1809.*

*Composition des forces destinées à opérer en Italie.*

combattants sur le Danube. Le même système de formation allait lui en procurer 100 mille en Italie.

Napoléon avait en Italie douze régiments d'infanterie dont la formation à quatre bataillons était presque achevée, et dont la formation à cinq était commencée. Ils étaient partagés en quatre divisions de trois régiments, et de 9 à 10 mille hommes chacune, en y comprenant l'artillerie. La première de ces divisions était à Udine, la seconde à Trévise, la troisième à Mantoue, la quatrième à Bologne. On avait rappelé de l'armée de Dalmatie les troisièmes bataillons des huit régiments composant cette armée, en versant les hommes valides dans les deux premiers bataillons, et en ne ramenant que le cadre du troisième, ce qui n'avait pas sensiblement affaibli la force effective préposée à la garde de cette province éloignée. Au moyen de ces huit cadres de troisièmes bataillons, et de la création de huit autres résultant de la nouvelle organisation, on avait réuni seize bataillons d'infanterie, qui formaient à Padoue une cinquième division forte de 12 mille hommes au moins. Le repos dont jouissait l'armée d'Italie, et le soin que Napoléon avait mis à lui assurer sa part dans chaque conscription, avaient été cause que les nouvelles formations y étaient plus avancées qu'ailleurs. Enfin avec quelques troisièmes et quatrièmes bataillons de l'armée de Naples, et deux régiments entiers tirés de Naples même, on avait composé une belle division, qui, sous le général Miollis, gardait les États romains. Napoléon avait ordonné à Murat, devenu roi des Deux-Siciles, de distribuer son armée en deux divisions, l'une placée entre Naples et Reggio, l'autre entre Naples et Rome, de manière que celle-ci pouvant au besoin détacher une brigade sur Rome, rendît la division Miollis disponible. Les Anglais étaient assez occupés en Espagne, et devaient l'être assez sur le littoral germanique si la guerre se rallumait dans le nord, pour qu'on n'eût pas à s'inquiéter beaucoup de leurs tentatives contre le midi de l'Italie. On pouvait donc réunir six divisions, comprenant environ 58 mille hommes d'infanterie, la plupart vieux soldats qui ne s'étaient pas battus depuis long-temps, et qui avaient grand désir de recommencer leur ancien métier. Cinq régiments de dragons, cinq de hussards et chasseurs, ce qui suffisait en Italie, offraient, en puisant dans les dépôts, une nouvelle ressource de 8 mille hommes de cavalerie. Avec 6 mille d'artillerie, on était certain d'avoir une armée de 72 mille Français. En y ajoutant 18 à 20 mille Italiens, et dans le cas où l'on marcherait en avant, 10 mille Français de la Dalmatie, on pouvait compter sur 100 mille hommes environ en Italie, qu'il était facile de transporter en Allemagne. Ces forces réunies permettaient d'accabler la maison d'Autriche avec 100 mille combattants.

Ces formations ordonnées pendant que Napoléon commandait en Espagne, c'est-à-dire en novembre et décembre 1808, accélérées en janvier 1809 pendant qu'il s'était établi à Valladolid, furent poussées avec plus d'activité que jamais depuis son retour à Paris. Mais si l'arrivée des hommes dans les dépôts s'effectuait rapidement, d'autres

*Janv. 1809.*

Janv. 1809.

parties de l'organisation avançaient moins vite. Le matériel d'habillement, toujours lent à confectionner, l'instruction qui ne s'improvise pas, la formation des nouveaux cadres qui exigeait une grande quantité d'officiers et de sous-officiers capables, laissaient beaucoup à désirer. Il est vrai que sous ce dernier rapport nos vieilles armées offraient à Napoléon de grandes ressources. Mais il fallait réunir les éléments épars de ces diverses créations, et même pour le génie la nature des choses, quoique moins rebelle, ne se soumet pas absolument. On peut employer le temps mieux que d'autres, on ne saurait jamais s'en passer. Deux à trois mois qu'on espérait avoir encore ne suffisaient pas, et il était à craindre qu'on ne fût pas prêt, si la guerre éclatait trop tôt.

Soins de Napoléon pour accélérer l'organisation de ses nouveaux corps.

Les dépôts avaient versé aux divisions de l'armée du Rhin, ainsi qu'aux quatre divisions Carra Saint-Cyr, Legrand, Boudet et Molitor, tout ce qu'ils avaient de disponible, de manière que ces divisions avaient leurs trois bataillons de guerre bien complets, tant en vieux soldats aguerris qu'en jeunes soldats suffisamment instruits. Les choses ne marchaient pas aussi bien pour l'organisation des quatrièmes bataillons. C'est dans cette occasion que Napoléon tira un grand parti de la garde impériale. Il s'était décidé à lui confier 40 mille conscrits de 1810, et 6 à 7 mille des classes antérieures, pour qu'elle employât ses loisirs à les former, ce qui avait le double avantage de prévenir chez elle une oisiveté dangereuse, et de propager l'excellent esprit dont elle était animée. C'est à Versailles, à Paris et dans les lieux environnants qu'elle se consacrait à cette œuvre si utile, pendant que les moins âgés des soldats dont elle était composée, servaient en Espagne sous les yeux de l'Empereur. Une partie des conscrits qu'on lui destinait étant arrivés, elle en avait fait en quelques mois des soldats qui égalaient les vieux sous le rapport de l'instruction et de la tenue. Napoléon prit dans ces recrues les hommes les plus robustes, les plus avancés dans leur éducation militaire, pour les convertir en compagnies de grenadiers et de voltigeurs, qu'il envoya au corps d'Oudinot, afin d'y concourir à la formation des trente-six quatrièmes bataillons qui devaient le composer, en remplacement des vingt-deux compagnies déjà restituées à l'armée du Rhin. Il envoya pareillement de ces grenadiers et voltigeurs aux dépôts de l'armée du Rhin, pour y faciliter l'organisation des quatrièmes bataillons dans cette armée. Il pressa en même temps l'arrivée et l'instruction des conscrits encore dus à la garde, afin de s'en servir pour recruter les corps qui ne trouveraient pas dans leurs dépôts des ressources suffisantes. Il expédia en poste le général Mathieu Dumas, officier d'état-major intelligent, exact, actif, pour parcourir tous les dépôts du midi, de l'est, du nord, depuis Marseille, Grenoble, Lyon, Strasbourg, jusqu'à Mayence et Cologne, avec mission d'en faire partir, sans attendre les ordres du ministre de la guerre, les compagnies de fusiliers qui étaient déjà prêtes, et qui devaient servir à compléter les quatrièmes bataillons. Il ordonna de plus que, dès que les 80 mille conscrits de 1810 commenceraient à arriver dans les dépôts, les régiments qui avaient de l'avance sur les autres procédassent à la formation des cinquièmes bataillons, afin de préparer les éléments d'une forte réserve dans l'intérieur et sur les côtes.

Les dépôts de cavalerie étaient fort riches en hommes et en chevaux, car Napoléon n'avait cessé de s'en occuper et de consacrer des fonds à la remonte. Il fit partir plus de trois mille cuirassiers, chasseurs et hussards, et prescrivit les dispositions nécessaires pour qu'il en partît bientôt un un nombre égal. Il fit acheter 12 mille chevaux d'artillerie, et préparer tous les attelages de cette arme. Il ordonna au général Lauriston d'ajouter à l'artillerie de la garde une réserve de 48 bouches à feu, et pour cela d'acheter 1,800 chevaux en Alsace, où la garde les prendrait en passant avec le matériel de cette réserve. Enfin, comme s'il avait deviné les grands travaux qu'il aurait à exécuter dans les îles du Danube, et prévoyant certainement le rôle que ce fleuve immense jouerait dans la prochaine guerre, il ordonna de réunir, outre les outils qui suivaient ordinairement le corps du génie, un approvisionnement extraordinaire de 50 mille pioches et pelles, qui devaient être transportées à la suite de l'armée sur des chariots du train. Il tira en outre de Boulogne un bataillon de 1,200 marins qui fut joint à la garde. Comme il avait surtout besoin d'officiers et de sous-officiers pour les nouveaux cadres, indépendamment des officiers pris dans la garde, il en demanda 300 à Saint-Cyr. Il voulut même choisir dans chaque lycée, où ne se trouvaient que des adolescents, dont les plus âgés avaient de seize à dix-sept ans, ceux qu'un développement précoce rendait propres à la guerre, au nombre de dix par établissement. Il ne s'en tint pas à cette mesure, et ordonna à M. Fouché de faire le recensement des anciennes familles nobles, qui vivaient retirées dans leurs terres sans relations avec le gouvernement, afin d'enrôler leurs fils malgré elles, et de les envoyer dans les écoles militaires. Si on se plaint, écrivit-il, vous direz que *tel est mon bon plaisir*, et il ajouta une raison un peu moins folle, c'est qu'il ne fallait pas que, grâce à de fâcheuses divisions, une partie des familles pût se soustraire aux efforts que faisait la génération présente pour la gloire et la grandeur de la génération future [1]. Il prit encore quelques sous-officiers

---

[1] Nous citons cette lettre extraordinaire, qui est du nombre de celles qu'il écrivit lorsqu'il commençait à ordonner en Espagne même ses premiers préparatifs.

*Au ministre de la police.*

« Benavente, le 31 décembre 1808.

» Je suis instruit que des familles d'émigrés soustraient leurs enfants
» à la conscription, et les retiennent dans une fâcheuse et coupable oi-
» siveté. Il est de fait que les familles anciennes et riches qui ne *sont*
» *pas dans le système*, sont évidemment contre. Je désire que vous fas-
» siez dresser une liste de dix de ces principales familles par départe-
» ment, et de cinquante pour Paris, en faisant connaître l'âge, la for-
» tune, et la qualité de chaque membre. Mon intention est de prendre
» un décret pour envoyer à l'école militaire de Saint-Cyr les jeunes gens
» appartenant à ces familles, âgés de plus de seize ans et de moins de
» dix-huit. Si l'on fait quelque objection il n'y a pas d'autre réponse à
» faire, sinon que cela est mon bon plaisir. La génération future ne doit
» point souffrir des haines et des petites passions de la génération pré-
» sente. Si vous demandez aux préfets des renseignements, faites-le
» dans ce sens. »

Janv. 1809.

dans les vélites et fusiliers de la garde, troupe déjà fort aguerrie, quoique plus jeune que le reste du même corps. Ayant beaucoup de cavalerie, et se proposant d'en faire un grand usage contre l'infanterie autrichienne, il rappela d'Espagne les deux officiers de cette arme qu'il estimait le plus, les généraux Montbrun et Lasalle. Il rappela de l'Aragon le maréchal Lannes, qui venait de terminer le siége de Saragosse, et manda auprès de lui le maréchal Masséna.

Premiers mouvements de troupes.

Sans vouloir commettre encore aucun acte d'hostilité, car jusqu'ici l'Autriche ne s'en était point permis, il crut cependant utile de rapprocher ses troupes du théâtre supposé de la guerre, ce qui devait avoir le double avantage de les conduire sans fatigue vers les points de concentration, et de donner à l'Autriche un avertissement significatif, qui peut-être la ferait rentrer en elle-même, et lui inspirerait de sages réflexions. En conséquence il ordonna à la division Dupas de quitter les bords de la mer Baltique, pour se rapprocher de Magdebourg. Il fit remplacer par les troupes saxo-polonaises tout ce qu'il avait encore de détachements français à Dantzig, Stettin, Custrin, Glogau. Il prescrivit au maréchal Davout de s'acheminer de la Saxe vers la Franconie, de fixer son quartier général à Wurtzbourg, et de diriger sur Bayreuth l'une de ses divisions. Il enjoignit au général Oudinot de se transporter avec le consentement du roi de Bavière, de Hanau à Augsbourg, aux divisions Carra Saint-Cyr et Legrand de se rendre des environs de Paris aux environs de Metz, aux divisions Boudet et Molitor de s'avancer de Lyon sur Strasbourg. Ces trois points de rassemblement, Wurtzbourg, Augsbourg, Strasbourg, devaient être pour l'Autriche d'une haute signification. Il recommanda au prince Eugène, non de faire camper ses troupes, ce que la saison ne comportait pas encore, mais de réunir successivement vers le Frioul ses quatre premières divisions, son matériel d'artillerie, sa cavalerie, de manière à pouvoir présenter en vingt-quatre heures une cinquantaine de mille hommes en bataille. Il renouvela l'ordre à Murat de reporter ses forces vers Rome, afin de rendre disponible la division Miollis. Il décida l'armement de toutes les places d'Italie, et l'achèvement des travaux les plus urgents à Osopo, Palma-Nova, Venise, Mantoue, Alexandrie. Enfin il envoya au général Marmont, qui commandait en Dalmatie, l'ordre de concentrer son armée sur Zara, en ne laissant aux bouches du Cattaro et dans quelques postes intéressants que les garnisons indispensables; de construire à Zara un camp retranché qui serait approvisionné pour un an, de s'y préparer ainsi ou à tenir tête pendant plusieurs mois à des forces considérables, ou à marcher en avant pour se joindre à l'armée d'Italie.

*Janv. 1809.*

A ces manifestations militaires qui ne constituaient pas encore des actes offensifs, Napoléon ajouta une manifestation diplomatique : il ordonna au général Andréossy, ambassadeur à Vienne, de quitter cette capitale, non point en demandant ses passe-ports, ce qui eût ressemblé à une déclaration de guerre, mais en alléguant un congé anciennement sollicité, et récemment obtenu. Napoléon trou-

*Ordre au général Andréossy de quitter Vienne.*

vait dans ce rappel dissimulé, outre l'avantage de témoigner son mécontentement, celui de supprimer une cause d'irritation entre les deux cabinets, car le général Andréossy éprouvait pour la cour de Vienne une haine que cette cour lui rendait. Il avait ordre de parcourir en revenant tous les cantonnements autrichiens, pour être à même de donner à son retour des renseignements précis sur les moyens militaires de l'ennemi. Ces dispositions si actives, si prévoyantes, prouvent du reste que Napoléon mettait à prévenir la guerre autant de soin qu'à la préparer. Malheureusement sa politique ambitieuse lui avait fait de la guerre une nécessité fatale, quand ses goûts ne lui en faisaient plus un plaisir.

A ces vastes préparatifs, il fallait adapter les moyens financiers. On a déjà présenté l'affligeante remarque que la guerre d'Espagne, en diminuant désastreusement les forces militaires de la France par leur dispersion, diminuait à un degré égal ses ressources financières, par la multiplication excessive des causes de dépense. Bien que la double création de la caisse de service et du trésor de l'armée mit Napoléon à l'abri de toute gêne actuelle, les ressources commençaient pourtant à être moins abondantes, et il était facile d'en prévoir le terme, comme celui de la puissance de la France, si on ne s'arrêtait bientôt dans cette carrière d'entreprises exorbitantes.

Les budgets maintenus rigoureusement dans les bornes assignées, ce qui était facile, puisque les seuls excédants possibles provenant de l'état de guerre étaient couverts par des prélèvements sur le trésor de l'armée, tendaient à se liquider sans déficit. Les exercices antérieurs à 1806, soldés au moyen des bons de la caisse d'amortissement (lesquels n'étaient, comme on s'en souvient, qu'une lente aliénation de biens nationaux), marchaient vers leur apurement définitif. Ceux de 1806 et 1807, fixés à 730 millions pour les dépenses générales, à 40 pour les dépenses départementales, ce qui formait avec les 120 des frais de perception, un total de 890 ou 900 millions, n'inspiraient aucune inquiétude pour leur liquidation, surtout les armées au delà du Rhin continuant à être payées sur les contributions de la Prusse. Il n'en était pas de même pour l'exercice 1808. Il avait été fixé comme les autres à 730 millions de dépenses générales, 40 de dépenses spéciales, l'armée du Rhin étant toujours payée jusqu'au 31 décembre par les contributions de guerre. Mais si l'équilibre entre les besoins et les ressources n'était pas rompu par l'élévation de la dépense, il allait l'être par un mouvement rétrograde dans les recettes, jusque alors inconnu sous le règne de Napoléon. Ce mouvement ne se faisait remarquer ni dans les contributions indirectes, ni dans l'enregistrement, ce qui aurait accusé une diminution de prospérité intérieure, mais dans les douanes, et les aliénations de domaines nationaux. L'importation des denrées exotiques avait été singulièrement réduite par les décrets de Milan, et on était fondé à craindre une diminution de 25 millions dans cette branche des revenus publics. Les à-compte dus et non acquittés par les acquéreurs de domaines natio-

Janv. 1809.

naux, les ventes de ces domaines sensiblement ralenties, avaient encore privé le Trésor d'une quinzaine de millions. Un excédant espéré et non obtenu sur le budget de 1807, lequel cependant avait été porté en recette pour 3 à 4 millions en 1808, une insuffisance de quelques millions sur les postes, sur les poudres et salpêtres, sur les recettes extérieures d'Italie, élevaient le déficit total à 47 ou 48 millions pour l'année 1808, qui venait de se terminer.

Ce n'était là qu'une partie de la difficulté. Les exercices antérieurs de 1807, 1806, 1805, pouvaient être considérés comme en équilibre à la condition de compter comme valeurs effectives des valeurs bonnes sans doute, mais d'une réalisation éloignée, telles, par exemple, que le débet des négociants réunis qui était encore de 18 ou 19 millions, l'emprunt pour l'Espagne, qu'on avait supposé de 25 millions, et qui n'avait pas été poussé au delà de 7 ou 8, les encaisses à Bayonne qui n'avaient dû être que provisoires et devenaient permanents comme la guerre au delà des Pyrénées, enfin les avances pour les troupes russes et napolitaines, qui montaient de 2 à 3 millions et n'avaient pas été remboursées. L'ensemble de ces sommes faisait un total de rentrées arriérées d'une quarantaine de millions, et constituait avec les 47 à 48 millions d'insuffisance de recettes sur 1808, un déficit général d'environ 90 millions. Nous devons ajouter que pour mettre les corps en état d'exécuter leurs préparatifs de guerre, il avait fallu leur payer plus tôt que de coutume les sommes restant dues sur 1808, d'où il résultait que cet exercice

Déficit de 90 millions sur 1808.

était à la fois en arrière sur les recettes, et en avance sur les dépenses, ce qui doublait la difficulté du moment.

*Janv. 1809.*

L'embarras du reste n'avait rien de sérieux pour le présent, car la caisse de service et la caisse de l'armée étaient parfaitement capables d'y suffire. On se souvient sans doute de la création de la caisse de service imaginée par M. Mollien, et du principe de cette création. Au lieu de charger ou la Banque, ou une compagnie de financiers, d'escompter les obligations des receveurs généraux, le Trésor avait institué une caisse, dans laquelle les receveurs généraux étaient obligés de verser leurs fonds dès qu'ils les recevaient, alors même que d'après les règlements ils ne les devaient pas encore [1]. On leur en payait l'intérêt jusqu'au jour où l'impôt que représentaient ces fonds était dû, et on les remboursait avec leurs obligations échues. Cette opération avait dispensé d'escompter les obligations. Toute-

*Ressources qu'offre la caisse de service.*

---

[1] Ceci pourra paraître obscur aux lecteurs qui ne se rappellent pas ce qui a été dit dans les volumes précédents, ou qui sont étrangers à la connaissance des finances. Ils se demanderont comment les receveurs peuvent avoir à verser des fonds qu'ils ne doivent pas encore. Voici l'explication de cette apparente singularité. Les contributions directes, qui constituent en France la principale branche du revenu public, sont dues par mois, c'est-à-dire par douzièmes. Or certains contribuables payent six mois, un an à l'avance, tandis que d'autres demeurent en retard. Les receveurs de l'État balancent l'arriéré des uns par les avances des autres, et de plus on les intéresse à l'exactitude des rentrées en leur donnant à eux-mêmes, sous le nom de bonifications, deux ou trois mois de délai, ce qui constitue pour eux une jouissance d'intérêts. C'est ce qui explique comment ils pouvaient avoir en caisse des fonds qu'ils ne devaient pas encore. Ce sont ces fonds qu'ils furent obligés de verser à la caisse des services, moyennant l'intérêt jusqu'au jour où ils les devraient.

fois comme il y en avait tous les ans pour plus de 125 millions, qui n'étaient payables que dans les quatre ou cinq premiers mois de l'année suivante, on n'aurait pas pu éviter d'en escompter une partie, si Napoléon n'avait prêté au Trésor, au nom de la caisse de l'armée, 84 millions qui s'y trouvaient déposés. De la sorte, la caisse avec les avances qu'elle obtenait des receveurs généraux, avec les 84 millions qu'on lui avait prêtés, avait pu s'abstenir d'escompter les 125 millions d'obligations, échéant l'année suivante, et celles-ci conservées en portefeuille avaient cessé de figurer sur la place. Les capitalistes n'ayant plus la ressource de ces obligations pour employer leurs capitaux, venaient prendre les billets de la caisse de service, qui remplaçaient ainsi les obligations, à beaucoup meilleur marché pour le Trésor, avec plus d'ordre, avec l'avantage surtout d'avoir amené les comptables à verser les fonds de l'impôt à l'instant même où ils les recevaient. Cette caisse était parvenue à se procurer par là des ressources considérables, et n'était pas embarrassée de faire face à une insuffisance actuelle d'une cinquantaine, et même d'une centaine de millions. S'il y avait, par exemple, pour 40 millions de valeurs d'une rentrée différée sur les budgets antérieurs, la caisse y pouvait suppléer moyennant un intérêt pendant la durée de cette avance. S'il y avait 48 à 50 millions d'insuffisance de recette sur 1808, elle pouvait encore y pourvoir, moyennant que l'on créât bientôt une valeur correspondante. Napoléon n'y manqua pas en effet, et il fit chercher, soit dans les domaines nationaux de France, soit dans les domaines nationaux de Piémont et de Toscane, des biens pour une cinquantaine de millions, dont l'aliénation, confiée à la caisse d'amortissement, et exécutée avec lenteur, devait couvrir la somme pour laquelle les recettes de 1808 restaient en arrière des prévisions. Ainsi la caisse de service fournissait la ressource immédiate, les biens nationaux de France et d'Italie la ressource définitive, pour combler le déficit du budget de 1808.

*Janv. 1809.*

Le budget de 1809 fut fixé au même chiffre que ceux de 1808 et 1807, c'est-à-dire à 730 millions de dépenses générales, 40 de dépenses départementales, ce qui faisait 890 avec les frais de perception. Mais, en 1807 et 1808, les troupes au-delà du Rhin avaient été payées par le trésor de l'armée. Il fallait qu'il en fût de même en 1809. Nous avons déjà dit que toutes les dépenses de nos armées d'Allemagne étant soldées jusqu'au 31 décembre 1808, il restait environ 300 millions au trésor de l'armée, dont 20 millions provenant de la guerre d'Autriche, 280 de la guerre de Prusse. Depuis, Napoléon avait réduit la contribution de la Prusse de 20 millions, à la demande de l'empereur Alexandre: diverses rectifications avaient relevé d'autres produits, et l'actif total du trésor de l'armée se trouvait fixé définitivement en janvier 1809, à 292 millions, dont 84 prêtés au Trésor et représentés par pareille somme de rentes, 10 millions en excellents immeubles provenant de la liquidation des négociants réunis, 24 en espèces ou en recouvrement, 64 échéant dans l'année 1809, 106 dans

*Budget de 1809.*

*Situation du trésor de l'armée.*

Janv. 1809.

les années 1810 et 1811, et 3 ou 4 prêtés à diverses personnes que Napoléon avait désiré secourir. C'étaient donc des valeurs, ou bien placées, ou liquides, ou prochainement recouvrables. Les 24 millions en espèces ou en recouvrement, joints aux 64 millions échéant en 1809, constituaient une ressource immédiate de 88 millions, sur laquelle Napoléon avait déjà fait certaines dispositions. Il avait donné récemment 4 millions en gratifications à certains corps, payé 1 million aux villes qui avaient fêté l'armée, prêté 800,000 francs à la ville de Bordeaux, 2,500,000 aux propriétaires de vignobles de la Gironde, 8 millions à la ville de Paris, 1 million à l'Université. Il avait en outre consacré 1 million à seconder les expéditions maritimes, 10 millions à acquérir le canal du Midi, 12 millions à racheter des rentes pour soutenir les cours, enfin quelques centaines de mille francs à créer des bourses dans les lycées. La plupart de ces emplois constituaient de très-bons placements, qui, tout en rendant service aux établissements sur lesquels on avait placé, ou au crédit du Trésor, permettaient de doter les membres de l'armée que Napoléon voulait récompenser. Néanmoins ils réduisaient à une cinquantaine de millions les ressources de l'année. Il n'en fallait pas davantage, il est vrai, pour les besoins immédiats de la guerre. En continuant à solder sur le trésor de l'armée les troupes qui se trouvaient en Allemagne, il aurait fallu à Napoléon, pour ne pas constituer en déficit le budget de 1809 qui avait bien assez à faire de payer les armées d'Espagne et d'Italie, 77 millions pour l'année, dont 22 à prélever sur les vastes magasins qui nous étaient restés, 55 sur les valeurs en argent. Napoléon se contenta de prendre de quoi entretenir trois mois l'armée du Rhin, ce qui exigeait environ 20 millions. Il se borna donc à tirer immédiatement du trésor de l'armée ces 20 millions, qui, avec les sommes avancées aux divers corps sur le budget ordinaire, devaient les mettre tous à leur aise. Napoléon pensait que dans les premiers mois de 1809 ses troupes seraient sur le territoire ennemi, où elles vivraient grassement et gratuitement, que la victoire rouvrirait la source des contributions de guerre, et dédommagerait amplement le trésor de l'armée des sacrifices qu'il était obligé de lui imposer. Sur les 12 millions de rentes (en capital, bien entendu) récemment achetés, il distribua sur-le-champ 7 millions à ses généraux, voulant leur procurer quelques satisfactions avant de les mener de nouveau à la mort.

Ainsi, comme nous venons de le dire, le budget de 1808 allait trouver dans une aliénation de biens nationaux le dédommagement de la réduction des recettes; le budget de 1809 allait, comme les budgets précédents, se décharger sur le trésor de l'armée de la dépense des troupes d'Allemagne; et quant aux facilités courantes, en attendant que les valeurs créées fussent réalisées, la caisse de service, qui jouissait du plus grand crédit, la caisse de l'armée, dans laquelle coulait incessamment le produit des contributions de guerre, allaient y pourvoir immédiatement. Mais si la gêne ne se faisait pas encore sentir, le terme des ressources se laissait déjà entrevoir, et il était temps de s'arrêter, si on ne voulait ruiner les finances aussi bien que l'armée. Napoléon en jugeait ainsi lui-même, car, tandis qu'il suspendait l'emprunt consenti envers l'Espagne, et donnait à son frère pour unique ressource le produit des laines prises en Castille, et quelques centaines de mille francs d'argenterie convertie en monnaie, il interrompait les achats de rentes, qui avaient été effectués, depuis août jusqu'à décembre 1808, dans l'intention de soutenir les cours. On en avait acheté 46 millions, dont 10 pour le compte de la Banque, 11 pour celui de la caisse de service, 25 pour celui de la caisse d'amortissement (celle-ci agissant tant pour elle que pour l'armée). Indépendamment de ces sommes, la Banque en avait déjà acquis 16 pour elle-même, ce qui portait à 62 millions les achats de cette année, somme énorme, si on la compare à la masse de rentes inscrites au grand livre, qui était de 56 millions en 1809, au capital de 900 millions. Il avait fallu cet effort pour soutenir contre l'influence des événements d'Espagne la rente au taux de 80, que Napoléon appelait le taux normal sous son règne, aveu pénible à faire, car après Tilsit et avant Bayonne ce taux était à 94. En janvier 1809, les événements d'Autriche portant un nouveau coup au crédit, et la tendance à la baisse se produisant encore avec force, Napoléon ne voulut pas amoindrir ses ressources disponibles pour arrêter un discrédit qui n'était plus imputable à la guerre d'Espagne, mais à celle d'Autriche. Le mauvais effet, suivant lui, devait retomber sur des puissances parjures, qui vaincues lui promettaient la paix, et à peine remises de leur défaite recommençaient la guerre. Il se trompait, car tout le monde rattachait la guerre d'Autriche à la guerre d'Espagne, et il devenait responsable du discrédit actuel qu'il ne voulait plus combattre, comme de l'ancien qu'il avait su arrêter à force d'argent. Sa meilleure justification au surplus devait se trouver dans la victoire, et il ne négligeait rien en effet pour la rendre certaine, car, ainsi qu'on vient de le voir, les conscrits affluaient dans les dépôts, les nouveaux cadres s'organisaient, les principales armées s'avançaient elles-mêmes vers le Haut-Palatinat, la Bavière et le Frioul, pour obliger l'Autriche à réfléchir, ou pour l'accabler, si des menaces elle passait à l'action.

*Janv. 1809.*

Malheureusement cette puissance était bien engagée pour reculer. Jamais elle n'avait pu se consoler d'avoir perdu en quinze ans (de 1792 à 1806) les Pays-Bas, les possessions impériales de Souabe, le Milanais, les États vénitiens, le Tyrol, la Dalmatie, et enfin la couronne impériale elle-même! Peut-être si le monde avait pris une assiette fixe, comme en 1713 après le traité d'Utrecht, comme en 1815 après le traité de Vienne, peut-être se serait-elle soumise à la nécessité devant l'immobilité générale. Mais Napoléon exposant tous les jours le sort de l'Europe et le sien à de nouveaux hasards, elle ne pouvait s'empêcher de tressaillir à chaque chance qui s'offrait, et quoique ce fût une cour oligarchique, peu en communication avec ses peuples, elle n'éprouvait pas une émo-

*Agitations d'esprit à Vienne, et motifs qui portent l'Autriche à la guerre.*

tion que la nation autrichienne ne l'éprouvât avec elle, car jamais les nations, quelle que soit la forme de leurs institutions, ne demeurent indifférentes au sort de leur gouvernement. Il n'est pas nécessaire qu'elles possèdent des institutions libres pour avoir de l'orgueil et de l'ambition. Aussi, lorsque passant sur le corps de la Prusse pour s'élancer en Pologne, Napoléon avait laissé une moitié du continent derrière lui, l'Autriche avait songé à profiter de l'occasion pour l'assaillir à revers. Mais cette résolution était si grave, il restait tant à faire avant d'avoir reconstitué les armées autrichiennes; Napoléon avait été si prompt, que l'occasion à peine entrevue s'était aussitôt évanouie, et on en avait ressenti à Vienne un dépit, presque un désespoir qui avait éclaté dans les actes comme dans le langage. Cette première occasion, montrée par la fortune, perdue par les hésitations de la prudence, avait amené un déchaînement universel contre les hommes sages qui faisaient manquer, disait-on, toutes les occasions d'agir. Il avait fallu alors que Napoléon rendît Braunau à l'Autriche pour qu'elle se calmât un instant. Elle s'était en effet calmée durant quelques mois, de la fin de 1807 au commencement de 1808, en voyant Napoléon porter ailleurs son activité incessante, la Russie s'unir à lui, l'Angleterre donner des griefs à toute l'Europe par la barbare expédition de Copenhague, et elle avait même signifié à cette dernière puissance qu'il fallait se tenir tranquille, du moins pour un temps. Mais cette résignation avait été de courte durée. L'attentat commis sur la couronne d'Espagne avait réveillé toutes ses passions. Elle avait été sincèrement indignée, et elle le montrait d'autant plus volontiers que Napoléon pour la première fois semblait embarrassé. Le brusque retour de celui-ci en août dernier après les événements de Bayonne, ses vertes allocutions à M. de Metternich, son intimité avec l'empereur de Russie à Erfurt, avaient contenu mais non calmé l'Autriche, qui avait au contraire ressenti du mystère gardé à son égard un redoublement de dépit et d'inquiétude. Sans en être instruite, elle avait deviné que les provinces du Danube étaient le sacrifice dont Napoléon avait dû payer à Erfurt l'alliance russe, ce qui n'avait pas contribué à la ramener. Enfin la campagne que Napoléon venait de faire en Espagne avait plutôt échauffé que refroidi son ardeur. Sans doute il avait battu les armées espagnoles, ce qui n'était pas un miracle, ayant opposé à des paysans indisciplinés ses meilleures armées ; mais ces paysans étaient plutôt dispersés que vaincus, et n'étaient certainement pas soumis. Quant aux Anglais, Napoléon les avait forcés à se rembarquer sans les détruire ; et si la capitulation de Baylen avait fait grand tort au prestige de la France, la faible poursuite des Anglais par le maréchal Soult ne lui en causait pas moins dans le moment. On vantait les Anglais avec une exagération étrange, et on répétait à Vienne avec autant de satisfaction qu'on aurait pu le faire à Londres, qu'enfin les Français avaient trouvé sur le continent une armée capable de leur tenir tête. A ces raisons qu'on se donnait à Vienne pour s'encourager s'en joignaient d'autres

Janv. 1809.

Janv. 1809.

Exaspération
de
l'Allemagne
contre
les Français.

d'une égale influence, c'était l'esprit général de l'Allemagne exaspérée contre les Français, qui, non contents de l'avoir battue et humiliée tant de fois, l'occupaient et la dévoraient depuis trop longtemps. Il est certain que la présence de nos troupes dans les pays vaincus, s'ajoutant aux souvenirs amers des dernières années, produisait un sentiment d'irritation extraordinaire. L'acte odieux de Bayonne, les difficultés rencontrées en Espagne, avaient tout à la fois, en Allemagne comme en Autriche, excité l'indignation et rendu l'espérance. On ne détestait pas seulement, on méprisait une perfidie qui n'avait pas réussi, et il fallait, disait-on, que l'Europe en tirât vengeance. La Prusse, privée de son roi, qui, depuis Iéna, vivait obscurément à Kœnigsberg, n'osant pas se faire voir à ses sujets auxquels il n'avait rien à annoncer que la nécessité de payer encore 120 millions de contributions, la Prusse était prête à se révolter tout entière, depuis le paysan jusqu'au grand seigneur, depuis Kœnigsberg jusqu'à Magdebourg. La retraite des Français, qu'on regardait non comme la fidèle exécution d'un traité, mais comme une suite de leurs revers en Espagne, leur valait des mépris aussi injustes qu'imprudents. Les derniers détachements de nos troupes sortis des places de l'Oder, en escortant nos magasins qu'on réunissait à Magdebourg, avaient été partout insultés, et n'avaient pu traverser les villages sans y recevoir de la boue et des pierres. Les Français osaient à peine se montrer à Berlin, tandis qu'un chef de partisans, le major Schill, qui en 1807 avait gêné par quelques maraudes le siége de Dantzig, était reçu, fêté avec transport, comme si un chef de partisans pouvait arracher l'Allemagne des mains de Napoléon.

Janv. 1809.

Dans les pays alliés de la France on ne manifestait pas des dispositions beaucoup meilleures. En Saxe, bien que nous eussions rendu à la maison régnante la Pologne et un titre royal, on disait que le roi pour ses intérêts personnels trahissait la cause de l'Allemagne, et écrasait ses sujets d'impôts et de levées de troupes, car la conscription était déjà une plaie européenne qu'on imputait partout à Napoléon. En Westphalie, où un jeune prince de la maison Bonaparte avait remplacé la vieille maison de Hesse, et faisait par l'éclat de son luxe bien plus que par la sagesse de son gouvernement un contraste singulier avec cette maison de tout temps fort avare, on éprouvait la haine la plus vive. En Bavière, en Wurtemberg, dans le pays de Baden, où les princes avaient gagné des agrandissements de titres et de territoires que les peuples payaient en logements de troupes, en conscriptions et en impôts, on se plaignait tout haut de souverains qui sacrifiaient leur pays à leur ambition personnelle. Chez tous ces peuples le sentiment de l'indépendance nationale éveillait le sentiment de la liberté, et on parlait de s'affranchir de princes qui ne savaient pas s'affranchir de Napoléon. On allait plus loin, et déjà quelques esprits plus ardents formaient des sociétés secrètes pour délivrer l'Europe de son oppresseur, les nations de leurs gouvernements absolus. Un phénomène effrayant commençait même à se produire : certains esprits s'enflammant

Disposition des peuples allemands alliés de la France.

à la flamme générale, nourrissaient secrètement, ainsi qu'on le verra bientôt, l'affreuse pensée de l'assassinat contre Napoléon, que l'admiration et la haine du monde dépeignaient à tous les yeux comme la cause unique des événements du siècle.

En Tyrol, où subsistait un vieil attachement héréditaire pour la maison d'Autriche, on supportait avec impatience le joug de la Bavière. On montrait hardiment cette impatience, on s'assemblait chez les aubergistes, principaux personnages de ces montagnes comme de celles de Suisse, et on y préparait une insurrection générale pour le jour des premières hostilités. De nombreux émissaires, sans se cacher des autorités bavaroises qui étaient trop faibles pour se faire respecter, allaient chaque jour annoncer ces dispositions à Vienne. Ce n'était là, il est vrai, qu'un premier élan de cœur chez tous les peuples allemands. Il fallait encore pour eux bien des souffrances, et pour les Français bien des revers, avant qu'ils osassent s'insurger contre le prétendu Attila. Mais si l'Autriche levait son étendard, et si elle avait un premier succès, nul doute que l'insurrection ne pût bientôt devenir générale en Allemagne, et que nos alliés eux-mêmes ne fissent une éclatante défection.

Ces faits, transmis et exagérés naturellement à Vienne, y avaient porté l'exaltation au comble. On se disait que le temps était enfin venu d'agir, et de ne plus laisser passer les occasions comme on l'avait fait en 1807; que la circonstance de l'insurrection espagnole négligée, on ne la retrouverait plus; que le moment était d'autant plus favorable que Napoléon n'avait pas 80 mille hommes de troupes en Allemagne (ce qui était fort inexact), dispersés depuis la Baltique jusque sur le haut Danube; que l'Italie elle-même s'était dégarnie pour la Catalogne; que la conscription se levait avec la plus grande difficulté; que le tyran de l'Europe l'était aussi de la France, car il était obligé pour contenir ses concitoyens, devenus d'abord ses sujets, puis ses esclaves, de frapper jusqu'à ses meilleurs serviteurs (allusion à MM. de Talleyrand et Fouché qu'on disait disgraciés). On ajoutait que Napoléon ne pourrait pas remplacer les vieilles troupes envoyées au delà des Pyrénées, qu'on le saisirait au dépourvu, qu'au premier signal les États allemands ses alliés se détacheraient de lui, que les États allemands ses ennemis se soulèveraient avec enthousiasme, que la Prusse s'ébranlerait jusqu'au dernier homme; que l'empereur Alexandre lui-même, engagé dans une politique condamnée par la nation russe, abandonnerait au premier revers une alliance qu'il avait adoptée parce qu'elle était puissante, non parce qu'elle lui était agréable; qu'en un mot il fallait seulement donner le signal, que ce signal donné le monde entier le suivrait, et qu'on serait ainsi les auteurs du salut universel.

*Janv. 1809.*

*Encouragements que l'Autriche trouve dans l'état de l'Allemagne.*

A ces raisons fort plausibles on ajoutait pour s'exciter des raisons beaucoup moins sérieuses. On prétendait que ce n'était pas seulement pour se relever, mais pour se sauver, qu'il fallait agir au plus tôt, car la ruine de la maison de Habsbourg était résolue, après celle de la maison de Bourbon. L'Empereur des Français voulait, disait-on, renouveler

Janv. 1809.

toutes les dynasties, et placer sur les trônes de l'Europe des dynasties de sa création. On citait avec une singulière insistance un propos insignifiant que Napoléon, sous les murs de Madrid, avait tenu aux Espagnols, lorsqu'il avait mis une sorte d'affectation à leur faire attendre le retour de son frère Joseph. — Si vous ne le voulez pas pour roi, leur avait-il dit, je n'entends pas vous l'imposer, j'ai un autre trône à lui donner; et, quant à vous, je vous traiterai en pays conquis. — C'était là un propos de circonstance tenu pour produire un effet d'un moment; et si Napoléon songeait vraiment à un autre trône que celui d'Espagne en proférant ces paroles, il songeait tout au plus au trône de Naples, que Joseph lui avait redemandé avec de vives instances, et dont Murat, malade alors, n'avait pas encore pris possession. Mais cet autre trône n'était, à en croire la haute société de Vienne, que le trône d'Autriche. Il fallait donc, ou périr honteusement en se soumettant, ou périr glorieusement en résistant, avec chance au moins de se sauver. Il n'y avait pas, assurait-on, d'autre alternative, et il fallait prendre son parti, le prendre surtout au plus tôt. Vienne enfin offrait en 1809 l'image de Berlin en 1806.

Préparatifs militaires de l'Autriche, et influence morale de ces préparatifs.

A cette impulsion naissant de ressentiments accumulés, s'en joignait une autre qui naissait des armements eux-mêmes, poussés si loin depuis la fin de 1808, qu'il fallait absolument ou s'en servir ou y renoncer. L'Autriche, après ses revers militaires, avait naturellement songé à en rechercher la cause et à y porter remède. En conséquence, elle avait confié le ministère de la guerre à l'archiduc Charles, avec mission de réorganiser l'armée autrichienne, de telle sorte qu'à la première occasion favorable on pût recommencer la lutte contre la France avec plus de chance de succès. Ce prince, s'appliquant consciencieusement à remplir sa tâche, avait d'abord accru les cadres en complétant les troisièmes bataillons de chaque régiment, de manière à les rendre propres à devenir bataillons de guerre. Il avait ensuite imaginé la landwehr, espèce de milice imitée de nos gardes nationales, qui était composée de la noblesse et du peuple, l'une servant de cadre à l'autre, et appelée à se réunir dans certains points déterminés pour y former des corps de réserve. On instruisait cette milice fort activement, et chaque dimanche des jeunes gens de toutes les classes, portant l'uniforme et les moustaches, affectant les allures militaires que Napoléon obligeait toute l'Europe à se donner, manœuvraient dans les villes d'Autriche, sous la direction de vieux nobles retirés depuis long-temps des armées, mais prêts à y rentrer pour le service d'une dynastie à laquelle ils étaient dévoués. Les étrangers qui avaient connu autrefois l'Autriche si tranquille, si mécontente de la guerre, en la voyant aujourd'hui si agitée, si belliqueuse, ne pouvaient plus la reconnaître. On venait de tenir la diète de Hongrie, et de lui demander ce qu'on appelait l'insurrection, espèce de levée en masse, composée surtout de cavalerie, et indépendante des régiments réguliers qui se recrutent avec des soldats hongrois. La diète avait voté cette insurrection, et en

Janv. 1809.

Création de la landwehr.

outre des fonds extraordinaires pour en payer la dépense. On ne prenait donc plus la peine de dissimuler ces préparatifs, et on les accélérait même, comme pour une guerre qui devait éclater au printemps, c'est-à-dire sous deux ou trois mois. On comptait sur environ 300 mille hommes de troupes actives, que l'archiduc Charles avait mis trois années à organiser, sur 200 mille hommes de troupes de réserve, comprenant ce que la landwehr contenait de plus militaire, et enfin sur une force qu'il était impossible d'évaluer, celle de l'insurrection hongroise. Déjà on avait commencé à réunir les régiments en Carinthie, en Haute-Autriche, en Bohême, pour procéder à la formation des corps d'armée. On attelait l'artillerie, et on la faisait passer en plein jour à travers la ville de Vienne, précédée ou suivie des régiments d'infanterie, au milieu des acclamations du peuple de la capitale. On exécutait des travaux considérables dans trois places qui devaient entrer dans le plan des opérations. Ces places étaient celle d'Enns, au confluent du Danube et de l'Ens, avec un pont à Mauthausen, pour couvrir Vienne contre une invasion venue de la Bavière ; celle de Bruck sur la Muhr, pour couvrir Vienne contre une invasion venue d'Italie ; enfin, celle de Comorn, pour préparer une grande place de dépôt en cas de retraite en Hongrie, indiquant par là qu'on voulait pousser la guerre à outrance, et ne pas regarder la lutte comme finie après la perte de Vienne. On armait publiquement cette dernière ville, et on hissait les canons sur ses remparts.

Le langage adopté pour expliquer à soi et aux autres une telle conduite tenue en pleine paix, c'est que la destruction de la maison d'Espagne présageait une tentative prochaine contre la maison d'Autriche; qu'on devait donc être prêt pour le mois de mars ou d'avril; qu'on allait être attaqué infailliblement, et qu'avec une telle certitude il ne fallait pas se laisser prévenir, mais prévenir un ennemi perfide; que peu importait quel serait celui qui tirerait le premier coup de canon, que le véritable agresseur serait aux yeux des honnêtes gens l'auteur de l'attentat de Bayonne. Le gros de la population croyait à ces discours avec une bonne foi parfaite; la cour y croyait peu ou pas du tout, bien que le détrônement des Bourbons l'eût sérieusement alarmée; mais elle était surtout exaspérée de ses revers, et après l'occasion manquée de la guerre de Pologne, elle craignait de laisser échapper celle de la guerre d'Espagne. Toute la noblesse était de cet avis, mûe à la fois par de justes ressentiments nationaux et par les mauvaises passions de l'aristocratie allemande. D'ailleurs les nombreux agents de l'Angleterre, réintroduits officieusement à Vienne, l'excitaient à qui mieux mieux. Les archiducs n'étaient pas les moins vifs dans cette sorte de croisade, excepté toutefois le principal, le plus responsable d'entre eux, l'archiduc Charles, qui, destiné à commander en chef, frémissait non à l'idée des boulets, car il n'y avait pas un soldat plus brave que lui, mais à l'idée de se retrouver encore en face du vainqueur du Tagliamento, jouant contre lui le sort de la monarchie autrichienne.

Janv. 1809.

Dispositions personnelles de la famille impériale.

Janv. 1809.

Suivant son usage, il préparait la guerre sans la désirer. Pour piquer son courage, on l'appelait d'un nom emprunté aux événements d'Espagne, celui de *Prince de la paix*. L'empereur François, toujours sensé, mais peu énergique, s'abandonnait à un entraînement qu'il blâmait, se contentant de lancer quelques traits satiriques contre les fautes qu'il laissait commettre, surtout quand ces fautes étaient l'œuvre de ses frères. Récemment uni, depuis son veuvage, à une princesse de la maison de Modène, laquelle était la plus imbue des préjugés autrichiens, il avait l'avantage, commode pour sa faiblesse, de trouver son intérieur de famille d'accord tout entier avec la tendance à laquelle il cédait, et de voir ainsi tous ses proches, excepté lui-même, approuvant ce qui allait prévaloir. Cela suffisait à son repos et à son caractère.

Ainsi, toujours armant, parlant, s'exaltant les uns les autres depuis plusieurs mois, les princes et grands seigneurs qui gouvernaient l'Autriche en étaient venus à un état d'hostilité ouverte, et il leur fallait absolument prendre une résolution. Au surplus, le brusque retour de Napoléon à Paris, l'appel adressé aux princes de la Confédération du Rhin, les mouvements de troupes françaises vers le Haut-Palatinat et la Bavière, donnaient à penser que la France elle-même se préparait à la guerre par laquelle on avait espéré la surprendre. Ainsi, en voulant se prémunir contre un danger qui n'existait pas, on l'avait créé. On aurait pu sans doute s'expliquer avec Napoléon, et on en aurait trouvé le moyen dans l'offre de garantie faite à Paris par la diplomatie russe et française. Mais ce genre de dénoûment était usé, car il avait déjà servi après Tilsit à se tirer d'un semblable mauvais pas. Il était difficile de sortir encore une fois d'une pareille position par un nouveau simulacre de réconciliation. Il fallait donc prendre ou le parti de la guerre ou celui du désarmement immédiat; car, outre qu'on ne pouvait plus trouver d'explications spécieuses pour des préparatifs aussi avancés, il devenait impossible d'en supporter la dépense. Mais en face de l'Allemagne, de l'Angleterre, de soi-même, se dire tout à coup rassuré après avoir paru si alarmé, abandonner ceux qu'on nommait les héroïques Espagnols, laisser perdre encore ce qu'on était convenu d'appeler la plus belle des occasions, était impossible. Il fallait vaincre ou périr les armes à la main, et d'ailleurs on avait, disait-on, bien des chances pour soi : l'armée autrichienne réorganisée et plus florissante que jamais; l'Allemagne exaspérée faisant des vœux ardents, et au premier succès prête à passer des vœux au concours le plus actif; l'Angleterre offrant ses subsides; la Russie chancelante; la France commençant à penser ce que pensait l'Europe, et devant donner moins d'appui au conquérant qui pour ravager le monde l'épuisait elle-même; l'armée française enfin dispersée de l'Oder au Tage, des montagnes de la Bohême à celles de la Sierra-Morena, décimée par dix-huit ans de guerres incessantes, et faiblement recrutée par de jeunes soldats qu'on arrachait au désespoir de leurs familles, dans un âge qui était à peine celui de l'adolescence. Sous l'empire de ces mille raisons, un jour, sans savoir comment, on se trouva entraîné avec tout le monde par la passion générale, et la guerre fut décidée. On ordonna de réunir cinq corps d'armée en Bohême, deux en Haute-Autriche, deux en Carinthie, un en Gallicie. L'archiduc Charles devait en être le généralissime. Les efforts de la diplomatie se joignirent à ceux de l'administration militaire, pour préparer un autre moyen de guerre, celui des alliances.

On renoua avec l'Angleterre des relations qui n'avaient été que fictivement rompues; on accepta les subsides qu'elle offrait à pleines mains, et on continua l'œuvre déjà commencée de sa réconciliation avec les Turcs; on imagina enfin d'essayer une tentative auprès de l'empereur Alexandre pour le ramener à ce qu'on appelait l'intérêt de l'Europe, et son intérêt bien entendu à lui.

La diplomatie autrichienne avait beaucoup à faire à Constantinople : éloigner les Turcs de la France, les rapprocher de l'Angleterre, les disposer à se jeter sur la Russie si celle-ci continuait à marcher avec Napoléon, ou à la laisser en paix si elle rompait avec lui, de manière qu'on n'eût affaire qu'à l'ennemi commun de l'Europe, était une politique fort bien calculée, et qui méritait d'être suivie avec activité. Du reste, les révolutions continuelles de la cour de Turquie prêtaient à toutes les intrigues extérieures.

Depuis la chute du sultan Sélim, de nouvelles catastrophes avaient ensanglanté le sérail, et donné à la Turquie l'apparence d'un empire qui, au milieu de ses convulsions intérieures, s'affaisse sur lui-même. Le fameux pacha de Rutschuk, Mustapha-Baraïctar, soit qu'il fût, comme il le prétendait, attaché à son maître Sélim, soit qu'il fût offensé qu'une faction fanatique, composée de janissaires et d'ulémas, eût donné le sceptre sans le consulter, était venu se placer à Andrinople à la tête d'une armée dévouée. De là il avait paru gouverner l'empire, car tous les pachas lui avaient adressé des députés, ou s'étaient rendus auprès de lui en personne, pour s'informer de ses volontés, et le nouveau sultan lui-même, Mustapha, avait envoyé des ambassadeurs à son camp, comme pour se mettre à sa discrétion. Ainsi, sous prétexte de conférer sur le sort de l'empire, Mustapha-Baraïctar en disposait. Bientôt il était venu camper sous les murs de Constantinople, et un jour enfin il avait marché sur le sérail pour replacer sur le trône Sélim, qui vivait enfermé avec les femmes et gardé par les eunuques. Mais, au moment où il allait exécuter ce projet, on avait jeté à ses pieds la tête de son maître infortuné, prince le meilleur qui depuis long-temps eût régné à Constantinople. Baraïctar, pour venger Sélim, avait déposé Mustapha après un règne de courte durée. A défaut d'autre, il avait été obligé de prendre le frère de Mustapha lui-même, Mahmoud, âgé de vingt-quatre ans, prince qui ne manquait pas de qualités, et qui avait contracté auprès de Sélim prisonnier le goût de la civilisation européenne. Cette révolution opérée, Mustapha-Baraïctar avait gouverné l'empire pendant quelques mois, avec une autorité absolue, sous le nom du jeune sultan. Mais une nouvelle révolte de janissaires avait fait cesser ce

*Janv. 1809.*

Mustapha-Baraïctar en voulant replacer Sélim sur le trône, entraîne la perte de ce prince, et provoque une nouvelle révolution dans le sérail.

Elévation au trône du jeune sultan Mahmoud.

despotisme en ajoutant catastrophes sur catastrophes. Baraïctar, surpris par les janissaires avant qu'il eût pu regagner le sérail, s'était caché dans un souterrain de son palais en flammes, et il y avait péri sous les cendres et les ruines.

Mahmoud, qui joignait à de l'esprit quelque hardiesse, une certaine astuce, n'avait pas été étranger à cette dernière révolution. Délivré d'un maître insolent, il avait entrepris de gouverner lui-même son empire chancelant, et il l'essayait au moment même où la France et l'Autriche allaient se mesurer encore une fois sur les bords du Danube. Attirer les Turcs à elle pour en disposer à sa convenance, était, comme nous venons de le dire, d'une grande importance pour l'Autriche, car elle pouvait ou jeter un ennemi de plus sur les bras des Russes si ceux-ci continuaient à rester alliés de la France, ou les débarrasser de cet ennemi incommode s'ils consentaient à s'unir à ce qu'on appelait la cause européenne.

La chose devenait facile depuis la nouvelle position de la France à l'égard des Turcs. Il lui était en effet impossible, unie comme elle l'était avec la Russie, de rester en confiance avec eux. Pour colorer le changement survenu après Tilsit, elle avait d'abord pris pour excuse la chute de son excellent ami Sélim. A cela le sultan Mustapha avait répondu que ce changement ne devait en rien refroidir la France, car la Porte restait sa meilleure amie. Napoléon avait alors répliqué que, puisqu'il en était ainsi, il s'occuperait de ménager une bonne paix entre les Russes et les Turcs, mais il n'avait pas osé parler des conditions. Pourtant les Russes, insistant soit avant, soit après Erfurt, pour qu'on terminât avec les Turcs, et qu'on leur demandât les provinces du Danube; les Turcs, de leur côté, se plaignant auprès de la France de ce qu'elle ne leur procurait point la paix promise, Napoléon, toujours courant de Bayonne à Paris, de Paris à Erfurt, d'Erfurt à Madrid, avait, pour occuper un peu les uns et les autres, fini par insinuer aux Turcs, avec les démonstrations du regret le plus vif, qu'ils n'étaient plus capables de défendre la Valachie et la Moldavie, qu'ils feraient bien d'y renoncer, de s'assurer à ce prix une paix solide, et de concentrer toutes leurs ressources dans les provinces qui tenaient fortement à l'empire; que si à ce prix ils voulaient terminer une guerre qui menaçait de leur devenir funeste, il promettait de leur procurer un arrangement immédiat, et de garantir au nom de la France l'intégrité de l'empire ottoman. Rien ne peut donner une idée de la révolution qui se fit dans les esprits à cette ouverture de la diplomatie française. Bien qu'on y eût mis de grands ménagements, et qu'on n'eût dit que ce qu'on ne pouvait pas s'empêcher de dire après les engagements contractés avec la Russie, le courroux du sultan Mahmoud, du divan, des ulémas, des janissaires, fut au comble, et cette simple insinuation avait agité si fort le ministère turc, que l'émotion se communiqua comme l'éclair à la nation tout entière. Sur-le-champ on parla d'armer 300 mille hommes, de lever même le peuple ottoman en masse, et de sacrifier jusqu'au dernier disciple du prophète plutôt que de

*Janv. 1809.*

*La seule insinuation de céder les provinces du Danube soulève tous les Turcs.*

Janv. 1809.

Avantages que la diplomatie autrichienne tire des ouvertures faites par la France à Constantinople.

céder. On ne voulut point voir dans la France une amie, qui, à son cœur défendant, faisait connaître à des alliés qu'elle aimait une nécessité douloureuse; on s'obstina à ne voir en elle qu'une amie perfide qui trahissait ses anciens alliés pour les livrer à un voisin insatiable. L'Autriche, qui assistait au spectacle de ces vicissitudes avec une extrême impatience d'en profiter, l'Autriche, ayant interprété l'entrevue d'Erfurt comme elle devait l'être, affirma aux Turcs que le secret de cette fameuse entrevue n'était autre que le sacrifice des bouches du Danube, promis aux Russes par les Français; que pour s'assurer l'indulgence de la Russie dans les affaires d'Espagne, la France lui livrait la Porte, et qu'ainsi, après avoir trahi ses amis les Espagnols, elle cherchait à se le faire pardonner en trahissant ses amis les Turcs, et se tirait d'embarras en accumulant trahison sur trahison. A ces noires peintures l'Autriche ajouta le récit fort inexact de ce qui se passait en Espagne, y montra les Français battus par des paysans insurgés, surtout par les armées de l'Angleterre; et comme les Musulmans ont pour la victoire un respect superstitieux, elle produisit sur eux la plus décisive des impressions en représentant Napoléon jugé par le résultat, c'est-à-dire condamné par Dieu même. De toutes ces allégations l'Autriche tira auprès des Turcs la conclusion que la Porte devait s'éloigner de la France, se rapprocher de l'Angleterre, effacer le souvenir du passage récent des Dardanelles par l'amiral Duckworth, s'appuyer enfin sur les armées autrichiennes et anglaises pour résister à l'ambition d'un voisin formidable, et à la trahison d'un ami perfide.

Ces discours adressés à des cœurs exaspérés y pénétrèrent avec une incroyable promptitude, et en peu de temps on amena à Constantinople une révolution dans la politique extérieure, tout aussi étrange que celles qui avaient eu lieu dans la politique intérieure. Tandis qu'un an auparavant les Turcs, entourant les Français de leurs acclamations, élevaient sous leur direction de formidables batteries contre les Anglais, et lançaient à ces derniers des boulets rouges et des cris de haine, on les voyait maintenant prodiguer l'outrage aux Français, au point que ceux-ci ne pouvaient se montrer dans les rues de Constantinople sans y être insultés, et que les Anglais y étaient appelés par les vœux de la population entière. L'Autriche, attentive à tous ces mouvements d'un peuple ardent et fanatique, avertit les Anglais du succès de ses menées, et fit venir M. Adair aux Dardanelles. Il y mouilla sur une frégate anglaise, et n'eut pas longtemps à attendre la permission de paraître à Constantinople. L'invitation de s'y rendre lui ayant été adressée sur les instances de la diplomatie autrichienne, il y vint, et, après quelques pourparlers, la paix conclue avec l'Angleterre fut signée dans les premiers jours de janvier 1809. Dès cet instant la Porte fut à la disposition de la nouvelle coalition, prête à faire tout ce que lui inspireraient pour leur cause commune l'Autriche et l'Angleterre.

Les menées de l'Autriche n'étaient pas moins actives à Saint-Pétersbourg qu'à Constantinople, mais

Janv. 1809.

Révolution dans la politique turque : éloignement pour les Français, et rapprochement avec les Anglais.

La paix étant signée entre la Porte et l'Angleterre par les soins de l'Autriche, la Turquie se trouve à la disposition de la nouvelle coalition.

Janv. 1809.

Efforts moins heureux de la diplomatie autrichienne à Saint-Pétersbourg.

Langage de l'Autriche auprès de l'empereur Alexandre.

elles ne pouvaient pas y avoir le même succès. La cour de Vienne avait choisi pour la représenter en cette circonstance le prince de Schwarzenberg, brave militaire, peu exercé aux finesses de la diplomatie, mais capable d'imposer par sa loyauté, et de donner le change sur les véritables intentions de sa cour, qui lui étaient à peine connues. Il avait mission d'affirmer que les intentions de l'Autriche étaient droites et désintéressées, qu'elle ne voulait rien entreprendre, que son unique préoccupation au contraire était de se défendre contre des entreprises semblables à celles de Bayonne; que si l'empereur Alexandre voulait revenir à une meilleure appréciation des intérêts européens et russes, il trouverait en elle une amie sûre, nullement jalouse, et ne prétendant lui disputer aucun agrandissement compatible avec l'équilibre du monde. M. de Schwarzenberg était chargé surtout de faire valoir le grand argument du moment, la perfidie commise envers l'Espagne, laquelle ne permettait plus à personne de rester allié du cabinet français sans un vrai déshonneur. A cet égard, M. de Schwarzenberg, qui était un parfait honnête homme, devait chercher à éveiller tout ce qu'il y avait d'honorable susceptibilité dans le cœur de l'empereur Alexandre. Enfin, s'il parvenait à se faire écouter, il devait, assuret-on[1], offrir la main de l'héritier de l'empire d'Autriche pour la grande-duchesse Anne, ce qui ne pouvait rencontrer aucun obstacle de la part de

---

[1] La mission du prince de Schwarzenberg, qui eut à cette époque une grande importance, fut entièrement connue du cabinet français par les confidences de l'empereur Alexandre à M. de Caulaincourt.

l'impératrice mère, et ce qui aurait rétabli l'intimité entre les deux cours impériales.

L'empereur Alexandre, à cette époque, n'était déjà plus sincère dans ses relations avec Napoléon, bien qu'il l'eût été dans les premiers temps, lorsque l'enthousiasme de projets chimériques le portait à tout approuver chez son allié. Alors il avait sincèrement admiré le génie et la personne de Napoléon, qui valaient la peine d'être admirés, et l'intérêt aidant l'enthousiasme, il était devenu un allié tout à fait cordial. L'illusion des grands projets avait disparu depuis qu'il ne s'agissait plus de Constantinople, mais seulement de Bucharest et de Jassy. C'était sans doute un intérêt bien suffisant pour la Russie que la conquête des provinces du Danube, laquelle n'est pas même encore accomplie aujourd'hui; toutefois cet intérêt plus positif, moins éblouissant, laissait Alexandre plus calme, et le rendait soucieux sur les moyens d'exécution. Il avait semblé dans l'origine qu'il suffirait du consentement de Napoléon pour obtenir les provinces du Danube; mais au moment de réaliser ce vœu, les difficultés pratiques se montraient beaucoup plus sérieuses qu'on ne l'avait imaginé d'abord. Si Napoléon soumettant rapidement l'Espagne, faisant subir aux Anglais quelque éclatant désastre, avait empêché l'Autriche de concevoir même une pensée de résistance; si les Turcs dès lors n'avaient eu qu'à souscrire à ce qu'on aurait décidé de leurs provinces, l'empereur Alexandre aurait pu conserver, à défaut de l'enthousiasme inspiré par ses premiers projets, la ferveur d'une alliance qui lui rapportait de si sûrs et si prompts avantages.

Janv. 1809.

Mais quelque grand que fût le génie de Napoléon, quelque grandes que fussent ses ressources, il s'était créé de telles difficultés, qu'il avait fait naître chez ses ennemis de toute sorte le courage de l'attaquer de nouveau. De son côté la Russie n'avait pas eu en Finlande tous les succès sur lesquels on avait compté, tant à Saint-Pétersbourg qu'à Paris. Ce vaste empire, dont l'avenir est immense, mais dont le présent est loin d'égaler l'avenir, véritable Hercule au berceau, n'avait jamais pu envoyer plus d'une quarantaine de mille hommes effectifs en Finlande, pendant la campagne d'été, et il avait employé la belle saison à y faire contre les Suédois un genre de guerre qui convenait peu à sa grandeur. Cette guerre de Suède, en un mot, pas plus morale dans son principe que celle d'Espagne, n'avait pas eu de succès plus décisifs, et les deux empereurs, quoique fort supérieurs à leurs ennemis, n'avaient cependant pas obtenu de la fortune de faveurs enivrantes. Aussi l'empereur Alexandre n'était-il nullement enivré. Il trouvait que ce que Napoléon lui abandonnait il fallait encore le conquérir par de pénibles efforts, et le désenchantement toujours si prompt chez lui le gagnait déjà sensiblement. Il jugeait Napoléon encore assez puissant pour qu'il n'y eût aucune sûreté à se brouiller avec lui; mais il ne le jugeait plus assez victorieux pour qu'il y eût le même avantage à être son allié, ni surtout assez pur pour qu'il y eût le même honneur. Et comme d'ailleurs il n'aurait probablement pas obtenu de l'Autriche et de l'Angleterre les conquêtes qui continuaient à être sa passion dominante, c'est-à-dire les provinces du Danube, comme une nouvelle révolution dans ses amitiés l'aurait déshonoré, il était résolu à persister dans l'alliance française, mais en tirant de cette alliance le plus grand profit payé par le moindre retour possible [1].

Dans une telle disposition cette guerre de la France avec l'Autriche devait être pour Alexandre la circonstance la plus inopportune et la plus inquiétante, car elle allait rendre plus difficile la conquête des provinces turques, exiger un effort coûteux s'il fallait aider Napoléon par l'envoi d'une armée en Gallicie, ajouter une nouvelle guerre aux quatre qu'on avait déjà, contre les Suédois, les Anglais, les Persans, les Turcs. Cette guerre allait en outre placer la Russie en contradiction encore plus choquante avec ses antécédents, car elle pouvait l'exposer à combattre, dans les champs d'Austerlitz, pour les Français contre les Autrichiens, et fournir de nou-

*Fév. 1809.*

*Déplaisir que cause à l'empereur Alexandre une nouvelle guerre de la France avec l'Autriche.*

[1] Ceux qui ont dépeint Alexandre comme toujours faux avec Napoléon, se sont trompés autant que ceux qui l'ont représenté comme toujours sincère. Il fut sincère tant que durèrent son engouement et la fortune prodigieuse de Napoléon. Il le fut moins quand à la conquête de l'empire turc succéda dans ses rêves la conquête de la Valachie et de la Moldavie, quand surtout Napoléon lui apparut moins irrésistible et moins constamment heureux. Le calcul remplaça alors l'enthousiasme, pour faire place plus tard à un sentiment pire encore. Mais, il faut l'avouer, Napoléon s'était attiré ce changement, et il est difficile de prononcer une condamnation morale contre l'un ou contre l'autre. Les entretiens secrets d'Alexandre avec M. de Caulaincourt, que celui-ci mettait une scrupuleuse exactitude à rapporter, révèlent ces changements successifs avec une vérité frappante, même à travers toutes les flatteries dont Alexandre accompagnait ses discours. Le changement se produisait avec une naïveté qui prouve que l'homme le plus fin (et Alexandre l'était beaucoup) a bien de la peine à cacher la vérité. Napoléon lui-même, quoique de loin, ne pouvait pas s'y tromper, et tout prouve en effet qu'il ne s'y trompa guère.

veaux griefs à l'aristocratie russe qui blâmait l'intimité avec la France. Enfin, heureuse ou malheureuse, elle devait amener un résultat également fâcheux : car heureuse, elle pouvait inspirer à Napoléon la funeste pensée de détruire l'Autriche, et de supprimer ainsi toute puissance intermédiaire entre le Rhin et le Niémen; malheureuse, elle devait rendre ridicule, dangereuse, et infructueuse au moins, l'alliance contractée avec la France, au grand scandale de toute la vieille Europe. Il n'y a pas de pire position que celle de ne pouvoir souhaiter ni le succès ni l'insuccès d'une guerre, et ce qu'on a de mieux à faire alors c'est de chercher à l'empêcher. C'était en effet ce qu'Alexandre était résolu à essayer par tous les moyens imaginables.

M. de Romanzoff était revenu à Saint-Pétersbourg séduit par les procédés de Napoléon, autant que M. de Caulaincourt l'était par ceux d'Alexandre. Mais les deux souverains étaient assez supérieurs à leurs ministres pour échapper aux séductions qui trompaient ces derniers. Alexandre se laissa raconter les merveilles de Paris et les attentions dont Napoléon avait comblé M. de Romanzoff, tout comme Napoléon se laissait raconter les aimables prévenances dont M. de Caulaincourt était chaque jour l'objet; mais il ne dévia d'aucune de ses résolutions. Il arrêta d'accord avec M. de Romanzoff son langage et sa conduite envers la France, et eut avec M. de Caulaincourt plusieurs entretiens fort importants. Il ne lui dissimula presque rien de ce qu'il pensait de la situation; il en parla impartialement pour Napoléon, modestement pour lui-même.

Il convint que la guerre de la Finlande n'avait pas été bien conduite, mais il exprima le regret que Napoléon de son côté n'eût pas obtenu contre les Anglais de succès plus décisifs; il parut même penser que les Anglais après tout avaient seuls gagné quelque chose à l'entreprise sur l'Espagne, puisqu'ils allaient avoir les colonies espagnoles à leur disposition, ce qui valait bien la conquête, fort douteuse du reste, de Lisbonne et de Cadix pour les Français. Il exprima tout le chagrin qu'il éprouverait d'avoir à combattre les anciens alliés à côté desquels il se trouvait à Austerlitz, les embarras que cette singulière situation lui causerait à Saint-Pétersbourg, dans la haute société et même dans la nation; il avoua la difficulté qu'il aurait de réunir, outre une nouvelle armée en Finlande, des troupes d'observation le long de la Baltique, une grande armée conquérante contre la Turquie, et une armée auxiliaire des Français contre l'Autriche, difficulté non-seulement militaire mais surtout financière. Il alla enfin dans ses confidences jusqu'à déclarer que le succès même de la nouvelle guerre lui inspirait des soucis, car il verrait avec alarme disparaître l'Autriche, et ne se prêterait pas à ce qu'on la remplaçât par une Pologne. Il déclara que la paix lui était nécessaire à lui, mais qu'il la croyait nécessaire aussi à Napoléon; car, disait-il, il ne lui échappait pas que la France commençait à la désirer, et à changer de sentiment envers son glorieux souverain. C'étaient là tout autant de raisons pour qu'on le laissât agir en liberté envers l'Autriche, et faire tout ce qu'il pourrait pour empêcher une guerre dont la pensée seule lui était souverainement désagréable. Malheureusement, ajoutait-il, il était loin de croire avec Napoléon qu'il suffit de menacer, de remettre des *ultimatum* au nom des deux plus grandes puissances de l'univers, pour arrêter des gens effarés, dominés par la haine et la terreur, chez lesquels il y avait, avec beaucoup d'exagération de langage, une part de crainte sincère dont il fallait tenir compte. En conséquence il demandait qu'on lui permît de les rassurer et de les intimider tout à la fois, de les rassurer en niant péremptoirement le projet prétendu de les traiter comme l'Espagne, de les intimider en leur montrant les suites funestes qu'entraînerait pour eux une nouvelle guerre. Alexandre se refusa en outre, comme l'aurait voulu Napoléon, à confier la conduite de cette affaire aux deux ministres de Russie et de France à Vienne. Napoléon, tout en souhaitant la paix, croyait que ces deux ministres seraient plus péremptoires, et dès lors plus écoutés. Alexandre au contraire croyait qu'ils iraient droit à la guerre. — Nos ministres brouilleront tout, dit-il à M. de Caulaincourt. Qu'on me laisse agir et parler, et si la guerre peut être évitée, je l'éviterai; si elle ne le peut pas, j'agirai quand elle sera devenue inévitable, loyalement et franchement. —

Il n'y avait donc qu'à le laisser agir, puisqu'en définitive ses vues étant toutes pacifiques, concordaient exactement avec celles de Napoléon, qui désirait ardemment éviter la guerre. Il le désirait à tel point qu'il avait secrètement autorisé Alexandre à promettre non-seulement la double garantie de la

Russie et de la France pour l'intégrité des États autrichiens, mais l'évacuation complète du territoire de la Confédération du Rhin, ce qui signifiait qu'il n'y aurait plus un soldat français en Allemagne.

Alexandre, tenant sa parole, s'exprima avec la plus entière franchise devant M. de Schwarzenberg. Peu maître de son embarras quand le ministre autrichien [1] lui reprocha de se faire le complice de l'indigne conduite tenue à Bayonne, il ne se laissa point toucher par l'appel fait à ses sentiments en faveur de la cause européenne, et opposant à la politique autrichienne tous les mensonges, toutes les dissimulations dont elle s'était rendue coupable depuis deux ans, car elle n'avait cessé de parler de paix quand elle préparait la guerre, il finit par déclarer qu'il avait des engagements formels, pris dans le seul intérêt de son empire, et auxquels il n'entendait pas manquer; que si on avait la folie de rompre on serait écrasé par Napoléon, mais qu'on obligerait aussi la Russie à intervenir, parce que l'ayant promis, elle tiendrait parole, et unirait ses troupes aux troupes françaises; que cet affranchissement de l'Europe dont on parlait sans cesse, on ne l'amènerait pas; qu'on ne ferait en déterminant un nouvel effort de celui qu'on appelait un colosse écrasant, que de le rendre plus écrasant encore; que l'unique résultat qu'on obtiendrait serait de donner à l'Angleterre, autre colosse écrasant sur les mers, le moyen d'éloigner la paix dont on avait un si ur-

Fév. 1809.

Efforts de l'empereur Alexandre auprès de l'Autriche pour la détourner de faire la guerre.

---

[1] M. de Schwarzenberg se vantait d'avoir fait baisser les yeux à Alexandre lorsqu'il lui avait rappelé qu'il se rendait le complice d'une odieuse spoliation en secondant l'auteur de la guerre d'Espagne.

Fév. 1809.

gent besoin; que quant à lui la paix était tout ce qu'il voulait (les provinces danubiennes comprises, aurait-il pu ajouter); qu'il fallait enfin qu'on y arrivât; qu'il tiendrait pour ennemi quiconque en éloignerait le moment, et qu'il emploierait contre celui-là, quel qu'il fût, toutes les forces de son empire. Alexandre écarta toute insinuation relativement à une alliance de famille avec l'Autriche, car il n'aurait pas commis l'inconvenance de donner à un archiduc une princesse qu'il avait presque promise à Napoléon.

Surprise de M. de Schwarzenberg en entendant le langage de l'empereur Alexandre.

Le ministre autrichien fut atterré par ces franches déclarations. La société de Saint-Pétersbourg, moins ardente assurément que celle de Vienne, lui avait cependant fait espérer un autre résultat. Il avait trouvé tout le monde du parti européen contre la France, bien qu'on n'osât point parler ouvertement, par crainte de contrarier l'empereur. Il avait de plus acquis la certitude que dans la famille impériale on éprouvait les mêmes sentiments, et il s'était flatté de rencontrer un meilleur accueil auprès de l'empereur. Un ambassadeur plus expérimenté aurait vu que sous des sentiments très-réels, partagés à un certain degré par Alexandre lui-même, il y avait les intérêts, qui étaient liés en ce moment à ceux de la France; que si l'aristocratie russe et la famille impériale pouvaient obéir à leur caprice en se permettant le langage qui allait le mieux à leurs préjugés, l'empereur et son cabinet avaient une autre conduite à tenir, et que s'ils pouvaient acquérir un beau territoire tandis que Napoléon détruirait les Bourbons, leur rôle était naturellement indiqué, c'était de laisser dire les gens de cour et les femmes, et de faire les affaires de l'Empire, en tâchant de gagner dans ce bouleversement les bords si désirés du Danube.

Fév. 1809.

L'excellent prince de Schwarzenberg, ne comprenant rien à ces contradictions apparentes, remplissait Saint-Pétersbourg de ses lamentations. Il écrivit à sa cour des dépêches qui auraient dû la retenir, si elle avait pu être arrêtée encore sur la pente qui l'entraînait. Alexandre, voyant qu'il avait produit une certaine impression sur le représentant de l'Autriche, se plut à espérer que celui-ci gagnerait peut-être quelque chose auprès de sa cour, mais sans toutefois y compter, et il fit ses préparatifs pour une guerre prochaine. Il avait à cœur de terminer au plus tôt la guerre de Finlande. Il envoya un renfort qui portait à 60 mille hommes environ les forces agissantes dans cette province. Il ordonna de marcher sur le centre de la Suède à travers la mer gelée. Une colonne devait contourner le golfe de Bothnie pour se diriger par Uleaborg sur Tornea et Umea. Une seconde devait traverser sur la glace le golfe de Bothnie, en partant de Wasa pour donner la main à la première sous Umea. La troisième, qui était la principale, devait cheminer aussi sur la glace, et marcher par les îles d'Aland sur Stockholm. La garde et deux divisions étaient destinées à rester entre Saint-Pétersbourg, Revel et Riga, pour y veiller aux tentatives des Anglais contre le littoral de la Baltique. Quatre divisions d'infanterie et une de cavalerie, formant 60 mille hommes, avaient mission d'entrer en Gallicie pour

Armements de la Russie en vue de la guerre prochaine.

y tenir la balance des événements, bien plus que pour y seconder les armées françaises. Enfin il était naturel que les plus grands efforts de la Russie se dirigeassent vers la Turquie, car si Alexandre voulait être modérateur en Occident, il voulait être conquérant en Orient, et il avait envoyé huit divisions sur le bas Danube, dont une de réserve formée de troisièmes bataillons. Celle-ci devait suivre une direction moyenne entre la Transylvanie et la Valachie, de façon à pouvoir, ou seconder l'armée d'invasion qui marchait contre les Turcs, ou se rabattre sur l'armée de Gallicie, afin d'y concourir d'une manière quelconque aux événements qui surgiraient de ce côté. Cette division était comptée à M. de Caulaincourt comme une de celles qui étaient consacrées au service de l'alliance. L'ensemble des troupes agissant dans cette direction s'élevait à 120 mille hommes environ. Ainsi, terminer la conquête de la Finlande, tenir tête aux Anglais, conquérir les bouches du Danube, modérer les événements d'Allemagne, furent les divers emplois auxquels Alexandre consacra les 280 mille hommes de troupes actives dont il pouvait disposer. S'il ne faisait pas davantage, il l'imputait à ses finances, de l'état desquelles il se plaignait constamment à M. de Caulaincourt, parlant sans cesse des cinq guerres qu'il allait avoir sur les bras, et quoique toujours fier dans son attitude, devenant presque humble quand il s'agissait d'argent, et demandant qu'on l'aidât à contracter des emprunts soit en France soit en Hollande.

L'attitude   La conduite de la Russie déconcerta beaucoup le cabinet de Vienne, qui s'était attendu à la trouver moins contraire à ses vues, parce qu'il avait jugé du cabinet par le langage de la noblesse russe dans les cercles de Saint-Pétersbourg. Toutefois, bien qu'il regardât la mission du prince de Schwarzenberg comme avortée, il se flatta que ce cabinet ne résisterait pas long-temps à l'opinion de la nation, et surtout à un premier succès des armées autrichiennes; il se persuada que ce premier succès qui devait, disait-on, entraîner l'Allemagne, entraînerait aussi le continent tout entier, et qu'il suffirait de donner le signal, de le donner heureusement, pour être suivi. Les 60 mille hommes destinés à la Gallicie furent considérés comme un simple corps d'observation, auquel il suffirait d'opposer des forces très-inférieures, chargées également d'observer plutôt que d'agir. On ne prit donc ni le langage, ni les démonstrations armées de la Russie comme un argument contre la guerre, et on se décida au contraire à tout précipiter, de manière à remporter sur les troupes françaises, encore disséminées de Magdebourg à Ulm, ce premier succès qui devait entraîner toutes les puissances. On était dans une de ces situations où, ne pouvant plus reculer, on prend chaque circonstance, même décourageante, pour une raison d'avancer.

<small>Fév. 1809.
de la Russie, loin de décourager l'Autriche, ne sert qu'à précipiter les événements.</small>

Les préparatifs de guerre, les allées et venues de la diplomatie, ayant rempli le mois de février et une partie du mois de mars, on voulait être sur le théâtre des opérations au commencement d'avril, c'est-à-dire aux premiers jours où la guerre est possible en Autriche, car c'est à peine s'il devait y avoir

<small>Époque choisie et plan de campagne adopté pour la prochaine guerre.</small>

Mars 1809.

alors de l'herbe sur le sol. On se fixa donc à Vienne sur le plan de campagne à adopter. D'abord il fut établi qu'on ne ferait agir vers l'Italie et vers la Gallicie que les moindres forces de l'Empire. On résolut d'envoyer sous l'archiduc Jean une cinquantaine de mille hommes, pour seconder l'insurrection du Tyrol, et occuper par leur présence les forces des Français en Italie. On y ajouta huit à dix mille hommes pour batailler avec le général Marmont en Dalmatie. On destina l'archiduc Ferdinand avec 40 mille hommes à contenir l'armée saxo-polonaise, réunie sous Varsovie, et à observer les Russes qui s'avançaient en Gallicie.

Composition et direction de la principale masse des forces autrichiennes.

La principale masse, celle qui contenait les troupes les meilleures, les plus nombreuses, devait agir en Allemagne, par le haut Danube, et tenter l'entreprise hardie de surprendre les Français avant leur concentration. C'était l'archiduc Charles qui devait la commander comme généralissime, et qui l'avait organisée comme ministre de la guerre. Il n'y avait par conséquent rien négligé. Elle était d'environ 200 mille hommes, forte surtout en infanterie, que l'archiduc s'était appliqué à rendre excellente, forte aussi en artillerie, qui avait toujours été très-bonne en Autriche, mais moins bien pourvue en cavalerie, que l'archiduc Charles n'avait point augmentée, et qui au surplus sans être nombreuse était aussi brave que bien exercée. Elle était divisée en six corps d'armée et en deux corps de réserve, répartis en Bohême et Haute-Autriche. C'était un total de 300 mille hommes de troupes actives, en y comprenant les troupes destinées à opérer en Italie et en Gallicie. Derrière cette masse principale, la réserve ainsi que l'insurrection hongroise devaient couvrir Vienne, et Vienne perdue, s'enfoncer en Hongrie, pour y recueillir les restes de l'armée active, et y prolonger la guerre. Cette seconde portion, forte de plus de 200 mille hommes de milices peu aguerries, mais déjà passablement instruites, portait au delà de 500 mille hommes les ressources de l'Autriche, qui n'avait jamais fait un pareil déploiement de forces.

*Mars 1809.*

Il s'agissait de savoir comment on emploierait les 200 mille hommes, composant la masse principale, destinés à agir en Allemagne, et à frapper les premiers coups. Le Conseil aulique, réputé la cause ordinaire des revers de l'Autriche, parce qu'il paralysait, disait-on, l'autorité des généraux, avait été privé de son influence au profit du généralissime, sans qu'il dût en résulter beaucoup plus d'unité dans le commandement, car il n'y a d'unité que là où règne une volonté énergique dirigée par un esprit ferme. L'archiduc, quoique un prince sage, éclairé, brave, et le meilleur capitaine de l'Autriche, n'avait pas la force d'esprit et de caractère nécessaire pour assurer l'unité du commandement, et le tiraillement qui n'allait plus se trouver dans le Conseil aulique devait se produire autour de lui, entre les officiers influents de son état-major. Restait, il est vrai, l'avantage d'établir ce tiraillement, quel qu'il fût, plus près du champ de bataille, et cet avantage n'était certainement pas à dédaigner.

Deux avis partageaient en ce moment l'état-major

*Deux plans*

Mars 1809.

en discussion dans l'état-major autrichien.

de l'archiduc Charles au sujet du meilleur plan à suivre. L'un consistait à prendre la Bohême pour point de départ (voir la carte n° 28), et, supposant les Français encore dispersés en Saxe, en Franconie, dans le Haut-Palatinat, à déboucher sur Bayreuth, c'est-à-dire sur le centre de l'Allemagne, à les battre en détail, et à soulever les populations germaniques par cette apparition subite et ce prompt succès. Ce plan hardi, qui conduisait les Autrichiens par Bayreuth et Wurzbourg jusqu'aux portes même de Mayence, avait l'avantage de les mener sur le Rhin par la route la plus courte, de porter le désordre dans les cantonnements des Français, et la plus vive émotion en Allemagne. Mais par cela même qu'il était hardi, il supposait dans l'exécution un caractère que n'ont en général que les capitaines supérieurs, ordinairement heureux, et confiants parce qu'ils sont heureux. Il n'y en avait alors aucun de ce genre ni en Allemagne, ni ailleurs, excepté en France. Ce plan supposait en outre un degré d'avancement dans les préparatifs militaires de l'Autriche, que son administration, plus laborieuse qu'expéditive, n'était pas encore parvenue à leur donner. C'est tout au plus si les corps qui devaient se rassembler en Bohême, y étaient concentrés dans les premiers jours de mars. Les troisièmes bataillons manquaient à beaucoup de régiments, et les charrois d'artillerie n'étaient point arrivés. Ce plan, destiné à surprendre les Français, eût été bon sans doute si on les eût surpris en effet, et si la hardiesse d'exécution eût répondu à la hardiesse de conception; mais dans le cas où on ne les aurait pas surpris assez complétement, il pouvait devenir funeste, car s'ils avaient eu le temps de se transporter de l'Elbe au Danube, de se rassembler entre Ulm et Ratisbonne, l'armée autrichienne était exposée à les avoir dans son flanc gauche, gagnant Vienne par le Danube, dispersant tous les détachements qu'elle avait laissés en Bavière, et peut-être même coupant sa ligne d'opération. Avec un général si fécond en manœuvres imprévues que l'était Napoléon, cette dernière chance était fort à redouter.

*Mars 1809.*

Le second plan, plus modeste, plus sûr, consistait à prendre la route ordinaire, celle du Danube, par laquelle les Français devaient naturellement arriver, à cause de la facilité des communications le long de ce grand fleuve, à leur faire face sur cette route avec la masse énorme de deux cent mille hommes, et à profiter de ce qu'on était plus préparé qu'eux, non pour les surprendre, mais pour les battre, avant qu'ils fussent en nombre suffisant pour disputer la victoire. Ce plan ne donnait lieu à aucune de ces combinaisons soudaines de Napoléon, qui ordinairement déjouaient tous les calculs, et n'exposait à aucune chance que celle du champ de bataille, toujours assez périlleuse contre un tel capitaine et de tels soldats.

Les deux plans dont il s'agit furent long-temps débattus entre deux officiers de l'état-major de l'archiduc Charles, le général Meyer et le général Grünn, et divisèrent les militaires les plus éclairés de l'Autriche. Mais, comme il advient toujours en pareille circonstance, on laissa à l'événement le soin

*Motif qui décide la préférence en faveur du second plan.*

de décider la question, et on prit son parti quand les espions répandus au milieu des troupes françaises eurent révélé la marche du général Oudinot sur Ulm, du maréchal Davout sur Wurzbourg. On comprit alors qu'on arriverait trop tard pour que la bonne chance se réalisât au lieu de la mauvaise, et qu'en débouchant par la Bohême sur Bayreuth on aurait les Français dans son flanc gauche, gagnant Vienne par le Danube. On prit donc brusquement la résolution de reporter vers la Haute-Autriche les corps qui devaient dans l'origine se réunir en Bohême. Seulement, on fit encore ce qu'on fait quand la direction est médiocre, on conserva quelque chose du premier plan, et le second ne fut adopté qu'en réduisant la masse principale des forces qui aurait dû être consacrée à son exécution. Ainsi une cinquantaine de mille hommes fut laissée en Bohême sous les généraux Bellegarde et Kollowrath, et environ 150 mille furent portés en Haute-Autriche, pour être dirigés à travers la Bavière sur Ratisbonne, à la rencontre des Français. Le premier de ces rassemblements devait déboucher par le Haut-Palatinat sur Bamberg, en étendant sa gauche vers Ratisbonne. (Voir la carte n° 28.) Le second devait envahir la Bavière, remonter le Danube en étendant sa droite sur Ratisbonne, de manière que les deux masses, mises en communication le long du fleuve, pussent se réunir au besoin, mais avec beaucoup de chances aussi d'échouer dans cette réunion. On s'avança de la sorte à cheval sur le Danube, suspendu pour ainsi dire entre deux plans, toujours avec l'espérance d'agir avant les Français, et de se garantir contre leur marche de flanc par le versement d'une partie des forces autrichiennes de la Bohême dans la Bavière. Le général Meyer, qui avait, dit-on, soutenu le premier plan, fut envoyé de l'état-major de l'archiduc Charles à celui de l'archiduc Jean, pour y employer en Italie les talents dont on n'avait pas voulu en Allemagne, et le général Grünn, qui avait soutenu le second, resta seul auprès de l'archiduc Charles, comme son principal conseiller.

En conséquence de ce nouveau système, le premier corps qui s'était formé à Saatz sous le lieutenant général Bellegarde, le second corps qui s'était formé à Pilsen sous le général d'artillerie Kollowrath, conservèrent les mêmes points de rassemblement, et eurent ordre de déboucher avec cinquante mille hommes par l'extrême frontière de la Bohême sur Bayreuth, vers les premiers jours d'avril (voir la carte n° 14). Les corps de Hohenzollern, de Rosenberg, de l'archiduc Louis, qui s'étaient formés à Prague, Pisek, Budweis, le premier corps de réserve du prince Jean de Liechtenstein qui s'était formé à Iglau, et qui était composé de grenadiers et de cuirassiers, reçurent ordre de passer de Bohême en Autriche, par la route de Budweis à Lintz, de franchir le Danube sur le pont de cette dernière ville, et d'être rendus devant l'Inn, frontière de la Bavière, vers les premiers jours d'avril. Ils devaient s'y trouver réunis au corps du lieutenant général Hiller, formé à Wels sur la Traun, et au second corps de réserve du général Kienmayer, formé à Enns sur l'Ens. Ces six corps devaient marcher ensemble sur la Bavière, la droite au Danube, tendant ainsi à rencontrer vers Ratisbonne la gauche de Bellegarde et de Kollowrath. Le signal des premières hostilités était également donné pour le commencement d'avril en Italie et en Pologne, aussi bien qu'en Bavière et en Bohême.

Toutefois on ne pouvait pas, sans pousser la dissimulation fort au delà des bornes permises, continuer à parler de paix lorsqu'on mettait les armées en marche, et qu'on leur expédiait l'ordre de franchir les frontières sous une quinzaine de jours. C'eût été trop imiter sur terre la conduite des Anglais sur mer, lesquels enlevaient ordinairement le commerce de l'ennemi sans aucune déclaration préalable. D'ailleurs on n'était pas tellement assuré de la victoire qu'on osât transgresser ainsi les règles du droit des gens, dans l'espérance de les violer impunément. En conséquence, on ordonna à M. de Metternich de faire au cabinet français une déclaration préalable, qui servit de transition entre le langage de la paix et le fait même de la guerre.

Le 2 mars, effectivement, M. de Metternich se présenta à Paris chez le ministre des affaires étrangères, M. de Champagny, et lui déclara au nom de sa cour, que l'arrivée subite de l'empereur Napoléon à Paris, l'invitation adressée aux princes de la Confédération de réunir leurs contingents, certains articles de journaux, divers mouvements des troupes françaises, la décidaient à faire sortir ses armées du pied de paix où elles avaient été tenues jusque-là, mais qu'elle n'adoptait cette résolution que parce qu'elle y était forcée par la conduite du gouvernement français, et que du reste elle prenait ces précautions indispensables sans se départir encore de ses intentions pacifiques.

*Mars 1809.*

M. de Champagny répondit à cette communication avec froideur et incrédulité, disant que ce passage du pied de paix au pied de guerre datait de six mois, que depuis six mois en effet on se préparait en Autriche pour de prochaines hostilités, que l'empereur Napoléon ne s'y était pas trompé, et que de son côté il s'était mis en mesure ; que les alarmes qu'on affectait aujourd'hui ne pouvaient être sincères, car lorsque les Français occupaient la Silésie avec des armées formidables, l'Autriche ne s'était pas crue menacée, tandis qu'à présent que la plus grande partie des troupes françaises avaient passé en Espagne, elle affectait les plus vives inquiétudes ; que ce ne pouvait être là un langage de bonne foi ; qu'évidemment la politique anglaise l'avait emporté à Vienne ; qu'on s'y croyait prêt, et qu'on agissait parce qu'on supposait le moment favorable pour agir, mais qu'on ne surprendrait pas la France, et qu'on n'aurait à imputer qu'à soi les conséquences de la guerre, si ces conséquences étaient désastreuses.

*Réponse de M. de Champagny à la communication de M. de Metternich.*

M. de Metternich, amené à s'expliquer davantage, se plaignit alors et du silence observé à son égard par l'empereur Napoléon, et de l'ignorance dans laquelle on avait laissé l'Autriche pendant les négociations d'Erfurt. Il sembla attribuer uniquement à un défaut d'explications amicales le malentendu qui menaçait d'aboutir à la guerre. M. de Champagny répliqua avec hauteur que l'Empereur ne parlait plus à un ambassadeur que la cour d'Autriche trompait, ou qui trompait la cour de France, car rien de ce qu'il avait promis n'avait été tenu, ni la suspension des préparatifs militaires, ni la reconnaissance du roi Joseph, ni le retour à des dispositions pacifiques; que les explications étaient donc inutiles avec le représentant d'une cour sur les paroles de laquelle on ne pouvait plus compter; que ce n'était pas la personne de M. de Metternich qu'on traitait aussi froidement, mais le représentant d'un gouvernement infidèle à toutes ses promesses; que l'Autriche avait sauvé les Anglais en passant l'Inn en 1805, lorsque Napoléon s'apprêtait à franchir le détroit de Calais; qu'elle venait de les sauver encore une fois en empêchant Napoléon de les poursuivre en personne jusqu'à la Corogne; qu'elle avait ainsi à deux reprises empêché le triomphe de la France sur sa rivale, et le rétablissement d'une paix solide, nécessaire à l'univers; qu'elle en porterait la peine, et qu'elle ne trouverait cette fois Napoléon ni moins prompt, ni moins préparé, ni moins terrible que jadis.

Après quelques autres plaintes de la même nature, les deux ministres se quittèrent sans aucune ouverture qui permît d'espérer une chance de paix, M. de Metternich paraissant déplorer la guerre, car son esprit lui en faisait prévoir les conséquences funestes, et sa situation à Paris lui faisait regretter le séjour de cette capitale; M. de Champagny ne paraissant pas craindre une nouvelle lutte, montrant de plus l'irritation d'un sujet dévoué qui ne trouvait jamais aucun tort à son maître [1].

Napoléon, quoique porté à croire à la paix par le désir qu'il avait de la conserver, ne put désormais plus y croire après la communication que M. de Metternich venait de faire au ministre des relations extérieures. Aussi fut-il saisi de cette ardeur extraordinaire qui s'emparait de lui quand les événements s'aggravaient, et dans les journées des 3 et 4 mars il donna ses ordres avec une activité sans égale. Le désir et l'espérance de la paix n'avaient point agi sur lui comme sur les âmes faibles, et ne l'avaient point induit à ralentir ou à négliger ses préparatifs. Il s'était comporté au contraire comme les âmes fortes, qui tout en se livrant au plaisir d'espérer ce qui leur plaît, se conduisent en vue de ce qui leur déplaît. Dans la persuasion où il était d'abord que l'Autriche ne pourrait pas agir avant la fin d'avril ou le commencement de mai, il avait assigné comme points de rassemblement : Augsbourg pour le général Oudinot, Metz pour les divisions Carra Saint-Cyr et Legrand, Strasbourg pour les divisions Boudet et Molitor, Wurzbourg pour le maréchal Davout. Il avait choisi ces points parce que dans ses profondes combinaisons ils convenaient mieux pour la réunion de tous les éléments qui devaient concourir à ses nouvelles créations. Sur-le-champ il en choisit d'autres plus rapprochés de l'ennemi, et il accéléra

Mars 1809.

Napoléon désabusé, et n'espérant plus la paix, fait toutes ses dispositions pour une guerre immédiate.

---

[1] Ce n'est point sans des documents positifs que nous retraçons cet entretien, car il fut transcrit à l'instant même sous forme de demandes et réponses par M. de Champagny, et communiqué à l'Empereur. Il existe aux archives des affaires étrangères.

tous les envois d'hommes et de matériel vers ces nouveaux points. Ulm fut désigné pour le rassemblement des quatre divisions Boudet, Molitor, Carra Saint-Cyr et Legrand. Les deux premières, déjà en route de Lyon sur Strasbourg, eurent ordre de se détourner vers Béfort, et de se rendre droit à Ulm, en traversant la forêt Noire par la route la plus courte. Les divisions Carra Saint-Cyr et Legrand eurent ordre de ne point s'arrêter à Metz, et de marcher par Strasbourg à Ulm, sans perdre un instant. Les renforts, les envois de matériel, furent immédiatement dirigés sur la ligne qu'elles devaient suivre, de manière à les joindre en route, et à les compléter chemin faisant. Très-heureusement ces troupes étaient assez vieilles pour que leur organisation n'eût pas à souffrir d'une semblable précipitation. Le corps d'Oudinot, en marche déjà sur Augsbourg, n'était pas dans des conditions aussi bonnes. D'une réunion accidentelle de grenadiers et de voltigeurs, il avait dû passer à une formation de quatrièmes bataillons. L'Empereur fit partir dix jours plus tôt les grenadiers et voltigeurs sortis de la garde pour fournir les deux compagnies d'élite de ces quatrièmes bataillons, et les fusiliers tirés des dépôts pour en fournir les quatre compagnies du centre. Mais c'est tout au plus si on pouvait espérer qu'à l'ouverture des hostilités ce corps aurait ses bataillons à quatre compagnies au lieu de six, qu'il serait de deux divisions au lieu de trois, de 20 mille hommes au lieu de 30 mille. De plus il devait se former presque en présence de l'ennemi. Mais l'esprit militaire du temps, l'expérience des officiers, des soldats, des généraux, la chaleur qui animait et soutenait tout le monde devait suppléer à ce qui manquait.

Mars 1809.

Pour le corps du maréchal Davout, appelé encore armée du Rhin, Napoléon ne changea pas le point de rassemblement. Il y dirigea en toute hâte les renforts destinés à compléter les trois premiers bataillons de guerre, et les détachements qui devaient servir de premiers éléments à la composition des quatrièmes bataillons. Chacune des divisions de cavalerie et d'infanterie ayant à passer par Wurzbourg devait y trouver le matériel et le personnel qui lui appartenaient. Il ordonna seulement au maréchal Davout, dont le quartier général était à Wurzbourg, de porter sur-le-champ ses divisions dans le Haut-Palatinat, de manière à en avoir bientôt une à Bayreuth, une à Bamberg, une à Nuremberg, une à Ratisbonne, afin de faire face aux troupes autrichiennes de Bohême. Napoléon était si pressé que pour hâter le départ des recrues, il eut recours à une mesure fort irrégulière, et qui, sous une autre administration que la sienne, aurait eu de graves inconvénients, et amené de singulières confusions. Certains dépôts abondaient en conscrits instruits et habillés, tandis que d'autres en manquaient. Il ordonna de faire partir les conscrits déjà prêts pour les régiments qui en avaient besoin, qu'ils appartinssent ou non à ces régiments. On devait seulement avoir soin quand ils seraient arrivés au corps de changer les boutons de leurs habits, pour qu'ils portassent les numéros des régiments dans lesquels on les versait. Napoléon employa en outre la précaution de ne pas faire connaître aux chefs des dépôts la destination des conscrits qu'on leur demandait, de peur que, ne s'intéressant plus à eux, ils ne leur donnassent des équipements de rebut. Il prescrivit la même disposition pour la cavalerie légère. Il fit partir tout ce qu'il y avait de chasseurs et de hussards déjà formés, sans s'inquiéter davantage de les envoyer aux régiments auxquels ils appartenaient, ordonnant seulement d'observer le plus possible dans l'incorporation les ressemblances d'uniforme. Cependant comme on ne pouvait pas mêler des hussards à des chasseurs, à cause de l'extrême différence de l'équipement, et qu'il y avait plus de hussards qu'on ne pouvait en employer, il en composa des escadrons de guides, destinés à servir dans l'état-major de chaque corps d'armée, afin d'épargner à la cavalerie légère le service des escortes, qui la condamne à de nombreux détachements et à une fâcheuse dissémination.

Nous donnons ces détails dans l'intention de faire comprendre à quels expédients Napoléon était réduit pour avoir envoyé ses principales ressources en Espagne. Après avoir vaqué à ces divers soins, il s'occupa d'organiser les cinquièmes bataillons. Il destinait ces derniers, comme nous l'avons dit, outre leur rôle naturel de dépôts, à former des réserves, soit pour garantir les côtes des tentatives de l'Angleterre, soit pour rendre disponibles un certain nombre de quatrièmes bataillons actuellement employés au camp de Boulogne, soit enfin pour parer aux diverses éventualités de la guerre. Ayant déjà demandé 80 mille hommes sur la conscription de 1810, il en voulut lever encore 30 mille, pour porter l'effectif des cinquièmes bataillons à 1,200 hommes au moins, et de plus il résolut de prendre sur les conscriptions passées, malgré les appels réitérés qu'on venait de leur faire, 10 mille hommes robustes pour sa garde. Il prescrivit que ceux des cinquièmes bataillons qui seraient formés les premiers fussent réunis en demi-brigades provisoires, de deux, trois ou quatre bataillons chacune, à Pontivy, Paris, Boulogne, Gand, Metz, Mayence, Strasbourg, Milan. Quant aux 10 mille conscrits appelés sur les classes antérieures, il voulut les employer à donner un développement tout nouveau à la garde impériale. Il avait aux régiments de grenadiers et de chasseurs composant la vieille garde, ajouté en 1807 deux régiments de fusiliers, qui avaient très-bien servi. Il venait d'imaginer les tirailleurs, il imagina encore les conscrits, en variant les noms suivant les circonstances de chaque création. Il se décida donc à créer quatre régiments de tirailleurs, quatre de conscrits, ce qui devait porter à 20 mille hommes au moins l'infanterie de la garde, et à 25 mille le corps tout entier, en y comprenant sa magnifique cavalerie, et son artillerie accrue de 48 bouches à feu. Bientôt les jeunes soldats devaient y égaler les vieux en esprit militaire, et avoir de plus la supériorité de la force physique, apanage ordinaire de la jeunesse. Aucune conception n'attestait mieux la profonde connaissance que Napoléon avait des armées, et l'inépuisable fécondité de son génie organisateur. En outre il disposa tout pour faire venir en poste la vieille garde de Bayonne à Paris, de Paris à Strasbourg.

TOM. X. 7

Il n'avait adressé qu'un avis aux princes de la Confédération du Rhin. A partir du 2 mars il leur intima des ordres, comme chef de cette Confédération. Il demanda à la Bavière 40 mille hommes, afin d'en avoir 30 mille, qu'il plaça sous le commandement du vieux maréchal Lefebvre, qui savait l'allemand, et qui au feu était toujours digne de la grande armée. Le roi de Bavière aurait désiré que son fils[1] commandât les troupes bavaroises, Napoléon ne le voulut pas. — Il faut, lui dit-il, que votre armée se batte sérieusement dans cette campagne, car il s'agit de conserver et d'étendre même les agrandissements que la Bavière a reçus. Votre fils, quand il aura fait avec nous six ou sept campagnes, pourra commander. En attendant, qu'il vienne à mon état-major; il y sera accueilli avec tous les égards qui lui sont dus, et il y apprendra *notre métier*. — Par transaction, Napoléon accorda à ce jeune prince le commandement de l'une des divisions bavaroises. Napoléon fixa Munich, Landshut, Straubing, comme points de rassemblement de ces trois divisions, assez en arrière de l'Inn pour qu'elles ne fussent pas surprises par les Autrichiens, assez en avant du Lech et du Danube pour couvrir nos rassemblements. (Voir la carte n° 14.) Il demanda au roi de Wurtemberg 12 mille hommes, qui devaient se réunir à Neresheim, et servir sous les ordres du général Vandamme, au choix duquel le roi de Wurtemberg résistait, mais

---

[1] Celui que nous avons vu roi de nos jours, et amené par les événements à abdiquer la couronne pour se vouer au culte des arts, auxquels il a rendu dans son pays de grands services.

que Napoléon lui imposa en écrivant ces propres paroles : — Je connais les défauts du général Vandamme, mais c'est un véritable homme de guerre, et dans ce difficile métier il faut savoir pardonner beaucoup aux grandes qualités. — Napoléon réclama du grand-duc de Baden une division de 8 à 10 mille hommes, et une de pareille force du duc de Hesse-Darmstadt. Elles devaient se réunir vers la fin de mars à Pforzheim et à Mergentheim. Quant aux moindres princes, les ducs de Wurzbourg, de Nassau, de Saxe, il en exigea une division composée de leurs contingents agglomérés, laquelle devait rejoindre à Wurzbourg le quartier général du maréchal Davout. Il demanda au roi de Saxe 20 mille Saxons en avant de Dresde, 25 mille Polonais en avant de Varsovie. Ces contingents formaient ensemble 110 à 115 mille hommes, en réalité 100, dont 80 mille Allemands et 20 mille Polonais. Le maréchal Bernadotte, venant des villes anséatiques avec la division française Dupas, était chargé de prendre les Saxons sous son commandement, et de rejoindre ensuite la grande armée sur le Danube. Les Polonais couverts par le voisinage des Russes suffisaient pour garder Varsovie. Les événements de la guerre pouvant amener l'abandon momentané de Dresde et de Munich, Napoléon fit dire aux deux souverains qui régnaient dans ces deux capitales, de se tenir prêts à quitter leur résidence, pour se porter au centre de la Confédération, leur offrant, si un court voyage en France leur plaisait, de mettre à leur disposition toutes les habitations impériales magnifiquement desservies. Il fit ordonner en outre à son

7.

frère Jérôme de réunir 20 mille Hessois, et à son frère Louis 20 mille Hollandais, double force sur laquelle il comptait peu, parce que le premier administrait sans économie son nouveau royaume, et que le second au contraire administrait le sien avec toute la parcimonie hollandaise.

Ces forces ainsi préparées, voici l'organisation que leur donna Napoléon. Il n'avait sous la main qu'une partie de ses maréchaux, puisque quatre d'entre eux, Ney, Soult, Victor, Mortier, servaient en Espagne. Parmi ceux dont il pouvait disposer, il y en avait trois qu'il appréciait plus que tous les autres, c'étaient les maréchaux Davout, Lannes, Masséna. Il résolut de partager entre eux la masse de l'armée française, en agrandissant leur rôle et leur commandement, et en leur confiant cinquante mille hommes à chacun. Masséna avait déjà commandé des forces plus considérables, mais Davout et Lannes n'avaient pas encore eu cet honneur, dont ils étaient d'ailleurs fort dignes. Le maréchal Davout dut conserver de l'armée du Rhin ses trois anciennes divisions, Morand, Friant, Gudin, les cuirassiers Saint-Sulpice, une division de cavalerie légère, une quatrième division d'infanterie sous le général Demont, composée des quatrièmes bataillons de ce corps, le tout formant cinquante mille soldats aguerris, les premiers, sans aucune comparaison, que possédât la France à cette époque. Ce corps placé entre Bayreuth, Amberg, Ratisbonne, avait cette dernière ville pour point de réunion. La division Saint-Hilaire, détachée de l'armée du Rhin, avec une portion de cavalerie légère et les cuirassiers du général Espagne, jointe aux trois divisions d'Oudinot, devait composer un autre corps d'une cinquantaine de mille hommes, sous l'illustre maréchal Lannes, et se concentrer à Augsbourg. Napoléon y ajouta une brigade de 1,500 à 2 mille Portugais, choisis dans ce qu'il y avait de mieux parmi les troupes de cette nation cantonnées en France, ennuyées de ne rien faire, et mieux placées à l'armée que dans l'intérieur. Il y joignit aussi les chasseurs corses et les chasseurs du Pô, troupe brave et éprouvée. Les quatre divisions Carra Saint-Cyr, Legrand, Boudet, Molitor, avec une belle division de cavalerie légère, avec les Hessois, les Badois, devaient composer un autre corps de même force, et se réunir à Ulm sous l'héroïque Masséna. Les cuirassiers et les carabiniers sous le général Nansouty, une nombreuse division de cavalerie légère, les dragons organisés comme nous l'avons dit ailleurs, devaient composer sous le maréchal Bessières, en l'absence de Murat, une réserve de 14 à 15 mille cavaliers. La garde, forte d'une vingtaine de mille hommes, devait porter à 190 mille Français, les parcs compris, cette masse principale concentrée entre Ulm, Augsbourg et Ratisbonne. Les Bavarois, sous le maréchal Lefebvre, formaient en avant un excellent corps auxiliaire d'une trentaine de mille hommes. Le maréchal Augereau en formait un en arrière avec les Wurtembergeois, les Badois et les Hessois. Enfin, plus en arrière, le prince Bernadotte, comme on l'a vu, devait commander les Saxons. C'étaient, par conséquent, cinq corps français, dont deux de réserve, ayant un corps auxi-

*Mars 1809.*

*Corps du maréchal Masséna.*

Mars 1809.

liaire en avant, deux en arrière, le tout mêlé de vieux et jeunes soldats, animés du souffle de Napoléon, ne laissant rien à désirer sous le rapport de la bravoure, laissant beaucoup à désirer sous le rapport de l'expérience et de l'âge, mais, tels quels, parfaitement propres à maintenir à sa hauteur présente la gloire de la France. Le prince Berthier fut nommé major général, et M. Daru intendant de cette armée. Napoléon s'en constitua le commandant en chef. Elle reçut le titre d'armée d'Allemagne, et non plus celui de grande armée, la grande armée malheureusement n'étant plus en Allemagne ni en Italie, mais en Espagne.

Plan de campagne de Napoléon.

Le projet de Napoléon était de marcher droit de Ratisbonne sur Vienne, par la grande route du Danube, et de confier à ce fleuve son matériel, ses malades, ses éclopés, toute la partie pesante enfin de son armée, ce qui supposait dès le début quelque terrible coup porté aux Autrichiens. C'est dans cette vue qu'il avait fait acheter quantité de bateaux sur tous les fleuves de la Bavière, pour les faire successivement descendre dans le Danube, à mesure qu'il franchirait les affluents de ce grand fleuve. C'est encore dans cette vue qu'il avait tiré de Boulogne 1,200 des meilleurs marins de la flottille, pour les ajouter à la garde.

C'était donc à Ratisbonne qu'il avait l'intention de concentrer ses forces, en négligeant le Tyrol et laissant les Autrichiens s'y engager tant qu'il leur plairait, certain de les envelopper et de les prendre entre son armée d'Allemagne et celle d'Italie, s'ils ne se hâtaient pas de rétrograder. (Voir la carte n° 14.) Toutefois il avait ordonné d'exécuter des travaux à Augsbourg, de creuser et de remplir d'eau les fossés, de palissader l'enceinte, de construire des têtes de pont sur le Lech, de manière à couvrir son flanc droit par un poste fortifié, tandis qu'il marcherait la gauche en avant. C'était sa seule précaution projetée du côté du Tyrol, et elle suffisait parfaitement.

Le point de départ de Ratisbonne était adopté dans la supposition que les Autrichiens ne prendraient pas l'offensive avant la fin d'avril. S'il en était autrement, et s'ils agissaient plus tôt, Napoléon avait fixé les yeux sur un point de départ moins avancé en Bavière, et, au lieu d'amener d'Augsbourg à Ratisbonne les troupes qui se seraient formées sur ce premier point, pour les joindre avec celles qui seraient arrivées de Wurzbourg sous le maréchal Davout, il se proposait de choisir un point intermédiaire, tel que Donauwerth ou Ingolstadt (voir la carte n° 14), pour y faire descendre le rassemblement d'Augsbourg, et y faire remonter celui de Ratisbonne. Aussi voulut-il avoir des magasins de vivres et de munitions, non-seulement à Augsbourg, mais à Donauwerth et à Ingolstadt, qui pouvaient devenir éventuellement le lieu de la concentration générale, et le point de départ de la marche sur Vienne. Ainsi Ratisbonne, dans le cas d'hostilités différées, Donauwerth ou Ingolstadt, en cas d'hostilités immédiates, devaient être ses premiers quartiers généraux. Le major général Berthier, dépêché à l'avance, partit avec ces instructions. M. Daru en reçut de pareilles pour les mouvements du matériel. Des services d'estafette furent établis entre Augsbourg et Strasbourg d'un côté, entre Wurzbourg et Mayence de l'autre, pour joindre les lignes télégraphiques de la frontière, et expédier chaque jour à Paris des nouvelles du théâtre de la guerre. Des relais de poste furent extraordinairement disposés pour que Napoléon pût franchir rapidement la distance de la Seine au Danube. Ainsi préparé il attendit les mouvements des Autrichiens, voulant rester à Paris le plus longtemps possible, afin d'animer de sa volonté l'administration de la guerre, avant d'aller animer de sa présence l'armée destinée à combattre sous ses ordres.

*Ordres relatifs à l'Italie, à l'Espagne et à la marine.*

A ces dispositions s'en joignirent quelques autres relatives à l'Italie, à l'Espagne et à la marine. Napoléon réitéra à Murat l'ordre d'acheminer une brigade sur Rome, pour rendre disponible la division Miollis. Il traça au prince Eugène la direction selon laquelle il devait attaquer les Autrichiens, lui ordonna de masquer par quelques troupes légères la route de la Carniole par Laybach, et de porter les cinq divisions françaises, Seras, Broussier, Grenier, Lamarque, Barbou, d'Udine à la Ponteba, pour déboucher par Tarvis sur Klagenfurth, dans la Carinthie, route directe de la Lombardie à Vienne. Il avait fait partir de Toulon quelques bâtiments pour l'Adriatique, avec l'instruction de garder les meilleurs sous voiles, et de désarmer les autres, afin de se procurer à Venise 12 ou 1,500 matelots français, qui seraient fort utiles à la défense de la place. Il enjoignit à sa sœur Élisa, gouvernante de la Toscane, de veiller sur la tranquillité de cette contrée, car le mécontentement, se répandant des pays ennemis dans les pays amis, agitait déjà l'Italie. Napoléon y envoya une colonne de gendarmes français, pour y organiser une gendarmerie italienne, prescrivit de mettre en état de défense les châteaux de Florence, de Sienne, de Livourne, afin d'avoir des refuges contre de nouvelles vêpres siciliennes, tant sa prévoyance reconnaissait elle-même les dangers de son imprudente politique.

Quant à l'Espagne, il ordonna à Joseph de continuer les préparatifs de l'expédition de Portugal, que le maréchal Soult devait exécuter avec quatre divisions, et de n'acheminer le maréchal Victor sur l'Andalousie que lorsque le maréchal Soult aurait dépassé Oporto. Il recommanda de bien soigner les divisions Valence, Leval, Dessoles, Sebastiani, restées à Madrid comme ressource principale de la monarchie espagnole, et surtout de veiller à ce que le maréchal Ney avec ses deux divisions contînt vigoureusement le nord de la Péninsule. Il confia au général Suchet l'ancien corps de Moncey, qui venait d'achever le siége de Sarragosse, avec ordre de se préparer à marcher sur Valence, dès que le général Saint-Cyr aurait terminé ses opérations en Catalogne. Il reporta le 5ᵉ corps commandé par le maréchal Mortier, de Sarragosse sur Burgos, pour qu'il pût au besoin, ou donner la main au maréchal Ney contre le nord de l'Espagne si cette région devenait inquiétante, ou repasser en France si la guerre d'Allemagne exigeait de nouvelles ressources.

Mars 1809.

S'occupant enfin de faire concourir la marine à ses opérations, Napoléon ordonna à l'amiral Wuillaumez de partir de Brest avec deux vaisseaux de 120, et six de 74; de se rendre devant Lorient et Rochefort, où les contre-amiraux Troude et Lhermitte se trouvaient chacun avec une division; de les débloquer, de les conduire jusqu'aux Antilles, où ceux-ci devaient porter des vivres, des munitions, des recrues, et recevoir en échange des denrées coloniales; de revenir ensuite en Europe, et de rallier l'amiral Ganteaume à Toulon, pour y prendre part à diverses expéditions dans la Méditerranée. Tandis que l'amiral Wuillaumez allait exécuter cette course, l'amiral Ganteaume devait sortir de Toulon avec son escadre, et porter à Barcelone un approvisionnement considérable en poudres, projectiles et grains. Dans l'Escaut le contre-amiral Allemand eut ordre de faire sortir l'escadre de Flessingue, de la tenir en rivière, toujours prête à mettre à la voile, ce qui ne pouvait manquer d'offusquer les Anglais, et d'occuper une notable partie de leurs forces. Napoléon enjoignit, en outre, à l'administration de la marine de réunir une certaine quantité de chaloupes canonnières aux bouches de l'Escaut et de la Charente, pour y garder toutes les passes, et y veiller aux tentatives de destruction que les Anglais allaient probablement essayer contre les escadres mouillées dans ces parages. Il ordonna au ministre Decrès de partir pour les côtes, le jour où il partirait lui-même pour l'Allemagne, afin de présider à la ponctuelle exécution de ces diverses instructions.

Tout à coup, pendant que Napoléon faisait ainsi ses dernières dispositions, on apprit que les Autrichiens avaient poussé la hardiesse jusqu'à saisir à Braunau un courrier français porteur de dépêches de la légation de Vienne à la légation de Munich. Ce courrier était un ancien officier français, établi à Vienne, et qui abandonnant cette capitale au moment de la guerre, s'était chargé de divers plis pour les ministres de sa nation. L'enlèvement des dépêches qui lui étaient confiées, malgré ses vives protestations, malgré le cachet des deux ambassades qui aurait dû les faire respecter, parut à Napoléon l'équivalent d'une rupture. Il se livra à la plus violente colère, fit adresser de véhémentes interpellations à M. de Metternich, et prescrivit, à titre de représailles, l'arrestation immédiate des courriers autrichiens sur toutes les routes. Ses ordres exécutés à la rigueur, et sans délai, lui procurèrent sur le chemin de Strasbourg l'enlèvement de dépêches fort importantes. Il les lut avec grande attention, et en conclut que les hostilités commenceraient à la mi-avril. La demande de ses passeports faite par M. de Metternich acheva de lui révéler l'imminence du danger, et il ordonna au major général Berthier de se rendre à Donauwerth, soit pour réunir l'armée à Ratisbonne si on en avait le temps, soit pour la replier derrière le Lech vers Donauwerth si le temps manquait, sauf à occuper Ratisbonne par une division du maréchal Davout. Du reste, toujours l'œil sur le télégraphe, Napoléon se tint prêt à partir au premier signal.

Les hostilités dont il assignait le commencement

*Avril 1809.*

Arrestation d'un courrier français, suivie par représailles de l'arrestation des courriers autrichiens.

Imminence des hostilités révélée par les dépêches de l'un des courriers arrêtés.

Premiers

du 15 au 20 avril, commencèrent un peu plus tôt qu'il ne l'avait cru. L'ordre, en effet, était donné en Italie, en Bavière, en Bohême, d'ouvrir la campagne du 9 au 10 avril. Le lieutenant général Bellegarde, qui commandait les cinquante mille hommes destinés à déboucher par la Bohême, passa la frontière du Haut-Palatinat sur deux points, Tirschenreit et Wernberg. Les quatre corps des lieutenants généraux Hohenzollern, Rosenberg, archiduc Louis, Hiller, et les deux corps de réserve Jean de Liechtenstein et Kienmayer, formant avec l'artillerie une masse d'environ 140 mille hommes, se trouvaient le 1er avril le long de la Traun, et le 9 avril le long de l'Inn, frontière franco-bavaroise, dont la violation allait décider la guerre, et amener l'une des plus sanglantes campagnes du siècle. Le 9 au soir, l'archiduc Charles, qui s'était mis à la tête de ses troupes, et qui était suivi de l'empereur, venu à Lintz pour être plus près du théâtre de la guerre, envoya l'un de ses aides de camp au roi de Bavière, avec une lettre annonçant qu'il avait ordre de se porter en avant, et de traiter en ennemies toutes les troupes qui lui résisteraient. Il aimait, disait-il, à croire qu'aucune troupe allemande ne ferait obstacle à l'armée libératrice qui venait délivrer l'Allemagne de ses oppresseurs. Cette lettre fut la seule déclaration de guerre adressée à la France et à ses alliés. Pour toute réponse le roi de Bavière quitta sa capitale afin de se rendre à Augsbourg, et les troupes bavaroises, campées sur l'Isar, à Munich et Landshut, eurent ordre de résister. Le maréchal Lefebvre en avait déjà pris le commandement pour les conduire à l'ennemi.

Le 10 avril au matin l'armée autrichienne s'ébranla tout entière pour franchir l'Inn et commencer la guerre. Elle ne savait pas bien exactement où étaient les Français, mais elle était informée qu'il y en avait à Ulm, à Augsbourg, surtout à Ratisbonne, où se dirigeait le maréchal Davout; elle espérait les surprendre dans cet état de dispersion, atteindre le Danube avant leur concentration définitive, le passer entre Donauwerth et Ratisbonne, se joindre par sa droite avec le corps de Bellegarde, et envahir victorieusement le Haut-Palatinat, la Souabe, le Wurtemberg. Le corps de Hiller, celui de l'archiduc Louis, le deuxième de réserve, formant une masse de 58 mille hommes, et ayant le prince généralissime à leur tête, franchirent l'Inn à Braunau même, le 10 avril au matin. (Voir la carte n° 14.) Le corps de Hohenzollern, fort de 27 ou 28 mille hommes, le passa au même instant au-dessous de Muhlheim. Enfin le quatrième corps avec le premier de réserve, présentant une masse de 40 mille hommes, exécuta son passage à Scharding, assez près du point où l'Inn se jette dans le Danube. A l'extrême gauche la division Jellachich, d'environ 10 mille hommes, après avoir passé la Salza, fut dirigée sur Wasserbourg, pour y traverser l'Inn et marcher sur Munich. A l'extrême droite la brigade Vecsay, qui comptait 5 mille hommes, et se composait de troupes légères, dut longer le Danube pour éclairer l'armée sur sa droite et occuper Passau, place importante à la jonction de l'Inn et du Danube. Sentant l'importance de ce point,

Napoléon n'avait cessé d'adresser aux Bavarois de pressantes recommandations pour qu'on mît la place de Passau en état de défense, et avait même envoyé des officiers français avec les fonds nécessaires à l'exécution des travaux. Mais rien n'avait été fait à temps, et le commandant bavarois ne put que se rendre aux Autrichiens. C'était un regrettable point d'appui qu'on leur avait livré par négligence, et dont ils pouvaient tirer plus tard un parti très-avantageux.

L'Inn franchi, les Autrichiens marchèrent sur trois colonnes pour se rapprocher de l'Isar, où ils devaient rencontrer les troupes bavaroises et tirer les premiers coups de fusil. Quoiqu'ils se fussent appliqués à rendre leur armée plus mobile, ils s'avancèrent lentement, par habitude d'abord, par le mauvais temps ensuite, et enfin par l'embarras de leurs magasins. Songeant à faire la guerre d'invasion, et ne sachant pas vivre partout comme les Français, ils avaient imaginé de substituer à leurs immenses dépôts de denrées alimentaires des magasins ambulants, qui devaient les suivre dans leurs mouvements. Ils espéraient de la sorte pouvoir imiter plus facilement les concentrations subites et ordinairement décisives de Napoléon. A ces magasins se joignaient un fort bel équipage de pont et un immense matériel d'artillerie. Ils restèrent donc embourbés pendant plusieurs jours entre l'Inn et l'Isar, et n'arrivèrent que le 15 devant ce dernier fleuve. Jusque-là ils n'avaient aperçu que des patrouilles de cavalerie bavaroises, qu'ils avaient affecté de ne pas attaquer, pour prolonger une illusion qui leur plaisait, et qui leur persuadait qu'ils ne rencontreraient pas d'hostilités de la part des Allemands. L'archiduc s'apprêta à passer l'Isar devant Landshut le lendemain 16 (voir la carte n° 46), et cette fois il ne pouvait plus ni se faire illusion, ni en faire à personne, car les Bavarois bordaient le fleuve avec toutes les apparences de gens résolus à se défendre.

Il changea un peu la disposition de ses colonnes pour cette opération importante, qui était la première de la guerre, et que pour ce motif il fallait rendre prompte et décisive. Il détacha de sa gauche le corps de Hiller vers Moosbourg, afin de préserver l'opération qui allait se faire devant Landshut de toute opposition du côté de Munich. Il rapprocha du corps de l'archiduc Louis, qui restait seul par la séparation du corps de Hiller, celui de Hohenzollern, et leur prescrivit à tous deux de forcer le passage de l'Isar devant Landshut même. Il plaça en colonne en arrière les deux corps de réserve. Il ordonna au corps du prince de Rosenberg, qui tenait la droite, de passer l'Isar vers Dingolfing, point où l'on n'avait à craindre aucune résistance, et d'envoyer ses troupes légères à Ebelsbach, pour ôter à l'ennemi le courage de tenir à Landshut en voyant l'Isar passé au-dessous. Enfin la brigade Vecsay, déjà lancée le long du Danube, devait pousser ses courses jusqu'à Straubing, fort près par conséquent de Ratisbonne, afin de se procurer des nouvelles des Français.

Le 16 au matin, l'archiduc Charles, dirigeant lui-même le corps de l'archiduc Louis, dont le général Radetzki commandait l'avant-garde, s'avança sur Landshut pour y franchir l'Isar. Quand on vient par la route de Braunau, comme c'était le cas pour les Autrichiens, on descend par des coteaux boisés sur les bords de l'Isar, qui traverse la jolie ville de Landshut, et se répand ensuite dans des prairies verdoyantes. La ville est moitié sur le penchant des coteaux, moitié sur le bord du fleuve, qui, en la traversant, se sépare en deux bras. La division bavaroise Deroy occupait Landshut, et avait mission de disputer le passage. Après avoir évacué la ville haute et toute la partie qui est sur la rive droite du fleuve, elle avait coupé le pont du grand bras, rempli de nombreux tirailleurs le faubourg de Seligenthal, et s'était rangée en bataille de l'autre côté des prairies, sur les hauteurs boisées d'Altdorf, qui font face à celles par lesquelles on débouche sur Landshut. Le général Radetzki, se portant de la ville haute sur le bord du grand bras et devant le pont coupé, fut accueilli par un feu très-vif de tirailleurs, auquel il répondit par celui des tirailleurs du régiment des Gradiscans. De son côté l'archiduc, profitant des hauteurs pour faire jouer sa formidable artillerie, en accabla le faubourg de Seligenthal, situé sur l'autre rive de l'Isar, mit en ruine cette partie de la ville de Landshut, et la rendit intenable pour les Bavarois qui s'y étaient embusqués. Il fit ensuite rétablir le tablier du pont sur ses appuis encore debout, et le franchit sans trouver de résistance dans le faubourg évacué. Vers midi le corps de l'archiduc Louis déboucha avec une nombreuse cavalerie, suivi à peu de distance du corps de Hohenzollern, et vint se déployer devant la division bavaroise Deroy, qui était en bataille vis-à-vis, sur les hauteurs d'Altdorf. Une vive canonnade s'engagea entre les Autrichiens et les Bavarois; mais ceux-ci, recevant la nouvelle que l'Isar était passé au-dessus vers Moosbourg, au-dessous vers Dingolfing, se retirèrent en bon ordre, à travers les bois, par la chaussée de Landshut à Neustadt sur le Danube. (Voir la carte n° 46.) On avait perdu de part et d'autre une centaine d'hommes. Les Bavarois, partagés entre deux sentiments, le déplaisir de se battre pour des Français contre des Allemands, et leur vieille jalousie à l'égard des Autrichiens qui voulaient leur ôter le Tyrol, se conduisirent néanmoins très-bien. Ils se replièrent sur le Danube, dans la forêt de Dürnbach, où déjà s'étaient retirées la division du prince royal venant de Munich, et la division du général de Wrède venant de Straubing. Ils étaient là près des Français, les attendant avec une extrême impatience.

L'archiduc Charles avait franchi l'Isar à Landshut avec deux corps, ceux de l'archiduc Louis et du prince de Hohenzollern. Il était immédiatement suivi de ses deux corps de réserve, Jean de Liechtenstein et Kienmayer. Il avait de plus à sa gauche occupé Moosbourg avec le corps du général Hiller, et à sa droite occupé Dingolfing avec le corps de Rosenberg. Il se trouvait donc au delà de l'Isar avec les six corps d'armée destinés à opérer en Bavière, et avec une masse d'environ 140 mille hommes. Il n'avait plus que quelques pas à faire pour rencontrer les Français, car il n'y a de l'Isar au Danube qu'une douzaine de lieues, et aucun cours d'eau considérable. Mais pour franchir ces douze lieues il avait à traverser de petites rivières, telles que l'Abens à gauche, la grosse et la petite Laber à droite, des coteaux, des bois, des marais, pays fourré, obscur, difficile. Il fallait beaucoup y penser avant de s'engager dans cette région dangereuse, avec la chance de se heurter à chaque instant contre l'armée française, toujours fort redoutable quoique n'ayant pas encore Napoléon à sa tête. A gauche, l'archiduc Charles avait Augsbourg et Ulm, à droite Ratisbonne. Tout ce qu'il savait, c'est qu'il y avait des Français à Augsbourg et à Ulm, sans pouvoir dire quels et combien, et d'autres Français à Ratisbonne, ceux-ci mieux connus, car c'était le corps du maréchal Davout, dont l'arrivée dans cette direction était depuis long-temps annoncée. Le généralissime autrichien forma le projet de s'avancer droit devant lui, à travers le pays qui s'étend de l'Isar au Danube, et d'aboutir à ce dernier fleuve vers Neustadt et Kelheim, en suivant la double chaussée qui de Landshut conduit à ces deux points. (Voir la carte n° 46.) Arrivé à Neustadt et Kelheim, il devait se trouver entre les deux rassemblements connus des Français, celui d'Augsbourg et celui de Ratisbonne : il pouvait se rabattre sur ce dernier point, accabler le maréchal Davout, enlever Ratisbonne, et donner la main au général Bellegarde. Disposant alors de près de 200 mille hommes, il lui devenait facile de marcher sur le Rhin à travers le Wurtemberg, en balayant devant lui les Français surpris, battus avant d'avoir pu se réunir. Mais il fallait franchir ce pays presque impénétrable, avant la concentration des Français et l'arrivée de Napoléon, et il était déjà un peu tard pour réaliser ce projet ambitieux, fort approuvable du reste, s'il était aussi bien exécuté qu'il était bien conçu.

En entrant dans cette région, l'archiduc Charles trouvait à sa gauche l'Abens, courant directement vers le Danube, et s'y jetant près de Neustadt, après avoir traversé Siegenbourg, Bibourg, Abensberg. (Voir la carte n° 46.) A droite coulaient en passant sur son front la petite et la grosse Laber, qu'il devait franchir vers leur source, car elles naissent dans les environs pour aller se jeter dans le Danube. Il devait s'avancer ainsi entre l'Abens qu'il côtoierait par sa gauche, et les deux Laber qu'il franchirait par sa droite, marchant à travers des bois, des marécages, pour aboutir au Danube par deux chaussées, celle de Landshut à Neustadt, et celle de Landshut à Kelheim. S'il ne voulait pas pousser jusqu'à Kelheim et Neustadt, il pouvait se rendre à Ratisbonne par un chemin plus court, en prenant à droite la chaussée dite d'Eckmühl, laquelle après avoir franchi le lit marécageux de la grosse Laber à Eckmühl même, s'élève à travers des gorges boisées, puis descend dans la plaine de Ratisbonne, au milieu de laquelle on voit le Danube se déployer et changer sa direction, car on sait qu'après avoir couru depuis sa source au nord-est, il se dirige constamment à l'est après Ratisbonne.

L'archiduc Charles résolut de suivre le 17 les deux chaussées qui de Landshut mènent à Neustadt et à Kelheim. Il assigna au général Hiller la

*Avril 1809.*

*Difficultés que présente le pays entre Landshut et Ratisbonne.*

*Dispositions*

mission de marcher de Moosbourg à Mainbourg sur l'Abens, pour se garder contre les Français qu'on savait être à Augsbourg, tandis que la division Jellachich, placée plus à gauche, viendrait de Munich à Freising joindre ce même corps de Hiller dont elle dépendait. Un peu moins à gauche, l'archiduc Louis dut s'avancer par la chaussée de Neustadt, traverser Pfeffenhausen, et côtoyer également l'Abens, afin de veiller sur les Bavarois amoncelés dans la forêt de Dürnbach. Au centre, et en suivant la chaussée de Lansdhut à Kelheim par Rottenbourg, le corps de Hohenzollern, après avoir passé les deux Laber, devait se diriger sur Kelheim suivi des deux corps de réserve, tandis qu'à droite le corps de Rosenberg et la brigade Vecsay essayeraient, par la route transversale d'Eckmühl, une reconnaissance sur Ratisbonne.

Ainsi, avec deux corps à gauche, trois au centre, un sixième à droite, et à des distances de vingt lieues, l'archiduc Charles s'avança de l'Isar au Danube, à travers le pays accidenté que nous venons de décrire, et qui est compris entre les points de Landshut, Neustadt, Kelheim, Ratisbonne, Straubing. Il ordonna au lieutenant général Bellegarde, qui avait débouché dans le Haut-Palatinat, de pousser vivement la queue du maréchal Davout sur Ratisbonne, afin de préparer la jonction générale de toutes les forces autrichiennes.

L'archiduc marcha le 17 avec mesure, et moins de lenteur que de coutume, mais encore trop lentement pour les circonstances. Il s'achemina sur Pfeffenhausen d'un côté, sur Rottenbourg de l'autre. Le mauvais temps, les magasins ambulants qu'il attendait, son grand équipage de pont, son matériel d'artillerie, traînés sur des routes défoncées par les pluies, expliquaient cette lenteur, si elles ne la justifiaient. On n'eut affaire pendant le trajet qu'à la cavalerie légère bavaroise, avec laquelle on faisait le coup de sabre, n'ayant plus à la ménager depuis qu'à Landshut on s'était battu contre les Allemands de la Confédération du Rhin.

Avril 1809.

Le 18, l'archiduc Charles, toujours mal renseigné sur sa gauche, ayant appris seulement que de ce côté il y avait des Bavarois derrière l'Abens, et des Français vers Augsbourg, mais mieux informé sur sa droite, où il savait que le maréchal Davout approchait de Ratisbonne, acquit ainsi la conviction que les Français étaient divisés en deux masses, et se confirma dans la pensée de se jeter d'abord sur le maréchal Davout. Incertain encore s'il irait droit à Kelheim au bord du Danube, pour descendre ensuite le long de ce fleuve vers Ratisbonne, ou s'il irait tout de suite à Ratisbonne en prenant la route transversale d'Eckmühl, il fit un pas de plus, les corps de Hiller et de l'archiduc Louis formant sa gauche le long de l'Abens, Hohenzollern et les deux corps de réserve formant son centre autour de Rohr, Rosenberg formant sa droite vers Laucqwaid, sur la grosse Laber, enfin la brigade Vecsay à l'extrémité de sa ligne poussant des reconnaissances par Eckmühl et Egglofsheim sur Ratisbonne. Le moment des événements les plus décisifs approchait, car de toutes parts l'archiduc était entouré de Français et de Bavarois, dans un pays d'une obscurité presque impénétrable, où l'on pouvait tout à coup se trouver face à face avec l'ennemi. Trois ou quatre cent mille hommes, Autrichiens, Français, Bavarois, Wurtembergeois, Badois, Hessois, allaient se heurter dans cet espace resserré, se heurter cinq jours de suite, avec un acharnement inouï, l'avantage devant rester non pas seulement au plus brave, car on était brave de part et d'autre, mais à celui qui saurait le mieux se diriger au milieu de ce chaos de bois, de marécages, de coteaux et de vallées!

Tandis que les Autrichiens, ayant ainsi l'avance sur les Français, s'apprêtaient à les surprendre, ceux-ci heureusement avec leur habitude de la guerre, avec leur assurance dans le danger, n'étaient pas gens à se laisser déconcerter, même avant d'être en possession de tous leurs avantages. Le champ de bataille sur lequel ils arrivaient par le côté opposé, leur apparaissait en sens contraire, mais tout aussi confus. A notre droite, et à la gauche des Autrichiens, le maréchal Masséna concentré sur Ulm avec les divisions Boudet, Molitor, Carra Saint-Cyr, Legrand, marchait sur Augsbourg, pour y rejoindre le corps d'Oudinot. Le maréchal Masséna, par ordre du major général Berthier, avait pris le commandement de toutes ces troupes, qui ne s'élevaient guère au delà de 55 à 60 mille hommes, les renforts n'étant point arrivés. A vingt-cinq lieues de là, vers Ratisbonne, par conséquent à notre gauche et à la droite des Autrichiens, le maréchal Davout débouchait avec l'armée du Rhin, composée des divisions Morand, Friant, Gudin, Saint-Hilaire, des cuirassiers Saint-Sulpice, de la cavalerie légère de Montbrun, comptant environ 50 mille soldats, les meilleurs de l'armée. La grosse cavalerie du général Espagne et celle du général Nansouty l'avaient déjà quittée, la première pour joindre le corps d'Oudinot, la seconde pour venir former la réserve de cavalerie. On voit que la distribution en trois corps n'était pas encore effectuée, car la division Saint-Hilaire aurait dû se trouver en ce moment avec le général Oudinot, pour compléter le corps du maréchal Lannes, et le maréchal Masséna n'aurait dû avoir que ses quatre divisions, avec les Hessois et les Badois.

Enfin, entre ces deux masses, mais plus près de Ratisbonne que d'Augsbourg, vers Kelheim et Neustadt, se trouvaient les Bavarois couverts par l'Abens, et réfugiés dans la forêt de Dürnbach, au nombre de 27 mille hommes. Les Wurtembergeois y arrivaient par Ingolstadt au nombre de 12 mille. C'était donc une masse dispersée de 140 à 150 mille hommes, dont 100 mille Français, et environ 40 à 50 mille Allemands. La garde impériale n'était pas encore rendue sur les lieux : les renforts présentaient sur les routes de la Souabe et de Wurtemberg de longues colonnes d'hommes, de chevaux et de matériel.

Le major général Berthier était resté long-temps à Strasbourg pour veiller à l'organisation de l'armée, ne croyant pas que le moment fût venu de la faire entrer en action. Le 14 avril, averti à Strasbourg de la marche des Autrichiens vers l'Inn, il était parti pour se rendre sur les bords du Danube,

*Avril 1809.*

*Embarras du major général Berthier en arrivant sur les lieux.*

et était arrivé le 13 au matin à Gmünd, le 13 au soir à Donauwerth. En route, au milieu des nouvelles contradictoires qu'il recevait, il avait donné des ordres souvent contraires, s'appliquant toujours à ramener les événements au plan de Napoléon, qui consistait, comme nous l'avons dit, à réunir d'abord l'armée sur Ratisbonne si on en avait le temps, ou sur Donauwerth si les hostilités commençaient plus tôt qu'on ne l'avait supposé. Parvenu le soir à Donauwerth, le major général avait appris que le maréchal Davout occupait Ratisbonne, que le maréchal Masséna et le général Oudinot étaient à Augsbourg, que les Autrichiens avaient marché lentement, que le plan de Napoléon par conséquent était toujours exécutable, et alors plaçant sous les ordres du maréchal Davout tout ce qui était autour de Ratisbonne, sous ceux du maréchal Masséna tout ce qui était autour d'Augsbourg, il avait cru devoir opérer la concentration de l'armée sur Ratisbonne, et il avait ordonné au général Oudinot de s'y acheminer. Mais recevant tout à coup le 14 une dépêche de Paris, dépêche fort ambiguë, dans laquelle Napoléon, prévoyant le mouvement anticipé des Autrichiens, lui recommandait de tout réunir à Augsbourg, en laissant toutefois le maréchal Davout sur Ratisbonne avec une partie de ses forces, il contremanda le mouvement prescrit au général Oudinot, et il demeura en présence de l'ennemi jusqu'au 17, avec l'armée partagée en deux masses, l'une à Ratisbonne, l'autre à Augsbourg, les Bavarois entre deux. Dans l'intervalle il s'occupa de mettre les corps en ordre, mais n'osa pas prendre un parti avant l'arrivée de l'Empereur[1].

Heureusement que Napoléon fut averti en temps utile de ce qui se passait, grâce aux moyens de communication qu'il avait préparés à l'avance. Le 12 au soir, en effet, il avait appris le passage de l'Inn, était monté en voiture dans la nuit, avait séjourné le 15 quelques heures à Strasbourg, le 16 quelques heures à Stuttgard, avait vu et rassuré, chemin faisant, les rois allemands ses alliés, et était arrivé le 17 au matin à Donauwerth, assez à temps pour tout réparer.

Quoiqu'il ne lui fût pas moins difficile qu'à l'ar-

---

[1] Certains historiens ont fort maltraité le major général Berthier pour les ordres donnés pendant ces quelques jours. J'ai lu ces ordres avec beaucoup de soin, je les ai comparés avec ceux de Napoléon, jour par jour et heure par heure, et je n'ai pu reconnaître la justice du blâme adressé au major général. Parti de Paris avec la confidence du plan de Napoléon qui consistait à se concentrer sur Ratisbonne, il voulut y procéder en ordonnant le 13 au général Oudinot de marcher sur cette ville; mais recevant en route une dépêche télégraphique de Napoléon, qui lui ordonnait de tout replier sur le Lech et sur Augsbourg, en cas d'hostilités prématurées, et de laisser dans tous les cas le maréchal Davout à Ratisbonne, il resta dans cette position jusqu'à l'arrivée de l'Empereur. Cela prouve une seule chose, la difficulté de diriger de loin les opérations militaires, car de près Napoléon aurait ordonné à Berthier ce qu'il ordonna lui-même en arrivant sur les lieux. Mais Berthier pouvait-il prendre sur lui de donner l'ordre si hardi de concentrer l'armée, par un double mouvement de flanc exécuté en présence de l'ennemi? On ne saurait guère l'imaginer. Napoléon lui-même, simple chef d'état-major au lieu d'être commandant en chef, ne l'aurait probablement pas osé. Tout ce qu'on peut dire ici de l'un et de l'autre, c'est que Berthier avait des ordres dont il n'osa pas s'écarter, et que Napoléon était trop loin pour les modifier d'après les faits qui étaient survenus. On fut surpris par les événements, ce qui était la faute de la politique, bien plus que de la direction imprimée aux opérations militaires.

chiduc Charles lui-même de pénétrer la vérité, au milieu de beaucoup de rapports contradictoires, et dans un pays aussi couvert que celui où l'on opérait, il avait appris par les Bavarois le passage des Autrichiens à Landshut, et il devina avec sa perspicacité accoutumée que la principale armée autrichienne venait donner contre le Danube, dans l'espérance de passer entre les Français réunis à Augsbourg et les Français réunis à Ratisbonne. Quelques instants lui ayant suffi pour démêler cette vérité, il prit sa détermination avec une incroyable promptitude.

Deux plans s'offraient en ce moment à lui. S'il avait pu tout savoir très-exactement, ce qui n'arrive jamais à la guerre, s'il avait pu deviner par exemple que l'archiduc allait se porter sur Ratisbonne avec plusieurs corps mal liés entre eux, il n'aurait eu qu'à le laisser marcher sur Ratisbonne, où le maréchal Davout avec 50 mille soldats l'aurait arrêté pendant tout le temps nécessaire, et puis avec la masse des forces réunies autour d'Augsbourg, avec Oudinot, Molitor, Boudet, les Bavarois, les Wurtembergeois, c'est-à-dire avec 90 mille combattants, se jeter sur les derrières du généralissime autrichien, le mettre entre deux feux, et prendre son armée jusqu'au dernier homme. Toutefois c'eût été braver bien des chances, car Napoléon aurait laissé à l'archiduc l'avantage de la position concentrique, ce qui était contraire aux vrais principes de la guerre, qu'il avait plus qu'aucun capitaine professés, illustrés par d'immortels exemples. L'archiduc, en effet, placé entre les deux masses de l'armée française, aurait pu les battre l'une après l'autre, et leur faire essuyer à toutes deux ce que Napoléon fit essuyer tant de fois à tant d'ennemis divers. D'ailleurs, pour un tel plan, il aurait fallu en savoir plus que n'en savait Napoléon sur la situation des choses, sur l'état moral et matériel des deux armées autrichienne et française, sur ce qu'on pouvait craindre de l'une, attendre de l'autre, enfin sur la marche de l'ennemi, car plus on veut être hardi, plus il faut connaître à qui et à quoi on a affaire. Aussi après avoir pensé un moment à ce plan[1], préféra-t-il le second, qui était le plus sûr, c'était de profiter du temps qui lui restait pour concentrer l'armée, en amenant le maréchal Davout de Ratisbonne vers Neustadt, et en amenant d'Augsbourg vers le même point le maréchal Masséna. Alors avec 140 à 150 mille hommes dans la main, Napoléon était certain de tout accabler, quelles que fussent les chances, car il n'y en a jamais de très-redoutables pour une armée bien concentrée, qui peut opposer sa masse tout entière de quelque côté qu'on l'aborde. Il préféra donc, dans l'ignorance où il était de toutes choses, l'application des vrais principes aux éventualités plus brillantes qui s'offraient à lui. Mais cette subite concentration devant s'opérer par une double marche des maréchaux Davout et Masséna, en face de l'ennemi, présentait aussi de graves dangers. C'est à les surmonter que Napoléon appliqua tout son gé-

[1] Ce fait ressort d'une conversation avec le duc de Rovigo, qui la rapporte sans en pouvoir juger la portée, ne sachant ni les événements qui se passaient, ni les ordres que Napoléon avait donnés.

nie, en exécutant l'une des plus belles opérations de sa longue et prodigieuse carrière.

Arrivé le 17 à Donauwerth, sans garde, sans maison militaire, sans chevaux, sans état-major, il donna immédiatement ses ordres, prenant pour les transmettre les premiers officiers venus qu'il trouva sous sa main, car le major général Berthier était en ce moment à Augsbourg.

*Ordres de Napoléon au maréchal Masséna.*

Il ordonna d'abord au maréchal Masséna de quitter Augsbourg le lendemain matin 18, pour descendre par la route de Pfaffenhofen sur l'Abens dans le flanc gauche des Autrichiens, se réservant ensuite de diriger la marche de ce maréchal vers le Danube ou vers l'Isar, vers Neustadt ou vers Landshut, suivant la position que l'armée occuperait à son arrivée. (Voir la carte n° 46.) Il lui enjoignit de laisser à Augsbourg un bon commandant, deux régiments allemands, tous les hommes malingres ou fatigués, des vivres, des munitions, enfin de quoi tenir quinze jours; de partir en semant le bruit d'une marche en Tyrol, et puis de descendre vers le Danube en toute hâte, car jamais, ajoutait l'Empereur, je n'ai eu plus besoin de votre dévouement. La dépêche se terminait par ces mots : *Activité et vitesse*. Au même instant il ordonna au

*Ordres de Napoléon au maréchal Davout.*

maréchal Davout de quitter immédiatement Ratisbonne en y laissant un régiment pour garder cette ville, de remonter le Danube avec son corps d'armée, de cheminer avec prudence mais avec résolution entre le fleuve et la masse des Autrichiens, et de venir le joindre par Abach et Ober-Saal, aux environs d'Abensberg, par où l'Abens se jette dans le Danube. Le maréchal Davout, après ce qu'il avait déjà détaché de ses troupes pour composer les autres corps, pouvait conserver environ cinquante mille hommes, heureusement très-capables de se battre contre un nombre quelconque d'Autrichiens. En les rapprochant de l'Abens derrière lequel étaient cantonnés les Bavarois, et où l'on venait de diriger les Wurtembergeois, les cuirassiers Nansouty et Espagne, la division Demont composée des quatrièmes bataillons du corps de Davout, le grand parc d'artillerie, Napoléon allait avoir sous sa main environ 90 mille hommes, bien suffisants pour attendre Masséna qui devait arriver avec quarante ou cinquante mille. Cette dernière réunion opérée, il était en mesure de détruire la grande armée autrichienne, quelque position qu'elle eût prise, quelque manœuvre qu'elle eût faite.

<sub>Avril 1809.</sub>

Ces dispositions une fois arrêtées et communiquées à ceux qui devaient les exécuter, Napoléon quitta Donauwerth pour Ingolstadt, afin de se rapprocher du point de concentration qu'il venait de choisir. Ses ordres expédiés à l'instant même n'avaient pas grand chemin à faire pour parvenir à Augsbourg, et Masséna put immédiatement s'occuper de ses préparatifs dans la seconde moitié de la même journée, afin de partir le lendemain 18 au matin. Mais la distance était plus que double de Donauwerth à Ratisbonne, et ce n'est que fort avant dans la soirée que le maréchal Davout reçut les ordres qui le concernaient. Ce maréchal était dans le moment aux environs de Ratisbonne avec quatre divisions d'infanterie, une division de cuirassiers,

<sub>Situation du maréchal Davout lorsqu'il reçoit</sub>

une division de cavalerie légère, le tout, comme nous venons de le dire, formant à peu près cinquante mille hommes. Les généraux Nansouty et Espagne avec la grosse cavalerie et une portion de cavalerie légère, le général Demont avec les quatrièmes bataillons et le grand parc avaient pris la gauche du Danube.

Pour se concentrer autour de Ratisbonne, le maréchal Davout avait eu plus d'une difficulté à vaincre. La division Friant, en effet, dans son trajet de Bayreuth à Amberg, s'était trouvée un instant aux prises avec les cinquante mille hommes du lieutenant-général Bellegarde. Elle avait bravement tenu tête à l'orage, en repoussant énergiquement les avant-gardes des Autrichiens; et tandis qu'elle leur résistait, le reste du corps, précédé de la division Saint-Hilaire, s'était écoulé vers Ratisbonne, le long de la Wils et de la Regen. La journée du 17, pendant laquelle Napoléon avait expédié ses ordres, avait été employée tout entière à échanger une vive canonnade avec les Autrichiens sous les murs mêmes de Ratisbonne, pour donner au général Friant le temps de rejoindre. La division Morand, occupant Stadt-am-hof au delà du Danube, au confluent de la Regen, les avait arrêtés par sa superbe contenance, et leur avait rendu force boulets. Les projectiles lancés des hauteurs, enfilant les rues de Ratisbonne, nous avaient tué quelques hommes parmi les troupes qui traversaient la ville pour passer le Danube. Un obus était même venu éclater entre les jambes du cheval du maréchal Davout, tuant ou blessant autour de lui les chevaux de ses aides de camp. Les vieux soldats des divisions Morand, Gudin, Friant, Saint-Hilaire, éprouvaient au plus haut degré les passions de l'armée française, et ils étaient exaspérés. Un tirailleur français avait, sous les yeux mêmes du maréchal, couru sur un tirailleur autrichien, et après avoir bravé son coup de feu lui avait plongé son sabre dans la poitrine.

Il fallait au maréchal Davout toute la journée du 18 pour achever le ralliement de la division Friant, pour porter la totalité de ses troupes sur la droite du Danube, pendant que la division Morand, continuant de rester en bataille sous les murs de Ratisbonne, contiendrait les Autrichiens de Bellegarde et couvrirait le passage du fleuve. Les divisions Saint-Hilaire et Gudin passèrent dans cette journée de la rive gauche sur la rive droite du Danube. La grosse cavalerie Saint-Sulpice en fit autant, et la cavalerie légère, sous le brave et intelligent Montbrun, exécuta des reconnaissances dans tous les sens, sur Straubing, sur Eckmühl, sur Abach, pour avoir des nouvelles de l'archiduc, car le maréchal Davout se trouvait entre les cinquante mille hommes venus de Bohême, et la principale masse autrichienne venant de Landshut par Eckmühl. Ces reconnaissances avaient pour objet d'explorer toutes les routes de la rive droite, par lesquelles le maréchal Davout se proposait de remonter le Danube. Il aurait pu sans doute le remonter par la rive gauche, sur laquelle les Autrichiens n'avaient pas encore pénétré, et qui était couverte de nos détachements et de nos convois; mais les chemins y étaient impraticables, et ils conduisaient assez loin du point de concentration désigné par Napoléon, entre Ober-Saal et Abensberg. Le maréchal Davout préféra suivre la rive droite, quoique exposée à l'ennemi, parce que les communications y étaient praticables et menaient plus directement au but. Il savait bien que l'archiduc allait le côtoyer pendant cette marche, mais il avait des troupes si fermes qu'il ne craignait pas d'être abordé, encore moins d'être jeté au Danube; et il était certain que si on venait se heurter contre elles, elles rendraient choc pour choc, et n'en rejoindraient pas moins l'Empereur au rendez-vous indiqué.

Il fallait prendre à revers les hauteurs boisées qui séparent du Danube les vallées de la grosse et de la petite Laber, les franchir, descendre en vue des Autrichiens sur la pente opposée, ce qui conduisait sur le plateau de l'Abens à Abensberg, où Napoléon s'efforçait d'amener les parties dispersées de son armée. (Voir la carte n° 46.) Diverses routes s'offraient pour exécuter ce trajet. A droite du maréchal Davout se présentait la grande chaussée de Ratisbonne à Ingolstadt, longeant constamment le bord du Danube, et aboutissant par Abach et Ober-Saal à Abensberg. Elle était large et belle, mais resserrée entre les hauteurs et le Danube. Le maréchal Davout aurait pu la suivre, mais s'il avait été surpris par l'ennemi dans le défilé qu'elle formait, il eût été exposé à un désastre. Il la réserva pour ses bagages et ses gros charrois d'artillerie, en la faisant garder par un bataillon d'infanterie qui d'avance était allé occuper les passages principaux.

A gauche se présentait la chaussée transversale de Ratisbonne à Landshut, passant la grosse Laber à Eckmühl. C'était encore une large et belle route, mais elle donnait en plein au milieu de l'ennemi. Il n'eût fallu la prendre que si on avait désiré une grande bataille, ce qu'on ne voulait pas, puisqu'on n'avait que la concentration pour but. Le maréchal Davout y envoya son avant-garde, composée de quatre régiments de chasseurs et hussards, de deux bataillons du 7ᵉ léger, commandés par le général Montbrun, pour observer les Autrichiens, et les occuper pendant la marche qu'on allait exécuter. Entre ces deux grandes chaussées, des chemins de village, passant d'un revers à l'autre des hauteurs, furent réservés au gros de l'armée. Les deux divisions Friant et Gudin, formant une première colonne, précédées et suivies par les cuirassiers Saint-Sulpice, durent marcher par Burg-Weinting, Wolkering, Saalhaupt, Ober-Feking. Les deux divisions Saint-Hilaire et Morand, formant une seconde colonne, précédées et suivies par les chasseurs de Jacquinot, durent marcher par Ober-Isling, Gebraching, Peising, Tengen, Unter-Feking. Ces deux colonnes, cheminant ainsi à côté l'une de l'autre, devaient parvenir sur le revers des hauteurs qui séparent la grosse Laber du Danube, rejoindre à la sortie du défilé d'Abach, vers Ober-Saal, la colonne des bagages, et déboucher vis-à-vis d'Abensberg, près des Bavarois, avec chance même de n'être pas aperçues des Autrichiens, tant le pays était boisé, montueux et obscur. L'avant-garde, engagée sur la grande route d'Eckmühl à Landshut, exposée par conséquent à donner de front sur la masse des Autrichiens, qui venaient de Landshut, devait s'avancer avec prudence et, après avoir servi de rideau aux deux colonnes d'infanterie, se rabattre à droite, pour regagner le point de rendez-vous assigné à tout le corps d'armée.

Ces dispositions arrêtées avec autant de fermeté que de prudence, le maréchal Davout ordonna la marche pour le 19 avril au matin. Dans la journée du 18 on acheva de traverser Ratisbonne, et le soir la division Friant elle-même, ayant franchi les ponts de cette ville, passa la nuit avec le reste de l'armée sur la rive droite. Le maréchal Davout avait réservé au 65ᵉ de ligne le rôle périlleux de garder Ratisbonne contre les armées nombreuses qui allaient l'attaquer par la rive gauche et par la rive droite. Il lui avait prescrit de fermer les portes, de barricader les rues, et de se défendre à outrance jusqu'à ce qu'on le dégageât, ce qui ne pouvait manquer d'arriver bientôt.

*Le maréchal Davout part de Ratisbonne le 19 avril au matin.*

Le 19 au point du jour, les quatre colonnes de l'armée commencèrent la marche difficile qui leur était ordonnée, les bagages à droite le long du Danube, deux colonnes d'infanterie au centre par des chemins de village, l'avant-garde à gauche sur la grande route de Ratisbonne à Landshut par Eckmühl. Les Français, partis ainsi de grand matin, et traversant des coteaux boisés, n'aperçurent d'abord aucun ennemi. Cependant la rencontre ne pouvait tarder, car il était impossible que, manœuvrant à trois ou quatre lieues les uns des autres, des centaines de mille hommes ne finissent point par se joindre et par se battre. Dans ce moment, en effet, l'archiduc Charles, ayant passé la journée au camp de Rohr, sur le plateau qui sépare l'Abens de la grosse Laber, au revers même des hauteurs que les Français étaient occupés à franchir, avait enfin arrêté ses résolutions. Apprenant à chaque pas, d'une manière toujours plus positive, que le maréchal Davout était à Ratisbonne, il avait pris le parti d'y marcher le 19 en faisant les dispositions suivantes : le général Hiller, formant l'extrême gauche avec son corps et la division Jellachich, avait ordre de venir de Mainbourg sur Siegenbourg (voir la carte n° 46), rejoindre l'archiduc Louis, qui avait été laissé devant Abensberg avec son corps et le deuxième corps de réserve pour garder l'Abens. L'archiduc Charles, suivi du corps de Hohenzollern, moins quelques bataillons placés en observation à Kirchdorf sous le général Thierry, du corps de Rosenberg, du premier corps de réserve et de la brigade Vecsay, ce qui présentait une masse de 70 mille hommes, devait se diriger sur Ratisbonne, après en avoir laissé à sa gauche sous le général Hiller et l'archiduc Louis plus de 60 mille. Ainsi, tandis que Napoléon faisait les plus grands efforts pour concentrer son armée, le généralissime autrichien dispersait la sienne de Munich à Ratisbonne, sur plus de trente lieues.

Il se mit en mouvement le 19 au matin, en même temps que le maréchal Davout, et dans un ordre de marche à peu près semblable. Deux colonnes d'infanterie, l'une composée du corps de Hohenzollern, l'autre du corps de Rosenberg et des grenadiers de

*Avril 1809.*

*Mouvement de l'archiduc Charles vers Ratisbonne, tandis que le maréchal Davout marche vers Abensberg.*

la réserve, devaient quitter le camp de Rohr, et s'avancer à travers les hauteurs que franchissaient les Français, la première par Gross-Muss, Hausen, Tengen, la seconde par Lancqwaid, Schneidart, Saalhaupt. La brigade Vecsay, une brigade empruntée à l'archiduc Louis, la cavalerie légère, la grosse cavalerie détachée de la réserve, devaient, par la route de Landshut à Ratisbonne, c'est-à-dire par Eckmühl, marcher sur Ratisbonne, et probablement avoir affaire à l'avant-garde du général Montbrun.

Nous étions partis dès la pointe du jour. De nos quatre colonnes, celle des bagages suivant le bord du Danube, abritée par les hauteurs et la masse de nos divisions d'infanterie, ne pouvait rencontrer aucun ennemi. Les deux colonnes d'infanterie, l'une à gauche composée de Gudin et de Friant, l'autre à droite composée de Morand et de Saint-Hilaire, toutes deux précédées et suivies de la cavalerie, cheminèrent assez long-temps sans rien découvrir. A neuf heures du matin, la tête des deux colonnes franchit les hauteurs, descendit sur leur revers, et entrevit à peine quelques tirailleurs autrichiens. La division Gudin, qui formait la tête de notre colonne de gauche, et qui avait répandu au loin les tirailleurs du 7ᵉ léger, fut seule aux prises avec les tirailleurs autrichiens du prince de Rosenberg. On se disputa le village de Schneidart assez vivement. Mais nos troupes, ayant ordre de marcher, ne s'arrêtèrent point, et, tandis que les tirailleurs du 7ᵉ léger s'obstinaient à faire le coup de feu, Morand et Gudin, qui formaient avec une portion de cavalerie la tête des deux colonnes, défilèrent, par ordre du maréchal Davout, accouru au galop pour accélérer la marche de ses troupes. Ces divisions se hâtèrent de gagner Ober-Feking et Unter-Feking, ce qui devait les réunir à la colonne des bagages sortie du défilé d'Abach, très-près du rendez-vous général assigné à l'armée. Les tirailleurs du 7e suivirent Gudin après s'être vaillamment battus, et cédèrent Schneidart aux Autrichiens, qui crurent l'avoir conquis [1]. Mais les Autrichiens continuant à s'avancer, les divisions Saint-Hilaire et Friant, qui formaient la queue de nos deux colonnes d'infanterie, ne pouvaient manquer de les rencontrer. Tandis que le corps de Rosenberg, après avoir eu affaire au 7e léger, traversait Schneidart et se portait sur Dinzling, le corps de Hohenzollern s'approchait de Hausen que les dernières compagnies du 7e léger venaient d'évacuer, y entrait, et allait occuper une masse de bois qui se dessinait en fer à cheval vis-à-vis de Tengen. (Voir la carte no 47.)

*Avril 1809.*

exécutent leur trajet sans rencontrer l'ennemi.

Dans ce moment, le général Saint-Hilaire traversant Tengen avec sa division, aperçut vis-à-vis de lui, à la lisière des bois, les masses autrichiennes de Hohenzollern, précédées d'une nuée de tirailleurs. Le 10e léger ayant replié les tirailleurs ennemis, le maréchal Davout, qui se trouvait dans l'instant près du général Saint-Hilaire, dirigea le 3e de ligne à droite, le 57e à gauche, pour enlever

Combat de Tengen entre le corps de Hohenzollern et les divisions Saint-Hilaire et Friant.

[1] C'est ainsi que le raconte le général Stutterheim dans son excellent récit de la campagne de 1809. Il semble croire que Schneidart nous fut enlevé.

ces hauteurs boisées qui décrivaient devant lui un demi-cercle, au centre duquel se voyait la ferme de Roith. Le 3ᵉ s'avança rapidement, en chargeant ses armes sous le feu. Mais ayant attaqué avec trop de précipitation, et avant d'avoir eu le temps de se former, il ne réussit point, et fut obligé sous une pluie de mitraille et de balles d'opérer un mouvement rétrograde. Sur ces entrefaites, le 57ᵉ ayant formé ses colonnes d'attaque, vint se mettre à la gauche du 3ᵉ, et repoussa l'ennemi des mamelons qu'il occupait en avant des bois. Le 3ᵉ, bientôt ramené en ligne, appuya ce mouvement, et ces deux régiments parvinrent ainsi à refouler les Autrichiens dans les bois, et à s'établir solidement sur le terrain disputé. Pendant ce temps, les trois autres régiments de la division, les 10ᵉ, 72ᵉ et 105ᵉ étaient rangés à droite, à gauche, en arrière de Tengen, prêts à soutenir les deux premiers. Malheureusement l'artillerie, à cause des mauvais chemins, était en retard, et on n'avait que 6 pièces à opposer à la masse de l'artillerie ennemie. Le maréchal Davout[1], voyant le combat bien établi sur ce point, courut aux divisions Gudin et Morand, qui avaient déjà défilé, pour s'assurer qu'elles étaient parvenues sans accident à Unter et Ober-Feking,

---

[1] J'ai eu souvent beaucoup de peine pour démêler la vérité entre les assertions contradictoires des témoins qui rapportent les événements militaires ; je n'en ai jamais eu autant qu'en cette occasion, et notamment pour le combat de Tengen. Nous avons le récit sage, clair, modeste du général Stutterheim, et en outre beaucoup de relations allemandes. Nous avons, du côté des Français, le général Pelet et les relations manuscrites des généraux Saint-Hilaire, Friant, Montbrun, et ce qui vaut mieux, un récit du maréchal Davout lui-même. Toutes

pour les placer à son extrême droite, et empêcher ainsi que l'ennemi, dont il ignorait la position, ne vînt par cette extrême droite percer jusqu'au Danube.

A l'extrémité opposée, c'est-à-dire à gauche, le général Friant, ralenti dans sa marche par les mauvais chemins, avait à son tour débouché sur Saalhaupt entre midi et une heure, et entendant un feu violent vers Tengen, s'était hâté de venir prendre position à la gauche de la division Saint-Hilaire, dans l'intention de la soutenir. Il fit avancer le 15° léger et le 48° de ligne sous les ordres du général Gilly, pour pénétrer dans les bois, et dégager le flanc de la division Saint-Hilaire. Il plaça dans la plaine, entre Saalhaupt et Tengen, la deuxième brigade des cuirassiers Saint-Sulpice, avec les 33°, 108° et 111°, pour garantir l'extrémité de sa ligne. Le général Piré, qui commandait un régiment de cavalerie légère, fut chargé de lier la division avec l'avant-garde du général Montbrun vers Dinzling.

A peine à portée du feu, le général Gilly voulut faire évacuer les bois à la gauche de la division Saint-Hilaire. Le chef de bataillon Sarraire y pénétra avec quatre compagnies du 15°, et en délogea

ces relations se contredisent, quant aux lieux, aux heures, et aux corps engagés. Après les avoir lues et relues jusqu'à cinq et six fois chacune, je suis parvenu à établir les faits tels que je les rapporte, et je crois le récit que j'en donne aussi rapproché de la vérité que possible. Ce dont je suis certain, c'est d'avoir conservé à l'événement son vrai caractère, et c'est ce qui importe surtout en histoire. Les notes que j'ai réunies à cet égard composeraient à elles seules un mémoire comme ceux qu'on rédige pour l'Académie des inscriptions.

les Autrichiens. Le 15ᵉ et le 48ᵉ prirent ainsi position sur le flanc de la division Saint-Hilaire, et on fit sortir des régiments toutes les compagnies de voltigeurs, qui se mirent à échanger avec les tirailleurs autrichiens un feu épouvantable.

Tandis que ces mouvements s'opéraient sur les ailes de la division Saint-Hilaire, le combat sur le front de la division elle-même avait plusieurs fois changé de face. Le 33ᵉ à droite, le 57ᵉ à gauche du fer à cheval, au fond duquel on voyait la ferme de Roith, avaient perdu beaucoup de monde, et épuisé leurs munitions, qu'il n'était pas facile de renouveler, les transports de l'artillerie n'étant pas encore arrivés. Le général Saint-Hilaire fit remplacer en ligne le 33ᵉ par le 72ᵉ, le 57ᵉ par le 105ᵉ, et le feu recommença dès lors avec une extrême violence. Le prince de Hohenzollern porta en avant les régiments de Manfredini et de Wurzbourg, conduits par le prince Louis de Liechtenstein. Ces régiments firent, pour déboucher par les extrémités du fer à cheval dont les Français occupaient le milieu, des efforts inouïs. Tous les chefs furent blessés dans ces tentatives. Le maréchal Davout, revenu à la division Saint-Hilaire, s'était placé au centre avec un bataillon du 33ᵉ, et se jetait sur tout ce qui essayait de déboucher par les extrémités, ramassant des prisonniers à chaque nouvelle pointe des Autrichiens.

Les généraux ennemis voulurent alors faire un effort sur la gauche de Saint-Hilaire, vers le point de jonction avec la division Friant. Le prince Louis de Liechtenstein se mettant à la tête du régiment de

Wurzbourg, et saisissant un drapeau, déboucha en colonne, marchant droit aux Français. Le général Gilly avec les grenadiers du 15ᵉ et un bataillon du 111ᵉ se porta à la rencontre du prince Louis, l'attaqua à la baïonnette, et le repoussa. Le prince Louis de Liechtenstein revint à la charge, reçut plusieurs coups de feu, et fut mis hors de combat. Les Autrichiens furent ramenés. Sur le front de la division Saint-Hilaire le prince Hohenzollern essaya un nouvel effort; mais notre artillerie, arrivée en ce moment, accabla les Autrichiens de mitraille et parvint à les contenir. Le 10ᵉ léger, chargeant alors à la baïonnette, pénétra dans les bois qui se dessinaient en cercle devant nous, poussa les Autrichiens sur Hausen, et les obligea à s'y replier. Notre ligne tout entière appuya ce mouvement, et les Autrichiens allaient être jetés sur Hausen quand le prince Maurice de Liechtenstein, à la tête du régiment de Kaunitz, arrêta la poursuite furieuse des Français. Ce prince fut blessé en sauvant son corps d'armée.

La journée tendait vers sa fin, et au milieu de la confusion de cette rencontre, les Français pas plus que les Autrichiens ne voulaient s'engager tout à fait. Le maréchal Davout, à qui il suffisait d'avoir accompli sa mission en gagnant sain et sauf les environs d'Abensberg, et qui avait déjà sa droite, formée par les divisions Gudin et Morand, arrivée au rendez-vous, et sa gauche, formée par Saint-Hilaire et Friant, maîtresse du champ de bataille de Tengen, se contenta d'y coucher en vainqueur, attendant pour les mouvements ultérieurs les ordres de Napoléon. Partout sa marche s'était opérée avec succès; car le brave Montbrun, rencontrant le corps de Rosenberg, lui avait résisté vaillamment, et se repliait à la fin du jour sur le corps d'armée sans avoir essuyé d'échec.

De son côté l'archiduc Charles, spectateur de ce combat, était resté immobile sur les hauteurs de Grub avec douze bataillons de grenadiers, lesquels appartenaient au premier corps de réserve. Voyant un combat à sa gauche avec Hohenzollern, à sa droite avec Rosenberg, il avait craint d'avoir devant lui la principale masse des Français, et voulant rallier toutes ses troupes avant d'engager une bataille générale, il avait laissé battre sans le secourir le corps de Hohenzollern. Son intention était de recommencer la lutte le lendemain, après avoir amené à lui l'archiduc Louis posté devant l'Abens, et fait prendre au général Hiller la position que laisserait vacante l'archiduc Louis.

Cette journée avait été fort sanglante, car on s'était battu non-seulement à Dinzling entre Montbrun et Rosenberg, à Tengen entre Saint-Hilaire, Friant et Hohenzollern, mais entre les postes intermédiaires laissés par les Autrichiens et les Français pour lier les deux extrémités de leur ligne. Nous avions perdu 200 hommes à l'avant-garde du général Montbrun, 300 à la division Friant, 1,700 à la division Saint-Hilaire, quelques hommes seulement à la division Morand, une ou deux centaines de cavaliers du côté des Bavarois, en tout 2,500 hommes. Les Autrichiens en avaient perdu 500 à Dinzling, environ 4,500 à Tengen, quelques centaines à

Buch et Arnhofen, en tout près de 6 mille[1]. Un nombre considérable de leurs soldats s'étaient dispersés. Le résultat général, pour la position des deux armées, était bien autrement important, car le maréchal Davout, qu'on aurait pu arrêter dans sa marche de Ratisbonne vers Abensberg, et peut-être jeter dans le Danube, s'était heureusement glissé entre le fleuve et la masse des Autrichiens, avait rejoint par sa droite les environs d'Abensberg, et heurté victorieusement par sa gauche le centre des Autrichiens. L'archiduc Charles, s'il avait marché en masse plus serrée, s'il avait moins hésité, par crainte des lieux et de Napoléon, aurait pu, en portant sa réserve de grenadiers sur Friant et Saint-Hilaire, les accabler, ou du moins, leur fermeté rendant un tel succès difficile, leur causer un grave échec. Mais il vit uniquement dans toute cette mêlée des raisons d'attendre que les choses se fussent éclaircies, et que sa gauche se fût rapprochée de lui.

*Avril 1809.*

Résultats du combat de Tengen par rapport à la position des deux armées.

---

[1] Ici encore je renouvelle l'avertissement que ces chiffres ne peuvent être qu'approximatifs. Les bulletins, et les historiens qui ont copié ces bulletins, parlent avec une assurance singulière de chiffres bien autrement élevés, mais je les crois tous inexacts. J'ai pour les divisions Friant et Saint-Hilaire un état authentique des pertes. Quant aux Autrichiens, les chiffres donnés par le général Stutterheim sont démentis par les pertes totales avouées à la fin des opérations qui eurent lieu autour de Ratisbonne. C'est après de nombreuses comparaisons que je suis arrivé à déterminer les nombres que je présente ici, et je les crois aussi rapprochés que possible de la vérité. Je ne reviendrai plus sur un tel avertissement, qui devra servir pour toute la suite de cette histoire. Je me borne à répéter que dans les récits de guerre, surtout quand il s'agit des nombres, on ne peut jamais obtenir que la vérité approximative, et que je n'ai pas la prétention d'en donner une autre. Mais j'ajoute que je n'ai rien négligé pour ramener le plus possible cette vérité approximative à la vérité absolue.

Napoléon usa autrement des avantages obtenus par le maréchal Davout. Descendu d'Ingolstadt à Vohbourg pendant la nuit du 19 au 20 (voir la carte n° 46), il apprit les événements de la journée, et, montant aussitôt à cheval, il courut à Abensberg pour faire en personne la reconnaissance des lieux. Du haut même de ce plateau où il avait appelé les troupes du maréchal Davout, il reconnut que les Autrichiens n'avaient qu'une chaîne de postes peu nombreux, mal disposés, pour unir les masses qui avaient combattu à Tengen avec celles qui étaient répandues le long de l'Abens. Il ne savait pas précisément où se trouvait l'archiduc Charles avec son corps d'armée principal, s'il était devant Tengen contre les divisions Saint-Hilaire et Friant, ou le long de l'Abens devant les Bavarois : mais il voyait clairement que le généralissime avait singulièrement étendu sa ligne, et, profitant des avantages de la concentration qui commençaient à être de son côté depuis l'heureux mouvement du maréchal Davout, il songea à faire essuyer aux Autrichiens les conséquences de la dispersion auxquelles ils s'étaient imprudemment exposés. Il arrêta donc sur-le-champ les dispositions suivantes. Il prit momentanément au maréchal Davout une partie de son corps, et lui laissant les divisions victorieuses de Saint-Hilaire et Friant, avec les troupes légères de Montbrun (en tout 24 mille hommes), il s'empara des divisions Morand et Gudin bivouaquées entre Unter et Ober-Feking, des cuirassiers Saint-Sulpice, des chasseurs de Jacquinot, pour les placer temporairement sous les ordres du maréchal Lannes, qui venait d'arriver. Il recommanda au maréchal Davout de tenir ferme à Tengen, d'y résister à toute nouvelle attaque, quelle qu'elle fût, car l'armée allait pivoter sur ce point pour enfoncer le centre ennemi, et le pousser sur Landshut. Il ordonna au maréchal Lannes de marcher droit devant lui avec les vingt-cinq ou vingt-six mille hommes mis à sa disposition, et d'enlever Rohr, qui semblait former le centre de la position des Autrichiens. Ayant lui-même sous la main les Wurtembergeois qui débouchaient en ce moment sur le champ de bataille, il les plaça vers Arnhofen, entre Lannes et les Bavarois. Il prescrivit à ces derniers de passer l'Abens à Abensberg, et de venir enlever Arnhofen. La division de Wrède notamment, établie derrière l'Abens de Bibourg à Siegenbourg, devait attendre que la ligne ennemie fût ébranlée pour passer l'Abens de vive force, et déboucher à notre droite sur le flanc gauche des Autrichiens. Chacune de ces attaques était dirigée sur l'un des postes détachés des Autrichiens, qui formaient une longue chaîne de l'Abens à la Laber. Napoléon, tous ces postes forcés, voulait pousser jusqu'à Landshut, s'y emparer de la ligne d'opération de l'archiduc, soit en se jetant sur son arrière-garde, soit en se jetant sur ce prince lui-même s'il se repliait en personne vers Landshut. Aussi, pour rendre l'opération plus sûre, il se hâta de modifier la marche de Masséna. Il l'avait fait descendre sur Pfaffenhofen, perpendiculairement dans le flanc gauche des Autrichiens, se réservant de ployer sa marche ou sur l'Isar, ou sur le Danube, suivant les circonstances.

Pensant qu'il avait auprès de lui assez de forces, puisqu'il avait le maréchal Davout qui gardait Tengen avec 24 mille hommes, le maréchal Lannes qui allait enlever Rohr avec 25 mille, le maréchal Lefebvre qui se préparait à attaquer Arnhofen et Offenstetten avec 40 mille Wurtembergeois et Bavarois, et enfin la division Demont et les cuirassiers Nansouty qui arrivaient sur les derrières, il dirigea Masséna sur Landshut par Freising et Moosbourg, lui ordonnant d'y être le lendemain 21 de bonne heure, afin d'interdire aux Autrichiens le retour sur Landshut. Il pouvait se faire, si Masséna arrivait à temps, qu'on enlevât tout ce qui était entre le Danube et l'Isar.

Pendant que Napoléon se disposait à employer ainsi la journée du 20, l'archiduc Charles, arrêté dans son mouvement sur Ratisbonne par la rencontre des deux divisions Saint-Hilaire et Friant, aussi peu renseigné que son adversaire sur la marche de l'ennemi, mais ne devinant pas aussi bien que lui ce qu'il avait à craindre, s'était imaginé que la violente résistance qu'il venait d'essuyer décelait la présence à Tengen de l'empereur Napoléon avec toutes ses forces, et avait résolu d'attirer à lui le corps de l'archiduc Louis, resté devant l'Abens, en chargeant le général Hiller, qui avait dû marcher toute la journée du 19, d'occuper la position abandonnée de l'archiduc Louis. Il prit donc la résolution d'attendre le 20, entre Grub et Dinzling, la jonction de sa gauche, pour renouveler le combat avec la dernière vigueur. Toutefois, il laissa à l'archiduc Louis la liberté d'interpréter cet ordre, et de combattre où il se trouverait, s'il était attaqué du côté de l'Abens.

Ce fut en effet cette prévision qui se réalisa. Dès le 20 au matin, l'archiduc Louis aperçut des masses qui débouchaient, les unes de l'Abens par Abensberg et Arnhofen : c'étaient les Wurtembergeois, les Bavarois, Demont et Nansouty; les autres de la route de Ratisbonne par Reising et Buchhofen : c'étaient Morand, Gudin, Jacquinot, Saint-Sulpice. Il vit qu'il allait être fort sérieusement attaqué, et au lieu de manœuvrer pour rejoindre son frère le généralissime, il songea à se défendre là où il était, pendant que le corps de Hiller, amené de Mainbourg sur l'Abens, viendrait à son secours.

En ce moment, Napoléon, placé sur le plateau en avant d'Abensberg, vit défiler devant lui les Wurtembergeois, les Bavarois, qui allaient se mettre en ligne, et que l'orgueil de combattre sous ce grand homme remplissait de sentiments tout français. Il les harangua les uns après les autres (des officiers wurtembergeois et bavarois traduisant ses paroles), et leur dit qu'il ne les faisait pas combattre pour lui, mais pour eux, contre l'ambition de la maison d'Autriche désolée de ne les plus avoir sous son joug; que cette fois il leur rendrait bientôt et pour toujours la paix, avec un tel accroissement de puissance, qu'à l'avenir ils pourraient se défendre eux-mêmes contre les prétentions de leurs anciens dominateurs. Sa présence et ses paroles électrisèrent ces Allemands alliés, qui étaient flattés de le voir au milieu d'eux, entièrement livré à leur loyauté, car en cet instant il n'avait pour escorte que des détachements de cavalerie bavaroise.

*Avril 1809.*

*Napoléon harangue lui-même les Bavarois et les Wurtembergeois sur le champ de bataille.*

*Avril 1809.*

*Bataille d'Abensberg.*

*Lannes met en déroute les généraux Thierry et Schusteck.*

Entre huit et neuf heures, toute la ligne s'ébranla de la gauche à la droite, d'Ober-Feking et Buchhofen, à Arnhofen et Pruck. (Voir la carte n° 46.) Lannes à la gauche s'avança résolument avec les 20 mille fantassins de Morand et Gudin, avec les 1,500 chasseurs de Jacquinot, avec les 3,500 cuirassiers de Saint-Sulpice, sur Bachel, route de Rohr, à travers un pays semé de bois et coupé de nombreux défilés. Il rencontra le général autrichien Thierry suivi de son infanterie seule, parce que sa cavalerie marchant plus vite était déjà près de Rohr. Il le fit charger par les chasseurs de Jacquinot, qui se précipitèrent sur lui bride abattue. L'infanterie autrichienne chercha au plus vite un abri dans les bois. Mais abordée avant de les atteindre, et sabrée avant d'avoir pu se former en carré, elle laissa dans nos mains beaucoup d'hommes tués ou prisonniers. Elle se retira en désordre sur Rohr, se réfugiant d'un bouquet de bois à l'autre. C'était pitié qu'une telle déroute, la masse des assaillants étant si disproportionnée avec celle des assaillis.

A Rohr, les généraux Thierry et Schusteck s'étant réunis cherchèrent à s'entr'aider. Les deux divisions d'infanterie de Lannes marchaient vivement sur eux, ayant les chasseurs et les cuirassiers en tête. Les hussards de Kienmayer chargèrent avec vigueur les chasseurs de Jacquinot; mais un régiment de cuirassiers français lancé sur ces hussards les renversa pêle-mêle, et les obligea à se replier sur le village de Rohr. En ce moment l'infanterie de Morand aborda ce village. Le 30°, soutenu par les cuirassiers, l'attaqua de front, pendant que les 13ᵉ et 17ᵉ manœuvraient pour le déborder. A cette vue, les généraux Schusteck et Thierry se mirent de nouveau en retraite, et après une fusillade sans effet se replièrent de Rohr sur Rottenbourg, par l'une des deux chaussées qui mènent du Danube à l'Isar, celle de Kelheim à Landshut. Au delà de Rohr, le pays étant plus découvert et la retraite devenant plus difficile, la cavalerie autrichienne fit de nobles efforts pour couvrir son infanterie. Les hussards de Kienmayer venaient d'être rejoints par quatre escadrons des dragons de Levenehr détachés du deuxième corps de réserve. Les uns et les autres chargeaient à chaque rencontre avec la plus brillante bravoure. Mais s'ils avaient quelque avantage sur nos hussards, nos cuirassiers, fondant sur eux, les sabraient impitoyablement. Tout ce qu'on trouvait d'infanterie en route était pris. On arriva ainsi vers la chute du jour à Rottenbourg, le désordre allant toujours croissant du côté des Autrichiens. Le général Thierry, descendu de cheval pour rallier ses troupes, fut surpris par de nouvelles charges et enlevé avec trois bataillons entiers. Les hussards de Kienmayer et les dragons de Levenehr payèrent leur dévouement par une destruction presque complète. Les généraux Schusteck et Thierry, après avoir perdu en morts, blessés ou prisonniers, environ quatre à cinq mille hommes, auraient péri en totalité, si heureusement pour eux le général Hiller, rapproché de l'archiduc Louis par les ordres qu'il avait reçus, n'avait fait un mouvement qui l'amena fort à propos à leur secours. Au lieu de descendre l'Abens jusqu'à Siegenbourg et Bibourg, où combattait l'archiduc Louis (voir la carte n° 46), le général Hiller, apercevant de loin la déroute des généraux Thierry et Schusteck, s'était détourné à droite, avait coupé perpendiculairement la chaussée de Neustadt à Landshut par Pfeffenhausen, et, continuant à marcher dans le même sens sur celle de Kelheim à Landshut, il avait pris position à Rottenbourg.

Lannes pouvait, avec les forces dont il disposait, attaquer le corps de Hiller et en avoir raison. Mais il avait exécuté une longue marche sans être rejoint encore par la droite, composée des Wurtembergeois et des Bavarois, et il s'arrêta, la journée étant fort avancée, dans l'attente de nouveaux ordres. Il avait à peine perdu deux cents hommes pour quatre ou cinq mille tués ou pris à l'ennemi. Il avait de plus ramassé du canon, du bagage, et presque tous les blessés du combat de Tengen, répandus dans les villages qu'il venait de parcourir.

Pendant que Lannes poussait ainsi en désordre sur l'une des deux chaussées du Danube à l'Isar les généraux autrichiens Thierry et Schusteck, les Wurtembergeois et les Bavarois abordaient avec une extrême vigueur la position de Kirchdorf, défendue énergiquement par les troupes des généraux Reuss et Bianchi sous l'archiduc Louis. (Voir la carte n° 46.) Le combat ici devait être plus disputé, car les troupes autrichiennes étaient plus nombreuses, dans une position très-forte, et, quoique bien attaquées, ne l'étaient pas cependant comme elles auraient pu l'être par les divisions Morand et Gudin.

Les Wurtembergeois avaient marché sur Offenstetten, se liant par leur gauche avec le maréchal Lannes, par leur droite avec les Bavarois. Ceux-ci avaient marché par Pruck sur Kirchdorf. Le général autrichien Bianchi s'était replié de Bibourg sur Kirchdorf, afin de se joindre aux troupes du prince de Reuss, pendant que l'archiduc Louis faisait canonner Siegenbourg pour empêcher la division bavaroise de Wrède de déboucher au delà de l'Abens. Le combat devint fort vif autour de Kirchdorf, où les Autrichiens se défendirent avec une grande énergie. Plusieurs fois les Bavarois furent repoussés, tantôt par la fusillade, tantôt à la baïonnette quand ils s'approchaient de trop près. Mais dans l'après-midi les Wurtembergeois ayant enlevé un village qui couvrait la droite des Autrichiens, le général de Wrède ayant en même temps passé l'Abens sur leur gauche, l'archiduc Louis fut contraint de se retirer par la chaussée de Neustadt à Landshut, passant à Pfeffenhausen. Les divisions bavaroises le poursuivirent vivement, et ne s'arrêtèrent que fort tard, aux environs de Pfeffenhausen, devant les grenadiers d'Aspre, qui formaient le reste du deuxième corps de réserve, et qui rendirent aux généraux Reuss et Bianchi le service que le général Hiller venait de rendre aux généraux Thierry et Schusteck. De ce côté les Autrichiens avaient perdu environ 3 mille hommes en morts ou prisonniers, les Bavarois et les Wurtembergeois environ un millier.

Cette journée du 20, que Napoléon a qualifiée de bataille d'Abensberg, quoiqu'elle eût été beaucoup moins disputée que celle du 19, avait coûté

*Avril 1809.*

*Retraite de l'archiduc Louis sur Pfeffenhausen.*

*Résultats de la bataille d'Abensberg.*

aux Autrichiens, en comptant les pertes essuyées dans les deux directions, environ 7 ou 8 mille hommes, ce qui faisait déjà 13 ou 14 mille pour les deux journées. Mais elle avait comme manœuvre une immense importance, et décidait du sort de cette première partie de la campagne, car elle séparait l'archiduc Charles de sa gauche, en rejetant celle-ci sur l'Isar, tandis que lui-même allait être acculé sur le Danube vers Ratisbonne. Envisagée sous ce rapport, elle méritait tous les titres qu'on pouvait lui décerner. Napoléon, arrivé le soir à Rottenbourg, était dans l'ivresse de la joie. Il voyait son adversaire rejeté sur l'Isar dès le début des opérations, et les Autrichiens démoralisés comme les Prussiens après Iéna. Il ne savait pas clairement encore tout ce que la fortune lui réservait, car il n'avait pu discerner dans les réponses des prisonniers interrogés où étaient les divers archiducs : mais supposant que l'archiduc Charles pouvait être devant lui sur la route de Landshut, il résolut de marcher sur Landshut même, pour le surprendre au passage de l'Isar, et l'y accabler, si Masséna dirigé sur ce point arrivait à temps. Il se décida donc à s'y porter le lendemain 21, et à y pousser les Autrichiens à outrance. De ce qu'il avait vu dans la journée, il devait être induit à conclure que tout s'enfuyait vers l'Isar, et que le maréchal Davout, devenu son pivot de gauche, n'aurait qu'à marcher devant lui pour ramasser des débris. Dans cette croyance il lui enjoignit de refouler les quelques troupes qu'il supposait placées devant Tengen, de manière à suivre le mouvement de toute la ligne française sur l'Isar, sauf à se rabattre ultérieurement sur Ratisbonne pour écraser Bellegarde, lorsqu'on en aurait fini avec l'archiduc Charles. Il ne soupçonnait pas que ces quelques troupes qui paraissaient être devant Tengen, étaient l'archiduc Charles lui-même avec la principale masse des forces autrichiennes.

Celui-ci, en effet, avait attendu toute la journée du 20 le renouvellement du combat de Tengen et la jonction de l'archiduc Louis. Mais le combat ne s'étant pas renouvelé, l'archiduc Louis ne l'ayant pas rejoint, beaucoup de Français au contraire se montrant sur les deux chaussées qui conduisent du Danube à l'Isar, il commença à éprouver des craintes pour sa gauche, et il prit une position d'attente, afin d'essayer de la rallier si elle n'avait pas essuyé un désastre. Il imagina donc de s'établir sur les hauteurs boisées qui séparent la grosse et la petite Laber de la vallée du Danube, en travers de la route qui de Landshut mène à Ratisbonne par Eckmühl. (Voir les cartes n°ˢ 46 et 47.) Toute la réserve de cuirassiers eut ordre de se placer sur le revers de ces hauteurs, à l'entrée de la plaine de Ratisbonne, les grenadiers au sommet, les corps de Hohenzollern et de Rosenberg sur le penchant du côté de la Laber, à droite et à gauche d'Eckmühl. Dans cette position, l'archiduc allait être adossé à Ratisbonne, faisant front vers Landshut, prêt à changer de ligne d'opération si sa gauche était définitivement séparée de lui, et à se renforcer du corps de Bellegarde s'il était privé du corps de Hiller. De son côté, le lieutenant général Hiller, qui commandait, outre son corps, celui de l'archiduc

Avril 1809.

Dispositions de l'archiduc Charles après la journée d'Abensberg.

Louis par raison d'ancienneté, se voyant poussé à outrance sur les chaussées de Neustadt et de Kelheim qui aboutissent à Landshut, ne crut pas pouvoir atteindre trop tôt ce dernier point, car il désespérait avec raison de rejoindre l'archiduc Charles, et il craignait que Landshut même, où l'on venait de réunir tout le matériel de l'armée avec une immense quantité de blessés, ne fût enlevé. En conséquence, il ordonna aux colonnes qui suivaient ces deux chaussées de s'y transporter pendant la nuit, de façon à y arriver de grand matin.

*Marche des Autrichiens et des Français sur Landshut.*

Dans la nuit du 20 au 21, les Autrichiens affluèrent sur Landshut par cette double communication. Les Français, de leur côté, presque aussi matineux que les Autrichiens, s'y précipitèrent comme deux torrents.

Napoléon n'ayant pas quitté ses vêtements, et ayant à peine dormi quelques heures sur un siége, était à cheval dès la pointe du jour du 21, afin de diriger lui-même la poursuite sur la route de Landshut. Quoiqu'il ignorât toujours la présence de l'archiduc Charles vers Eckmühl, il avait fait de nouvelles réflexions sur ce sujet, et par suite de ces réflexions il avait détaché la division Demont, les cuirassiers Nansouty, les divisions bavaroises du général Deroy et du prince royal sur sa gauche, vers la grosse Laber, ne voulant pas, dans une situation aussi incertaine, laisser le maréchal Davout réduit à 24 mille hommes. Avec les 25 mille de Lannes, il continua de poursuivre les corps de Hiller et de l'archiduc Louis sur la route de Rottenbourg à Landshut, tandis que le général bavarois de Wrède les poussait par la route de Pfeffenhausen. Il comptait sur l'arrivée de Masséna à Landshut avec au moins 30 mille hommes.

Marchant avec l'infanterie de Morand, les cuirassiers Saint-Sulpice et la cavalerie légère, il déboucha de fort bonne heure sur Landshut. A chaque pas on ramassait des fuyards, des blessés, du canon, de gros bagages. En arrivant à Altdorf au débouché des bois, d'où l'on dominait la plaine verdoyante de l'Isar et la ville de Landshut, on aperçut une confusion indicible. La cavalerie des Autrichiens se pressait vers les ponts avec leur infanterie, l'une et l'autre affluant par les deux chaussées que suivaient les corps de Hiller et de l'archiduc Louis. L'encombrement était encore augmenté par le matériel de l'armée, et notamment par un superbe train de pontons amené sur des chariots pour passer le Danube et le Rhin même, si le ciel avait favorisé cette levée de boucliers contre la France. Bessières, comme Lannes, comme l'Empereur lui-même, arrivé à l'improviste, et ayant à peine un ou deux aides de camp à sa disposition, conduisait les cuirassiers Saint-Sulpice, les chasseurs de Jacquinot, et le 13ᵉ léger de la division Morand. En apercevant le spectacle qui s'offrait à lui, il fit charger par ses chasseurs la cavalerie autrichienne. Celle-ci, malgré le désordre, l'encombrement, le terrain qui était marécageux et glissant, se défendit avec valeur. Mais les cuirassiers français, la chargeant en masse, l'obligèrent à se replier. Alors les généraux autrichiens se hâtèrent de lui faire passer les ponts, en avant

*Avril 1809.*

Entrée des Français dans Landshut, à la suite d'une attaque de vive force.

desquels ils nous opposèrent leur infanterie, pour donner aux bagages le temps de défiler. Ils placèrent les grenadiers d'Aspre dans Landshut même, et surtout dans des quartiers élevés de la ville. Mais la division Morand arriva bientôt tout entière. Le 13ᵉ léger et le 17ᵉ de ligne abordèrent l'infanterie autrichienne, tandis que la cavalerie française la chargeait de nouveau. Elle ne put résister à ces attaques réitérées, et fut obligée de se replier en toute hâte sur les ponts de Landshut pour les repasser à temps. Elle les repassa en effet, laissant dans les prairies beaucoup de prisonniers, une quantité considérable de voitures d'artillerie, et le train de pontons dont il vient d'être parlé. Le 13ᵉ et un bataillon du 17ᵉ se jetèrent dans le faubourg de Seligenthal, qu'ils enlevèrent sous la plus vive fusillade. Il restait à franchir le grand pont construit sur le principal bras de l'Isar. Les Autrichiens y avaient mis le feu. Le général Mouton, aide de camp de l'Empereur, à la tête des grenadiers du 17ᵉ, qu'il animait du geste et de la voix, les conduisit l'épée à la main sur le pont en flammes, le traversa sous une grêle de balles, et gravit avec eux les rues escarpées de Landshut situées sur l'autre rive de l'Isar. En ce moment arrivait Masséna avec les divisions Molitor et Boudet, avec l'une des deux divisions d'Oudinot, et la cavalerie légère du général Marulaz, trop tard pour empêcher la retraite des Autrichiens, mais assez tôt pour la précipiter. A la vue de cette réunion accablante de forces les Autrichiens évacuèrent Landshut, en nous abandonnant, outre un matériel immense, 6 à 7 mille prisonniers, et quelques morts ou blessés. Leur ligne d'opération leur était donc ravie, et ils avaient perdu avec elle tout ce qu'on perd de richesses militaires, quand on se laisse enlever la principale route par laquelle on a marché à l'ennemi.

Tandis que Napoléon exécutait cette poursuite triomphante avec son centre accru d'une partie des forces de Masséna, le canon se faisait entendre à sa gauche, du côté du maréchal Davout, auquel il avait ordonné de pousser ce qui était devant lui, et qui venait de rencontrer encore une fois les masses de l'archiduc Charles. La canonnade, en effet, était des plus retentissantes, quoiqu'on fût à huit ou neuf lieues de Landshut, et elle avait de quoi inquiéter Napoléon, qui, tout en croyant poursuivre le gros de l'armée autrichienne, n'était pas bien assuré de n'en avoir pas laissé à combattre une forte partie au maréchal Davout. Celui-ci n'aurait-il eu affaire qu'à l'armée de Bohême, que c'était déjà beaucoup pour les deux divisions dont il pouvait disposer. Voici du reste ce qui lui était arrivé.

Ayant reçu la veille au soir, comme on l'a vu, l'ordre de balayer en quelque sorte les faibles troupes qu'on supposait être restées sur la Laber après la bataille d'Abensberg, il s'était mis en mouvement dès le matin, au moment même où Napoléon marchait sur Landshut. Les deux divisions Saint-Hilaire et Friant, après s'être reposées le 20 du combat du 19, avaient quitté Tengen le 21 à cinq heures du matin, suivant les corps de Hohenzollern et de Rosenberg, qui allaient prendre les positions que l'archiduc Charles leur avait as-

*Avril 1809.*

Combat de Schierling livré par le maréchal Davout aux troupes de l'archiduc Charles.

Avril 1809.

signées sur le penchant des hauteurs, entre la vallée de la grosse Laber et la plaine de Ratisbonne. L'avant-garde de nos deux divisions, en débouchant du vallon de Tengen dans la vallée de la grosse Laber, rencontra l'arrière-garde des Autrichiens sur un plateau boisé entre Schneidart et Päring. (Voir la carte n° 47.) Les tirailleurs du 10ᵉ se répandirent en avant pour repousser ceux de l'ennemi, tandis que nos hussards chargeaient sa cavalerie légère. On força les Autrichiens de rétrograder, et bientôt une batterie attelée, amenée au galop, les couvrit de mitraille, et les obligea de se retirer en toute hâte. Les corps de Rosenberg et de Hohenzollern, craignant d'avoir affaire à une partie considérable de l'armée française, crurent devoir se replier immédiatement, pour ne perdre ni le temps, ni le moyen d'occuper les postes qui leur étaient désignés sur la chaussée de Landshut à Ratisbonne, à droite et à gauche d'Eckmühl. Nos deux divisions s'avancèrent donc, celle de Saint-Hilaire à droite côtoyant les bords de la grosse Laber, celle de Friant à gauche longeant le pied des hauteurs boisées qui forment l'un des côtés de la vallée. La division Friant, en longeant ces hauteurs remplies des tirailleurs de Rosenberg, avait beaucoup plus de peine que la division Saint-Hilaire en parcourant le vallon ouvert de la grosse Laber. Le général Friant, voulant se débarrasser de ces tirailleurs, fit sortir des régiments une masse considérable de voltigeurs, lesquels, conduits par le brave capitaine du génie Henratz, délogèrent les Autrichiens et firent évacuer les bois qui menaçaient notre gauche.

On continua de marcher ainsi, Friant le long des coteaux, Saint-Hilaire au bord de la rivière. En avançant, deux villages se présentèrent, celui de Päring au pied des rochers, celui de Schierling au bord de l'eau. Il fallait les emporter l'un et l'autre. Tandis que nos tirailleurs pénétraient dans les bois, le général Friant poussa le 48ᵉ sur le village de Päring. Au moment où il donnait ses ordres avec sa résolution et son habileté accoutumées, ayant à ses côtés le maréchal Davout, un boulet renversa son cheval. Remonté aussitôt sur un autre, il fit enlever sous ses yeux le village de Päring à la baïonnette, et y recueillit 400 prisonniers. Au même instant le général Saint-Hilaire, dirigeant une semblable attaque sur le village de Schierling, le fit enlever avec une égale vigueur, et y prit aussi quelques centaines d'hommes. On aperçut alors les Bavarois, la division Demont, les cuirassiers Nansouty, arrivant du côté de Landshut, par les ordres fort prévoyants de Napoléon. On se hâta de rétablir les ponts de la grosse Laber pour communiquer avec ces utiles renforts. Il était midi, et c'était l'heure même où Napoléon venait d'entrer dans Landshut.

Pendant que Friant et Saint-Hilaire s'avançaient ainsi, les corps de Rosenberg et de Hohenzollern étaient allés prendre position sur les hauteurs qui bordent la grosse Laber, au point même où la chaussée transversale de Landshut à Ratisbonne coupe ces hauteurs. Cette chaussée, franchissant ici la grosse Laber devant le château d'Eckmühl, s'élevait en formant des rampes à travers les bois, et débouchait ensuite par Egglofsheim dans la plaine

Avril 1809.

de Ratisbonne. (Voir les cartes n°ˢ 46 et 47.) A gauche de cette chaussée, au-dessus d'Eckmühl, se trouvaient deux villages, ceux d'Ober-Leuchling et d'Unter-Leuchling, appuyés l'un à l'autre, et dominant un petit ravin qui débouche dans la grosse Laber. Le corps de Rosenberg était venu s'établir dans ces deux villages. Le corps de Hohenzollern, ayant une avant-garde au delà de la grosse Laber dans la direction de Landshut, était accumulé sur la chaussée même, le long des rampes qui s'élèvent au-dessus d'Eckmühl. On le voyait très-distinctement dans cette forte position, barrant la route qu'il était chargé de défendre.

Le maréchal Davout s'approcha, et vint se déployer en face des Autrichiens, à portée de canon, ayant Friant à gauche, devant les villages d'Ober et d'Unter-Leuchling, Saint-Hilaire et les Bavarois à droite, dans les terrains bas que baigne la grosse Laber. Tandis qu'on se déployait devant cette position, une colonne de Hongrois s'avança comme pour faire une sortie contre nous. Le maréchal Davout, placé à la tête de son avant-garde, avait sous la main une batterie attelée. Il la fit tirer sur-le-champ avec tant d'à-propos que la colonne autrichienne, renversée sous un flot de mitraille, se replia en désordre sur la position d'où elle avait voulu déboucher. On s'établit alors en face des Autrichiens à petite portée de canon, et on commença à échanger avec eux une effroyable canonnade. Cette canonnade dura plusieurs heures sans résultat, car les Autrichiens, n'ayant d'autre mission que celle de couvrir les approches de la plaine de Ratisbonne, n'étaient pas gens à prendre l'offensive; et de son côté le maréchal Davout, se doutant qu'il avait devant lui des forces considérables, probablement l'archiduc lui-même à la tête de sa principale armée, ne voulait pas engager une bataille décisive sans les ordres de l'Empereur, et sans des moyens suffisants. Il se contenta donc de régulariser sa position, de la rendre sûre pour la nuit, commode pour l'attaque du lendemain, si, comme il en était persuadé, Napoléon ordonnait l'offensive avec des moyens proportionnés à la difficulté. A la nuit, il fit cesser un feu inutile, et les Autrichiens se hâtèrent de suivre cet exemple pour prendre un repos dont ils avaient grand besoin. Le général Friant s'établit en face d'Ober-Leuchling, la gauche appuyée aux sommets boisés qui nous séparaient de la plaine de Ratisbonne. Le général Saint-Hilaire, appuyant légèrement à gauche, s'établit devant Unter-Leuchling, séparé des Autrichiens par le petit ravin qui allait se jeter dans la grosse Laber. Les Bavarois et la cavalerie s'étendirent dans la plaine au bord de la rivière. Cette journée, mêlée de combats d'arrière-garde, d'enlèvements de diverses positions, et d'une longue canonnade, avait encore coûté 1,100 hommes à la division Friant, 300 à la division Saint-Hilaire, total 1,400, et au moins 3 mille aux Autrichiens. En y joignant pour la prise de Landshut 300 hommes de notre côté, 7 mille environ du côté des Autrichiens, c'était, dans cette journée du 21 avril, 1,700 pour nous, 10 mille pour les Autrichiens, en morts, blessés ou prisonniers. Les hommes que cette suite de revers décourageait, et portait à se débander, étaient aussi très-nombreux du côté de l'ennemi.

La journée finie, le maréchal Davout envoya sur-le-champ le général Piré à l'Empereur, pour le renseigner exactement sur ce qui s'était passé, et lui mander ce qu'on apercevait de la position et de la force des Autrichiens, dans ce dédale de bois, de rivières, compris entre Landshut et Ratisbonne. L'Empereur, soucieux de la canonnade entendue sur sa gauche vers Eckmühl, ne s'était pas couché, afin de recevoir les avis qui ne pouvaient manquer de lui parvenir de toutes parts. Avec sa prodigieuse pénétration, il avait déjà découvert en partie l'état des choses, et il commençait à ne plus douter de la position prise par l'ennemi. En effet, Masséna venant d'Augsbourg par Pfaffenhofen sur Landshut, n'avait rencontré qu'un corps de quelques mille flanqueurs, qu'il avait poussé devant lui, et jeté en désordre au delà de l'Isar. Les masses de l'archiduc Louis et du général Hiller, qu'on avait poursuivies à travers la ville de Landshut, ne dénotaient ni par leur nombre, ni par aucun autre signe, la présence de l'armée principale. Le dernier combat du maréchal Davout, dont la nouvelle venait d'arriver dans la nuit, achevait d'éclaircir cette situation. Napoléon entrevoyait clairement qu'il avait sur sa gauche, le long de la chaussée de Landshut à Ratisbonne par Eckmühl, ou l'archiduc Charles lui-même avec la masse principale de ses forces, ou tout au moins l'armée de Bohême, transportée par le pont de Ratisbonne de la gauche à la droite du Danube. Dans le premier cas, il fallait se porter à Eckmühl avec toutes ses forces; dans le second, il fallait renforcer considérablement le maréchal Davout. Les esprits fermes mettent dans leurs résolutions toute la décision de leurs pensées. Napoléon, sur ce qu'il apprit du combat de Leuchling, fit partir à deux heures après minuit les cuirassiers Saint-Sulpice et les Wurtembergeois sous le général Vandamme, les uns et les autres restés un peu en arrière de Landshut, et ayant par conséquent moins de chemin à faire pour rétrograder vers Eckmühl. Il renvoya sur-le-champ le général Piré au maréchal Davout, avec l'annonce de ce renfort, et la promesse de renforts plus considérables lorsque la situation serait définitivement éclaircie.

En effet, les indices qui pour tout autre que lui auraient été chose confuse, se multipliaient d'instant en instant, et achevaient de former sa conviction[1]. Entre autres il lui en arriva un qui dissipa tous ses doutes, c'était la prise de Ratisbonne par l'armée autrichienne. On se souvient que Napoléon avait ordonné au maréchal Davout de laisser à Ratisbonne un régiment pour garder cette ville, ce qui eût été une faute, un régiment ne

[1] Sa correspondance, qui pendant cette nuit se compose d'une longue suite de lettres, et qui est restée ignorée des historiens, fait connaître avec la plus grande précision la série d'idées par laquelle il passa avant de prendre son parti, et de donner ses ordres définitifs pour la bataille d'Eckmühl. C'est un spectacle des plus curieux et des plus instructifs pour l'étude de l'esprit humain, que cette correspondance de quelques heures. Je l'ai lue plusieurs fois avec soin, et j'en ai déduit les faits que je rapporte.

pouvant y suffire, s'il n'avait été urgent de marcher vers Abensberg avec la plus grande masse possible de forces. Le maréchal Davout avait donc laissé le 65°, excellent régiment, commandé par le colonel Coutard, avec ordre de barricader les portes et les rues de la ville, car Ratisbonne n'avait qu'une simple chemise pour toute fortification, et de s'y défendre à outrance. Le colonel Coutard avait eu affaire le 19 à l'armée de Bohême, et lui avait résisté à coups de fusil avec une extrême vigueur, si bien qu'il avait abattu plus de 800 hommes à l'ennemi. Mais le lendemain 20, il avait vu paraître sur la rive droite l'armée de l'archiduc Charles venant de Landshut, et il s'était trouvé sans cartouches, ayant usé toutes les siennes dans le combat de la veille. Le maréchal Davout averti lui avait envoyé par la route d'Abach deux caissons de munitions conduits par son brave aide de camp Trobriant, lesquels avaient été pris sans qu'il pût entrer un seul paquet de cartouches dans Ratisbonne. Le colonel Coutard, pressé entre deux armées, n'ayant plus un coup de fusil à tirer, et ne pouvant du haut des murs ou des rues barricadées se défendre avec ses baïonnettes, avait été contraint de se rendre. L'archiduc Charles était donc maître de Ratisbonne, des deux rives du Danube, et du point de jonction avec les troupes de Bohême, ce qui le dédommageait en partie d'avoir été séparé de l'archiduc Louis et du général Hiller, mais ce qui ne le dédommageait ni des vingt-quatre mille hommes déjà perdus en trois jours, ni de sa ligne d'opération enlevée, ni surtout de l'ascendant moral détruit en entier et passé complétement du côté de son adversaire. Dès que Napoléon eut appris la mésaventure du 65º, il fut à la fois plein du désir de se venger, et convaincu que l'archiduc Charles était à sa gauche, entre Landshut et Ratisbonne, puisque le 65º avait été pris entre deux armées; que le maréchal Davout avait devant lui à Eckmühl la plus grande partie des forces autrichiennes, et qu'il fallait à l'instant même se rabattre à gauche, avec tout ce dont on pourrait disposer, pour appuyer le maréchal Davout et accabler l'archiduc Charles. Napoléon avait expédié dans la nuit, comme on vient de le voir, le général Saint-Sulpice avec quatre régiments de cuirassiers, le général Vandamme avec les Wurtembergeois. Il fit partir immédiatement le maréchal Lannes avec les six régiments de cuirassiers du général Nansouty, avec les deux belles divisions des généraux Morand et Gudin, lui ordonnant de marcher toute la nuit, de manière à être rendu à Eckmühl vers midi, et à pouvoir donner une heure de repos aux troupes avant de combattre. Napoléon ne faisant rien à demi, parce qu'il ne saisissait pas la vérité à demi, voulut faire plus encore, il voulut partir lui-même avec le maréchal Masséna, et les trois divisions que commandait ce maréchal. Il y joignit de plus la superbe division des cuirassiers du général Espagne. Le maréchal Davout avec les divisions Friant et Saint-Hilaire fort réduites par les combats du 19 et du 21, avec les Bavarois et la division Demont, comptait 32 ou 34 mille hommes. Les généraux Vandamme et Saint-Sulpice lui en amenaient

*Avril 1809.*

La nouvelle de la prise de Ratisbonne achève d'éclairer Napoléon et le décide à marcher sur Eckmühl avec toutes ses forces.

13 ou 14 mille. Le maréchal Lannes avec les divisions Morand et Gudin, avec les cuirassiers Nansouty, lui en amenait 25 mille, ce qui formait un total de 72 mille hommes. Napoléon, suivi du maréchal Masséna et des cuirassiers d'Espagne, allait porter à 90 mille le total des combattants devant Eckmühl. C'était plus qu'il n'en fallait pour accabler l'archiduc Charles, fût-il déjà réuni à l'armée de Bohême. Napoléon fit dire au maréchal Davout qu'il arriverait avec toutes ses forces entre midi et une heure, qu'il signalerait sa présence par plusieurs salves d'artillerie, et qu'il faudrait à ce signal attaquer sur-le-champ.

Avant de partir de sa personne, Napoléon prit encore quelques dispositions. Il donna au maréchal Bessières, chargé de poursuivre au delà de l'Isar les deux corps de Hiller et de l'archiduc Louis, outre la cavalerie légère de Marulaz et une portion de la cavalerie allemande, la division bavaroise de Wrède, et la belle division française Molitor. Il ne borna pas là ses précautions. La division Boudet, l'une des quatre de Masséna, et la division Tharreau, la seconde d'Oudinot, restaient disponibles. Napoléon les échelonna entre le Danube et l'Isar, de Neustadt à Landshut, pour veiller à tout ce qui pourrait survenir entre les deux fleuves, et se porter ou à Neustadt sur le Danube, si une partie de l'armée de Bohême essayait de menacer notre ligne d'opération, ou à Landshut sur l'Isar, si l'archiduc Louis et le général Hiller, séparés du généralissime, voulaient réparer leur échec par un retour offensif contre le maréchal Bessières.

Ces ordres expédiés, Napoléon partit au galop, accompagné du maréchal Masséna, pour se porter à Eckmühl, l'un des champs de bataille immortalisés par son génie. Il partit à la pointe du jour du 22. Depuis le 19 on n'avait cessé de combattre. On allait le faire dans cette journée mémorable, avec bien plus de vigueur et en plus grand nombre que les jours précédents.

De part et d'autre, en effet, tout se préparait pour une action décisive. L'archiduc Charles ne pouvait plus conserver aucun espoir de ramener à lui sa gauche, rejetée au delà de l'Isar. Il ne devait plus avoir qu'un désir, celui de se réunir à l'armée de Bohême, ce qui devenait facile depuis la prise de Ratisbonne. Mais il voulut, à son tour, tenter quelque chose qui, en cas de succès, aurait rétabli les chances, et rendu à Napoléon ce qu'il avait fait aux Autrichiens, en lui enlevant sa ligne d'opération. Il conçut donc le projet singulier d'essayer une attaque en trois colonnes sur Abach, dans la direction même que le maréchal Davout avait suivie pour remonter de Ratisbonne sur Abensberg. (Voir la carte n° 46.) Ayant maintenant le dos tourné vers Ratisbonne et la face vers Landshut, il n'avait qu'à faire un mouvement par sa droite sur Abach, pour exécuter ce projet qui le plaçait sur la ligne de communication des Français; et comme il n'y avait d'ailleurs vers Abach que l'avant-garde du général Montbrun, laquelle, après avoir combattu le 19 à Dinzling contre le corps de Rosenberg, ne cessait d'escarmoucher avec les troupes légères autrichiennes, il eût été possible de percer, et de

*Position de l'archiduc Charles autour d'Eckmühl.*

déboucher sur nos derrières. Mais l'archiduc toujours hésitant, soit par la crainte de ce qui pouvait arriver de toute entreprise hardie devant un adversaire comme Napoléon, soit par la crainte de compromettre une armée sur laquelle reposait le salut de la monarchie, l'archiduc apporta dans l'exécution de cette nouvelle entreprise des tâtonnements qui devaient en rendre le succès impossible. D'abord, pour donner au général Kollowrath, détaché de l'armée de Bohême, le temps de passer le Danube, il décida que l'attaque n'aurait lieu qu'entre midi et une heure, moment choisi par Napoléon pour forcer le passage d'Eckmühl. Il distribua ses troupes en trois colonnes. La première, composée du corps de Kollowrath, ayant une partie de la brigade Vecsay pour avant-garde, devait marcher de Burg-Weinting sur Abach. (Voir la carte n° 46.) Elle était de 24 mille hommes. La seconde, composée de la division Lindenau et du reste de la brigade Vecsay, devait, sous le prince Jean de Liechtenstein, marcher par Weilhoe sur Peising. Elle était de 12 mille hommes, et avait l'archiduc généralissime à sa tête. La troisième enfin, forte de près de 40 mille hommes, composée du corps de Rosenberg qui était placé aux villages d'Ober et d'Unter-Leuchling, en face du maréchal Davout, du corps de Hohenzollern qui barrait la chaussée d'Eckmühl, des grenadiers de la réserve et des cuirassiers qui gardaient l'entrée de la plaine de Ratisbonne vers Egglofsheim, devait rester immobile et défendre contre les Français la route de Landshut à Ratisbonne, tandis que les deux premières colonnes feraient leur effort sur Abach. L'archiduc se préparait donc à prendre l'offensive par sa droite, forte de 36 mille hommes, tandis que sa gauche, forte de 40 mille, se tiendrait sur la défensive, à mi-côte des hauteurs qui séparent la grosse Laber de la vallée du Danube. Napoléon, de son côté, marchant au secours du maréchal Davout sur Eckmühl, allait se ruer sur cette gauche avec toutes ses forces, les deux généraux ennemis agissant ainsi sur les communications l'un de l'autre, mais le premier avec hésitation, le second avec une irrésistible vigueur. Cette gauche de l'archiduc, qui devait nous disputer la route de Ratisbonne aux environs d'Eckmühl, était disposée comme il suit. Le corps de Rosenberg était établi à mi-côte sur les hauteurs qui bordent la Laber, derrière les deux villages d'Ober-Leuchling et d'Unter-Leuchling, flanquant la chaussée de Ratisbonne. Un peu plus loin et plus bas se trouvait le corps de Hohenzollern, occupant les bords de la grosse Laber, le château d'Eckmühl, les rampes que la chaussée de Ratisbonne forme au-dessus de ce château. Sur le revers au milieu de la plaine de Ratisbonne, se tenait toute la masse des cuirassiers et des grenadiers, en avant et en arrière d'Egglofsheim. C'était donc en face des deux villages d'Ober et d'Unter-Leuchling, puis sur la chaussée d'Eckmühl, et enfin dans la plaine de Ratisbonne, que l'action devait se passer.

Jusqu'à huit heures un épais brouillard enveloppa ce champ de bataille, de l'aspect le plus agreste, et où allait couler le sang de tant de mil-

*Avril 1809.*

*Bataille d'Eckmühl, livrée le 22 avril 1809.*

liers d'hommes. Dès que le brouillard disparut, on se prépara de part et d'autre, les uns à la défense, les autres à l'attaque. Le maréchal Davout disposa vers sa gauche la division Friant pour la diriger sur les sommets boisés auxquels s'appuyaient les deux villages d'Ober et d'Unter-Leuchling, vers sa droite la division Saint-Hilaire pour attaquer de front les deux villages que les Autrichiens occupaient en force. Plus à droite et plus bas, sur le bord de la grosse Laber, il avait rangé les cavaleries bavaroise et wurtembergeoise, et en arrière les divisions de cuirassiers français qui étaient déjà arrivées. Les Autrichiens de leur côté s'établissaient de leur mieux sur les hauteurs qu'ils avaient à défendre. Le prince de Rosenberg avait fait barricader le village d'Unter-Leuchling, le plus menacé des deux, placé une partie de ses forces dans l'intérieur de ces deux villages, et le reste au-dessus sur un plateau boisé qui les dominait. Pour se relier avec la chaussée d'Eckmühl, qui passait derrière lui, il avait déployé sur un coteau le régiment de Czartoryski, avec beaucoup d'artillerie, de manière à labourer de ses boulets toute la vallée par laquelle devaient se présenter les Français. La brigade Biber, du corps de Hohenzollern, était en masse profonde le long de la chaussée au-dessus d'Eckmühl, tandis que Wukassovich occupait avec plusieurs détachements l'autre rive de la grosse Laber, attendant les Français qui venaient de Landshut. Avant midi pas un coup de fusil ou de canon ne troubla les airs. On discernait seulement de nombreux mouvements d'hommes et de chevaux, et sur ces coteaux couverts de bois, au milieu de ces prairies humides et verdoyantes, on voyait se dessiner en longues lignes blanches les masses de l'armée autrichienne.

Vers midi d'épaisses colonnes de troupes parurent dans la direction de Landshut : c'étaient les divisions Morand et Gudin précédées des Wurtembergeois, suivies des maréchaux Lannes et Masséna, et de Napoléon lui-même, qui accouraient tous au galop. Les troupes françaises arrivant de Landshut débouchaient par Buchhausen, d'une chaîne de coteaux placée vis-à-vis d'Eckmühl, et formant la berge opposée de la vallée de la grosse Laber. (Voir la carte n° 47.) Sans qu'on eût à donner le signal convenu, la rencontre des avant-gardes annonça le commencement du combat. Les Wurtembergeois, en débouchant de Buchhausen, furent accueillis par la mitraille partant d'une batterie de Wukassovich, et par les charges de sa cavalerie légère. Repoussés d'abord, mais ramenés bientôt en avant par le brave Vandamme, soutenus par les divisions Morand et Gudin, ils enlevèrent Lintach, bordèrent la grosse Laber devant Eckmühl, et se lièrent par leur gauche avec la division Demont et les Bavarois. A leur droite, les avant-postes de la division Gudin vinrent se répandre entre Deckenbach et Zaitzkofen, vis-à-vis d'Eckmühl et de Roking.

Au premier coup de canon tiré à l'avant-garde, l'intrépide Davout ébranla ses deux divisions. L'artillerie française vomit d'abord une grêle de projectiles sur tout le front des Autrichiens, et les obligea à se renfermer dans les villages d'Unter et

*Avril 1809.*

*Rencontre des deux avant-gardes à Buchhausen.*

*Combat du maréchal Davout contre les villages d'Unter et d'Ober-Lenchling.*

d'Ober-Leuchling. Les divisions Friant et Saint-Hilaire s'avancèrent en ordre, la première à gauche sur les bois auxquels s'appuyait la droite du corps de Rosenberg, la seconde à droite sur les villages d'Ober-Leuchling et d'Unter-Leuchling, situés tous deux à une portée de fusil. Une mousqueterie des plus meurtrières assaillit la division Saint-Hilaire dans son mouvement contre les deux villages, mais n'ébranla point cette vieille troupe, qui était conduite par le brave Saint-Hilaire, surnommé dans l'armée *le chevalier sans peur et sans reproche*. Le village d'Ober-Leuchling, plus enfoncé dans le ravin et d'un abord moins difficile, fut emporté le premier. Celui d'Unter-Leuchling, plus en dehors, plus escarpé, et barricadé intérieurement, fut énergiquement défendu par les Autrichiens. Le 10ᵉ léger, qui était chargé de l'attaque, exposé au double feu du village et du bois en dessus, perdit en un instant 500 hommes morts ou blessés. Il ne se troubla point, pénétra dans le village barricadé, y tua à coups de baïonnette tout ce qui résistait, et y fit plusieurs centaines de prisonniers. Les régiments de Bellegarde et de Reuss-Graitz qui nous avaient disputé les deux villages, se retirèrent alors en arrière sur le plateau boisé, et s'y défendirent avec une nouvelle vigueur. Pendant ce temps la division Friant avait attaqué à gauche les bois auxquels se liaient les deux villages, et y avait refoulé les régiments de Chasteler, archiduc Louis et Cobourg, formant la droite du prince de Rosenberg. Après un feu de tirailleurs très-meurtrier, le 48ᵉ et le 111ᵉ, conduits par le général Barbanègre, se jetèrent baïonnette baissée dans toutes les éclaircies des bois occupées par les masses autrichiennes, et renversèrent celles-ci. Le corps de Rosenberg poussé ainsi d'un côté vers les bois qui couronnaient la chaîne, de l'autre au delà des deux villages, sur le plateau boisé qui les dominait, fut acculé vers la coupure à travers laquelle passait la chaussée d'Eckmühl. Retiré sur ce point, il essaya de s'y maintenir. En ce moment, dans le bas à droite, devant Eckmühl, les attaques commençaient avec une égale vigueur. Tandis que la cavalerie des Bavarois, appuyée par nos cuirassiers, chargeait dans la prairie la cavalerie des Autrichiens, les fantassins wurtembergeois s'étaient élancés sur Eckmühl pour l'enlever à l'infanterie de Wukassovich. Assaillis par une grêle de balles parties des murailles du château, ils ne se découragèrent pas, et revenant à la charge, ils l'emportèrent. On aperçut alors la chaussée dont les rampes s'élevaient dans la montagne, couverte de masses profondes d'infanterie et de cavalerie. D'un côté à gauche se voyaient les restes de Rosenberg défendant le plateau situé au-dessus des villages d'Ober et d'Unter-Leuchling, de l'autre côté à droite les hauteurs boisées de Roking, où était établie une partie de la brigade Biber. Il fallait donc enlever ces points, et enfoncer entre deux les masses qui barraient la chaussée.

Napoléon, accompagné de Lannes et de Masséna, ordonna l'attaque décisive, pendant que le général Cervoni, brave officier, déployant une carte sous leurs yeux, était emporté par un boulet. Lannes

*Avril 1809.*

*Prise du château d'Eckmühl par les Wurtembergeois.*

*Attaque décisive sur la chaussée d'Eckmühl.*

conduisit à droite la division Gudin sur les hauteurs boisées de Roking. Cette division passa la grosse Laber au point de Stanglmühle, d'un côté gravit directement les hauteurs de Roking, de l'autre, prolongeant son mouvement à droite, déborda ces hauteurs, et les enleva successivement à la brigade Biber, qui les disputa pied à pied. Sur la chaussée, la cavalerie à son tour s'élança sur ce terrain, qui présentait une montée assez roide, et qui était couvert d'une épaisse colonne. Ce furent les cavaliers bavarois et wurtembergeois qui chargèrent les premiers et qui rencontrèrent la cavalerie légère des Autrichiens. Celle-ci se précipitant avec bravoure sur un terrain en pente, culbuta nos alliés jusqu'au bord de la grosse Laber. Les cuirassiers français, venant à leur secours, gravirent la pente au galop, renversèrent les cavaliers autrichiens, et parvinrent au sommet de la chaussée à l'instant même où l'infanterie de Gudin, maîtresse de la hauteur de Roking, apparaissait sur leur tête. Cette infanterie, à l'aspect des cuirassiers français gravissant la chaussée au galop et enfonçant les Autrichiens malgré le désavantage du terrain, se mit à battre des mains en criant : *Vivent les cuirassiers!*

A gauche la lutte continuait entre Saint-Hilaire et les régiments de Bellegarde et de Reuss-Graitz, qui disputaient le plateau boisé au-dessus de Leuchling. Saint-Hilaire y pénétra enfin, en chassa les deux régiments et les refoula sur la chaussée. A cette vue les braves généraux Stutterheim et Sommariva s'élancèrent avec les chevaux-légers de

Vincent et les hussards de Stipsicz sur l'infanterie de Saint-Hilaire. Mais celle-ci les arrêta en leur présentant ses baïonnettes, les ramena sur le bord de la chaussée de Ratisbonne, et la couronna d'un côté, tandis que l'infanterie de Gudin la couronnait de l'autre. La cavalerie autrichienne, accumulée alors sur la chaussée, fit de nouveaux efforts contre la masse de nos cavaliers, chargea, fut chargée à son tour, et finit par céder le terrain.

A cette heure l'obstacle était forcé de toutes parts, et la chaussée de Ratisbonne nous appartenait, car à gauche Friant traversant le bois qui surmontait la chaîne descendait déjà sur le revers des hauteurs, et à droite Gudin franchissant aussi cette chaîne, commençait à déboucher dans la plaine de Ratisbonne vers Gailsbach. Les troupes de Rosenberg et de Hohenzollern débordées de droite et de gauche, vinrent chercher un abri derrière la masse des cuirassiers autrichiens qui était rangée en bataille à Egglofsheim. Notre cavalerie les suivit au grand trot, ayant à gauche l'infanterie Friant et Saint-Hilaire, à droite l'infanterie Gudin. Il était sept heures du soir, la nuit approchait, et derrière les cavaliers bavarois et wurtembergeois nos alliés, débouchaient en masse, faisant retentir la terre sous le pas de leurs chevaux, les dix régiments de cuirassiers de Nansouty et de Saint-Sulpice. Un terrible choc était inévitable entre les deux cavaleries, l'une voulant couvrir la plaine dans laquelle en ce moment se repliait l'archiduc Charles, et l'autre voulant conquérir cette plaine pour y terminer sa victoire sous les murs mêmes de Ratis-

Avril 1809.

La chaussée d'Eckmühl enlevée, l'armée française débouche dans la plaine de Ratisbonne.

Furieux combat de cavalerie autour d'Egglofsheim.

bonne. Pendant que nos cuirassiers s'avancent sur la chaussée flanqués de la cavalerie alliée, contre les cuirassiers autrichiens placés aussi sur la chaussée, et flanqués de leur cavalerie légère, la masse des cavaliers ennemis s'ébranle la première à la lueur du crépuscule. Les cuirassiers de Gottesheim fondent au galop sur les cuirassiers français. Ceux-ci, attendant avec sang-froid leurs adversaires, font une décharge de toutes leurs armes à feu, puis une partie d'entre eux, s'élançant à leur tour, prennent en flanc les cuirassiers ennemis, les renversent, et les poursuivent à outrance. Alors les cuirassiers autrichiens, dits de l'empereur, viennent au secours de ceux de Gottesheim. Les nôtres les reçoivent et les repoussent. Les braves hussards de Stipsicz veulent prêter appui à leur grosse cavalerie, et ne craignent pas de se jeter sur nos cuirassiers. Après un honorable effort ils sont culbutés comme les autres, et toute la masse de la cavalerie autrichienne dispersée s'enfuit au delà d'Egglofsheim sur Kofering. Tandis que nos cavaliers suivent la chaussée au galop, ceux des Autrichiens, trouvant la plaine marécageuse, veulent regagner la chaussée, se mêlent ainsi au torrent des nôtres, et tombent dans nos rangs. Une foule de combats singuliers s'engagent alors aux douteuses clartés de la lune, et au milieu de l'obscurité qui commence, on n'entend que le cliquetis des sabres sur les cuirasses, le cri des combattants, le pas des chevaux. Nos cuirassiers portant la double cuirasse, couverts par conséquent dans tous les sens, ont moins de peine à se défendre que les Autrichiens,

RATISBONNE.                     473

qui ne portant de cuirasse que sur la poitrine, tombent en grand nombre sous les coups de pointe qu'ils reçoivent par derrière. Une foule de ces malheureux sont ainsi blessés à mort. Jamais depuis vingt ans on n'a vu une pareille scène de désolation.

Cependant la nuit étant faite, il devient prudent d'arrêter le combat. En s'avançant on peut rencontrer en désordre l'armée de l'archiduc se repliant sur Ratisbonne, et la jeter dans le Danube; mais on peut aussi la trouver rangée en ordre, et en masse, sous les murs de cette ville, et capable d'arrêter des vainqueurs qui débouchent sans ensemble, à travers plusieurs issues, de la vallée de la grosse Laber. Napoléon arrive en ce moment avec Masséna et Lannes à Egglofsheim. Après quelques instants de délibération, le parti le plus sage l'emporte, et il remet au lendemain à livrer une seconde bataille, si l'archiduc tient devant Ratisbonne, ou à le poursuivre au delà du Danube, s'il se retire derrière ce fleuve. Il donne donc l'ordre de bivouaquer sur place. C'était agir sagement, car les troupes expiraient de fatigue, celles surtout qui venaient de Landshut. Il n'y avait même d'arrivés que les Wurtembergeois, Morand et Gudin. Les trois divisions de Masséna se trouvaient encore en arrière.

Cette journée du 22, dite bataille d'Eckmühl, et méritant le titre de bataille par le nombre des troupes engagées, par l'importance décisive de l'événement, nous avait coûté environ 2,500 hommes hors de combat, la plus grande partie appartenant aux divisions Friant et Saint-Hilaire, lesquelles par leur

Avril 1809.

Résultats de la bataille d'Eckmühl.

conduite dans ces quatre jours, obtinrent pour leur chef le titre de prince d'Eckmühl, titre glorieux bien justement acquis. Elle avait coûté aux Autrichiens environ 6 mille morts ou blessés, un grand nombre de bouches à feu, et 3 ou 4 mille prisonniers, recueillis à la nuit dans les villages que l'on traversait à mesure que l'armée autrichienne battait en retraite. Cette bataille avait définitivement séparé l'archiduc Charles des corps de Hiller et de l'archiduc Louis, et l'avait rejeté en désordre sur la Bohême, après lui avoir enlevé sa ligne d'opération, la Bavière, et la grande route de Vienne.

Napoléon, pour la première fois depuis quatre jours, put prendre un instant de repos, et le prit bien court, car il voulait achever le lendemain la série de ces grandes et belles opérations. Il se doutait bien du reste qu'il n'aurait pas de bataille à livrer, et que l'archiduc Charles passerait le Danube en toute hâte, mais il prétendait lui rendre ce passage difficile et même funeste, s'il était possible.

De son côté l'archiduc Charles, qui s'était arrêté dans son mouvement sur Abach en apprenant le malheur de sa gauche, et qui n'avait rien fait pour le prévenir à temps, l'archiduc consterné, et se reprochant vivement alors de n'avoir pas persévéré davantage dans sa résistance à la politique de la guerre, n'avait pas autre chose à faire qu'à traverser promptement le Danube pour rejoindre l'armée de Bohême, dont il avait déjà rallié la moitié sous Kollowrath, et de descendre ensuite le grand fleuve autrichien sur une rive, tandis que Napoléon le descendrait sur l'autre. Livrer une bataille avec le Danube à dos, eût été une faute contre les règles de la guerre, et une faute tout à fait inexcusable dans l'état de l'armée autrichienne, qui, quoiqu'elle se fût bien conduite, était revenue au sentiment de son infériorité à l'égard de l'armée française. La cavalerie de l'archiduc Charles d'ailleurs était trop peu nombreuse pour disputer à la cavalerie française la vaste plaine dans laquelle on se trouvait. L'archiduc résolut donc de passer sans délai le Danube, soit sur le pont de pierre de Ratisbonne, soit sur un pont de bateaux jeté un peu au-dessous de cette ville, au moyen d'un matériel de passage que l'armée de Bohême avait amené avec elle. Il fut décidé que le corps de Kollowrath, dirigé sur Abach le matin, et ramené le soir d'Abach sur Burg-Weinting, couvrirait la retraite, car n'ayant pas donné encore il était moins fatigué que les autres. Le gros de l'armée devait traverser Ratisbonne, franchir le Danube sur le pont de cette ville, pendant que le corps de réserve passerait sur le pont de bateaux jeté au-dessous, et que la cavalerie évoluerait dans la plaine, pour occuper les Français en faisant le coup de sabre avec eux.

Le lendemain 23 les dispositions de l'archiduc furent exécutées avec assez d'ordre et de succès. Bien avant le jour les divers corps de l'armée traversèrent Ratisbonne, tandis que le général Kollowrath, se retirant avec lenteur vers la ville, donnait aux troupes de l'archiduc le temps de défiler. Les grenadiers s'étaient agglomérés au-dessous de Ratisbonne pour opérer leur passage. La cavalerie manœuvrait entre Ober-Traubling et Burg-Weinting.

Avril 1809.

L'archiduc Charles se décide à passer le Danube à Ratisbonne, afin de se réfugier en Bohême.

Les Français de leur côté se mirent en mouvement de fort bonne heure, tenus en éveil par la victoire presque autant que les Autrichiens par la défaite. Dès qu'on put discerner les objets, la cavalerie légère, par ordre de Napoléon, s'avança en reconnaissance sur la cavalerie autrichienne, pour savoir si c'était une bataille qu'on aurait à livrer, ou des fuyards qu'on aurait à poursuivre. La cavalerie autrichienne, qui, dans ces circonstances, n'avait cessé de se conduire avec le plus grand dévonement, se précipita sur la nôtre, et il s'engagea entre les deux une nouvelle mêlée où toutes les armes tombèrent dans une affreuse confusion. Les cavaliers autrichiens perdirent par ce noble dévouement près d'un millier d'hommes; mais se retirant toujours sur la ville, à travers laquelle ils défilaient au galop, ils attirèrent notre attention de ce côté, et réussirent ainsi à nous dérober la vue du pont de bateaux par lequel passaient les grenadiers. Un détachement de cavalerie légère s'en aperçut enfin, signala le fait à l'artillerie de Lannes, qui, accourue au galop, se mit à foudroyer les Autrichiens. On y tua grand nombre de grenadiers, on en noya beaucoup d'autres, et on détruisit même le pont, dont les bateaux désunis et enflammés furent bientôt emportés par le Danube. Mais le gros des troupes put se retirer, sauf une perte de quelques centaines d'hommes. Le maréchal Davout à gauche, avec les divisions Friant et Saint-Hilaire, le maréchal Lannes à droite, avec les divisions Morand et Gudin, la cavalerie au centre, ne débouchèrent sur la ville qu'au moment où les derniers bataillons autrichiens la traversaient. Les portes en furent immédiatement fermées sur nos voltigeurs.

Napoléon y voulait entrer dans la journée même, soit pour venger l'échec du 65ᵉ de ligne, soit pour avoir le pont du Danube, et s'assurer ainsi le moyen de suivre l'archiduc Charles en Bohême. La ville était enveloppée d'une simple muraille, avec des tours de distance en distance, et un large fossé. Elle ne pouvait pas donner lieu à un siége régulier; mais défendue par beaucoup de monde, elle pouvait tenir quelques heures, même quelques jours, et singulièrement ralentir notre poursuite. Napoléon ordonna que l'artillerie des maréchaux Davout et Lannes, tirée des rangs, fût mise en ligne tout entière, pour abattre les murs de cette malheureuse cité. Sur-le-champ un grand nombre de pièces commencèrent à vomir les boulets et les obus, et le feu éclata en plusieurs quartiers.

Napoléon, impatient de venir à bout de cette résistance, s'était approché de Ratisbonne, au milieu d'un feu de tirailleurs que soutenaient les Autrichiens du haut des murs, et les Français du bord du fossé. Tandis qu'avec une lunette il observait les lieux, il reçut une balle au cou-de-pied, et dit avec le sang-froid d'un vieux soldat : Je suis touché ! — Il l'était effectivement, et d'une manière qui aurait pu être dangereuse, car si la balle eût porté plus haut, il avait le pied fracassé, et l'amputation eût été inévitable. Les chirurgiens de la garde accourus auprès de lui enlevèrent sa botte et placèrent un léger appareil sur la blessure, qui était peu grave. A la nouvelle que l'Empereur était blessé, les soldats des corps les plus voisins rompirent spontanément leurs rangs, pour lui adresser de plus près les bruyants témoignages de leur affection. Il n'y en avait pas un qui ne crût son existence attachée à la sienne. Napoléon, donnant la main aux plus rapprochés, leur affirma que ce n'était rien, remonta immédiatement à cheval, et parcourut le front de l'armée pour la rassurer. Ce fut un délire de joie et d'enthousiasme. On saluait en lui l'heureux vainqueur d'Eckmühl, que la mort venait d'effleurer à peine, pour apprendre à tous que le danger lui était commun avec eux, et que s'il prodiguait leur vie, il ne ménageait guère la sienne. Il passa devant les corps qui s'étaient le mieux conduits, fit sortir des rangs les officiers et même les soldats signalés par leur bravoure, et leur donna à tous des récompenses. Il y eut de simples soldats qui reçurent des dotations de quinze cents francs de rente.

Cependant ce n'était pas tout à ses yeux que d'échanger ces joyeuses félicitations, il fallait achever de vaincre, et il envoyait aide de camp sur aide de camp auprès du maréchal Lannes, pour accélérer la prise de Ratisbonne. Cet intrépide maréchal s'était approché de la porte de Straubing, et avait fait diriger tous les coups de son artillerie sur une maison saillante qui dominait l'enceinte. Bientôt cette maison, abattue par les boulets, s'écroula dans le fossé, et le combla en partie. L'obstacle n'était dès lors plus aussi difficile à vaincre, mais il restait toujours un double escarpement à franchir soit pour descendre dans le fossé, soit pour remonter sur le mur vis-à-vis, qui n'était qu'à moitié renversé. On s'était procuré quelques échelles. Des grenadiers du 85ᵉ s'en saisirent, et les placèrent au bord du fossé. Mais chaque fois qu'un d'entre eux paraissait, des balles tirées avec une grande justesse l'abattaient à l'instant. Après que quelques hommes eurent été frappés de la sorte, les autres semblèrent hésiter. Alors Lannes s'avançant tout couvert de ses décorations, s'empara de l'une de ces échelles, en s'écriant : Vous allez voir que votre maréchal, tout maréchal qu'il est, n'a pas cessé d'être un grenadier. — A cette vue ses aides de camp, Marbot et Labédoyère, s'élancent, et lui arrachent l'échelle des mains. Les grenadiers les suivent, prennent les échelles, se précipitent en foule sur le bord du fossé, et y descendent. Les coups de l'ennemi, tirés sur un plus grand nombre d'hommes à la fois, et avec plus de précipitation, n'ont plus la même justesse. On franchit le fossé, on escalade le mur à moitié renversé par nos boulets. Les grenadiers du 85ᵉ, suivant MM. Labédoyère et Marbot, pénètrent ainsi dans la ville, se dirigent vers l'une des portes et l'ouvrent au 85ᵉ, qui entre en colonne dans Ratisbonne. La ville est à nous. On court de rues en rues sous la fusillade, ramassant partout des prisonniers. Mais tout à coup on est arrêté par un cri de terreur parti du milieu des Autrichiens : — Prenez garde à vous, nous allons tous sauter en l'air ! s'écrie un officier. — Il y avait en effet des barils de poudre qu'on avait laissés dans une rue, et que le feu échangé des deux côtés pouvait faire sauter. D'un commun accord on s'arrête ; on roule ces barils de manière à les mettre à l'abri de l'in-

Avril 1809.

Résultats de cette brillante campagne de cinq jours.

cendie, et à s'épargner aux uns comme aux autres un péril mortel. Les Autrichiens se retirent ensuite, et abandonnent la ville à nos troupes.

Cette journée coûta encore à l'ennemi environ deux mille hommes hors de combat, et six à sept mille prisonniers. C'était la cinquième depuis l'ouverture de la campagne. Jetons un regard sur ces cinq journées si remplies. Le 19 avril, le maréchal Davout, remontant le Danube de Ratisbonne à Abensberg, avait rencontré l'archiduc Charles à Tengen, lui avait tenu tête, et l'avait arrêté sur place. Le 20, Napoléon, réunissant la moitié du corps du maréchal Davout aux Bavarois et aux Wurtembergeois, tandis qu'il attirait le maréchal Masséna sur le point commun d'Abensberg, avait percé vers Rohr la ligne des Autrichiens, et séparé l'archiduc Charles du général Hiller et de l'archiduc Louis. Le 21, il avait continué ce mouvement, et définitivement séparé les deux masses ennemies, en prenant Landshut et la ligne d'opération des Autrichiens, pendant que le même jour le maréchal Davout, formant à gauche le pivot de ses mouvements, rencontrait encore, et contenait l'archiduc Charles à Leuchling. Le 22, averti que l'archiduc Charles ne s'était pas retiré par Landshut, mais se trouvait à sa gauche vers Eckmühl, devant le corps du maréchal Davout, il avait subitement pris sa détermination, s'était rabattu sur Eckmühl, et, dans cette bataille, livrée sur l'extrémité de la ligne ennemie, avait accablé et acculé les Autrichiens vers Ratisbonne. Le 23 enfin, il terminait cette lutte de cinq jours en prenant Ratisbonne, et en refoulant en

Bohême l'archiduc Charles réuni à l'armée de Bellegarde, mais séparé de celle de Hiller et de l'archiduc Louis. Outre l'avantage de s'ouvrir la route de Vienne que défendaient tout au plus 36 ou 40 mille hommes démoralisés, d'avoir pris l'immense matériel qui se trouvait sur la principale ligne d'opération de l'ennemi, d'avoir rejeté l'archiduc Charles dans les défilés de la Bohême, où celui-ci devait être paralysé pour long-temps, d'avoir rendu enfin à ses armes tout leur ascendant, Napoléon avait détruit ou pris environ 60 mille hommes, et plus de cent pièces de canon. Sur ces 60 mille hommes près de 40 mille avaient été atteints par le feu de nos fantassins, ou le sabre de nos cavaliers[1]. Et tout cela Napoléon l'avait obtenu en se dirigeant, au milieu d'une confusion inouïe de lieux et d'hommes, d'après les vrais principes de la guerre. Sans doute en donnant davantage au hasard, en laissant l'archiduc courir sur Ratisbonne, sans amener à lui le maréchal Davout, Napoléon aurait pu se jeter sur les derrières de l'ennemi par Lancqwaid et Eckmühl, et peut-être prendre en un jour l'armée autrichienne tout entière. Mais, outre qu'il aurait fallu deviner le secret de cette situation, ce qui n'est donné à personne, Napoléon aurait manqué aux vrais principes en restant divisé en présence d'un ennemi concentré, et lui aurait livré ainsi la possibilité d'un grand triomphe. Au contraire, en amenant à un point commun le maréchal Davout par sa gauche, le maréchal Masséna par sa droite,

[1] Je n'énonce ces chiffres qu'après avoir réduit toutes les exagérations des bulletins.

il se mit en mesure de faire face à tout, quelles que fussent les chances des événements, et il put couper devant lui la ligne ennemie, percer sur Landshut, puis se rabattre à gauche, et accabler définitivement à Ratisbonne la grande armée autrichienne. Si nous l'osions, nous ajouterions qu'il vaut presque mieux avoir triomphé un peu moins en se conformant aux véritables principes de la guerre, qui ne sont après tout que les règles du bon sens, avoir triomphé un peu moins, disons-nous, mais sans courir aucune chance périlleuse, que d'avoir triomphé davantage en donnant trop au hasard. Napoléon n'eût jamais succombé, s'il avait dirigé la politique comme en cette occasion il dirigea la guerre. Du reste, l'Autriche, sous ces coups terribles, allait être abattue, l'Allemagne comprimée, l'Europe contenue : Napoléon n'avait jamais mieux mérité les faveurs de la fortune, qui, dans ces cinq journées, sembla de nouveau tout à fait séduite et ramenée.

FIN DU LIVRE TRENTE-QUATRIÈME.

# LIVRE TRENTE-CINQUIÈME.

## WAGRAM.

Commencement des hostilités en Italie. — Entrée imprévue des Autrichiens par la Pontcba, Cividale et Gorice. — Surprise du prince Eugène, qui ne s'attendait pas à être attaqué avant la fin d'avril. — Il se replie sur la Livenza avec les deux divisions qu'il avait sous la main, et parvient à y réunir une partie de son armée. — L'avant-garde du général Sahuc est enlevée à Pordenone. — L'armée demande la bataille à grands cris. — Le prince Eugène entraîné par ses soldats, se décide à combattre avant d'avoir rallié toutes ses forces, et sur un terrain mal choisi. — Bataille de Sacile perdue le 16 avril. — Retraite sur l'Adige. — Soulèvement du Tyrol. — L'armée française concentrée derrière l'Adige, s'y réorganise sous la direction du général Macdonald donné pour conseiller au prince Eugène. — La nouvelle des événements de Ratisbonne oblige l'archiduc Jean à battre en retraite. — Le prince Eugène le poursuit l'épée dans les reins. — Passage de la Piave de vive force, et pertes considérables des Autrichiens. — Événements en Pologne. — Hostilités imprévues en Pologne comme en Bavière et en Italie — Joseph Poniatowski livre sous les murs de Varsovie un combat opiniâtre aux Autrichiens. — Il abandonne cette capitale par suite d'une convention, porte la guerre sur la droite de la Vistule, et fait essuyer aux Autrichiens de nombreux échecs. — Mouvements insurrectionnels en Allemagne. — Désertion du major Schill. — Conduite de Napoléon après les événements de Ratisbonne. — Son inquiétude en apprenant les nouvelles d'Italie, que le prince Eugène tarde trop long-temps à lui faire connaître. — Il s'avance néanmoins en Bavière, certain de tout réparer par une marche rapide sur Vienne. — Ses motifs de ne pas poursuivre l'archiduc Charles en Bohême, et de se porter au contraire sur la capitale de l'Autriche par la ligne du Danube. — Marche admirablement combinée. — Passage de l'Inn, de la Traun et de l'Ens. — L'archiduc Charles, voulant repasser de la Bohême en Autriche, et rejoindre le général Hiller et l'archiduc Louis derrière la Traun, est prévenu à Lintz par Masséna. — Épouvantable combat d'Ebersberg. — L'archiduc Charles n'ayant pu arriver à temps ni à Lintz, ni à Krems, les corps autrichiens qui défendaient la haute Autriche sont obligés de repasser le Danube à Krems, et de découvrir Vienne. — Arrivée de Napoléon sous cette capitale le 10 mai, un mois après l'ouverture des hostilités. — Entrée des Français à Vienne à la suite d'une résistance fort courte de la part des Autrichiens. — Effet de cet événement en Europe. — Vues de Napoléon pour achever la destruction des armées ennemies. — Manière dont il échelonne ses corps pour empêcher une tentative des archiducs sur ses derrières, et pour préparer une concentration subite de ses forces dans la vue de livrer une bataille décisive. — Nécessité de passer le Danube pour joindre l'archiduc Charles, qui est campé vis-à-vis de Vienne. — Préparatifs de ce difficile passage. — Dans cet intervalle l'armée d'Italie dégagée par les progrès de l'armée d'Allemagne a repris l'offensive, et marché en avant. — L'archiduc Jean repasse les Alpes Noriques et Juliennes affaibli de moitié, et dirige les forces qui lui restent vers la Hongrie et la Croatie. — Évacuation du Tyrol et soumission momentanée de cette province. — Napoléon prend la résolution définitive de passer le Danube, et d'achever la destruction de l'archiduc Charles. — Difficulté de cette opération en présence d'une armée ennemie de cent mille hommes. — Choix de l'île de Lobau, située au milieu du Danube, pour diminuer la difficulté du passage. — Ponts jetés sur le grand bras du Danube les 19 et 20 mai. — Pont jeté sur le petit bras le 20. — L'armée commence à passer. — A peine est-elle en mouvement, que l'archiduc Charles vient à sa rencontre. — Bataille d'Essling, l'une des plus terribles du siècle. — Le passage plusieurs fois interrompu par une crue subite du Danube, est définitivement rendu impossible par la rupture totale du grand pont. — L'armée française privée d'une moitié de ses forces et dépourvue de munitions, soutient le 21 et le 22 mai une lutte héroïque, pour n'être pas jetée dans le Danube. — Mort de Lannes et de Saint-Hilaire. — Conduite mémorable de Masséna. — Après quarante heures d'efforts impuissants, l'archiduc Charles désespérant de jeter l'armée française dans le Danube, la laisse rentrer paisiblement dans l'île de Lobau. — Caractère de cette épouvantable bataille. — Inertie de l'archiduc Charles, et prodigieuse activité de Napoléon pendant les jours qui suivirent la bataille d'Essling. — Efforts de ce dernier pour rétablir les ponts et faire repasser l'armée française sur la rive droite du Danube. — Heureux emploi des marins de la garde. — Napoléon s'occupe de créer de nouveaux moyens de passage, et d'attirer à lui les armées d'Italie et de Dalmatie, pour terminer la guerre par une bataille générale. — Marche heureuse du prince Eugène, de Macdonald et de Marmont pour rejoindre la grande armée sur le Danube. — Position que Napoléon fait prendre au prince Eugène sur la Raab, dans le double but de l'attirer à lui et d'éloigner l'archiduc Jean. — Rencontre du prince Eugène avec l'archiduc Jean sous les murs de Raab, et victoire de Raab remportée le 14 juin. — Prise de Raab. — Jonction définitive du prince Eugène, de Macdonald et de Marmont avec la grande armée. — Alternatives en Tyrol, en Allemagne et en Pologne. — Précautions de Napoléon relativement à ces diverses contrées. — Inaction des Russes. — Napoléon, en possession des armées d'Italie et de Dalmatie, et pouvant compter sur les ponts du Danube qu'il a fait construire, songe enfin à livrer la bataille générale qu'il projette depuis long-temps. — Prodigieux travaux exécutés dans l'île de Lobau pendant le mois de juin. — Ponts fixes sur le grand bras du Danube; ponts volants sur le petit bras. — Vastes approvisionnements et puissantes fortifications qui convertissent l'île de Lobau en une véritable forteresse. — Scène extraordinaire du passage dans la nuit du 5 au 6 juillet. — Débouché subit de l'armée française au delà du Danube, avant que l'archiduc Charles ait pu s'y opposer. — L'armée autrichienne repliée sur la position de Wagram, s'y défend contre une attaque de l'armée d'Italie. — Échauffourée d'un moment dans la soirée du 5. — Plans des deux généraux pour la bataille du lendemain. — Journée du 6 juillet, et bataille mémorable de Wagram, la plus grande qui eût encore été livrée dans les temps anciens et modernes. — Attaque redoutable contre la gauche de l'armée française. — Promptitude de Napoléon à reporter ses forces de droite à gauche, malgré la vaste étendue du champ de bataille. — Le centre des Autrichiens, attaqué avec cent bouches à feu et deux divisions de l'armée d'Italie sous le général Macdonald, est enfoncé. — Enlèvement du plateau de Wagram par le maréchal Davout. — Pertes presque égales des deux côtés, mais résultats décisifs en faveur des Français. — Retraite décousue des Autrichiens. — Poursuite jusqu'à Znaïm et combat sous les murs de cette ville. — Les Autrichiens ne pouvant continuer la guerre, demandent une suspension d'armes. — Armistice de Znaïm et ouverture à Altenbourg de négociations pour la paix. — Nouveaux préparatifs militaires de Napoléon pour appuyer les négociations d'Altenbourg. — Beau campement de ses armées au centre de la monarchie autrichienne. — Caractère de la campagne de 1809.

*Avril 1809.*

Les Autrichiens avaient eu l'intention d'assaillir les armées françaises dispersées des bords de la Vistule aux bords du Tage, et malgré leurs lenteurs ordinaires ils auraient réussi peut-être, si Napoléon, arrivant à l'improviste, n'avait déjoué par sa présence, sa promptitude et sa vigueur ce dangereux projet de surprise. En cinq jours de combat il avait frappé leur principal rassemblement, et en avait rejeté les fragments désunis sur les deux rives du Danube. Mais s'il avait suppléé à tout ce qui manquait encore à ses armées par son activité, son énergie, son coup d'œil supérieur, il ne pouvait en être ainsi là où il ne se trouvait pas, et il ne se trouvait ni en Italie, où marchait l'archi-

*Premières opérations en Italie.*

duc Jean avec les huitième et neuvième corps, ni en Pologne, où marchait l'archiduc Ferdinand avec le septième.

En Italie le début de la campagne n'avait pas été heureux, et ce début aurait certainement exercé une fâcheuse influence sur l'ensemble des événements, si nos succès avaient été moins grands entre Landshut et Ratisbonne. Là, en effet, l'esprit téméraire et inconséquent de l'archiduc Jean opposé à l'esprit sage mais inexpérimenté du prince Eugène, avait triomphé un moment de la bravoure de nos soldats. L'archiduc Jean, suivant la coutume de ceux qui commandent dans une contrée, aurait voulu tout y attirer, et convertir l'Italie en théâtre principal de la guerre. Mais comme il ne pouvait pas faire que le Danube cessât d'être pour Napoléon la route directe de Vienne, il ne pouvait pas faire non plus que le gros des forces autrichiennes fût sur le Tagliamento, au lieu d'être sur le Danube. Jaloux de son frère l'archiduc Charles, entouré d'un état-major jaloux de l'état-major général, il avait élevé plus d'une contestation sur le plan à suivre. Il voulait d'abord entrer directement dans le Tyrol par le Pusther-Thal en passant des sources de la Drave aux sources de l'Adige (voir la carte n° 31), descendre par Brixen et Trente sur Vérone, et faire tomber ainsi toutes les défenses avancées des Français, en se portant d'un trait sur la ligne de l'Adige par la route des montagnes, que lui ouvrait l'insurrection des Tyroliens. N'ayant pas la crainte de trouver sur le plateau de Rivoli le général Bonaparte ou l'intrépide Masséna, pouvant compter sur le concours ardent des Tyroliens, il avait d'excellents motifs pour adopter un tel projet, qui entre autres avantages avait celui de le tenir à portée de la Bavière, et en mesure de prendre part aux opérations sur le Danube. Mais comme il arrive toujours des plans débattus entre autorités rivales, celui-ci fit place à un plan moyen, qui consistait à envahir le Tyrol par un corps détaché, et la haute Italie par le gros de l'armée. C'est d'après ces vues que furent distribuées les forces destinées à opérer en Italie. Le huitième corps se réunit à Villach en Carinthie, sous les ordres du général Chasteler auquel il était d'abord destiné; le neuvième à Laybach en Carniole, sous le comte Ignace Giulay, ban de Croatie. Le général Chasteler, connaissant bien le Tyrol, fut détaché du huitième corps avec une douzaine de mille hommes, et chargé d'opérer par le Pusther-Thal, en s'avançant par les montagnes de l'Est à l'Ouest, pendant que le gros de l'armée suivrait dans la plaine la même direction. Le général Chasteler avec une douzaine de mille hommes et le concours des Tyroliens avait assez de forces contre les Bavarois, qui étaient à peine cinq ou six mille dans le Tyrol. Tandis qu'il cheminerait par Lienz et Brunecken sur Brixen, les huitième et neuvième corps, partant l'un de Villach, l'autre de Laybach, devaient déboucher sur Udine. Ces deux corps présentaient, en y comprenant l'artillerie, une masse d'environ 48 mille hommes de troupes excellentes. Une vingtaine de mille hommes de Landwehr, bien habillés, animés d'un bon esprit, mais peu instruits, devaient rester à la frontière, la garder, la couvrir d'ouvrages de campagne, et former avec leurs bataillons les meilleurs une réserve à la disposition de l'armée agissante. Un détachement de 7 à 8 mille hommes, auquel devait se réunir l'insurrection de Croatie, était chargé d'observer la Dalmatie, d'où l'on craignait que le général Marmont ne parvînt à déboucher. Toutefois comme on espérait surprendre les Français en Frioul aussi bien qu'en Bavière, et comme on savait également que la complaisance de famille, non moins grande dans la cour de Napoléon que dans les cours les plus vieilles de l'Europe, avait valu au prince Eugène le commandement de l'armée d'Italie, à l'exclusion de Masséna le chef naturel de cette armée, on se flattait d'être bientôt sur l'Adige, même sur le Pô, et de tenir le général Marmont enfermé en Dalmatie. Une sommation était déjà préparée pour ce dernier, et on croyait n'avoir d'autre difficulté avec lui que celle de débattre et de signer une capitulation.

Ce n'était pas seulement sur la force des armes que l'on se fiait pour s'avancer victorieusement en Italie, mais aussi sur des menées secrètes, pratiquées depuis les montagnes du Tyrol jusqu'au détroit de Messine. Les Autrichiens étaient soutenus dans leur téméraire tentative par la persuasion que l'Europe entière, comme la France, était déjà lasse du pouvoir de Napoléon, opinion qu'ils avaient puisée dans les événements d'Espagne, et ils avaient compté non-seulement sur le Tyrol, dévoué de tout temps à l'Autriche, mais sur les anciens États vénitiens qui gémissaient encore de leur ruine récente, sur le Piémont devenu malgré lui province française, sur les États de l'Église, les uns convertis en départements de l'Empire, les autres témoins de l'esclavage du pape, enfin sur le royaume de Naples privé de ses antiques souverains, séparé de la Sicile, et désirant recouvrer sa dynastie et son territoire. De nombreuses intelligences avaient été préparées dans tous ces pays, soit auprès des nobles mécontents du régime d'égalité introduit par les Français, soit auprès des prêtres regrettant la suprématie de l'Église, ou déplorant l'outrageante oppression du Saint-Père. Cependant, bien que la domination française fût désagréable aux Italiens à titre de domination étrangère, bien qu'elle leur coûtât beaucoup de sang et d'argent, elle avait pour le plus grand nombre d'entre eux des mérites qu'ils ne méconnaissaient pas, et que les souffrances de la guerre ne leur avaient pas fait oublier entièrement. On ne pouvait donc pas remuer les Italiens aussi facilement que les Tyroliens, mais quant à ceux-ci leur impatience de voir reparaître le drapeau autrichien était extrême. Rien ne peut donner une idée de l'attachement qu'ils portaient alors à l'Autriche. Ces simples montagnards, habitués au gouvernement tout paternel de la maison de Habsbourg, avaient en 1806 passé avec horreur sous le joug de la Bavière, qui était pour eux un voisin détesté. Celle-ci ne se sentant pas aimée de ses nouveaux sujets, leur avait rendu haine pour haine, et les avait traités avec une dureté qui n'avait fait qu'exalter leur ressentiment. Aussi n'avaient-ils cessé d'envoyer à Vienne de nombreux émissaires, promettant de se soulever au premier signal, et offrant par leurs relations avec les Grisons et les Suisses d'opérer un mouvement, qui se communiquerait bientôt à la Souabe d'un côté, au Piémont de l'autre. Ils avaient même contribué par leur ardeur à tromper la cour de Vienne, et à lui persuader qu'il n'existait dans toute l'Europe que des Tyroliens ou des Espagnols impatients de secouer le joug du nouvel Attila. Un employé fort actif du département des affaires étrangères à Vienne, M. de Hormayer, tenant dans ses mains le fil de ces intrigues tyroliennes, allemandes et italiennes, avait été chargé d'accompagner l'archiduc Jean, pour faire jouer à côté de lui les ressorts secrets de la politique, tandis que le prince ferait jouer les ressorts découverts de la guerre. On avait naturellement mis les Anglais de moitié dans ces espérances et ces menées, et ils avaient promis de coopérer activement avec les Autrichiens, dès que ceux-ci, envahissant la Lombardie jusqu'à Pavie, auraient ouvert le littoral de l'Adriatique de Trieste à Ancône.

Tout était prêt pour agir en Carinthie le même jour qu'en Bavière, c'est-à-dire le 10 avril. Ce jour, en effet, tandis que les avant-gardes de l'archiduc Charles franchissaient l'Inn, les avant-gardes de l'archiduc Jean se présentaient aux débouchés des Alpes Carniques et Juliennes, sans aucune déclaration préalable de guerre. On avait cru y suppléer en envoyant aux avant-postes français, vers la Ponteba, un trompette porteur d'une déclaration de l'archiduc Jean, dans laquelle ce prince disait qu'il entrait en Italie, et qu'on eût à le laisser passer, sans quoi il emploierait la force. Une demi-heure après, des détachements de cavalerie et d'infanterie légère s'étaient précipités sur nos avant-postes, et en avaient même enlevé quelques-uns. Apportant encore moins de forme à l'égard des Bavarois, possesseurs du Tyrol, le général Chasteler avait dès la veille, c'est-à-dire le 9 avril, envahi la contrée montagneuse qu'on appelle le Pusther-Thal, et qui sépare la Carinthie du Tyrol italien.

Avril 1809.

Deux grandes routes (voir la carte n° 34) s'ouvraient devant les Autrichiens pour envahir le Frioul : celle qui, venant de Vienne à travers la Carinthie, descend des Alpes Carniques sur le Tagliamento, et conduit par Villach, Tarvis, la Ponteba, sur Osopo; celle qui, venant de la Carniole, descend des Alpes Juliennes sur l'Izonzo, qu'elle franchit entre Gorice et Gradisca, et tombe sur Palma-Nova ou Udine. Napoléon s'était précautionné sur l'une et l'autre route contre les invasions autrichiennes, en construisant sur la première le fort d'Osopo, sur la seconde l'importante place de Palma-Nova. Mais ce fort et cette place, très-suffisants pour servir d'appuis à une armée, ne pouvaient pas la suppléer, et n'étaient qu'une difficulté, mais point un obstacle invincible. Les troupes du prince Eugène n'étant pas encore rassemblées, il était facile de défiler sous le canon d'Osopo et de Palma-Nova, de les bloquer et de passer outre.

Routes par lesquelles les Autrichiens débouchent en Italie.

Néanmoins l'archiduc Jean ne voulut se servir ni de l'une ni de l'autre de ces deux routes, bien que, dans son espérance de surprendre l'armée française, il ne dût craindre de sérieux obstacle sur aucune des deux. Il préféra une route intermédiaire, celle qui, passant par les sources de l'Izonzo, débouchait par Cividale sur Udine. Elle était difficile surtout pour une armée nombreuse, chargée d'un gros matériel, mais à cause de cela elle lui semblait devoir être moins défendue que les deux autres. Il s'y engagea donc avec le gros de son armée, composée des huitième et neuvième corps, et n'envoya que deux avant-gardes sur les routes de Carinthie et de Carniole. Un habile officier, le colonel Wockmann, dut avec quelques bataillons et quelques escadrons s'ouvrir la Ponteba, en y faisant la guerre de montagnes contre nos avant-postes, tandis que le général Gavassini, passant l'Izonzo avec un détachement au-dessus de Gradisca, marcherait sur Udine, point commun où allaient converger les diverses parties de l'armée autrichienne.

Toutes ces combinaisons étaient superflues, car le prince Eugène, ne s'attendant pas à être attaqué avant la fin d'avril, n'avait sous la main que la division Seras devant Udine, et la division Broussier devant la Ponteba. Quant à lui, il était occupé à faire de sa personne la revue de ses avant-postes, obéissant en cela à un conseil de Napoléon, qui lui avait recommandé de visiter les lieux où bientôt il aurait à livrer des batailles. Les Autrichiens n'eurent donc que de simples avant-postes à refouler, sur toutes les routes où ils se présentèrent. Le 10, le colonel Wockmann replia jusqu'à Portès les avant-gardes de la division Broussier; le général Gavassini franchit l'Izonzo sans difficulté, et le corps principal déboucha avec moins de difficulté encore sur Udine, où se trouvait une seule division française.

Le prince Eugène, surpris par cette soudaine apparition, et peu habitué au commandement, quoique déjà très-habitué à la guerre sous son père adoptif, fut vivement ému d'une situation si nouvelle pour lui. Des huit divisions qui composaient son armée, il n'avait auprès de lui que les deux divisions françaises Seras et Broussier. Il avait un peu en arrière, entre la Livenza et le Tagliamento, les divisions françaises Grenier et Barbou, ainsi que la division italienne Severoli, et plus loin, près de l'Adige, la division française Lamarque, la division italienne Rusca, plus les dragons qui constituaient le fonds de sa cavalerie. Quant à sa sixième division française, celle de Miollis, elle se trouvait encore fort en arrière, retenue qu'elle était par la situation de Rome et de Florence. Dans une telle occurrence le prince Eugène n'avait qu'une détermination à prendre, c'était de se concentrer rapidement, en rétrogradant vers la masse de ses forces. Quelque désagréable que fût au début un mouvement rétrograde, il fallait s'y résoudre avec promptitude, ne devant jamais être tenue pour déplaisante la résolution qui vous mène à un bon résultat. Il est vrai que pour braver certaines apparences passagères, il faut un général renommé, tandis que le prince Eugène était jeune, et sans autre gloire que l'amour mérité de son père adoptif. Il se décida donc à rétrograder, mais avec un regret qui devait bientôt lui être fatal, en

Avril 1809.

du prince Eugène.

l'empêchant de pousser jusqu'où il fallait son mouvement de concentration. Il ordonna aux divisions Seras et Broussier de repasser le Tagliamento, de se porter jusqu'à la Livenza, où devaient arriver, en hâtant le pas, les divisions Grenier, Barbou, Severoli, Lamarque et Grouchy. Le général Seras n'eut qu'à rétrograder sans combattre. Le général Broussier eut à livrer des combats fort vifs au colonel Wockmann, qui lui disputa très-habilement les vallées du haut Tagliamento; mais il se retira en jonchant de morts le terrain qu'il abandonnait. Heureusement les Autrichiens, quoiqu'ils voulussent nous surprendre, ne marchaient pas avec toute la vitesse possible. Ils mirent quatre jours à se rendre de la frontière au Tagliamento, ce qui nous laissait, pour opérer notre concentration, un temps dont un général expérimenté aurait pu mieux profiter que ne le fit le prince Eugène.

Surprise et enlèvement de l'avant-garde commandée par le général Sahuc.

En repassant le Tagliamento pour gagner la Livenza, il rallia les divisions françaises Grenier et Barbou, ainsi que la division italienne Severoli, puis il s'arrêta entre Pordenone et Sacile, n'étant que très-mollement poursuivi par les Autrichiens. Arrivé là il eut le tort de laisser à Pordenone, trop loin de lui et de tout soutien, une forte arrière-garde, composée de deux bataillons du 35$^e$, et d'un régiment de cavalerie légère, sous les ordres du général Sahuc. Ce général, qui ne montra pas ici la vigilance qu'il faut à l'avant-garde quand on marche en avant, à l'arrière-garde quand on se retire, ce général eut le tort, au lieu de battre la campagne pour éclairer l'armée, de ne pas même éclairer sa propre troupe, et de s'enfermer avec elle dans Pordenone[1]. Les Autrichiens, avertis de la présence d'une arrière-garde française à Pordenone, se portèrent en avant avec un détachement d'infanterie et une troupe considérable de cavalerie, sous la conduite du chef d'état-major Nugent, officier fort intelligent, et membre fort exalté du parti de la guerre. Avec sa cavalerie il enveloppa complétement Pordenone, coupant toutes les communications entre ce point et Sacile; avec son infanterie il attaqua Pordenone même, et y surprit les troupes françaises endormies et mal gardées. Celles-ci, attaquées avant d'avoir pu se mettre en défense, furent obligées de se retirer en toute hâte, et de chercher leur salut dans une fuite précipitée. Mais au lieu de trouver le chemin ouvert en quittant Pordenone, elles y rencontrèrent une nombreuse cavalerie qui les assaillit dans tous les sens. Nos hussards essayèrent de se faire jour en chargeant au galop; quelques-uns s'échappèrent, les autres furent sabrés ou pris. Quant à l'infanterie, elle ne chercha son salut que dans une vaillante résistance. Les deux bataillons du 35°, vieux régiment d'Italie, se formèrent en carré, et reçurent les cavaliers autrichiens de manière à les rebuter, si leur nombre eût été moins grand. Ils en abattirent plusieurs centaines à coups de fusil, et jonchèrent la terre

---

[1] L'irritation de Napoléon dans cette circonstance fut telle qu'il écrivit plusieurs lettres au prince Eugène, et voulut faire poursuivre le général Sahuc; il le voulut surtout après la bataille de Raab, où ce général ne racheta pas la faute de Pordenone. Le général Sahuc, écrivit-il, est de ceux qui *ont assez de la guerre*. Malheureusement le nombre s'en augmentait tous les jours par la faute de Napoléon.

de cadavres d'hommes et de chevaux. Mais bientôt, les cartouches leur manquant, ils n'eurent plus que la pointe de leurs baïonnettes contre une cavalerie qui était la meilleure de l'Autriche. Cinq cents de nos malheureux soldats expièrent en tombant sous le sabre des Autrichiens l'incurie de leur général. Les autres furent faits prisonniers.

Cette fâcheuse aventure irrita beaucoup l'armée française, et diminua sa confiance dans le général en chef. Par contre, elle augmenta l'ardeur des troupes autrichiennes, qui, pour la première fois depuis long-temps, voyaient les Français reculer devant elles, et commençaient à n'être pas sans espérance de les vaincre.

Ce que le prince Eugène aurait eu de mieux à faire en cette circonstance, puisqu'il avait pris le parti de la retraite, c'eût été de persister à se retirer, jusqu'à ce qu'il trouvât une ligne solide à défendre, et toutes ses forces réunies derrière cette ligne. Alors il aurait obtenu le dédommagement de quelques jours d'une attitude fâcheuse, et donné un sens fort honorable à son mouvement rétrograde. Mais il était jeune, plein d'honneur et de susceptibilité. Les propos des soldats qui avaient conservé tout l'orgueil de la vieille armée d'Italie, lui déchiraient le cœur. Bien qu'ils aimassent le jeune prince, fils de leur ancien général, ils jugeaient, discernaient son inexpérience, s'en plaignaient tout haut, ne ménageaient pas davantage les généraux placés sous lui, et demandaient qu'on les menât à un ennemi qui avait l'insolence de les poursuivre, et devant lequel ils n'étaient pas accoutumés à fuir. Aux propos des soldats se joignait le désespoir des habitants, qui étaient d'anciens sujets vénitiens rattachés pour la plupart à la France, effrayés de l'approche de l'armée autrichienne, et suppliant qu'on ne les livrât pas à sa vengeance. Eugène assembla ses généraux qu'il trouva déconcertés comme lui, car ils avaient pris sous Napoléon l'habitude de se battre héroïquement, mais non celle de commander. Ils étaient prêts à se faire tuer, mais point à donner un avis sur une question aussi grave que celle de savoir s'il fallait livrer bataille. Ce qu'il y avait de plus sage évidemment, c'était de continuer à se retirer jusqu'à ce qu'on eût rallié ses forces, et trouvé un terrain avantageux pour combattre. En allant jusqu'à la Piave, on aurait rallié successivement cinq divisions d'infanterie française et une d'infanterie italienne, plus deux belles divisions de dragons, et la garde royale lombarde qui était une bonne troupe. Enfin on aurait rencontré dans la Piave même une ligne excellente à défendre. Mais Eugène n'avait ni assez d'expérience, ni assez de réputation pour braver patiemment les propos de l'armée. Piqué du silence de ses généraux et de l'indiscrétion de ses soldats, il résolut de s'arrêter en avant de la Livenza, entre Sacile et Pordenone, sur un terrain qu'il ne connaissait pas, qui ne présentait aucune circonstance avantageuse, et sur lequel ses troupes n'avaient pas eu encore le temps de se concentrer.

Avril 1809.

Le 15 au soir, après l'échec de Pordenone, il ordonna de faire halte, et de reprendre l'offensive sur

Le prince Eugène, excité par

tous les points. Il avait, en rétrogradant jusque-là, réuni aux divisions Broussier et Seras les divisions Grenier, Barbou, Severoli, qu'il avait rencontrées en avant de la Livenza. Ces cinq divisions pouvaient présenter une force d'environ 36 mille hommes : les uns, vieux soldats de l'armée d'Italie; les autres, soldats jeunes mais instruits, et composant les quatrièmes bataillons des armées de Naples et de Dalmatie. La force des Autrichiens au contraire s'élevait à 45 mille hommes environ de leurs meilleures troupes. La disproportion était donc très-grande. Il est vrai que le prince Eugène comptait sur un renfort de dix mille fantassins et cavaliers, que devaient lui amener les généraux Lamarque et Grouchy, actuellement en route pour le rejoindre. Mais cette adjonction n'était pas certaine, et de plus le terrain était fort peu favorable. A notre droite nous avions, entre Tamai, Palse, Porcia, des villages, des clôtures, un sol inondé, de nombreux canaux, fortement occupés par les Autrichiens. Au centre, le terrain se relevant formait une arête qui courait droit devant nous, et sur laquelle avait été pratiquée la route de Sacile à Pordenone. Nous possédions sur cette route le village de Fontana-Fredda, vis-à-vis celui de Pordenone, enlevé le matin par les Autrichiens. Enfin à notre gauche, au versant de cette arête, le terrain s'étendait en plaine jusqu'au pied des Alpes. Deux villages s'y apercevaient, celui de Roveredo, occupé par les Français, celui de Cordenons, où bivouaquaient les Autrichiens. Ainsi à droite un sol coupé et hérissé d'obstacles, au centre une grande route allant perpendiculairement de notre ligne à celle de l'ennemi, à gauche une plaine : tel était le terrain à disputer. Il s'offrait à la vérité une circonstance favorable, qu'il aurait fallu deviner, comme Napoléon savait le faire d'après les moindres indices, c'était la séparation des Autrichiens en deux masses, l'une formée du huitième corps, et placée dans les villages de Tamai, de Porcia, de Palse, derrière les obstacles de terrain qui étaient à notre droite; l'autre formée du neuvième corps et de la cavalerie établie dans la plaine à gauche, à Cordenons. Or, de Cordenons à Pordenone il y avait plus d'une lieue d'un espace mal gardé et mal défendu. Cette circonstance aperçue, il aurait fallu laisser les divisions Seras et Severoli, attaquer à notre droite Tamai, Palse, Porcia, et y attirer les Autrichiens; puis avec les divisions Grenier et Barbou, qui étaient au centre sur la grande route, avec la division Broussier, qui était à gauche dans la plaine, former une masse de 24 mille hommes, marcher par la grande route de Fontana-Fredda sur Pordenone, investir ce dernier bourg, le séparer de Cordenons où était le neuvième corps, et couper ainsi l'armée autrichienne en deux : une fois cela fait, on aurait eu bon marché du huitième corps engagé avec notre droite, et d'autant mieux qu'il se serait enfoncé plus avant dans les terrains difficiles qui composaient cette partie du champ de bataille.

Malheureusement le prince Eugène avec son chef d'état-major Vignolle, mettant autant d'irréflexion à arrêter le plan de la bataille qu'à la résoudre, ordonnèrent tout le contraire de ce que conseillaient

*Avril 1809.*

*Bataille de Sacile, livrée le 16 avril.*

le terrain et la position de l'ennemi. Sans même reconnaître ni l'un ni l'autre, ils décidèrent que le lendemain 16 avril, à la pointe du jour, les généraux Seras et Severoli partiraient de Tamai pour se porter sur Palse et Porcia, qu'ils chercheraient à enlever à tout prix; qu'au centre, sur la grande route, la division Grenier s'établirait en avant de Fontana-Fredda, mais sans agir offensivement, jusqu'au moment où les généraux Seras et Severoli auraient emporté les nombreux et difficiles obstacles qu'ils avaient à vaincre; qu'à gauche le général Broussier, venant se serrer au général Grenier à travers la plaine de Roveredo, garderait la même expectative; qu'enfin en arrière le général Barbou appuierait la ligne française : plan vicieux, qui laissait aux Autrichiens le loisir de rectifier leur position, pendant que notre droite s'épuiserait contre des obstacles tout matériels, et que notre centre, notre gauche, notre arrière-garde, perdraient leur temps à ne rien faire. C'est ainsi, et avec cette intelligence, qu'on prodigue bien souvent le sang si précieux des soldats, et qu'on joue le sort des empires! C'est ainsi que rois et républiques confient, les uns à des fils ou à des frères incapables, les autres à des favoris de la multitude tout aussi incapables, la vie des hommes et le salut des États! Le prince Eugène était un brave officier, plein de modestie et de dévouement, propre un jour à bien conduire une division, mais non à commander une armée, ni surtout à diriger une campagne.

Nos soldats ne sachant pas où on les menait, mais satisfaits de combattre un ennemi qu'ils n'avaient pas l'habitude de craindre, marchèrent résolument au feu le 16 avril au matin, jour de dimanche. Les Français sous Seras, les Italiens sous Severoli, se jetèrent bravement sur Palse et Porcia, et enlevèrent les premiers obstacles qui leur étaient opposés. L'archiduc Jean était en ce moment à la messe avec tout son état-major. Ce prince, quoiqu'il eût à la fois plus d'expérience et plus de prétentions que le modeste prince Eugène, ne montra pas ici plus de jugement que son adversaire, car après avoir surpris les Français la veille à Pordenone, il s'exposait à être surpris au même endroit. Il monta immédiatement à cheval avec son état-major, courut en avant de Pordenone, et voyant devant lui, sur la route de Fontana-Fredda, le général Grenier à notre centre, le général Broussier à notre gauche, former des masses que le terrain découvert rendait plus apparentes, s'imagina que nous allions replier notre gauche sur notre centre, notre centre sur notre droite, ne tira de ce qu'il croyait voir que l'inspiration de rabattre le neuvième corps de Cordenons sur Fontana-Fredda, pour nous empêcher d'exécuter le mouvement qu'il supposait, laissa du reste l'espace toujours ouvert entre Cordenons et Pordenone, et ne parut point s'inquiéter de son huitième corps, occupé à se débattre avec les généraux Seras et Severoli, au milieu des terrains accidentés qui étaient entre Tamaï, Palse et Porcia.

C'est là en effet qu'eut lieu sous la direction de deux généraux en chef peu clairvoyants, et entre des soldats d'une extrême vaillance, une lutte sanglante et acharnée. Le huitième corps autrichien, beaucoup plus nombreux que les divisions Seras et Severoli, n'entendait pas leur abandonner le terrain dont elles avaient conquis une partie. Le général Colloredo se jeta sur elles avec une division autrichienne, leur enleva sous un feu meurtrier Porcia et Palse, et rétablit ainsi le combat. Le général Seras, qui s'était ménagé une réserve, se mit à sa tête, la porta en avant, et rentra dans les villages perdus, en y ramenant à la fois les Français et les Italiens. On s'établit dans ces malheureux villages, théâtre de tant de fureurs. Alors les Autrichiens, profitant des moindres obstacles, se défendant de maison à maison, de clôture à clôture, opposèrent à nos soldats une résistance dont ils n'avaient pas donné l'exemple depuis Marengo. Le général Grenier, condamné à l'inaction sur la grande route de Fontana-Fredda à Pordenone, détacha deux bataillons à sa droite, pour aider à la conquête définitive de Porcia. Le général Barbou en envoya deux de l'arrière-garde sur les mêmes points. Ces renforts compensaient sans doute l'infériorité de notre droite par rapport au huitième corps qu'elle avait à combattre; mais sur ce terrain semé d'obstacles qu'il était aussi difficile de perdre que de conquérir, ils ne décidaient rien, notre gauche et notre centre demeurant immobiles. De part et d'autre on combattait avec acharnement, lorsque le neuvième corps, en s'avançant obliquement de Cordenons sur Fontana-Fredda, joignit la division Broussier, qui formait notre gauche. Le brave général Broussier avait disposé en échelons les 9ᵉ, 84ᵉ et 92ᵉ de ligne, superbes régiments à quatre bataillons, dont sa division était composée. Il attendit avec sang-froid l'infanterie ennemie, et la fusillant de très-près avec une extrême justesse, renversa presque une ligne entière; puis la superbe cavalerie autrichienne ayant profité de la plaine pour le charger, il la reçut en carré, couvrit la terre de ses morts, et toute brave qu'elle était, la renvoya dégoûtée de pareilles tentatives. Cependant le neuvième corps, fort nombreux, débordait notre gauche, et semblait menacer en arrière de Fontana-Fredda le bourg de Sacile, où se trouvait le principal pont sur la Livenza. Ce pont occupé, notre communication la plus importante était perdue, et il ne nous restait plus pour nous retirer que de mauvais ponts sur la partie inférieure de la Livenza. Le prince Eugène, qui n'était résolu qu'au feu, s'alarma pour ses communications, et, bien que la lutte fût encore incertaine, ordonna la retraite, avec aussi peu de motifs qu'il en avait eu pour ordonner la bataille.

Nos soldats, après avoir tué autant de monde qu'ils en avaient perdu, se retirèrent vers la Livenza, désolés du rôle humiliant qu'on leur faisait jouer. Notre droite se dirigea sur le pont de Bruguera, qu'elle put gagner sans désordre, le sol fort difficile de ce côté ne se prêtant guère à la poursuite, et les Autrichiens étant épuisés par la terrible lutte qu'ils y avaient soutenue. Tout l'effort de l'ennemi pendant ce mouvement rétrograde porta sur notre gauche, qui se retirait sur un terrain découvert. La division Broussier par sa su-

*Avril 1809.*

*Une menace des Autrichiens sur Sacile détermine la retraite des Français.*

perbe attitude sauva l'armée, tantôt attendant l'infanterie ennemie pour la fusiller à bout portant, tantôt recevant en carré la cavalerie qu'elle arrêtait avec ses baïonnettes. Lorsque notre centre et notre arrière-garde eurent défilé par Sacile, elle y entra la dernière, laissant les ennemis eux-mêmes remplis d'admiration pour sa belle conduite.

Désordre de la retraite.

Jusque-là nous n'avions perdu que des morts, des blessés, de l'artillerie démontée, et peu de prisonniers. Mais dans la nuit le prince Eugène ayant cru devoir pousser la retraite jusqu'à Conegliano, pour se couvrir le plus tôt possible de la Piave, le mauvais temps, l'encombrement des voitures d'artillerie et des bagages, leur croisement avec les troupes, produisirent un désordre fâcheux. Les soldats, peu surveillés par leurs chefs au milieu de cette confusion, se répandirent dans les maisons, au risque d'y être faits prisonniers. L'armée qui sur le champ de bataille avait perdu environ trois mille et quelques cents hommes, perte à peu près égale à celle des Autrichiens, perdit encore trois mille hommes en soldats pris ou égarés. Bientôt le désordre s'augmentant par suite d'un temps effroyable qui fit déborder les rivières et rendit les routes impraticables, on arriva derrière la Piave dans un état qui n'honorait point cette armée d'Italie, jadis si admirable. Heureusement les Autrichiens, peu accoutumés à la vaincre, pressés de jouir de leur victoire, et retardés par le temps qui rendait leur poursuite aussi difficile que notre retraite, restèrent plusieurs jours sans attaquer le prince Eugène. Ils lui laissèrent ainsi le loisir de se remettre de sa défaite, et d'en arrêter les conséquences. Il avait été rejoint en route, mais trop tard, par la division d'infanterie Lamarque et par la division de cavalerie Grouchy. Il lui arriva en outre, ce qui dans le moment valait mieux qu'un renfort, c'est-à-dire un général, et ce fut l'illustre Macdonald, l'un des meilleurs officiers de la révolution, bien qu'il eût perdu la bataille de la Trebbia. Ses liaisons avec Moreau l'avaient condamné à vivre pendant plusieurs années dans une sorte de disgrâce, et à languir dans l'inaction, tandis que ses pareils d'âge ou de services, quelques-uns même ses inférieurs, obtenaient des fortunes brillantes. Le grand besoin qu'on avait de généraux et d'officiers, par suite de guerres continues, obligeait de revenir à beaucoup de ceux qu'on avait négligés. N'ayant pas voulu envoyer Masséna en Italie à cause du prince Eugène, qu'il craignait de réduire à un rôle secondaire, Napoléon s'était prêté à ce qu'on lui envoyât le général Macdonald, pour lui servir de guide et de soutien. Le général Macdonald, l'un des hommes les plus intrépides qui aient paru dans nos armées, expérimenté, manœuvrier, froid, sachant se faire obéir, fut reçu avec confiance par les soldats, avec déplaisir par quelques généraux, qui voyaient à regret une main ferme prête à s'appesantir sur eux, et qui de plus, le croyant dans la disgrâce, craignaient qu'il n'y eût peu d'avantage à rendre des services sous ses ordres. Le général Lamarque notamment, qui se distinguait à l'armée par un esprit remuant, murmura tout haut, en disant que l'Empereur n'envoyait le général Mac-

*Avril 1809.*

*Arrivée du général Macdonald à l'armée d'Italie.*

Avril 1809.

Distribution de l'armée d'Italie en trois commandements.

donald en Italie que pour le perdre, et que ceux qui serviraient sous lui seraient exposés à partager son sort. Il n'y eut pas jusqu'à la tenue militaire du général Macdonald, fidèle au costume des premiers temps de la révolution, qui ne devînt un sujet de railleries inconvenantes de la part de jeunes officiers sur lesquels la mode avait déjà repris son empire. Mais il n'y avait pas à railler avec un homme du caractère du général Macdonald, et il ramena bientôt à la soumission ceux qui étaient tentés de s'en écarter. Toutefois le prince Eugène ne voulant pas se donner un tuteur trop visible dans la personne de cet officier, n'en fit point son chef d'état-major, et se contenta pour lui créer une place convenable, de distribuer son armée en trois commandements, un de gauche, un du centre, un de droite. Celui de droite, le plus considérable et le plus important des trois, composé des divisions Broussier et Lamarque et des dragons de Pully, fut confié au général Macdonald. Celui du centre fut attribué au général Grenier. Il comprenait la division Grenier, qui passa sous le commandement du général Pacthod, et la division Durutte, qui contenait une partie de la division Barbou. Le reste de cette dernière division avait été jeté comme garnison dans Venise. Le commandement de gauche fut conféré au général Baraguey-d'Hilliers : il se composait des Italiens et de quelques Français mêlés à eux pour leur donner l'exemple. Avec la division Seras, la garde italienne, les dragons de Grouchy, le prince Eugène se forma une réserve d'une dizaine de mille hommes. Le total de son armée s'éleva à 60 mille hommes, dont le général Macdonald eut à lui seul 17 mille. Celui-ci put ainsi exercer une véritable influence sur les événements, sans aucune apparence de commandement en chef. Mais le prince Eugène, qui était aussi modeste que sage, ne manqua pas de le consulter dans toutes les occasions importantes, et n'eut qu'à se louer de ses conseils[1]. Le général Macdonald fit prévaloir la résolution de se retirer lentement, et, en marchant vers l'Adige où l'on devait trouver la force de reprendre l'offensive, de s'y transporter avec une meilleure tenue. On se rendit en effet sur l'Adige, on s'y reposa, on s'y remit en ordre, et on y devint bientôt plus digne de l'armée d'Italie dont on avait un instant compromis le nom glorieux.

Les choses se passaient plus mal encore dans la région montagneuse qui dominait les plaines de la haute Italie, et les Autrichiens obtenaient dans le Tyrol des avantages encore plus marqués que dans le Frioul. Le général Chasteler avait franchi la frontière un jour plus tôt, c'est-à-dire le 9 avril, et passant de Carinthie en Tyrol s'était porté à Lientz. (Voir la carte n° 31.) Quoiqu'il fût convenu avec les secrets meneurs de l'insurrection tyrolienne qu'ils attendraient le 12 ou le 13 avril pour agir, ils n'avaient pu se contenir, et avaient éclaté dès le 11. Le motif, il est vrai, de cette explosion prématurée

---

[1] C'est d'après des documents authentiques que je donne ces détails, et pleinement assuré de leur rigoureuse vérité. La correspondance du prince Eugène, celle de Napoléon, des mémoires manuscrits fort précieux du maréchal Macdonald, révèlent d'une manière encore plus circonstanciée tout ce que je rapporte ici de la campagne d'Italie en 1809.

était fort naturel. Les Bavarois, dans l'impossibilité de disputer le Tyrol aux forces autrichiennes, avaient cherché à s'aider des obstacles locaux en détruisant les ponts, ce que les habitants n'avaient pas voulu souffrir, afin de conserver à leurs montagnes ces indispensables moyens de communication. Ils s'étaient donc tous insurgés à la fois, avec une spontanéité qui n'appartient qu'à la passion la plus vive. Dans toutes les vallées du Tyrol italien, de Lientz à Brixen, de Meran à Brixen, enfin depuis Brixen jusqu'à Rivoli, ce n'avait été qu'un élan, qu'un cri, au milieu de ces hautes et belles montagnes. Au revers de la grande chaîne du Brenner, dans le Tyrol allemand, le soulèvement avait été aussi prompt que général. Dans cette contrée comme en Suisse, les aubergistes qui vivent des relations avec les étrangers, étant les plus riches et les plus éclairés, un personnage de cette profession, le nommé André Hofer, avait pris sur ses compatriotes un ascendant irrésistible. Quelques anciens militaires du pays, formés au service d'Autriche, étaient également les agents les plus actifs de la révolte. Parmi eux un major Teimer s'était particulièrement distingué. La France ayant exigé la réunion sur l'Isar de toute l'armée bavaroise, il n'était resté en Tyrol qu'environ 5 mille Bavarois, répandus sur les deux versants du Brenner, de Brixen à Inspruck. En fait de troupes françaises, il s'y trouvait, en deux colonnes, un rassemblement d'environ 4 mille conscrits, allant d'Italie en Allemagne recruter les divisions Boudet et Molitor, les cuirassiers Espagne, et les chasseurs de Marulaz. C'étaient des soldats qui n'avaient jamais vu le feu, qui étaient renfermés dans des cadres provisoires de marche, et commandés par des officiers de dépôt, la plupart vieux ou fatigués. Plus de 20 mille montagnards intrépides, enthousiastes, tireurs redoutables, joints à 12 mille Autrichiens, ayant à combattre 4 à 5 mille Bavarois et 3 à 4 mille conscrits français, ne pouvaient pas rencontrer une résistance bien longue.

Avril 1809.

En effet, à l'approche du général autrichien Chasteler tous les postes bavarois furent enlevés de Lientz à Brunecken. Ceux qui avaient pu se sauver s'étant réunis dans la plaine humide de Sterzing, à l'extrémité du Tyrol italien, vers le pied du Brenner, y furent assaillis par André Hofer et un nombreux rassemblement du Meran. Enveloppés de tous côtés, attaqués avec fureur, ils finirent par mettre bas les armes, et la guerre étant une guerre nationale, presque une guerre de race, les excès contraires au droit des gens se multiplièrent bientôt d'une manière affligeante. De part et d'autre on égorgea des prisonniers, sans qu'on sût d'où était venu le premier tort. Les Tyroliens pour s'excuser disaient qu'on avait brûlé leurs chaumières, tué des femmes, des vieillards, des enfants. Les Bavarois répondaient qu'on avait assassiné leurs prisonniers, et qu'ils n'avaient fait que se défendre. Quoi qu'il en soit, d'atroces vengeances furent exercées après la défaite de Sterzing. Dès lors le Tyrol italien fut entièrement délivré jusqu'à Roveredo, où se trouvait le général français Baraguey-d'Hilliers avec une division italienne.

Dans ce même moment la longue file des recrues françaises, s'étendant de Vérone à Inspruck, se vit coupée en deux par l'insurrection. Partie se replia sur Vérone où elle fut hors de tout danger, partie se jeta au delà du Brenner, se flattant de rencontrer à Inspruck les avant-postes français. Elle marcha suivie en queue par Chasteler et André Hofer, qui passaient le Brenner pour venir opérer la délivrance du Tyrol allemand. Mais au nord comme au midi du Brenner, sur l'Inn comme sur l'Adige, le soulèvement était violent et général. Les postes bavarois, assaillis partout en même temps, furent les uns pris ou égorgés, les autres refoulés dans Inspruck, contraints de se rendre, et de livrer Inspruck, le vieux centre de la domination autrichienne. Les Français arrivant sous Inspruck à l'instant où la ville passait à l'ennemi, poursuivis par les bandes victorieuses du Tyrol italien et par la petite armée du général Chasteler, ne pouvaient pas se défendre, formés surtout et commandés comme ils l'étaient. Ils furent donc forcés de capituler, au nombre d'environ trois mille, ce qui était doublement fâcheux; car outre l'échec moral pour nos armes, il y avait privation pour plusieurs corps d'un recrutement indispensable. Nous eûmes de plus à déplorer, à l'égard de quelques-uns de ces malheureux Français confondus avec les Bavarois, des traitements barbares, qui attirèrent de la part de Napoléon de terribles représailles sur le général Chasteler.

Celui-ci trouvant le Tyrol allemand délivré, crut devoir retourner avec André Hofer vers le Tyrol italien, pour concourir aux opérations de l'archiduc Jean. Revenu par le Brenner sur Trente, il se présenta avec toute la levée en masse du Tyrol et sept ou huit mille Autrichiens devant la position du général Baraguey-d'Hilliers. Le général français tourné par les vallées latérales ne put garder Trente, et se replia sur Roveredo. Tourné de nouveau, il fut obligé de se replier sur Rivoli, où appuyé à l'armée d'Italie, qui était occupée à se réorganiser, il n'avait plus d'entreprises sérieuses à craindre. Ainsi en une vingtaine de jours les deux Tyrols comme le Frioul avaient passé aux mains de l'ennemi.

Avril 1809.

Ce n'était pas seulement en Italie, en Tyrol, en Bavière, que l'on combattait dans ce moment, c'était dans tout le nord de l'Europe, où la déclaration de guerre de l'Autriche avait remué tous les cœurs, inspiré de folles espérances, et fait éclater des vœux prématurés; car bien que Napoléon eût déjà commis de grandes fautes, il n'avait pas commis encore celles qui devaient le perdre, et jusqu'ici son puissant génie était plus fort que la haine des peuples soulevés contre son ambition. Dans l'Allemagne entière on était, comme on l'a vu, indigné contre les princes attachés à son char par la crainte ou par l'intérêt, et, quoique la domination française portât cachée dans ses flancs la civilisation moderne, on repoussait des biens qui se présentaient sous la forme de l'invasion étrangère.

Mouvements insurrectionnels en Allemagne

En Bavière, une vieille antipathie de voisinage à l'égard de l'Autriche avait beaucoup atténué ces sentiments. Mais en Souabe, dans les provinces anciennement autrichiennes, en Franconie, dans les petits

Avril 1809.

États arrachés à la douce autorité des princes ecclésiastiques, en Saxe même, où l'adjonction d'une couronne polonaise ne flattait que la famille régnante, en Hesse où régnait Jérôme Napoléon, la haine, contenue d'abord, commençait à éclater à la nouvelle de l'audacieuse entreprise de l'Autriche. A mesure qu'on s'éloignait du Rhin et de la main de la France, la hardiesse devenait plus grande, et se changeait en manifestations hostiles. Déjà des bandes d'insurgés étaient descendues des montagnes de la Hesse sur les bords de l'Elbe, et s'étaient montrées jusqu'aux portes de Magdebourg, semblant attendre une soudaine apparition du côté de la Prusse, de laquelle on espérait un patriotique et vigoureux effort.

Dans toute la Prusse, en effet, l'exaspération était au comble. Aux souffrances générales des Allemands se joignaient dans ce pays des souffrances toutes personnelles à la nation prussienne. Ces fameuses batailles où avait péri l'indépendance de l'Allemagne, c'était elle qui les avait perdues. Elle avait vu démembrer la monarchie du grand Frédéric, et pour un moment éclipser sa gloire; et, si elle était sensible aux peines matérielles autant qu'aux peines morales, elle avait, dans d'écrasantes contributions militaires à payer, la preuve cuisante de la domination étrangère. Aussi l'audace avait-elle été poussée en Prusse plus loin que partout ailleurs. Un convoi français d'artillerie, venant des bords de la Vistule pour se renfermer dans Magdebourg, avait été assailli, insulté, accablé de traitements indignes. A Berlin, on avait annoncé tout haut la guerre d'Autriche avant qu'elle fût déclarée; on avait également annoncé dès ses débuts qu'elle serait heureuse, que le monde entier s'y joindrait, que si le roi Frédéric-Guillaume, abattu, démoralisé, refusait de s'y associer, on courrait malgré lui au devant des armées autrichiennes. L'audace avait même été poussée à ce point que lors des premières opérations, sans en attendre le résultat, le commandant de Berlin avait donné pour mot d'ordre à la garnison : *Charles* et *Ratisbonne*.

Il y avait à Berlin un officier fort connu sous le nom de major Schill, qui en 1806 et 1807 avait heureusement fait la guerre de partisans contre nous pendant les siéges de Dantzig, de Colberg, de Stralsund. Il était à la tête de quelque cavalerie, et faisait partie de la garnison de Berlin. Sa vaillance très-vantée, sa haine publique contre les Français, l'avaient rendu l'idole du peuple. C'était lui qui devait, disait-on, lever l'étendard de la révolte, au nom du patriotisme allemand, et donner la main à un prince de la maison de Brunswick, au duc de Brunswick-Œls, qui en ce moment courait la Saxe et la Silésie, embauchant partout les officiers prussiens oisifs, et les attirant en Bohême pour y former des guérillas germaniques. Le fanatisme des Espagnols s'était ainsi communiqué à toutes les têtes, et on croyait pouvoir faire des lents et paisibles Allemands des coureurs d'aventures, agiles comme les contrebandiers de la Péninsule. Un soir, au milieu de cette exaltation universelle, on apprit tout à coup que le major Schill, qui depuis quelques jours passait des revues de son corps, et les continuait jusqu'à une heure fort avancée, avait disparu à la tête de 500 chevaux composant la cavalerie de la garnison. On le disait en marche sur l'Elbe, pour se joindre à un vaste soulèvement de la Hesse, et se porter ensuite au devant des Autrichiens qui s'avançaient sur la Saxe. Cet événement, comme il fallait s'y attendre, produisit une sensation extraordinaire, tout le monde s'obstinant à croire que le gouvernement prussien en était complice. On se trompait cependant, et c'était tout simplement la passion nationale qui éclatait malgré lui. Les ministres éperdus accoururent chez l'ambassadeur de France, protestant de leurs sincères regrets, déclarant qu'ils étaient étrangers à une conduite aussi folle que criminelle, affirmant avec vérité que le roi n'y était pour rien, et annonçant que la plus grande rigueur allait être déployée envers les hommes qui compromettaient contre son gré le gouvernement de leur patrie. Mais tandis qu'ils parlaient ainsi, l'infanterie elle-même, imitant la conduite de la cavalerie, donna de semblables preuves d'insubordination, et des compagnies entières s'échappèrent à la suite du major Schill. Malheureusement on ne pouvait courir après ces insurgés qu'avec de la cavalerie, et le major Schill avait emmené toute celle qu'on avait à Berlin. Il fallait donc attendre qu'on eût des troupes assez sages, assez bien commandées, pour obéir aux ordres de leur gouvernement, quels qu'ils fussent, car ce n'est pas à l'armée à décider de la politique extérieure d'un pays, pas plus que de sa politique intérieure. Mais, en attendant, ces actes étranges allaient produire en Allemagne une sensation générale, que les éclatants succès de Napoléon pouvaient seuls apaiser.

Avril 1809.

Sur la Vistule se passaient des événements qui n'avaient pas moins de gravité. Le septième corps autrichien, commandé par l'archiduc Ferdinand, et fort de 37 à 38 mille hommes, marchait sur Varsovie en descendant la Vistule. Formé dans la Gallicie, il n'avait que peu de chemin à faire pour envahir la Pologne, étant d'ailleurs parti de très-bonne heure, ainsi que tous les corps autrichiens. Ses opérations comme celles d'Allemagne et d'Italie, avaient commencé le 10 avril. Le prince Joseph Poniatowski, ce héros long-temps endormi dans la mollesse, et à l'exemple de beaucoup de ses compatriotes, retenu inactif aux pieds des belles femmes de son pays, venait de se réveiller au bruit des armes françaises, et avait embrassé, comme on s'en souvient, la cause de la France, qu'il croyait avec raison celle de la Pologne, si la Pologne pouvait renaître. Il commandait l'armée polonaise. Napoléon, tout occupé de préparer les grands coups qu'il voulait porter lui-même à la maison d'Autriche, avait eu peu de temps à consacrer à cette armée. Tout ce qu'on avait pu réunir de troupes régulières se bornait à une quinzaine de mille hommes, et à un petit détachement saxon resté à Varsovie. Napoléon ne s'était guère inquiété de cette infériorité de forces en Pologne, comptant tout décider lui-même à Vienne, et, bien qu'il ne se fît pas grande illusion sur le concours des Russes, croyant toutefois que leur présence sur

Événements militaires en Pologne.

Force de l'armée polonaise.

Avril 1809.

Nullité du concours des Russes.

les frontières du grand-duché suffirait pour paralyser le corps autrichien de l'archiduc Ferdinand. Mais le concours des Russes était encore plus nul qu'il ne l'avait supposé. L'empereur Alexandre avait eu soin, en observant autant que la décence l'exigeait le traité d'alliance, d'envoyer ses principales forces en Finlande et en Moldavie, pour finir la conquête de l'une, et commencer la conquête de l'autre. Il n'avait donc destiné à la guerre d'Autriche qu'une soixantaine de mille hommes, qui en ce moment étaient à peine réunis, par diverses raisons, la plupart assez fondées, mais faciles à mal interpréter. D'abord la Russie, comme Napoléon lui-même, n'avait pas cru à des hostilités aussi prochaines, et elle ne s'était pas assez hâtée dans ses préparatifs. Ensuite son administration qui avait eu tant de peine à faire arriver en Finlande, et dans un intérêt éminemment russe, des forces suffisantes, n'avait pas eu le secret d'être plus active pour un intérêt exclusivement français. La saison, en outre, avait été affreuse, et des pluies diluviennes avaient rendu presque impraticables les vastes espaces qui séparaient le Niémen de la Vistule. Enfin l'Empereur et M. de Romanzof, déjà refroidis à l'égard de l'alliance française, étaient néanmoins les seuls à la vouloir, et ils avaient toutes les volontés à vaincre pour se faire obéir, lorsqu'il s'agissait de prêter secours à Napoléon. Il s'était même établi des correspondances entre les officiers russes et autrichiens, pour exprimer à ceux-ci toutes sortes de sympathie, et le vœu le plus vif de marcher non pas contre eux, mais avec eux. Il était en effet difficile d'obtenir que des Russes marchassent contre des Autrichiens, et avec les Français, afin de contribuer au rétablissement de la Pologne. Il est vrai que le prix de ce concours c'était la Finlande, la Moldavie et la Valachie, et que si le sacrifice était grand, la récompense était grande aussi! Au surplus, le secours des Russes ne pressait pas, tant que Napoléon restait vainqueur sur le Danube; et le plus fâcheux inconvénient de cette insuffisance de concours c'était la défiance qui en devait résulter, entre les deux empereurs et les deux empires.

C'est ce qui explique comment le prince Poniatowski, qui était fondé à espérer, sinon l'assistance directe de 60 mille Russes, au moins leur assistance indirecte (et il est certain que s'ils se fussent portés sur la Gallicie, ils y auraient retenu les Autrichiens), se trouva, le 10 avril, avoir sur les bras l'archiduc Ferdinand, comme Napoléon avait l'archiduc Charles, et le prince Eugène l'archiduc Jean. L'archiduc Ferdinand, descendant en effet la Vistule, dont les sources sont placées entre la Silésie et la Gallicie, au revers de la Moravie, s'avança par la rive gauche de ce fleuve sur Varsovie, en prodiguant aux habitants les protestations les plus amicales. Conformément au langage adopté, on venait, disait-il, délivrer tous les peuples, les Polonais comme les autres, d'une domination presque aussi onéreuse à ses amis qu'à ses ennemis.

Ce n'étaient pas les Polonais qu'il était facile de tromper avec de pareils discours. Ils sentaient trop que les anciens copartageants de leur patrie ne pouvaient pas en être les libérateurs, que la France seule pouvait être une amie, amie plus ou moins secourable sans doute, mais sincère, parce qu'il était impossible qu'elle ne le fût pas. Aussi le prince Poniatowski s'avança-t-il résolument avec une douzaine de mille hommes au-devant de l'archiduc Ferdinand. C'étaient ces mêmes Polonais, qui avaient fait leurs premières armes avec nous en 1807, et qui joignant à leur bravoure naturelle, à leur patriotisme ardent, un commencement d'éducation militaire reçue à notre école, composaient déjà une troupe excellente à opposer aux Autrichiens. Malheureusement ils étaient par rapport à ceux-ci en nombre tellement disproportionné, qu'on ne pouvait guère espérer de leur part qu'une défensive honorable et énergique, mais point victorieuse. Le prince Poniatowski, après quelques escarmouches de cavalerie, résolut de disputer les approches de Varsovie avec le gros de ses troupes. Le 19, jour même où le maréchal Davout livrait le combat de Tengen, le prince polonais s'arrêta à la position de Raszyn, position formée, comme toutes celles qu'on peut défendre avantageusement dans son pays, de bois entrecoupés de marécages. Pendant huit heures il disputa ces bois et ces marécages, avec douze mille Polonais contre trente mille Autrichiens, perdit environ douze ou quinze cents hommes morts ou blessés, mais en détruisit beaucoup plus à l'ennemi, et craignant d'être devancé sur Varsovie, il rétrograda vers cette capitale.

Fallait-il la défendre, privée qu'elle était de

moyens de résistance, et l'exposer ainsi à une infaillible destruction? ou bien valait-il mieux l'évacuer à la suite d'une convention qui adoucirait les conditions de l'occupation ennemie, et qui permettrait de se retirer intact dans des positions plus faciles à conserver? Telle était la grave et douloureuse question que le prince Poniatowski eut à résoudre, après le combat de Raszyn. Les Polonais les plus énergiques voulaient une défense opiniâtre, sans tenir aucun compte des conséquences. Les masses inoffensives avaient peur d'un bouleversement. Les patriotes les plus éclairés, et pas les moins braves, voulaient qu'on allât, entre Modlin et Sierock, dans le triangle de la Narew et de la Vistule, derrière de forts ouvrages construits par ordre de Napoléon, chercher un point d'appui invincible, avec la retraite assurée des marécages de Pultusk, et qu'on sauvât ainsi la capitale en la remettant temporairement dans les mains de l'ennemi. Il est rare qu'un pareil sacrifice soit sage : il l'était cette fois, et le résultat le prouva depuis. Le prince Poniatowski, plein de douleur, livra Varsovie, après avoir stipulé des conditions honorables. Il se porta sur la rive droite de la Vistule entre Modlin et Sierock, avec le projet de se jeter sur tous les corps qui oseraient passer le fleuve devant lui, et la ferme résolution de défendre par des combats de détail la patrie infortunée qu'il ne pouvait plus défendre par des batailles rangées. Son attitude, son noble langage en faisant ce sacrifice, étaient de nature à exalter plutôt qu'à refroidir le zèle des Polonais. Aussi ne manquèrent-ils pas d'accourir

Avril 1809.

Évacuation de Varsovie par suite d'une capitulation avec les Autrichiens.

Avril 1809.

Comment les nouvelles venues des diverses parties du théâtre de la guerre, affectent Napoléon.

auprès de lui, pour l'aider à recouvrer la capitale qu'il venait de céder momentanément aux Autrichiens.

Ainsi en Italie, nous étions repliés sur l'Adige; en Tyrol, nous étions assaillis de toutes parts; en Allemagne, nous étions menacés, outragés par des peuples irrités; en Pologne, nos alliés perdaient la capitale, que leur avait rendue le traité de Tilsit. Toutes ces nouvelles vinrent surprendre, et médiocrement émouvoir Napoléon triomphant à Ratisbonne. Il avait peu compté sur le concours des Russes, et tenait seulement à prouver à l'Europe qu'ils étaient avec lui et non avec les Autrichiens, ce que la marche de leur armée, si lente qu'elle fût, ne permettait pas de révoquer en doute. Quant au grand-duché de Varsovie, il savait qu'à Vienne il ferait ou déferait de nouveau tous les États de sa dernière création, et que peu importait qu'ils restassent debout, ou fussent renversés pendant sa marche victorieuse sur cette capitale. Mais les événements d'Italie l'avaient un peu plus affecté, parce qu'ils découvraient son flanc droit, parce qu'ils exposaient ses États d'Italie aux souffrances de la guerre, parce qu'enfin ils portaient atteinte à la jeune renommée de son fils adoptif, qu'il chérissait tendrement. Une circonstance particulière avait presque converti son déplaisir en irritation. Le prince Eugène, redoutant plus son père adoptif que l'opinion du monde, avait à peine osé lui rendre compte de ses revers, et s'était borné à lui écrire : *Mon père, j'ai besoin de votre indulgence. Craignant votre blâme si je reculais, j'ai accepté la bataille, et je l'ai perdue.* — Pas une explication n'avait suivi ces courtes paroles pour dire où en étaient les choses, et ce silence s'était prolongé pendant plusieurs jours, ce qui avait fort embarrassé Napoléon qui ne savait quelles étaient ses pertes, quels étaient les progrès de l'ennemi en Italie, quels dangers pouvaient menacer son flanc droit pendant sa marche sur Vienne. — Soyez vaincu, avait répondu Napoléon dans plusieurs lettres, soyez vaincu, soit; j'aurais dû m'y attendre en nommant général un jeune homme sans expérience, tandis que je n'ai pas voulu que des princes de Bavière, de Saxe, et de Wurtemberg, commandassent les soldats de leur nation! Vos pertes, je vous enverrai de quoi les réparer; les avantages de l'ennemi, je saurai les neutraliser; mais pour cela il faudrait que je fusse instruit, et je ne sais rien. Je suis réduit à chercher dans les bulletins étrangers la vérité que vous devriez m'apprendre. Je fais ce que je n'ai jamais fait, ce qui doit répugner par-dessus tout à un sage capitaine, je marche mes ailes en l'air, ne sachant ce qui se passe sur mes flancs. Heureusement je puis tout braver, grâce aux coups que j'ai frappés; mais il est cruel d'être tenu dans une telle ignorance! — Napoléon ajoutait ces belles paroles, que nous citons textuellement parce qu'elles importent à la gloire du plus grand de ses lieutenants, à Masséna : « La guerre est un jeu sérieux dans » lequel on compromet sa réputation, ses troupes » et son pays. Quand on est raisonnable, on doit se » sentir, et connaître si l'on est fait ou non pour le » métier. Je sais qu'en Italie vous affectez de beau-

Avril 1809.

» coup mépriser Masséna[1]. Si je l'eusse envoyé,
» cela ne serait point arrivé. Masséna a des talents
» militaires devant lesquels il faut vous prosterner
» tous, et s'il a des défauts il faut les oublier, car
» tous les hommes en ont. En vous confiant mon
» armée d'Italie, j'ai fait une faute. J'aurais dû en-
» voyer Masséna et vous donner le commandement
» de la cavalerie sous ses ordres. Le prince royal de
» Bavière commande bien une division sous le duc
» de Dantzig!... Je pense que si les circonstances
» deviennent pressantes, vous devez écrire au roi
» de Naples de venir à l'armée; vous lui remettrez
» le commandement, et vous vous rangerez sous ses
» ordres. Il est tout simple que vous ayez moins
» d'expérience de la guerre qu'un homme qui la
» fait depuis dix-huit ans! (Burghausen, le 30 avril
» 1809.) »

Napoléon, sachant bien que toutes les illusions de ses ennemis, tout leur courage tomberaient à la foudroyante nouvelle des événements de Ratisbonne, résolut, en se portant vigoureusement en avant, d'arrêter d'abord, puis d'obliger à rétrograder les forces qui agissaient sur ses flancs ou sur ses derrières. Alors comme en 1805, fondre

---

[1] Ces paroles sont une allusion aux propos habituels que tenait à cette époque une jeunesse, brillante mais légère, accourue, à la suite de la restauration du trône, sur les champs de bataille et dans les antichambres de Napoléon, se montrant aussi brave sur les uns, qu'élégante dans les autres, et médisant volontiers des vieux généraux de la révolution, et de Masséna en particulier. Ce dernier joignait à beaucoup d'esprit naturel un caractère simple mais rude, et peu facile. La jeune cour de Milan, craignant qu'on ne l'envoyât commander l'armée d'Italie, s'exprimait très-défavorablement sur son compte. La même chose s'était passée à la cour de Naples, où il n'avait pu rester.

sur Vienne était la manière la plus sûre de briser toutes les coalitions, nées ou à naître.

*Avril 1809.*

Cependant il se présentait l'une de ces graves questions, desquelles dépend le sort des empires, et qui ne sont faites que pour les grands hommes, à la façon d'Annibal, de César, de Frédéric, de Napoléon : fallait-il suivre impétueusement la large voie qui mène sur Vienne, celle du Danube (voir la carte n° 14), laissant sur sa gauche l'archiduc Charles en Bohême, poursuivant devant soi les débris du général Hiller et de l'archiduc Louis, ramenant enfin sur sa droite l'archiduc Jean en arrière, par l'impulsion d'une marche victorieuse sur la capitale? ou bien fallait-il laisser à Bessières le soin de refouler avec sa cavalerie et l'infanterie de Molitor les restes du général Hiller et de l'archiduc Louis sur l'Inn, en se jetant soi en Bohême à la suite du prince Charles, en s'acharnant à le poursuivre, et en tâchant de frapper dans sa personne, et non dans Vienne, la monarchie autrichienne[1]? Napoléon y pensa (sa correspondance en fait foi); mais s'il était d'un grand capitaine comme lui de peser toutes les alternatives, il était aussi d'un grand capitaine comme lui de ne pas hésiter après avoir réfléchi, et de marcher au véritable but, qui était Vienne. En effet il avait bien, en s'attachant à poursuivre immédiatement l'archiduc Charles à travers la Bohême, la

*Grande question qui se présente à résoudre après que Napoléon est devenu maître de Ratisbonne et du cours du Danube.*

*Motifs qui décident Napoléon à ne pas suivre l'archiduc Charles en Bohême, et à marcher droit sur Vienne par les bords du Danube.*

---

[1] Le général Grünn, principal officier d'état-major de l'archiduc Charles, et officier de beaucoup d'esprit, a plusieurs fois traité cette thèse, dans des lettres et des écrits anonymes publiés en Allemagne, mais toujours au profit de son chef, et dans l'intention de placer sa conduite bien au-dessus de celle de Napoléon. Nous croyons ses raisons extrêmement faibles, et détruites par celles que nous présentons dans ce récit.

chance d'augmenter la désorganisation de la principale armée autrichienne, d'en amener plus vite la dissolution, et d'empêcher que, reconstituée plus tard, elle ne vînt, couverte par le Danube, lui disputer l'empire d'Autriche, dans les sanglantes journées d'Essling et de Wagram. Cela est certain, et les panégyristes de l'archiduc Charles en ont conclu que Napoléon sacrifia tout à la vanité d'entrer à Vienne. Mais c'est là un faux jugement porté sans tenir compte de la réalité des choses. Il est bien vrai que la principale armée autrichienne, rejetée par Ratisbonne au delà du Danube, était profondément ébranlée, et qu'un nouveau coup pouvait en achever la destruction. Mais la jeune armée de Napoléon, quoique exaltée par le succès, était harassée de cinq jours de combats. Il n'y avait de capable de supporter cette prolongation de fatigue que le corps du maréchal Davout, et il était épuisé lui-même, car c'est sur lui qu'avait pesé le poids de ces cinq journées. Le reste était exténué. Il fallait donc avec 50 mille hommes environ poursuivre les 80 mille hommes de l'archiduc Charles, qui quoi qu'on fît aurait deux jours au moins d'avance, qui trouverait quelques vivres sur les routes déjà épuisées de la Bohême, tandis que les Français n'y trouveraient plus une miette de pain, qui perdrait sans doute dans sa retraite précipitée des traînards et des malades, mais qui n'en sauverait pas moins les deux tiers de son monde, et après avoir entraîné Napoléon à sa suite, reviendrait infailliblement par Lintz sur le Danube, repasserait ce fleuve, rallierait à lui les 40 mille hommes du corps de Hiller et de l'archiduc Louis, les 10 ou 12 mille de Chasteler, les 40 mille de l'archiduc Jean, et aurait ainsi sur la véritable ligne de communication les 140 mille hommes les meilleurs de l'armée autrichienne : supposition qui n'a rien de chimérique, puisque plus tard les archiducs, quoique séparés par Napoléon resté sur le Danube, ne cessèrent de rêver leur réunion, l'un devant venir de la Bohême par Lintz, l'autre de l'Italie par Inspruck et Salzbourg. Il est donc évident que si Napoléon avait voulu poursuivre l'archiduc en Bohême il aurait laissé vacante la route du milieu, c'est-à-dire celle du Danube, que dès lors la réunion des archiducs eût été certaine, et que ces princes en agissant avec un peu de hardiesse auraient pu revenir sur l'Isar, même sur le haut Danube, couper la retraite des Français en opposant 140 mille hommes réunis à Napoléon qui n'avait déjà plus ce nombre de soldats après les cinq jours de combats qu'il venait de livrer. Longer les bords du Danube, suivre ainsi la ligne la plus courte pour aller à Vienne, car les routes de la Bohême décrivent par Ratisbonne, Pilsen, Budweis, Lintz, un grand arc dont le Danube est la corde; se tenir sur cette route qui était non-seulement la plus courte, mais la plus centrale; séparer en l'occupant l'archiduc qui était en Bohême des archiducs qui étaient en Bavière et en Italie; bien garder enfin en restant sur cette route ce qu'un général a de plus précieux, c'est-à-dire sa ligne de communication, celle où il a ses malades, ses munitions, ses vivres, ses recrues, la possibilité de se retirer en cas de revers, était donc la seule résolution sage, la seule digne du génie de Napoléon, celle enfin qu'il adopta sans aucune hésitation.

Son parti une fois pris de suivre le Danube et de marcher droit sur Vienne, Napoléon employa les moyens les plus convenables pour l'exécution de ses desseins. Le plan des Autrichiens ne lui était pas connu; tout ce qu'il en savait, c'est que la majeure partie d'entre eux, sous la conduite de l'archiduc Charles, se trouvaient rejetés sur la gauche du Danube par Ratisbonne (voir la carte n° 44), et que la moindre partie, sous le général Hiller et l'archiduc Louis, étaient par Landshut refoulés sur la droite du fleuve au delà de l'Isar. Il en conclut dès lors que tout en marchant en avant, et en poursuivant l'épée dans les reins la portion qui se retirait par Landshut sur la rive droite du Danube, il fallait prendre de grandes précautions à l'égard de celle qui se retirait sur la rive gauche, c'est-à-dire en Bohême, qui était de beaucoup la plus considérable, et qu'on allait avoir toujours sur son flanc ou sur ses derrières. Il fallait en veillant sur tout ce qu'elle pourrait tenter contre la sûreté de l'armée, porter en avant une masse assez puissante pour accabler le général Hiller et l'archiduc Louis, assez rapide pour les prévenir aux divers passages du Danube, et empêcher ainsi les deux armées ennemies de se réunir en avant de Vienne pour la couvrir. C'est d'après cette double condition que Napoléon calcula tous ses mouvements, avec une prévoyance admirable, et un art dont aucun capitaine ni ancien ni moderne n'a jamais donné l'exemple.

C'est le 23 au soir qu'on pénétra dans Ratisbonne : c'est dans le cours de cette même journée, et dans la journée du lendemain 24, que Napoléon arrêta toutes ses dispositions. D'abord le 22, en quittant Landshut pour se porter à Eckmühl, il avait déjà dirigé le maréchal Bessières avec la cavalerie légère du général Marulaz et une portion de la cavalerie allemande au delà de Landshut, afin de poursuivre à outrance les deux corps battus du général Hiller et de l'archiduc Louis. Il y avait ajouté la division de Wrède, et, pour plus de sûreté encore, la division Molitor, l'une des meilleures et des mieux commandées de l'armée française. Grâce à ce dernier appui, il était assuré que tout retour offensif de l'ennemi serait énergiquement repoussé. Le lendemain 23, pendant que l'on canonnait Ratisbonne pour y entrer de vive force, il avait voulu que la ligne du Danube fût occupée par l'un de ses plus intrépides lieutenants, par Masséna lui-même, afin que ce dernier suivît toujours le bord du fleuve, et pût empêcher toute réunion des archiducs, qu'ils cherchassent à passer de Bohême en Bavière, ou de Bavière en Bohême. (Voir la carte n° 14.) Napoléon ordonna au maréchal Masséna de descendre sur Straubing avec les divisions Boudet, Legrand et Carra Saint-Cyr, et pour le dédommager du détournement de celle de Molitor, il lui adjoignit l'une des divisions d'Oudinot, la division Claparède. Ainsi deux colonnes devaient poursuivre les Autrichiens sur la droite du Danube : celle du maréchal Bessières, chargée de marcher par le centre de la Bavière et de ta-

*Avril 1809.*

Marche de Bessières par le centre de la Bavière, à la suite du général Hiller et de l'archiduc Louis.

Marche de Masséna le long du Danube pour prévenir les archiducs sur tous les points de passage.

lonner fortement le général Hiller et l'archiduc Louis au passage de tous les affluents du Danube; celle du maréchal Masséna, chargée de longer ce fleuve et d'occuper avant les archiducs les passages importants de Straubing, Passau, Lintz, qui formaient les points de communication entre la Bavière et la Bohême.

Ces précautions prises sur son front et sur sa droite, Napoléon disposa du corps du maréchal Davout pour garder sa gauche et ses derrières, contre un retour offensif de l'archiduc Charles, au cas que ce prince fût tenté de nous attaquer en flanc ou en queue. Napoléon rendit à ce maréchal les belles divisions Gudin et Morand, qu'il lui avait empruntées momentanément pour l'affaire d'Abensberg, et lui ôta la division Saint-Hilaire, destinée avec les deux divisions du général Oudinot à former le corps du maréchal Lannes. Les trois divisions Friant, Morand, Gudin, habituées à servir avec le maréchal Davout depuis le camp de Boulogne, toujours restées hors de France depuis cette époque, composaient une véritable famille sous les yeux d'un père, inflexible mais dévoué à ses enfants, et offraient le modèle accompli de l'infanterie propre à la grande guerre. Elles ne pillaient pas, ne manquaient de rien parce qu'elles ne pillaient pas, n'avaient jamais un homme en arrière, ne reculaient jamais non plus, et enfonçaient tout ennemi, quel qu'il fût, qui se rencontrait sur leur passage. Avec la cavalerie légère du général Montbrun, et malgré leurs pertes, elles comptaient encore 29 ou 30 mille hommes. Napoléon ordonna au maréchal Davout de quitter Ratisbonne le 24, de marcher sur les traces de l'archiduc Charles jusqu'aux frontières de la Bohême, de chercher à savoir s'il les avait franchies, puis cette certitude acquise, de rejoindre le Danube, d'en descendre le cours sur la rive droite, tandis que le général Montbrun descendrait par la rive gauche avec sa cavalerie légère, furetant sans cesse le Böhmer-Wald, longue chaîne de montagnes boisées, qui sépare la Bohême de la Bavière. Le maréchal Davout devait donc, une fois bien renseigné sur les mouvements de l'archiduc Charles, suivre la marche générale de l'armée en longeant le Danube derrière le maréchal Masséna, occuper Straubing quand le maréchal Masséna marcherait sur Passau, occuper Passau quand celui-ci se porterait sur Lintz. Le général Dupas avec une division française de 4 à 5 mille hommes, et les contingents des petits princes, en tout 10 mille hommes, eut ordre de se rendre immédiatement à Ratisbonne, afin d'y remplacer le maréchal Davout, quand celui-ci quitterait cette ville pour descendre le Danube. Il devait le suivre à son tour, et le remplacer à Straubing, à Passau, à Lintz, là même où le maréchal Davout aurait remplacé le maréchal Masséna. Enfin le prince Bernadotte avec les Saxons avait ordre de quitter Dresde, que ne menaçait aucun ennemi, de remonter la Saxe, de traverser le Haut-Palatinat, d'entrer à Ratisbonne, pour y remplacer la division Dupas. Le Danube ne pouvait ainsi manquer d'être bien gardé, puisque les deux meilleurs corps de l'armée, ceux des maréchaux Masséna

*Avril 1809.*

*Rôle assigné à la division Dupas et au corps saxon dans la marche générale de l'armée.*

Avril 1809.

Napoléon marche avec Lannes entre Bessières et Masséna.

et Davout, escortés de deux corps alliés, devaient en suivre le cours, tandis que par le centre de la Bavière, une forte avant-garde sous le maréchal Bessières talonnerait les corps de Hiller et de l'archiduc Louis. Napoléon résolut de marcher lui-même avec la belle division Saint-Hilaire, avec la division Demont, avec la moitié disponible du corps d'Oudinot, avec la garde qui venait d'arriver, avec les quatorze régiments de cuirassiers, et d'escorter Bessières par Landshut, pour appuyer ce dernier s'il rencontrait quelque difficulté de la part des corps de Hiller et de l'archiduc Louis, ou pour se rabattre sur le bord du fleuve si l'archiduc Charles tentait de le repasser sur notre flanc ou nos derrières. Pour compléter cet ensemble de précautions, Napoléon jeta les Bavarois sur sa droite, avec mission d'occuper Munich, d'y ramener leur roi, de refouler la division Jellachich, qui, comme on s'en souvient, avait été détachée du corps de Hiller, de la pousser de Munich sur Salzbourg, de pénétrer ensuite dans le Tyrol, pour replacer ce pays sous la domination de la maison de Bavière. Cette dernière mesure, en rappelant les Bavarois chez eux, avait l'avantage d'éclairer la marche de l'armée du côté de l'Italie, et de la mettre en garde contre toute tentative de l'archiduc Jean. Les corps longeant le Danube eurent l'ordre d'arrêter les bateaux, de les amener à la rive droite, d'en composer des convois pour transporter les vivres, les munitions, les malades, les recrues, de préparer sur tous les points des fours, des farines, du biscuit, de mettre enfin en état de défense Straubing,

Passau, Lintz, de manière à pouvoir garder le fleuve avec peu de forces quand on en aurait franchi les divers échelons.

Napoléon s'occupa ensuite de procurer à ses corps les renforts dont ils avaient besoin, soit pour réparer leurs pertes, soit pour compléter leur effectif projeté. D'une part, ils s'étaient fort affaiblis par les combats de cette première période, car si nous avions enlevé 50 ou 60 mille hommes aux Autrichiens, nous en avions bien perdu 12 ou 15 mille, dont un tiers seulement devait reparaître dans les rangs; d'autre part, les corps étaient entrés en action avant d'avoir reçu le complément de leur effectif. Les vieilles divisions, depuis long-temps organisées, comme celles du maréchal Davout, comme les quatre moins anciennes du maréchal Masséna, comme la division Saint-Hilaire, n'avaient pas reçu de leurs dépôts les conscrits qui leur étaient dus; et les nouveaux corps, comme celui d'Oudinot, formé de quatrièmes bataillons, étaient loin de posséder tous leurs cadres. Beaucoup de ces quatrièmes bataillons n'avaient effectivement que deux, trois ou quatre compagnies, sur six qui leur étaient destinées. Enfin les recrues venant d'Italie pour les corps qui avaient leurs dépôts dans cette contrée, avaient été arrêtées en Tyrol, et il fallait les remplacer par d'autres. Napoléon donna les ordres nécessaires pour que les conscrits tirés des dépôts, les compagnies qui manquaient encore aux quatrièmes bataillons, fussent promptement acheminés sur cette route si bien jalonnée de la Bavière, et pour que la cavalerie

Avril 1809.

Soins de Napoléon pour réparer les pertes que ses corps avaient essuyées.

Avril 1809.

reçût les chevaux dont elle avait surtout besoin. Napoléon venait d'être rejoint par les grenadiers, chasseurs, fusiliers et tirailleurs de sa garde. Il réitéra ses ordres pour la prompte organisation des quatre régiments de conscrits de cette garde, et du nouveau détachement d'artillerie qui devait en porter les bouches à feu au nombre de soixante. Il écrivit en même temps aux rois de Bavière, de Saxe, de Wurtemberg, pour leur annoncer ses éclatants succès, et faire appel à leur zèle dans le recrutement de leurs corps. Il écrivit à son frère Jérôme, à son frère Louis, pour presser la réunion de leurs troupes, afin de pourvoir à la sûreté de l'Allemagne contre les mouvements insurrectionnels qui éclataient de toute part. Il ordonna qu'on fît expliquer le roi de Prusse sur la singulière aventure du major Schill, et en annonçant ses victoires à M. de Caulaincourt, il ne lui envoya pas de lettre pour l'empereur Alexandre, désirant marquer à ce prince, par un pareil silence, ce qu'il pensait de la sincérité de son concours. Il défendit en outre à notre ambassadeur d'écouter aucune parole relative au sort futur de l'Autriche, et aux conditions de paix qui pourraient être la suite de succès si rapides.

Départ de Napoléon pour Landshut.

Tandis que ses corps cheminaient devant lui, Napoléon était resté à Ratisbonne pour expédier les ordres nombreux qu'exigeaient la conduite de si grandes opérations et le gouvernement de l'empire, qu'il ne négligeait pas quoique absent. Entré le 23 avril au soir dans Ratisbonne, il y passa les journées du 24 et du 25, et il partit le 26 pour

Landshut, afin de rejoindre l'armée et de la diriger en personne. Ayant trouvé sur la route la garde et les cuirassiers, il marcha avec ces belles troupes à la suite de Bessières et de Lannes, qui s'avançaient, comme nous l'avons dit, par le centre de la Bavière, tandis qu'à droite les Bavarois longeaient le pied des Alpes tyroliennes, et qu'à gauche Masséna en tête, Davout en queue, suivis de Dupas et de Bernadotte, descendaient le Danube.

Avril 1809.

Pendant ce temps, les généraux autrichiens adoptaient à peu près le plan de retraite que leur avait prêté Napoléon. L'archiduc Charles, rejeté avec environ quatre-vingt mille hommes dans le Haut-Palatinat, n'avait, dans le fait, d'autre parti à prendre que de se retirer par la Bohême, de traverser cette province le plus vite possible, de repasser le Danube soit à Lintz, soit à Krems, de s'y rallier au général Hiller et à l'archiduc Louis, et même, s'il le pouvait, d'y amener l'archiduc Jean par le Tyrol insurgé. Le général Hiller et l'archiduc Louis, rejetés par Landshut au delà de l'Isar en Bavière, avec environ 40 mille hommes, n'avaient, de leur côté, pas mieux à faire que de disputer les lignes de l'Inn, de la Traun, de l'Ens, affluents du Danube, de retarder ainsi la marche de Napoléon, et de donner aux archiducs Charles et Jean le temps de se réunir à eux, pour couvrir Vienne avec toutes les forces de la monarchie. C'est en effet le plan qu'adopta l'archiduc Charles, et qu'il prescrivit à ses frères, ce qui achevait de justifier complétement la marche de Napoléon le long du Danube, puisqu'elle le plaçait sur le chemin direct de Vienne,

Marche des généraux autrichiens après les événements de Ratisbonne.

Avril 1809.

Le prince Charles s'arrête à la position de Cham avant de se réfugier en Bohême.

entre tous les archiducs, de manière à les isoler les uns des autres, et à les devancer sur tous les points de concentration.

Conformément au plan arrêté, l'archiduc Charles se hâta en quittant Ratisbonne de venir prendre position à Cham, à l'entrée des défilés de la Bohême. Il s'établit entre les deux routes de Furth et de Roetz, qui mènent à Pilsen, ayant le corps de Rosenberg à gauche, celui de Hohenzollern à droite, celui de Kollovrath au milieu, le prince Jean de Liechtenstein en arrière avec les grenadiers et les cuirassiers, et enfin le corps de Bellegarde détaché au couvent de Schœnthal. Cette position de Cham était très-forte, et valait la peine d'être disputée, si on était vivement poursuivi. Le prince Charles y attendit son matériel, ses traînards, ses égarés, résolu à se défendre avec les quatre-vingt mille hommes qui lui restaient, s'il était de nouveau attaqué par les Français. Le maréchal Davout l'y suivit par Nittenau, non point dans l'intention de lui livrer bataille, mais dans celle d'observer sa marche et de connaître ses projets. Voulant toutefois, sans engager le combat, conserver l'ascendant des armes, il refoula brusquement les avant-postes autrichiens jusque près de Cham, et se présenta dans l'attitude d'un ennemi prêt à en venir aux mains. Soit que l'archiduc ne voulût pas courir la chance d'une nouvelle bataille, soit qu'il crût avoir assez attendu, il décampa, laissant au maréchal Davout bien des voitures, bien des malades, bien des traînards que celui-ci fit prisonniers. Le projet étant de se retirer, il eût mieux valu le

Retraite définitive de l'archiduc Charles en Bohême.

faire plus tôt, car, parti le 24 au matin des environs de Ratisbonne, le généralissime autrichien resta en position à Cham jusqu'au 28, et perdit ainsi deux jours sur quatre, ce qui était fâcheux, puisque son premier intérêt était d'atteindre le pont de Lintz, par lequel il pouvait se réunir aux corps de Hiller et de l'archiduc Louis. La route intérieure de Bohême formant un arc, par Pilsen, Budweis, Lintz (voir la carte n° 14), il avait à décrire un long circuit, tandis que Napoléon, suivant les bords du Danube, marchait directement au point si important de Lintz, par une route superbe, et avec le secours du fleuve qui transportait une partie de ses plus lourds fardeaux. Le prince autrichien aurait donc bien fait de se hâter, au risque de laisser beaucoup de monde en arrière, car il valait encore mieux arriver moins fort au rendez-vous de Lintz, que de ne pas y arriver du tout.

Quoi qu'il en soit, l'archiduc Charles se retira en Bohême, décidé à ramasser en chemin tout ce qu'il trouverait de renforts, et à regagner la rive droite du Danube le plus tôt possible. Se doutant néanmoins qu'il ne réussirait pas à marcher assez vite, il envoya le général Klenau avec neuf bataillons, le général Stutterheim avec quelques troupes légères, pour aller, par les chemins les plus courts, détruire, si on ne pouvait les occuper, les ponts de Passau et de Lintz sur le Danube. Ces précautions prises, ne pouvant s'empêcher de céder au découragement à la vue d'une guerre qui commençait si mal, il proposa à l'empereur d'Autriche de faire, sous prétexte d'un échange de prisonniers, une démarche pacifique auprès de Napoléon. L'empereur François, qui avait consenti à la guerre sans y être conduit par une conviction bien arrêtée, et qui voyait à quel point son frère le généralissime était déjà découragé, ne se refusa point à cette démarche pacifique, pas plus qu'il ne s'était refusé à la guerre, mais en demandant toutefois qu'on ne montrât pas trop de faiblesse au début même des hostilités. En conséquence, l'archiduc Charles fit rédiger par son chef d'état-major, Grünn, une lettre dans laquelle, félicitant l'empereur Napoléon de son arrivée au quartier général français, ce dont il avait pu s'apercevoir, disait-il avec modestie, à la tournure des évènements, il lui proposait un échange de prisonniers, pour adoucir les maux de la guerre, heureux, ajoutait-il, si dès le commencement des hostilités on pouvait leur imprimer un caractère moins violent et moins acerbe. Il continua ensuite sa marche à travers la Bohême, après avoir enjoint à son frère Jean de passer en Bavière, et à son frère Louis et à son lieutenant Hiller de disputer fortement cette contrée aux Français, pour donner le temps à toutes les forces autrichiennes d'opérer leur jonction derrière la Trann, aux environs de Lintz.

Le maréchal Davout, dès qu'il vit l'archiduc Charles s'enfoncer en Bohême, rebroussa aussitôt chemin, revint sur Ratisbonne, repassa le Danube, et commença de descendre ce fleuve par la rive droite, en se faisant éclairer sur la rive gauche par le général Montbrun. Il s'achemina sur Passau à la suite du maréchal Masséna, qui devait s'acheminer sur Lintz, et se fit remplacer à Ratisbonne par le général Dupas avec dix mille hommes, moitié Allemands, moitié Français.

Avril 1809.

Tandis que l'archiduc Charles donnait à sa retraite la direction que nous venons d'indiquer, le général Hiller et l'archiduc Louis, même avant d'avoir reçu l'ordre de disputer pas à pas le sol de la Bavière, s'y étaient décidés, et croyant que Napoléon s'attachait à poursuivre l'archiduc Charles, ils avaient résolu un mouvement offensif contre l'avant-garde du maréchal Bessières, afin d'attirer l'ennemi à eux et de dégager le généralissime. La résolution était honorable et bien entendue, car ils pouvaient surprendre Bessières avant qu'il fût joint par le renfort que lui envoyait Napoléon, et dans cet état de confiance imprudente qu'inspire souvent la victoire.

Retour offensif du général Hiller et de l'archiduc Louis contre le maréchal Bessières.

Les deux généraux autrichiens avaient encore, en comprenant dans leur effectif les restes de la réserve de Kienmayer et la division Jellachich, environ 50 mille hommes. Le général Jellachich était vers Munich, avec ordre de se retirer sur Salzbourg. Privés de son concours, et rejoints par un régiment de Mitrowski et quelques hussards de Stipcitz, ils devaient posséder de 38 à 40 mille soldats. Marchant sur le maréchal Bessières qui en avait à peine 13 ou 14, et qui s'avançait avec une extrême témérité, ils pouvaient l'accabler. En effet, le 24 au matin, avant que l'archiduc Charles eût définitivement opéré son mouvement de retraite vers la Bohême, et pendant que le maréchal Bessières pénétrait au delà de l'Isar, ayant la cavalerie légère

Combat de Neumarkt et fermeté

Avril 1809.

du général Molitor dans cette occasion.

de Marulaz en tête de sa colonne, les Bavarois du général de Wrède au centre, l'infanterie de Molitor à l'arrière-garde, les deux généraux autrichiens se reportèrent en avant, avec l'intention de rejeter l'avant garde des Français dans les marécages de la Roth, près de Neumarkt. Ils se présentèrent en trois colonnes, et rencontrèrent d'abord la cavalerie de Marulaz, qui les chargea plusieurs fois avec une rare bravoure, mais qui ne pouvait obtenir de succès sérieux contre une masse de 30 mille hommes marchant résolument. La cavalerie de Marulaz refoulée, le général de Wrède eut son tour, et dut résister avec six ou sept mille hommes d'infanterie à plus de trente mille. Les Bavarois n'étaient pas indignes de se mesurer avec les Autrichiens, quoiqu'ils leur fussent inférieurs, et ils se montraient assez animés dans cette guerre. Mais il leur était impossible de tenir contre la masse qui allait les presser en tête et sur les flancs. Ils n'avaient pour unique retraite, à travers le pays humide et boisé qui borde la petite rivière de la Roth, qu'un pont de chevalets faible et tremblant, incapable de porter les fortes masses qui le traversaient à pas précipités. Derrière était située la ville de Neumarkt, où Bessières était à table, pendant que son avant-garde, refoulée sur son centre, courait le danger d'être culbutée. Heureusement le général Molitor, officier d'infanterie formé à l'école du Rhin et le premier des lieutenants généraux de ce temps, arrivait suivi de sa division. Il avait reconnu le danger et en avait fait part au maréchal Bessières, qui, voyant là une affaire d'infanterie, eut la sage modestie de le laisser agir. Le général Molitor passa sur-le-champ le pont de la Roth avec ses quatre régiments, et apercevant sur la gauche une hauteur boisée d'où l'on pouvait protéger la retraite, il se hâta de l'occuper avec le 2ᵉ de ligne, en précipitant du haut en bas une troupe autrichienne qui la défendait. Puis il rangea à droite les 16ᵉ et 37ᵉ régiments dans une position avantageuse pour se servir de leur feu. En ce moment, la cavalerie légère refoulée repassait la Roth après avoir essuyé des pertes, et le général bavarois de Wrède était aux prises avec l'ennemi acharné à détruire un de ses bataillons. Mais tout à coup l'attitude de la division Molitor calma l'ardeur des Autrichiens. Les feux roulants et bien ajustés des 16ᵉ et 37ᵉ de ligne, la forte position du 2ᵉ, les arrêtèrent, et bon gré, mal gré, ils laissèrent les Bavarois repasser tranquillement la Roth. Les 16ᵉ et 37ᵉ régiments défilèrent ensuite, protégés par le 2ᵉ, qui eut avec les Autrichiens un engagement terrible. Ce brave régiment était si obstiné à lutter que le général Molitor eut grand'peine à le ramener en arrière. Avant de repasser le pont, il chargea plusieurs fois à la baïonnette, et força ainsi les Autrichiens à lui laisser opérer sa retraite, qu'il exécuta le dernier avec un aplomb admiré des ennemis eux-mêmes.

Cette affaire coûta quelques centaines d'hommes aux Bavarois, et quelques chevaux au général Marulaz. Elle eût pu devenir fâcheuse pour l'avant-garde tout entière, sans la prévoyance de Napoléon, qui avait ménagé au maréchal Bessières l'appui du général Molitor. Toutefois bien qu'arrêtés sur les bords de la Roth, le général Hiller et l'archiduc Louis n'auraient pas renoncé à leur mouvement offensif, s'ils n'avaient appris dans la nuit toute l'étendue des désastres du généralissime, ainsi que sa retraite en Bohême, et s'ils n'avaient reconnu la nécessité de se retirer de leur côté, car Napoléon ne pouvait manquer de fondre bientôt sur eux avec des masses écrasantes. Ils résolurent donc de se replier sur l'Inn, et de l'Inn sur la Traun, qu'ils avaient l'espérance de défendre mieux que l'Inn, parce qu'ils devaient avoir plus de temps pour s'y asseoir, et que d'ailleurs ils avaient quelque chance d'y trouver l'un des archiducs, ou Charles ou Jean.

Napoléon arriva sur ces entrefaites, suivi de la garde et des cuirassiers, précédé par Lannes avec les troupes des généraux Saint-Hilaire, Demont, Oudinot. Il reporta en avant le maréchal Bessières, et imprima à la poursuite la vigueur d'un torrent qui a rompu ses digues. Tout le monde de la droite à la gauche marcha sur l'Inn (voir la carte n° 14), les Bavarois se dirigeant par Munich et Wasserbourg sur Salzbourg, le maréchal Lannes par Mühldorf sur Burghausen, le maréchal Bessières par Neumarkt sur Braunau. Appuyant ce mouvement le long du Danube, le maréchal Masséna pénétrait dans Passau, qu'il enlevait brusquement aux Autrichiens, lesquels n'avaient pas eu plus que les Bavarois la prévoyance de s'y établir solidement.

Le 28 et le 29 avril, dix jours après les premières hostilités, on était parvenu sur tous les points à la ligne de l'Inn, et on était occupé sur chaque route à rétablir les ponts, que les Autrichiens avaient détruits ou brûlés jusqu'au niveau des eaux, quand ils en avaient eu le temps. Napoléon entré le 28 à Burghausen fut obligé d'y attendre pendant deux jours le rétablissement du pont qui était d'une grande importance, et qui avait été complétement incendié. Ayant reçu la lettre pacifique de l'archiduc Charles, il la renvoya à M. de Champagny, qui suivait le quartier général, et lui ordonna de n'y pas répondre. Plein de confiance dans le résultat de la campagne, ne prévoyant pas toutes les difficultés qu'il pourrait rencontrer plus tard, il croyait tenir dans ses mains le destin de la maison d'Autriche, et ne voulait pas se laisser arrêter dans ses ambitieuses pensées par un mouvement de générosité irréfléchie. Il prescrivit donc le silence, du moins pour le moment, se réservant de répondre plus tard suivant les circonstances.

Le maréchal Masséna étant entré à Passau, et le maréchal Davout le suivant de près, tandis que l'armée entière était sur l'Inn de Braunau à Salzbourg, il fallait marcher sur la Traun sans retard. C'était la ligne essentielle à conquérir, car elle correspondait avec le débouché de Lintz, par lequel l'archiduc Charles pouvait rejoindre le général Hiller et l'archiduc Louis. Cette ligne conquise avant que le généralissime autrichien y fût arrivé, il restait à celui-ci une seconde et dernière chance de jonction en avant de Vienne, c'était d'atteindre à temps le pont de Krems, et de venir se placer à Saint-Pölten pour couvrir la capitale. Napoléon résolut de lui enlever tout de suite la première de ces deux chances, en se portant sur Lintz d'une manière impétueuse. Étant parvenu avec tous ses corps sur l'Inn, et en ayant rétabli les ponts le 30 avril, il ordonna le mouvement général pour le 1ᵉʳ mai. Il prescrivit à Masséna de marcher rapidement de Passau sur Efferding, d'Efferding sur Lintz, arrivé là de s'emparer d'abord de la ville de Lintz, puis du pont sur le Danube s'il n'était pas détruit, et, Lintz occupé, d'aller droit à la Traun qui coule à deux lieues au-dessous. La Traun, qui est pour les Autrichiens l'une des lignes les plus importantes à défendre quand ils veulent arrêter une armée en marche sur Vienne, descend des Alpes Noriques comme l'Ens, et va tomber dans le Danube un peu après Lintz. Elle longe le pied d'un plateau qui s'étend jusqu'au Danube, et sur lequel une armée peut se poster avantageusement, pour s'opposer aux progrès d'une invasion. Aussi le pont sur le Danube, celui qui servait de communication militaire entre la Bohême et la Haute-Autriche, était-il placé non pas à Lintz même, mais au-dessous du confluent de la Traun dans le Danube, c'est-à-dire à Mauthausen. Il était ainsi couvert par la Traun, et par le plateau dont nous venons de parler, au sommet duquel s'apercevaient la ville et le château d'Ebersberg.

Masséna eut donc le 1ᵉʳ mai l'ordre de se porter vivement de Passau à Lintz, de Lintz à Ebersberg. Mais comme la difficulté pouvait être grande si les 36 mille hommes restant aux deux généraux autrichiens venaient se poster à Ebersberg, Napoléon voulait aborder la Traun sur plusieurs points à la fois, à Ébersberg, à Wels et à Lambach. En conséquence, il dirigea toutes ses colonnes de l'Inn sur la Traun, de manière à y arriver le 3 mai au matin. Le général de Wrède, ayant avec sa division traversé Salzbourg, devait, après y avoir été remplacé par le reste des Bavarois, s'acheminer par Straswalchen sur Lambach au bord de la Traun. (Voir la carte n° 44.) Le maréchal Lannes avec les troupes des généraux Oudinot, Saint-Hilaire, Demont devait se rendre à Wels, pour y passer la Traun, immédiatement au-dessus d'Ébersberg. Enfin le maréchal Bessières avec la garde, les cuirassiers et la cavalerie légère, devait, ou passer à Wels, ou se rabattre sur Ébersberg, si on entendait sur ce point une canonnade qui fît supposer une sérieuse résistance. Le major général Berthier eut ordre de faire savoir, et fit savoir en effet à Masséna, que si les obstacles étaient trop grands de son côté, il trouverait dans le passage de la Traun opéré au-dessus de lui, soit à Wels, soit à Lambach, un secours pour l'aider à les vaincre. Il lui fut toutefois recommandé dans ces nouveaux ordres comme dans les précédents, de ne rien négliger pour enlever promptement, non-seulement la ville de Lintz et le pont qu'elle avait sur le Danube, mais encore le pont de Mauthausen, placé, comme nous venons de le dire, au confluent de la Traun, sous la protection du château d'Ébersberg[1].

[1] J'analyse ici fidèlement les lettres de Napoléon et du prince Berthier au maréchal Masséna, pour qu'on puisse bien apprécier à quel point était motivé le combat d'Ébersberg, l'un des plus terribles de nos longues guerres, et qui tout en faisant ressortir la prodigieuse énergie de Masséna, lui fut cependant reproché comme une inutile effusion de sang.

Nos colonnes s'avancèrent dans l'ordre indiqué. Elles étaient toutes le 1er mai au delà de l'Inn, après en avoir rétabli les ponts, Masséna se dirigeant de Passau sur Efferding, Lannes et Bessières de Burghausen et Braunau sur Ried. Ils recueillirent sur les routes un nombre considérable de voitures et environ deux à trois mille prisonniers. Masséna qui marchait la gauche au Danube rencontra partout sur son chemin l'arrière-garde des corps de Hiller et de l'archiduc Louis, et put apercevoir, de l'autre côté du fleuve, les troupes de l'archiduc Charles, qui venaient à travers les défilés de la Bohême occuper ou détruire le pont de Lintz. Il sentait donc à chaque pas l'importance de devancer le généralissime soit à Lintz, soit à Ébersberg, bien moins pour conquérir ces points de passage que pour les enlever à l'ennemi, et pour empêcher derrière la Traun la réunion de toutes les forces de la monarchie autrichienne. (Voir la carte n° 14.)

Le 2 mai au soir Masséna échangea en avant d'Efferding quelques coups de fusil avec l'arrière-garde du général Hiller, fit des prisonniers, et s'apprêta à marcher le lendemain sur Lintz. Le 3 au matin il partit, précédé par la cavalerie légère de Marulaz, et suivi de la division Claparède du corps d'Oudinot. Il parut devant Lintz à la pointe du jour. Y entrer, culbuter quelques postes qui se retiraient en hâte, s'emparer de la ville, ne fut que l'affaire d'un instant. Les détachements de Klenau et de Stutterheim, dépêchés par l'archiduc Charles pour occuper le passage, n'avaient pu que détruire le pont de Lintz et en amener les bateaux à la rive gauche.

Masséna en possession de Lintz était donc assuré que ce pont du Danube ne pouvait plus servir à la jonction des archiducs. Mais le pont véritablement propre à la jonction était celui de Mauthausen, situé à deux lieues au-dessous, et couvert, comme nous l'avons dit, par la Traun. Tant qu'on n'était pas maître de celui-là, il était possible que l'archiduc Charles s'en servît pour se réunir au général Hiller et à l'archiduc Louis, et on ne savait pas en effet si les détachements qu'on apercevait au delà du Danube étaient les avant-gardes de la grande armée autrichienne, ou de simples détachements sans soutien. Il était dix heures du matin. Masséna n'hésita pas, traversa Lintz au pas de course, et se porta sur la Traun, c'est-à-dire devant Ébersberg. La position s'offrit tout à coup avec de formidables apparences.

{Mai 1809.}

{Son empressement à courir sur Ébersberg le 3 mai au matin.}

On voyait devant soi la Traun coulant de droite à gauche pour se jeter à travers des îles boisées dans l'immense lit du Danube. On apercevait sur cette rivière un pont d'une longueur de plus de 200 toises, puis au delà un plateau escarpé, au-dessus duquel s'élevait la petite ville d'Ébersberg, plus haut encore le château fort d'Ébersberg, hérissé d'artillerie, et enfin soit en avant du pont, soit sur l'escarpement du plateau, une masse de troupes qu'on pouvait évaluer de 36 à 40 mille hommes. Il y avait là de quoi modérer tout autre caractère que celui de Masséna et lui inspirer l'idée d'attendre, surtout s'il faisait la réflexion fort simple qu'à quelques lieues au-dessus d'Ébersberg plusieurs colonnes françaises devaient, dans la journée ou le lendemain, opérer leur pas-

{Aspect de la position d'Ébersberg.}

sage, et tourner la position. Mais cette certitude n'empêchait pas que peut-être dans la journée les archiducs ne se réunissent par le pont de Mauthausen, si on le laissait en leur pouvoir. Il y avait donc un intérêt véritable à le leur enlever sur-le-champ, en emportant la ville et le château d'Ébersberg. Du reste, c'est avec son caractère, encore plus qu'avec sa raison, qu'on se décide à la guerre, et Masséna rencontrant l'ennemi qu'il n'avait pas eu encore l'occasion de saisir corps à corps dans cette campagne, n'éprouva qu'un désir, celui de se jeter sur lui, pour s'emparer d'une position jugée décisive. Par ces motifs il ordonna l'attaque sur-le-champ.

En avant du pont d'Ébersberg, se trouvaient autour du village de Klein-Munchen des tirailleurs autrichiens, et quelques postes de cavalerie légère. Le général Marulaz fit charger, et disperser à coups de sabre, les uns et les autres. Les cavaliers repassèrent le pont, les tirailleurs se logèrent dans les jardins et les maisons de Klein-Munchen. La première brigade de Claparède, commandée par l'intrépide Cohorn, marchait à la suite de la cavalerie légère de Marulaz. Le général Cohorn, dont nous avons eu occasion de parler déjà, descendant du célèbre ingénieur hollandais Cohorn, renfermait dans un corps grêle et petit, l'une des âmes les plus fougueuses et les plus énergiques que Dieu ait jamais données à un homme de guerre. Il était digne d'être l'exécuteur des impétueuses volontés de Masséna. A peine arrivé sur les lieux il court à la tête des voltigeurs de sa brigade sur le village de Klein-

Munchen, s'empare d'abord des jardins, puis se jette dans les maisons, prend ou passe par les armes tout ce qui les occupait, pousse au delà du village, se porte à l'entrée du pont, qui était long, avons-nous dit, de deux cents toises au moins, chargé de fascines incendiaires, et criblé des feux de l'ennemi. Tout autre que le général Cohorn se serait arrêté, pour attendre les ordres du maréchal Masséna; mais l'audacieux général, l'épée à la main, s'engage le premier sur le pont, le traverse au pas de course, fait tuer ou prendre ceux qui essaient de lui en disputer le passage, laisse, il est vrai, sur les planches du pont, beaucoup des siens, morts ou mourants, mais avance toujours, et, le défilé franchi, lance ses colonnes d'attaque sur le plateau, qui était couvert des masses de l'infanterie autrichienne. Cohorn, sous une grêle de balles, gravit avec le même emportement la rampe escarpée qui conduit à Ebersberg, pénètre dans la ville, débouche sur une grande place que le château domine, et oblige enfin les Autrichiens à se replier sur les hauteurs en arrière. Malheureusement ils conservent le château et font pleuvoir du haut de ses murs un feu destructeur sur la petite ville devenue notre conquête.

*Mai 1809.*

Pendant cette suite d'actes téméraires, Masséna, resté au pied de la position, prend ses mesures pour appuyer Cohorn, qui n'avait eu affaire jusqu'ici qu'à l'avant-garde des Autrichiens, et qui bientôt devait les avoir tous sur les bras. Pour tenir tête à la formidable artillerie du plateau, il amène les bouches à feu de tout le corps d'armée, et les poste

*Dispositions ordonnées par Masséna pour secourir le général Cohorn.*

le plus avantageusement possible. Nos officiers d'artillerie toujours aussi intelligents qu'intrépides, essaient de compenser par la justesse du tir et le bon choix des emplacements le désavantage de la position. Une effroyable canonnade s'engage ainsi d'une rive à l'autre de la Traun. Cela fait, Masséna lance à travers le long défilé du pont, les deux autres brigades de Claparède, celles de Lesuire et de Ficatier, leur ordonnant de gravir le plateau pour aller dans Ébersberg au secours du général Cohorn. Puis il dépêche une foule d'aides de camp afin de hâter l'arrivée des divisions Legrand, Carra Saint-Cyr et Boudet, dont on a grand besoin pour sortir de cette redoutable aventure. Lui-même il se tient au milieu des balles et des boulets pour donner ses ordres et pourvoir à tout.

Lutte acharnée dans l'intérieur d'Ébersberg.

Les deux brigades Lesuire et Ficatier arrivaient à propos, car le général Hiller remarchant en avant, s'était jeté avec des forces considérables sur Cohorn, et l'avait obligé de rentrer dans Ébersberg, puis d'évacuer la grande place. Les Français la reprennent, en chassent les Autrichiens de nouveau, et tentent de s'emparer du château, dont ils approchent sans pouvoir y pénétrer. Mais les Autrichiens qui sentaient l'importance du poste reviennent plus nombreux, ce qui leur était facile, puisqu'ils étaient trente-six mille contre sept ou huit mille, fondent en masse sur le château, en éloignent les Français, s'introduisent dans la ville, la traversent, et débouchent encore une fois sur la grande place. Le brave Claparède avec ses lieutenants se réfugie alors dans les maisons qui la bordent de trois côtés, s'y établit, et des fenêtres fait pleuvoir sur l'ennemi une grêle de balles. On se dispute ces maisons avec fureur, sous l'artillerie du château, qui tire sur les Autrichiens comme sur les Français. Des obus mettent le feu à cette malheureuse petite ville, qui bientôt devient si brûlante qu'on a peine à y respirer.

Cet affreux massacre continue, et la fureur ayant égalisé les courages, l'avantage va rester au nombre. Les Français vont être précipités dans la Traun, et punis de leur audace, quand par bonheur la division Legrand commence à paraître, précédée de son intrépide général. Celui-ci, toujours calme et fier dans le danger, et portant sur sa belle et mâle figure l'expression de ses qualités guerrières, arrive à la tête de deux vieux régiments, le 26ᵉ d'infanterie légère et le 18ᵉ de ligne. Il s'engage sur le pont encombré de morts et de blessés. Pour y passer, il faut jeter dans la Traun une foule de cadavres, peut-être des blessés respirant encore. Enfin on le traverse, et au delà on rencontre un nouvel encombrement de combattants refoulés qui se retirent, ou de blessés qu'on emporte. Un officier, cherchant à expliquer la position au général Legrand, celui-ci l'interrompt brusquement : Je n'ai pas besoin de conseils, lui dit-il, mais de place pour ma division. — On se range, et il s'avance, l'un de ses régiments à droite, pour déborder les Autrichiens qui avaient enveloppé Ebersberg extérieurement, un autre au centre, par la grande rue de la ville. Tandis que plusieurs de ses bataillons, formés en colonnes d'attaque, refoulent les Autri-

Mai 1809.

Arrivée de la division Legrand, et conquête définitive de la position d'Ebersberg.

chiens qui entourent la ville, les autres la traversant par le milieu, parviennent à déboucher sur la grande place, la font évacuer avec leurs baïonnettes, et dégagent ainsi Claparède qui n'en pouvait plus. Legrand s'attaque ensuite au château, et y monte sous un feu meurtrier. Les portes étant fermées, il les fait abattre à coups de hache par ses sapeurs, pénètre dans l'intérieur, et passe par les armes tout ce qu'on y trouve. Dès ce moment Ébersberg est à nous, mais c'est un monceau de ruines fumantes, d'où s'échappe une odeur insupportable, celle des cadavres consumés par les flammes. On se hâte de dépasser ce lieu aussi affreux à voir que difficile à conquérir. On marche aux Autrichiens établis en bataille sur une ligne de hauteurs en arrière. Ceux-ci, voyant de loin dans la plaine, entre Lintz et Ébersberg, arriver les longues files des divisions Carra Saint-Cyr et Boudet, voyant de plus à leur gauche une masse de cavalerie française qui avait franchi la Traun à Wels, ne crurent pas devoir prolonger cette lutte furieuse, et se retirèrent, nous abandonnant ainsi le confluent de la Traun, et le débouché important de Mauthausen. Du reste le pont établi en cet endroit avait disparu comme à Lintz, les coureurs de l'archiduc Charles l'ayant détruit, et en ayant envoyé les bateaux sur Krems.

Cette cavalerie qu'on avait aperçue était un millier de chevaux, que Lannes, après avoir passé la Traun à Wels sans difficulté, avait dépêchés sous le général Durosnel, pour déborder la position des Autrichiens. Il est donc certain que si Masséna avait pu deviner que l'archiduc Charles ne serait point à Mauthausen avec son armée, et qu'un peu au-dessus des passages déjà exécutés feraient tomber aussi vite la position d'Ébersberg, il aurait dû épargner le sang versé dans cette terrible attaque. Le champ de carnage était affreux, et la ville d'Ébersberg tellement en flammes, qu'on ne pouvait en retirer les blessés. Il avait même fallu, pour empêcher l'incendie de gagner le pont, enlever la partie du tablier qui était aux deux extrémités, de sorte que la communication se trouva interrompue pendant quelques heures, entre les troupes qui avaient passé la Traun et celles qui arrivaient à leur secours. Cette échauffourée nous coûta 17 cents hommes tués, noyés, brûlés ou blessés. Les Autrichiens perdirent 3 mille hommes mis hors de combat, 4 mille prisonniers, beaucoup de drapeaux et de canons. Ils s'en allèrent terrifiés par tant d'audace. Nous avions donc de grands dédommagements de cette cruelle journée, et l'effet moral en devait égaler l'effet matériel.

{Mai 1809.}

{Résultats du combat d'Ébersberg.}

Napoléon était accouru au galop, attiré par la violence de la canonnade. Quoique fort habitué aux horreurs de la guerre, tous ses sens furent révoltés à la fois par cet abominable spectacle, que ne justifiait point assez la nécessité de combattre, et sans l'admiration qu'il avait pour le génie guerrier de Masséna, sans le cas qu'il faisait toujours de l'énergie, il aurait peut-être exprimé un blâme contre ce qui venait de se passer. Il n'en fit rien, mais ne voulut point séjourner dans Ébersberg, et s'établit en dehors au milieu de sa garde.

{Jugement de Napoléon sur l'affaire d'Ébersberg.}

Mai 1809.

Marche tardive de l'archiduc Charles sur Lintz.

L'archiduc Charles, malgré le projet fort arrêté de se réunir à ses frères, derrière la Traun, par Lintz ou Mauthausen, n'avait ni marché assez vite, ni assez bien calculé ses mouvements, pour arriver à Lintz en temps utile. Il n'était qu'à Budweis en Bohême (voir la carte n° 14), quand Masséna dépassait si impétueusement Lintz et Ébersberg, et il ne lui restait plus que le débouché de Krems auquel il pût atteindre. Le général Hiller et l'archiduc Louis allaient s'y rendre par Enns, Amstetten, Saint-Polten, en continuant de détruire tous les ponts sur les rivières qui coulent des Alpes Noriques dans le Danube. Quant à l'archiduc Jean, il était encore moins probable qu'il pût arriver assez tôt, qu'il osât même s'engager dans les Alpes, en laissant à sa gauche le prince Eugène, et en s'exposant à rencontrer à sa droite la grande armée de Napoléon, dans laquelle il serait tombé comme dans un abîme. Il ne fallait donc guère compter sur lui. Mais il suffisait pour ramener quelque chance heureuse, que l'archiduc Charles donnât la main par Krems au général Hiller et à l'archiduc Louis, qui opéraient leur retraite le long du Danube, car après avoir employé beaucoup de temps à rallier des traînards, à ramasser des landwehr, à incorporer les troisièmes bataillons des régiments galliciens, il arrivait avec plus de 80 mille hommes, et pouvait, réuni à ses deux lieutenants qui en avaient au moins 30 mille, se trouver avec 110 mille combattants à Saint-Polten. Il était alors possible d'y disputer la victoire à Napoléon, et, si on la gagnait, l'empire français, au lieu d'être renversé en 1814, l'eût été en 1809.

Napoléon, enchanté d'avoir enlevé aux archiducs la principale chance de réunion en occupant Lintz et Mauthausen, se hâta de marcher sur Krems, pour leur ôter cette dernière ressource, et atteindre Vienne, avant qu'aucun obstacle pût lui en interdire l'entrée.

Après la Traun s'offrait l'Ens, qui coule parallèlement à cette rivière, baignant dans son cours l'autre côté du plateau qu'on venait de franchir. Mais tous les ponts étaient radicalement détruits sur l'Ens, et il ne fallait pas moins de vingt-quatre ou de quarante-huit heures pour les rétablir. C'était une contrariété fâcheuse, mais inévitable. Quoique le 4 mai au matin Lannes se trouvât à Steyer sur l'Ens avec les divisions Demont et Saint-Hilaire, que Bessières occupât la ville d'Enns avec la cavalerie légère, le corps d'Oudinot et une division de Masséna, il fallut attendre toute la journée du 5, forcé qu'on était de reconstruire les ponts brûlés jusqu'à fleur d'eau. On ne put traverser l'Ens que le 6 au matin, pour se porter sur Amstetten. Bessières, avec la cavalerie et l'infanterie d'Oudinot, passa le premier, bientôt suivi de Masséna, et rejoint par Lannes qui vint se fondre avec la colonne principale, une seule route restant désormais à l'armée entre le pied des Alpes et le Danube. On entra le soir dans Amstetten sans coup férir. Le lendemain l'armée continua sa marche sur Mölk, belle position sur le Danube, que couronne la magnifique abbaye de Mölk. Napoléon y établit son quartier général. Il ne restait plus qu'une journée

*Mai 1809.*

*La Traun enlevée, Napoléon marche sur l'Ens.*

*L'armée traverse Amstetten sans coup férir.*

pour arriver à Krems, où se trouve le pont de Mautern, le dernier par lequel l'archiduc Charles pût se réunir au général Hiller et à l'archiduc Louis. On était déjà certain d'y parvenir sans obstacle, car rien n'annonçait la présence d'une grande armée devant soi. Le 8 notre avant-garde se porta à Saint-Polten, position importante et très-connue sur les flancs du Kahlenberg, qui est un contrefort des Alpes, projeté jusqu'au Danube, et derrière lequel est située Vienne. (Voir les cartes n°˙ 14 et 32.) C'est là qu'aurait dû se former le grand rassemblement des Autrichiens, si les archiducs avaient eu le temps de se rejoindre, car à Saint-Polten se trouvent, à l'abri d'une excellente position militaire, la réunion des routes de Bohême, d'Italie, de Haute et Basse-Autriche, et enfin le débouché sur Vienne, qui passe à travers les gorges du Kahlenberg. Mais on n'apercevait que des arrière-gardes en retraite, les unes à notre gauche se repliant vers le pont de Krems pour se mettre à couvert derrière le Danube, les autres devant nous se repliant à travers le Kahlenberg sur Vienne. Il était donc évident qu'on ne rencontrerait pas une grande bataille à livrer en avant de la capitale, et qu'on n'aurait plus qu'à braver les difficultés d'une attaque de vive force, si Vienne était défendue. Ces difficultés pouvaient à la vérité devenir fort embarrassantes, si l'archiduc Charles continuant à descendre le Danube par la rive gauche, arrivait avant nous à la hauteur de Vienne, y franchissait le Danube par le pont du Thabor, et venait nous offrir la bataille adossé à cette grande

*Mai 1809.*

*Arrivée de l'armée française devant Saint-Polten.*

ville. Heureusement ce qui s'était passé ne le faisait guère craindre.

*Mai 1809.*

En effet l'archiduc Charles ayant perdu au moins deux jours à Cham, quelques autres jours encore sur la route de Cham à Budweis, par le désir, il est vrai, de rallier l'armée et de la renforcer, n'avait atteint que le 3 mai au matin les environs de Budweis, au moment même où Masséna enlevait Ébersberg. Dans l'espoir vague d'une jonction à Lintz qui était cependant peu présumable, il s'était avancé de Budweis sur Freystadt près du Danube (voir la carte n° 32) au lieu de marcher droit sur Krems, ce qui lui aurait épargné un nouveau détour et une nouvelle perte de temps. En s'approchant du Danube il avait appris l'occupation de Lintz et de la Traun, reconnu dès lors l'impossibilité de faire sa jonction par ce débouché, et avait repris la route de l'intérieur de la Bohême par Zwoettel, en conservant encore la fausse espérance d'arriver à Krems et à Saint-Polten avant nous. Prévoyant toutefois le cas où il n'y arriverait pas, il avait autorisé les deux généraux qui défendaient la rive droite à repasser sur la rive gauche quand ils se sentiraient trop pressés, sauf à détacher sur Vienne les forces nécessaires pour mettre cette capitale à l'abri d'un coup de main. C'est effectivement ce que venaient d'exécuter le général Hiller et l'archiduc Louis parvenus à Saint-Polten. Craignant d'être attaqués par des forces supérieures avant d'avoir atteint Vienne, et d'essuyer un nouvel échec semblable à celui d'Ébersberg, ils avaient comme en 1805 repassé le Danube au pont de Krems, détruit ce pont, replié

*Marche des généraux autrichiens sur Krems.*

*Le général Hiller et l'archiduc Louis passent sur la rive gauche du Danube à Krems, abandonnant Vienne à elle-même.*

Mai 1809.

tous les bateaux sur la rive gauche, et envoyé seulement par la route directe de Saint-Polten un fort détachement sur Vienne, afin de concourir à sa défense avec la population et quelques dépôts.

Telles avaient été les résolutions des généraux autrichiens, que le simple aspect des choses suffisait pour révéler, car, ainsi que nous venons de le dire, on voyait à gauche de grosses masses de troupes achever le passage du Danube vers Krems, et devant soi des colonnes s'enfoncer dans les gorges du Kahlenberg pour prendre la route de Vienne. Napoléon, conséquent dans son plan d'être sous les murs de Vienne avant les archiducs, et d'ajouter à l'effet moral de son entrée dans cette capitale, l'effet matériel de l'occupation de ce grand dépôt, arrêta toutes les dispositions nécessaires pour y arriver immédiatement. De l'abbaye de Mölk où se trouvait son quartier général, il ordonna les mesures suivantes.

Dispositions ordonnées par Napoléon pour s'approcher de Vienne.

Ce n'était pas avec de la cavalerie qu'on pouvait prendre Vienne, et il fallait par conséquent y amener de l'infanterie. Le maréchal Lannes dut y marcher dès le 9 mai avec l'infanterie des généraux Oudinot et Demont. Le maréchal Masséna dut les suivre immédiatement, tandis que le gros de la cavalerie longerait le Danube, pour en observer les bords, déjouer toute tentative de passage de la part de l'ennemi, et se garder enfin contre la masse de troupes réunie sur l'autre rive. La cavalerie légère fut répandue entre Mautern, Tulln, Klosterneubourg, conformément aux sinuosités du fleuve autour du pied du Kahlenberg. Les cuirassiers furent cantonnés en arrière entre Saint-Polten et Sieghardskirchen. Ces précautions prises à notre gauche, le général Bruyère à notre droite dut avec sa cavalerie légère, et un millier d'hommes de l'infanterie allemande, remonter par Lilienfeld sur la route d'Italie, pour désarmer les montagnes de la Styrie, et veiller sur les mouvements de l'archiduc Jean. Napoléon suivit Lannes et Masséna, avec la garde et une partie des cuirassiers. Le maréchal Davout, déjà rendu de Passau à Lintz, eut ordre de se transporter de Lintz à Mölk, de Mölk à Saint-Polten, afin de résister devant Krems aux tentatives de passage qui pourraient être essayées sur nos derrières, ou bien de marcher sur Vienne, si nous avions une grande bataille à livrer sous les murs de cette capitale. Pourtant comme Passau et Lintz importaient presque autant que Krems, le général Dupas dut rester à Passau, en attendant l'arrivée du maréchal Bernadotte, et le général Vandamme, avec les Wurtembergeois, fut chargé de garder Lintz. Napoléon prit en même temps les plus grands soins pour l'arrivée de ses convois par le Danube. Il leur ménagea partout, sur la rive que nous occupions, des ports pour s'y reposer, s'y abriter, y prendre langue. Ces convois, composés des bateaux recueillis sur le Danube et ses affluents, portaient du biscuit, des munitions, des hommes fatigués. Outre les points de Passau, de Lintz, déjà militairement occupés, Napoléon fit établir des postes fortifiés à Ips, Waldsée, Mölk et Mautern. Là ses convois devaient reprendre la route de terre par Saint-Polten, parce qu'elle était la plus courte et la seule sûre, le Danube au delà coulant trop près des Autrichiens et trop loin des Français. Enfin ne pensant pas qu'il suffît, pour se garder, d'interdire le passage du Danube, mais jugeant au contraire que le meilleur moyen d'assurer ses derrières c'était d'avoir la faculté de passer le fleuve, afin de donner à l'ennemi les inquiétudes que nous avions pour nous-mêmes, et de l'obliger ainsi à disséminer ses forces, Napoléon prescrivit l'établissement de deux ponts de bateaux, l'un à Lintz, l'autre à Krems, avec les matériaux qu'on parviendrait à se procurer.

Après avoir vaqué à ces soins, Napoléon, arrivé le 8 à Saint-Polten, fit marcher le 9 sur Vienne par Sieghardskirchen et Schœnbrunn. Lannes et Bessières s'avançaient en première ligne, Masséna en seconde, la garde et les cuirassiers en troisième. Le maréchal Davout venait après eux, laissant derrière lui les postes que nous avons indiqués à gauche sur le Danube, à droite sur les routes d'Italie.

Le 9 au soir le général Oudinot coucha à Sieghardskirchen. Le 10 mai au matin la brigade Conroux du corps d'Oudinot déboucha par la route de Schœnbrunn devant le faubourg de Maria-Hilf, un mois juste après l'ouverture des hostilités. Cette marche offensive, à la fois si savante et si rapide, était digne de celle de 1805 dans les mêmes lieux, de celle de 1806 à travers la Prusse, et n'avait rien dans l'histoire qui lui fût supérieur. Il était dix heures du matin. Napoléon était accouru à cheval pour diriger lui-même les opérations contre la capitale de l'Autriche, qu'il voulait prendre tout de suite, mais prendre sans la détruire. Ici comme à

Madrid, il avait mille raisons de se faire ouvrir les portes de la ville, sans les enfoncer par le fer et la flamme.

*Mai 1809.*

L'archiduc Charles ayant perdu du temps en détours inutiles, n'était pas le 10 au matin à portée de secourir Vienne. Néanmoins cette capitale pouvait être défendue. Nous avons décrit ailleurs sa forme et ses fortifications. Nous ne ferons que les rappeler ici. Le centre de Vienne, c'est-à-dire l'ancienne ville, est revêtue d'une belle et régulière fortification, celle qui en 1683 résista aux Turcs. Depuis, l'augmentation non interrompue de la population a donné naissance à plusieurs magnifiques faubourgs, dont chacun est aussi grand que la ville principale. Ces faubourgs sont couverts eux-mêmes par un mur terrassé, de peu de relief, en zigzag, dépourvu d'ouvrages avancés, mais capable de tenir plusieurs jours. Enfin il y avait à Vienne ce que Napoléon avait toujours considéré comme le moyen le plus puissant de défense, des bois, que les Alpes et le Danube y versent en prodigieuse quantité. On pouvait donc s'y retrancher, et avec un peuple fort animé contre l'étranger, comme les Viennois l'étaient dans le moment, trouver facilement de nombreux travailleurs. L'arsenal de Vienne contenait 500 bouches à feu. La Hongrie pouvait y faire refluer des quantités immenses de vivres, et grâce à cet ensemble de moyens, il était possible de rendre la résistance assez longue pour que les archiducs arrivassent avant la reddition. On ne comprend donc pas qu'ayant affaire à Napoléon, ce conquérant de capitales si redoutable, les Au-

*Description de cette capitale.*

Mai 1809.

Grande faute de l'archiduc Charles de n'avoir pas mis Vienne en état de défense.

trichiens n'eussent pas songé à défendre Vienne.

On a beaucoup parlé des fautes de l'archiduc Charles dans cette campagne. Celle de n'avoir pas mis Vienne en état de défense est certainement la plus grave. Le général Hiller et l'archiduc Louis, enfermés dans l'enceinte de cette capitale, derrière tous les ouvrages qu'on eût pu réparer ou élever, auraient rendu Vienne imprenable. Les armées d'Italie et de Bohême, ralliées ensuite sous ses murs, n'y auraient pas été faciles à battre. Gagner en rase campagne une grande bataille contre Napoléon était sans doute une prétention téméraire, surtout s'il fallait arriver à cette action décisive par de hardies et savantes manœuvres. Mais accepter à la tête de toutes les forces de la monarchie autrichienne, et adossé aux murs de la capitale, une bataille défensive, c'était préparer à Napoléon le seul échec contre lequel pût échouer alors sa fortune toute-puissante.

Au lieu de cela, on n'avait rien préparé à Vienne pour s'y défendre, soit imprévoyance, soit répugnance de recourir à de telles précautions, ou crainte de convertir la capitale en un champ de bataille. On n'avait pas songé à garantir les faubourgs au moyen de la muraille terrassée qui les environne, et on s'était contenté d'armer de ses canons la vieille place forte, qui ne pouvait s'en servir qu'en tirant sur les faubourgs. Pour tous défenseurs on avait ameuté quelques gens du bas peuple, aux mains desquels on avait mis des fusils, et qui ajoutaient tout au plus deux à trois mille forcenés à la garnison. Celle-ci commandée par l'archiduc Maximilien se composait de quelques bataillons de landwehr, de quelques dépôts, d'un détachement du corps de Hiller, faisant ensemble 11 ou 12 mille hommes. Le jeune chef de cette garnison, ardent mais inexpérimenté, n'avait point étudié les côtés forts ou faibles du poste important qu'il avait à garder, et tout son patriotisme s'était épuisé en proclamations aussi violentes que stériles.

A peine la cavalerie de Colbert et l'infanterie du général Conroux (division Tharreau) eurent-elles paru à la porte du faubourg de Maria-Hilf, fermée par une grille, qu'une sorte de tumulte populaire éclata dans les rues environnantes. (Voir la carte n° 48.) On avait trompé cette population en lui disant que les Français étaient battus, que l'archiduc Charles était vainqueur, que si ce dernier se trouvait encore en Bohême, c'était par suite de manœuvres habiles; que sans doute Napoléon pourrait détacher une division sur Vienne pour menacer la capitale, mais que cette division serait bientôt accablée par le retour de l'archiduc Charles victorieux, qu'il fallait donc résister à une tentative de ce genre, si elle avait lieu, car elle ne pourrait être qu'une témérité et une insolence de l'ennemi. Aussi la populace se mit-elle à courir les rues en poussant des cris de fureur, plus effrayants du reste pour les habitants paisibles que pour les Français eux-mêmes. Les maisons, les boutiques furent fermées immédiatement. Un parlementaire ayant été envoyé à l'état-major de la place, il fut assailli et blessé. Son cheval fut pris, et employé à promener en triomphe un garçon boucher, qui avait commis

*Mai 1809.*

*Arrivée de la cavalerie de Colbert et de l'infanterie de Conroux devant le faubourg de Maria-Hilf.*

*Mai 1809.*

*Enlèvement du faubourg de Maria-Hilf.*

cette violation du droit des gens. Pendant ce temps la colonne du général Tharreau était arrêtée aux grilles du faubourg, attendant qu'on les ouvrît. Tout à coup un officier français, le capitaine Roidot, escalade la grille, et le sabre à la main oblige le gardien à livrer les clefs. Nos colonnes entrent alors, la cavalerie Colbert au galop, l'infanterie de Conroux au pas de charge. On arrive ainsi en refoulant la garnison jusqu'à la vieille ville, dont l'enceinte est retranchée et armée. A peine est-on parvenu à l'esplanade qui sépare les faubourgs de la ville, que l'artillerie des remparts vomit la mitraille. Quelques-uns de nos hommes sont blessés, et parmi eux le général Tharreau. On investit la place sur tous les points, on la somme, et pour unique réponse on reçoit une grêle de boulets qui ne causent de dommages qu'aux belles habitations des faubourgs.

*Établissement du quartier général impérial à Schœnbrunn.*

Cependant Napoléon voyant que, même en brusquant l'attaque, on n'en finirait pas en un jour, alla s'établir à Schœnbrunn, pour y attendre l'arrivée du gros de l'armée. Il nomma gouverneur de Vienne le général Andréossy, qui avait été son ambassadeur en Autriche, et qui connaissait cette capitale autant qu'il en était connu. Napoléon voulait indiquer par là que son intention n'était pas de recourir à la rigueur, car on n'aurait pas choisi pour ce rôle un homme qui avait vécu plusieurs années au milieu de la population viennoise. Napoléon ajouta à cette nomination une proclamation rassurante, pour rappeler l'excellente conduite de l'armée française en 1805, et promettre d'aussi bons traitements si on se conduisait envers les Français de manière à les mériter.

Sur-le-champ le général Andréossy se transporta dans les faubourgs, organisa dans chacun d'eux des municipalités composées des principaux habitants, forma une garde bourgeoise chargée de maintenir l'ordre, et chercha à établir des communications avec la vieille ville, dans l'intention de mettre un terme à une défense qui ne pouvait être désastreuse que pour les Viennois eux-mêmes. Le feu ayant continué et causé quelques dommages, une députation des faubourgs proposa de se rendre auprès de l'archiduc Maximilien, pour réclamer la cessation d'une résistance imprudente. Avant de tenter une pareille démarche, cette députation alla voir Napoléon, et recueillir de sa bouche les paroles rassurantes qu'il importait de faire parvenir aux habitants de la ville fortifiée. Elle pénétra ensuite dans l'intérieur de Vienne le 11 mai au matin. La réponse à cette démarche conciliante fut une nouvelle canonnade. Napoléon ne se contenant plus, résolut d'employer le fer et le feu, de façon toutefois à épargner autant que possible aux malheureux faubourgs les suites d'un combat qui allait se passer entre l'ancienne et la nouvelle ville.

Nos troupes étaient arrivées par Sieghardskirchen et Schœnbrunn devant le faubourg de Maria-Hilf. (Voir les cartes nos 48 et 49.) Napoléon chercha un autre point d'attaque. Il fit à cheval avec Masséna le tour de la place, par le midi, et se porta du côté de l'est à l'endroit où elle se joint au Danube. Là un bras secondaire, détaché du grand bras du

*Mai 1809.*

*Le gouvernement de Vienne confié au général Andréossy.*

*Nécessité d'enlever Vienne de vive force, et choix du point d'attaque.*

fleuve, la longe en fournissant de l'eau à ses fossés, et la sépare de la fameuse promenade du Prater. De ce côté on pouvait établir des batteries qui, en accablant la ville fortifiée, ne devaient attirer le feu que sur des habitations très-clair-semées, et sur les îles du fleuve. De plus, en opérant le passage de ce bras, on s'emparait du Prater, et en remontant un peu au nord-est (voir plus particulièrement la carte n° 49), on isolait Vienne du grand pont du Thabor, qui conduit à la rive gauche. On la séparait ainsi de tout secours extérieur; on enlevait à l'archiduc Charles la possibilité d'y rentrer; on ôtait enfin à ses défenseurs le courage de s'y renfermer, car ils avaient la certitude d'y être pris jusqu'au dernier. L'archiduc Maximilien en particulier ne pouvait se résigner à y rester, étant sûr de devenir notre prisonnier sous quarante-huit heures.

Napoléon ordonna sur-le-champ à des nageurs de la division Boudet de se jeter dans le bras du Danube qu'il s'agissait de franchir, et d'aller chercher quelques nacelles à la rive gauche. Ils le firent sous la conduite d'un brave aide de camp du général Boudet, le nommé Sigaldi, qui fut des premiers à se précipiter dans le fleuve. Ils ramenèrent ces nacelles sous les coups de fusil des avant-postes ennemis, et fournirent ainsi à deux compagnies de voltigeurs le moyen de se transporter sur l'autre rive. Elles s'emparèrent du petit pavillon de Lusthaus, situé dans le Prater, et dont on pouvait se servir comme d'un poste retranché. Elles en chassèrent les grenadiers autrichiens, et s'y établirent, de façon que ce pavillon devint la tête du pont qu'on se hâta de jeter avec des bateaux recueillis dans les environs. En même temps Napoléon fit mettre en batterie sur le bord que nous occupions quinze bouches à feu, qui battaient la rive opposée, et prenaient en écharpe l'avenue par laquelle on aboutissait au pavillon de Lusthaus. On avait ainsi le moyen de secourir les deux compagnies de voltigeurs, en attendant que le pont achevé permît à des forces plus nombreuses d'aller les rejoindre. On construisit aussi, et simultanément, une batterie de vingt obusiers, à l'extrémité du faubourg de Landstrass, près du bras que l'on venait de franchir. (Voir encore la carte n° 49.)

A neuf heures du soir, après une nouvelle sommation, et tandis que le travail du passage continuait, on commença sur la ville fortifiée un feu dévastateur. En quelques heures 1,800 obus furent lancés sur cette malheureuse ville. Les rues y sont étroites, les maisons hautes, la population accumulée, comme dans toutes les enceintes fortifiées où l'espace manque, et bientôt l'incendie éclata de toutes parts. Le bas peuple vociférait dans les rues; la classe aisée et paisible, partagée entre deux terreurs, celle de l'étranger et celle de la multitude, ne savait que désirer. Au même instant on apprenait à l'état-major de la place le passage commencé du petit bras du Danube. Il fallait empêcher cette tentative, dont le succès rendait tout secours impossible, et condamnait à devenir prisonniers tous ceux qui défendraient Vienne. Deux bataillons de grenadiers furent pendant la nuit dirigés sur le pavillon de Lusthaus, pour enlever ce point d'appui

Mai 1809.

Etablissement de batteries incendiaires contre la ville fortifiée.

au pont préparé par les Français. Mais les voltigeurs de Boudet se tenaient sur leurs gardes. Établis dans ce pavillon de Lusthaus, couverts par des abatis, ils attendirent les deux bataillons, et les accueillirent par des décharges meurtrières exécutées à bout portant. En même temps l'artillerie, placée sur la rive que nous occupions, ouvrit un feu de mitraille sur le flanc de ces deux bataillons, et les mit en déroute. Ils rebroussèrent chemin vers le haut du Prater.

Dès ce moment le passage du bras et l'investissement de Vienne étaient assurés. L'archiduc Maximilien, effrayé par la perspective de devenir prisonnier, sortit le 12 au matin de cette capitale si maladroitement compromise. Il emmena en se retirant la meilleure partie de la garnison, et ne laissa au général Oreilly, chargé de le remplacer, qu'un ramassis de mauvaises troupes, avec quelques gens du peuple qu'on avait eu l'imprudence d'armer. Après avoir passé le Danube il détruisit le pont du Thabor. Le général Oreilly n'avait plus qu'une conduite à tenir, s'il ne voulait pas faire inutilement incendier la ville, c'était de capituler. Dans la matinée du 12, il demanda la suspension du feu, qui fut accordée, et il signa la reddition, qui garantissait pour les personnes et les propriétés un respect que Napoléon se piquait d'observer et dont il ne se fût point écarté, la ville n'eût-elle fait aucune condition. Il fut convenu que le lendemain 13 mai les Français entreraient dans Vienne. Ils y entrèrent effectivement au milieu de la soumission générale, et des derniers frémissements d'un peuple qu'on avait vainement agité, sans prendre les moyens véritables d'utiliser son patriotisme.

Mai 1809.

Ainsi en trente-trois jours, Napoléon, surpris par des hostilités soudaines, avait d'un premier coup de sa redoutable épée coupé en deux la masse des armées autrichiennes à Ratisbonne, et enfoncé d'un second coup les portes de Vienne. Il était établi maintenant au sein de cette capitale, maître des principales ressources de la monarchie. Mais tout n'était pas fini, il s'en fallait, ni en Autriche ni en Allemagne, et il avait encore à déployer beaucoup de vigueur et de génie pour écraser les ennemis de tout genre qu'il avait suscités contre lui. Sans doute les archiducs ne pouvaient plus lui présenter à la tête de 140 mille hommes une bataille défensive sous Vienne, et c'était certainement un important résultat que d'avoir empêché une telle concentration de forces sur un tel point d'appui. Mais il restait une grande et décisive difficulté à vaincre, l'une des plus grandes qui se puissent rencontrer à la guerre, c'était de passer un fleuve immense devant l'ennemi, et de livrer bataille ce fleuve à dos. Cette difficulté, Napoléon n'avait pu la prévenir, et elle résultait forcément de la nature des choses. Il avait dû prendre, en effet, en quittant Ratisbonne, la route qui était la plus courte, qui tenait les archiducs isolés les uns des autres, et qui le rapprochait lui-même du prince Eugène en cas de nouveaux malheurs en Italie. Il avait dû par conséquent suivre la rive droite du Danube (voir la carte n° 14) en abandonnant la rive gauche aux Autrichiens, sauf à leur ôter, pour se les assurer à

Situation de Napoléon, maître de Vienne.

Nécessité de passer le Danube devant l'ennemi, résultant de l'occupation de Vienne.

lui-même, les moyens de passer d'un bord à l'autre. Maintenant parvenu à Vienne, en descendant ce fleuve, il allait avoir devant lui l'archiduc Charles, renforcé des restes du général Hiller et de l'archiduc Louis, mais affaibli par la nécessité de laisser des forces sur ses derrières, et pouvant néanmoins présenter 100 mille hommes en ligne lorsqu'on traverserait le Danube pour aller le combattre. En 1805, les Autrichiens, par suite des événements d'Ulm, n'étaient arrivés à Vienne qu'avec des débris, et ils avaient à Olmutz la grande armée russe. Il était dès lors naturel qu'ils s'éloignassent, et qu'ils allassent à quarante lieues de la capitale se réunir à l'armée russe, pour tenter à Austerlitz la fortune des armes. Mais cette fois ayant vis-à-vis de Vienne le gros de leurs forces, sans aucun secours à espérer plus loin, ils n'avaient qu'une conduite à tenir, c'était de constituer Napoléon en violation des règles de la guerre, en le réduisant à passer le Danube devant eux, et à livrer bataille ce fleuve à dos. Ce n'était plus à Austerlitz, c'était là, vis-à-vis de Vienne, sur la rive gauche du Danube, entre Essling, Aspern, Wagram, noms à jamais immortels, que devait se décider le destin de l'une des plus grandes guerres des temps modernes. On verra plus tard tout ce que fit Napoléon pour conjurer les difficultés de cette opération gigantesque, car les règles qu'il s'agissait de violer avaient été posées à des époques où l'on avait eu à franchir des fleuves de 100 ou 150 toises, avec des armées de 30 à 40 mille hommes. Cette fois il s'agissait d'un cours d'eau de 500 toises, et d'armées de 150 mille hommes chacune, passant avec 5 ou 600 bouches à feu, devant des forces pareilles qui les attendaient pour les précipiter dans un abîme. Mais le génie qui avait vaincu les Alpes, savait comment vaincre le Danube, quelque large et impétueux que fût ce fleuve. Cependant, avant de s'occuper d'une pareille opération, il avait beaucoup de soins préalables à prendre, et non moins urgents que celui d'aller sur l'autre rive du Danube achever la destruction de ses ennemis.

Mai 1809.

D'abord il fallait s'établir solidement à Vienne, s'y établir de manière à profiter des grandes ressources de cette capitale, de manière à n'avoir pas d'inquiétude pour ses communications, de manière surtout à rallier le prince Eugène, en empêchant l'archiduc Jean de rejoindre l'archiduc Charles. Il importait en effet que les deux armées belligérantes d'Italie étant amenées sous Vienne par le mouvement imprimé aux opérations, la jonction de l'une fut ménagée à Napoléon, sans procurer la jonction de l'autre à l'archiduc Charles. C'était là un difficile problème qui fut admirablement résolu, après des alternatives dont bientôt on verra la suite sanglante.

Soins auxquels Napoléon est obligé de se livrer avant de songer à passer le Danube.

Napoléon était entré à Vienne avec les troupes des généraux Saint-Hilaire, Demont et Oudinot, sous le maréchal Lannes, avec les quatre divisions Boudet, Carra Saint-Cyr, Molitor, Legrand, sous le maréchal Masséna, avec la garde et la réserve de cavalerie. Obligé de faire face à l'ennemi, soit devant Vienne, au moment où il faudrait passer le Danube, soit plus haut, à Krems par exemple, si l'archiduc s'y présentait pour essayer une tentative

Distributions des forces françaises depuis Ratisbonne jusqu'à Vienne.

sur nos derrières (voir la carte n° 14), il disposa le corps du maréchal Davout de façon que celui-ci pût en une journée se porter tout entier ou sur Krems, ou sur Vienne. Dans ce but, il lui assigna Saint-Polten pour quartier général, une division devant être répandue de Mautern à Mölk, les deux autres concentrées à Saint-Polten même. Les 30 mille hommes du maréchal Davout pouvaient ainsi, en se réunissant sur le Danube vers Mautern ou Mölk, résister à quelque tentative de passage que ce fût, et si cette tentative était faite avec des moyens considérables, donner le temps à l'armée de revenir de Vienne sur le point menacé. Ils pouvaient également, rendus en une journée à Vienne, porter l'armée principale à 90 mille hommes au moins, force suffisante pour livrer à l'archiduc Charles une bataille décisive au delà du Danube.

*Position de Vandamme à Lintz, et de Bernadotte à Passau.*

Cependant il était possible que le danger se présentât plus loin en arrière, c'est-à-dire à Lintz et même à Passau. Quoiqu'il fût moins probable de voir l'archiduc Charles s'y diriger, à cause de la distance, Napoléon laissa le général Vandamme à Lintz, avec 10 mille Wurtembergeois, en lui donnant la mission de rétablir le pont de cette ville, d'y créer des têtes de pont, et de faire de continuelles reconnaissances en Bohême. Il plaça en outre au point si important de Passau le maréchal Bernadotte, qui arrivait avec les Saxons. Ce maréchal, devenu prince de Ponte-Corvo, à titre de parent de l'Empereur (il avait épousé une sœur de la reine d'Espagne), était pourtant mécontent de son sort, ne se trouvait pas à la tête des Saxons placé d'une manière digne de lui, et envoyait sur ces troupes des renseignements extrêmement défavorables, même injustes, car si elles ne valaient pas des troupes françaises, et si elles éprouvaient surtout les sentiments qui travaillaient déjà le cœur des Allemands, il n'en était pas moins vrai que devant des Autrichiens elles pouvaient se tenir en bataille, et remplir leur devoir aussi bien que les Bavarois et les Wurtembergeois. Avec quelques Français pour les soutenir et leur donner l'exemple, elles devaient presque valoir ces Français eux-mêmes. Aussi pour satisfaire le prince Bernadotte, dont les plaintes l'importunaient, Napoléon fit-il deux parts de la division Dupas, et laissant les troupes allemandes des petits princes à Ratisbonne sous le général Rouyer, il dirigea sur Passau la brigade française sous le général Dupas lui-même. Le maréchal Bernadotte avait donc sur ce point 4 mille Français, 15 à 16 mille Saxons, ce qui lui composait un corps excellent de 20 mille hommes environ. Ainsi avec 6 mille Allemands à Ratisbonne, 20 mille Saxons et Français à Passau, 10 mille Wurtembergeois à Lintz, et 30 mille Français, vieux soldats, à Saint-Polten, Napoléon était gardé d'une manière infaillible sur ses derrières, en conservant les moyens de livrer bataille sur son front. (Voir la carte n° 14.)

Il n'entendait pas du reste consacrer toujours autant de troupes à la garde de ses communications, et il se proposait, lorsque les Bavarois auraient soumis le Tyrol, et que les Autrichiens auraient évacué l'Italie, d'amener encore plus de forces au point décisif, c'est-à-dire sous Vienne. C'est par ce motif qu'il prescrivit à Ratisbonne, à Passau, à Lintz, à Mölk, à l'abbaye de Gottweit près Mautern, des travaux immenses, et tels qu'un très-faible corps avec beaucoup d'artillerie pût s'y défendre plusieurs jours de suite. A Ratisbonne il y avait peu à faire, puisqu'il existait un pont de pierre, et qu'il suffisait de rendre la muraille qui enveloppait la place de meilleure défense. Mais à Passau, situé au confluent du Danube et de l'Inn, il ordonna des travaux fort importants, qui devaient être le commencement de ceux qu'il voulait exiger plus tard de la Bavière, afin qu'elle eût en cet endroit une place de premier ordre contre l'Autriche. Il décida qu'on y construirait des ponts sur le Danube et sur l'Inn, avec double tête de pont sur l'un et l'autre fleuve, avec un camp retranché pour 80 mille hommes, avec des fours pour 100 mille rations par jour, avec un approvisionnement considérable de grains et de munitions, et des hôpitaux fort vastes. Ce surcroît de précautions autour de Passau avait pour objet de procurer, en cas de mouvement rétrograde, un appui solide à l'armée, derrière les deux lignes du Danube et de l'Inn, car ce capitaine, qui, dans la politique, avait l'imprudence de ne jamais supposer la mauvaise fortune, la supposait toujours à la guerre, et se précautionnait admirablement contre elle. A Lintz, autre débouché de la Bohême, il ordonna également un pont avec double tête de pont, des fours, des amas de vivres, des hôpitaux. A la belle abbaye de Mölk, qui n'était pas l'un des débouchés de la Bohême, mais qui dominait avantageusement le Danube, et contenait de vastes bâtiments, il prescrivit de construire, avec du bois et des ouvrages en terre, une petite place armée de seize bouches à feu, et que 1,200 hommes pouvaient très-bien défendre. Elle devait aussi contenir un hôpital pour plusieurs milliers de malades. Il décida l'établissement d'un semblable poste à l'abbaye de Gottweit, vis-à-vis de Krems, dans une position élevée, d'où l'on découvrait tout ce qui se passait à plusieurs lieues sur l'une et l'autre rive du Danube. Enfin à Krems même, un pont dut être établi au moyen de bateaux ramassés le long du fleuve, avec double tête de pont, de façon à pouvoir interdire le passage à l'ennemi en le conservant libre pour notre propre usage. Par ce système de savantes précautions, Napoléon avait tous les bords du Danube gardés de la meilleure manière, puisqu'ils l'étaient à la fois défensivement et offensivement, puisqu'en interdisant à l'ennemi de passer on pouvait passer soi-même, et le tenir ainsi dans de continuelles inquiétudes. De plus on avait, en cas de retraite, une suite d'échelons, sur une route jalonnée de magasins et d'hôpitaux, vers lesquels auraient été dirigés d'avance les blessés et les malades. On avait enfin une suite de ports pour les convois par eau, et un ensemble d'ouvrages sur la ligne de communication, que peu d'hommes suffisaient à défendre, ce qui permettait d'amener de sa queue à sa tête, ou de sa tête à sa queue, une rapide concentration pour les jours de grandes batailles. Voilà ce que peut la vigilance du génie pour assurer les opérations les plus difficiles et les plus délicates.

Il fallait à ces précautions sur le fleuve, c'est-à-dire à gauche, ajouter quelques précautions dans les montagnes, c'est-à-dire à droite, contre l'agitation qui s'étendait depuis le Tyrol jusqu'à la Styrie. (Voir la carte n° 31.) Napoléon avait d'abord chargé le maréchal Lefebvre de soumettre le Tyrol avec 24 mille Bavarois, après en avoir laissé 6 mille à Munich. Cette œuvre terminée, les Bavarois devaient se porter à Passau, et y remplacer les Saxons, qui pourraient dès lors se rendre à Vienne. Plus près de lui en Styrie, Napoléon avait déjà envoyé le général Bruyère avec un millier de chevaux sur la route d'Italie, par Lilienfeld. Il confia la mission d'observer cette route à son aide de camp Lauriston, en lui donnant, outre ces mille chevaux du général Bruyère, deux à trois mille fantassins badois, bons soldats, lesquels parlant allemand, étaient propres à persuader le pays autant qu'à l'intimider, et à le ramener au calme par la promesse de bons traitements. Le général Lauriston devait remonter jusqu'à Mariazell, et regagner Vienne par Neustadt.

Un autre avantage de ce mouvement était d'éclairer les routes d'Italie par lesquelles il fallait s'attendre à voir bientôt paraître l'archiduc Jean. Ce prince n'étant venu se réunir à l'archiduc Charles, ni à Lintz, ni à Krems, ne pouvait le rejoindre qu'aux environs de Vienne, à travers la Carinthie, la Styrie et la Hongrie, par Klagenfurth, Grätz et Œdenbourg. (Voir la carte n° 31.) Napoléon avait deux choses à faire à son égard : la première, de l'empêcher de tomber à l'improviste sur Vienne, en débouchant brusquement par la route

*Mai 1809.*

*Précautions de Napoléon du côté des Alpes.*

*Mesures pour assurer la jonction du prince Eugène avec Napoléon, et empêcher celle de l'archiduc Jean avec l'archiduc Charles.*

de Léoben et Neustadt (voir la carte n° 32); la seconde, de le contraindre à décrire le plus grand détour possible pour se réunir à l'archiduc Charles, de l'obliger, par exemple, à passer par Güns, Raab et Komorn, plutôt que par OEdenbourg et Presbourg, car plus le cercle qu'il parcourrait serait grand, plus Napoléon aurait de chances de rallier à lui son armée d'Italie, et d'empêcher l'archiduc Charles de rallier la sienne, le jour de la bataille décisive. C'est en étendant habilement ses postes autour de lui, au moyen de sa nombreuse cavalerie, que Napoléon atteignit ce double but.

Mai 1809

Ainsi tandis que le général Lauriston devait venir par Mariazell s'établir à Neustadt, route directe d'Italie, le général Montbrun, enlevé au maréchal Davout qui n'en avait plus besoin, fut placé en reconnaissance avec deux brigades de cavalerie légère à Bruck, plusieurs marches au delà de Neustadt, sur la même route. (Voir la carte n° 32.) Le général Colbert, avec des troupes de la même arme, fut cantonné de Neustadt à OEdenbourg, le général Marulaz le long du Danube jusqu'à Presbourg et au-dessous, les uns et les autres ayant ordre d'être toujours en reconnaissance autour du lac de Neusiedel, pour s'éclairer du côté de la Hongrie. Derrière eux la grosse cavalerie fut cantonnée depuis Hainbourg jusqu'à Baaden, avec ordre de les soutenir au besoin. Grâce à ce réseau si bien tendu, rien ne pouvait paraître sans qu'on en fût immédiatement averti, et en même temps l'archiduc Jean était forcé de décrire un très-grand cercle, et de joindre le Danube plutôt à Komorn qu'à Presbourg, ce qui

Distribution de la cavalerie en réseau autour de la Hongrie pour empêcher la jonction des archiducs.

diminuait ses chances de coopérer à la grande bataille préparée sous les murs de Vienne.

Mai 1809.

Suite des événements en Italie et en Pologne.

Pendant que Napoléon, impatient de la livrer, disposait tout pour en assurer le succès, les armées qui, en Italie et en Pologne, devaient de près ou de loin concourir à ses combinaisons, étaient, comme lui, occupées à marcher et à combattre. Les Autrichiens arrivés si fièrement, quoique si lentement, jusqu'à l'Adige, s'étaient arrêtés devant cette limite, n'osant pas l'attaquer, d'abord à cause de sa force naturelle, puis à cause de l'armée d'Italie qui s'était réorganisée et renforcée, et enfin à cause de l'incertitude qui régnait à cette époque sur les événements d'Allemagne. Il était tout simple qu'avant d'essayer au delà de l'Adige une opération extrêmement hasardeuse, l'archiduc Jean voulût savoir si son frère le généralissime avait été heureux ou malheureux sur le Danube. Le prince Eugène, inspiré par le général Macdonald, avait profité de ce retard pour reprendre haleine, et pour familiariser avec la vue de l'ennemi, non pas ses soldats, qui n'en avaient pas besoin, mais lui-même et ses lieutenants, intimidés par la défaite de Sacile. Il s'était appliqué, dans ce but, à faire sur le haut Adige de fréquentes reconnaissances, qui avaient souvent tourné en véritables combats. Ce prince commençait effectivement à se remettre, lorsque le 1er mai, dans l'une de ces reconnaissances, le général Macdonald aperçut à l'horizon une immense quantité de charrois paraissant rétrograder vers le Frioul. A cette date on ne savait rien encore au quartier général du prince Eugène des événements

Situation de l'armée d'Italie après sa retraite et sa réorganisation sur l'Adige.

de Ratisbonne, et on était inquiet pour l'Allemagne autant que pour l'Italie. Mais le général Macdonald ne pouvant attribuer un pareil mouvement qu'à des défaites que les Autrichiens auraient essuyées en Bavière, poussa son cheval au galop vers le prince Eugène, et lui prenant la main : Victoire en Allemagne, lui dit-il, c'est le moment de marcher en avant! — Le prince, charmé, lui serra la main à son tour. Tous deux coururent aux avant-postes, reconnurent de leurs yeux, et apprirent bientôt par tous les rapports que les Autrichiens battaient en retraite. Ainsi se faisait sentir à distance la puissante impulsion de Napoléon. Sa marche victorieuse en Bavière obligeait l'archiduc Jean à rebrousser chemin, et à retourner en Frioul. Le prince autrichien aurait bien voulu traverser les Alpes, pour porter secours à ses frères, en se rendant sur le Danube, mais[1] il n'osa point tenter une telle hardiesse, car s'il pouvait à la vérité tomber dans le flanc de Napoléon, ce qui eût été un grand avantage dans le cas où tous les ar-

Mai 1809.

Retraite précipitée de l'archiduc Jean à la nouvelle des événements de Ratisbonne.

---

[1] Le général Mayer, officier attaché à l'état-major de l'archiduc Jean, dévoué comme de juste à sa gloire, et beaucoup moins à celle de l'archiduc Charles, a prétendu, dans un récit dont nous avons déjà parlé, que l'archiduc Jean voulait passer à travers les Alpes, et se jeter en Bavière, mais qu'il en fut empêché par la précipitation du général Chasteler à abandonner le Tyrol italien. D'après ce récit, le général Chasteler, se hâtant trop de courir dans le Tyrol allemand pour y tenir tête aux Bavarois, aurait livré à l'armée française d'Italie la route des Alpes, et rendu impossible le mouvement de l'archiduc Jean vers l'archiduc Charles. Je dois dire que rien ne justifie cette assertion, inspirée par le zèle d'un lieutenant pour la renommée de son chef, et que tout prouve au contraire que l'archiduc Jean, en apprenant les événements de Ratisbonne, ne songea qu'à se retirer vers la Hongrie, pour n'être pas débordé par le mouvement de Napoléon sur Vienne.

chiducs auraient convergé vers le même point, il s'exposait aussi à tomber seul dans ses mains, et à y être étouffé. Dans cette situation, l'archiduc Jean se hâta de rétrograder, avec la pensée tout au plus de paraître à temps sous les murs de Vienne, et plus probablement avec celle de rejoindre son frère au-dessous de cette capitale, par la Styrie et la Hongrie. Quoi qu'il en soit, l'armée autrichienne battit en retraite à partir du 1ᵉʳ mai, et le prince Eugène, qui n'avait pas autre chose à faire qu'à la suivre, se mit aussitôt à ses trousses, pour lui causer le plus de mal possible. Mais à l'instant même le moral des Autrichiens allait perdre tout ce qu'allait gagner celui des Français. Les Autrichiens n'ayant désormais d'autre but en définitive que d'évacuer le pays, devaient le disputer avec peu d'énergie, et les Français, voulant se venger de leurs échecs, devaient au contraire attaquer avec plus de hardiesse et de vivacité. Dès les premières marches, en effet, on vit ceux-ci se battre mieux que ceux-là, et chaque soir de nombreux prisonniers, des bagages considérables étaient amenés dans les lignes des Français, tandis qu'on n'en amenait aucuns dans celles des Autrichiens.

*Poursuite des Autrichiens par l'armée d'Italie.*

Le prince Eugène, conservant l'organisation que nous avons déjà décrite, en trois corps et une réserve, marcha, Macdonald à droite dans la plaine, Grenier au centre sur la grande route du Frioul, Baraguey-d'Hilliers à gauche le long des montagnes, la réserve en arrière, le tout formant environ 60 mille hommes. Les dragons de Grouchy et de Pully galopaient en tête, pour prendre les détachements ou les convois mal gardés. Les routes étaient encore mauvaises, les ponts détruits, et la marche moins rapide qu'on ne l'aurait désiré.

Mai 1809.

On s'avança sur le revers méridional des Alpes (voir la carte n° 34), de l'Adige à la Brenta, de la Brenta à la Piave, comme Napoléon sur le revers septentrional, de l'Isar à l'Inn, de l'Inn à la Traun, et à peu près dans le même temps. Le 7 mai au soir, on était au bord de la Piave, dont l'ennemi avait coupé tous les ponts. On résolut de la traverser à gué, et de se précipiter sur les Autrichiens, qui semblaient faire une halte, apparemment pour donner à leurs bagages le temps de défiler. Le lendemain, les dragons de Grouchy et de Pully passèrent avec une avant-garde d'infanterie, et fondirent sur les Autrichiens. Ceux-ci furent d'abord repoussés, mais, comme ils avaient leurs bagages à défendre, ils résolurent de résister, et se reportèrent en masse sur l'avant-garde du prince Eugène, qui, se trouvant de sa personne aux avant-postes, vit bientôt avec effroi sa cavalerie et son infanterie refoulées en désordre sur la Piave. L'armée n'avait pas encore franchi la rivière, et celles de nos troupes qui avaient passé les premières pouvaient essuyer un grave échec. Heureusement la droite, sous le général Macdonald, arrivait en toute hâte. Celui-ci la fit entrer hardiment dans le fleuve, et prendre position au delà. Puis vint le général Grenier, et on marcha tous ensemble sur les Autrichiens, qui furent promptement culbutés, et laissèrent dans nos mains beaucoup de canons, de bagages, 2,500 morts ou blessés, plus un nombre à peu près égal

Le prince Eugène passe la Piave de vive force.

de prisonniers. On en avait déjà ramassé 2 mille de l'Adige à la Piave. C'était donc près de 7 mille soldats enlevés en quelques jours à l'archiduc Jean.

*Mai 1809.*

*Les Autrichiens repassent les Alpes Carniques et Juliennes.*

Le 9 mai on entra dans Conegliano; le 10 on arriva devant le Tagliamento, qu'on franchit au gué de Valvassone. La cavalerie fut envoyée à droite vers Udine pour débloquer Palma-Nova; le gros de l'armée marcha à gauche, en remontant le Tagliamento vers San-Daniele et Osopo. Les Autrichiens, parvenus aux gorges des Alpes Carniques par lesquelles ils avaient débouché, furent contraints de disputer encore le terrain pour sauver leurs bagages, et firent une nouvelle perte de 1,500 hommes tués, blessés ou prisonniers. Les 11 et 12 mai, au moment où Napoléon occupait Vienne, il ne restait plus d'ennemis en Italie. L'archiduc Jean, qui avait pénétré dans cette contrée avec environ 48 mille hommes, en sortait avec 30 mille tout au plus. La confiance qu'il avait éprouvée en débutant l'avait abandonné, pour passer tout entière au cœur de son jeune adversaire.

*Distribution que l'archiduc Jean fait de ses forces en quittant l'Italie.*

Le prince autrichien, rejeté au delà des Alpes, fit une nouvelle répartition de ses forces. Il détacha de Villach sur Laybach, par la route transversale qui va de la Carinthie à la Carniole, le ban de Croatie, Ignace Giulay, avec quelques bataillons de ligne, dix-huit escadrons, plusieurs batteries, en lui donnant mission de lever l'insurrection croate, d'appuyer ensuite le général Stoïchevich, qui était opposé au général Marmont, et de couvrir ainsi Laybach contre les armées françaises d'Italie et de Dalmatie. Ce détachement fait, l'archiduc Jean ne conservait qu'environ 20 mille hommes. Sa résolution était ou de se porter par Villach sur Lilienfeld et Saint-Polten, afin de coopérer à la jonction tant projetée des archiducs, ou, s'il n'en était plus temps, de rallier à lui les généraux Chasteler et Jellachich par Léoben, de se diriger avec eux de Léoben sur Grätz, pour se réunir en Hongrie à la grande armée autrichienne, et concourir à la défense de la monarchie, suivant des vues qu'il devait concerter avec le généralissime. Mais il était vivement poursuivi par le prince Eugène victorieux, et il allait rencontrer le réseau de cavalerie tendu par Napoléon de Bruck à Presbourg.

Mai 1809.

La marche de l'archiduc Jean commandait en quelque sorte celle du prince Eugène. Celui-ci était obligé de veiller à la fois sur les mouvements de l'archiduc Jean et sur ceux du ban de Croatie, pour que le premier se joignît le plus tard possible et avec le moins de forces à l'archiduc Charles, pour que le second n'empêchât pas la jonction du général Marmont avec l'armée française d'Italie. Il était difficile de pourvoir aux diverses exigences de cette situation, si on continuait de marcher en une seule masse, car, quelque vite et bien qu'on manœuvrât, il se pouvait que, si l'on se dirigeait immédiatement sur Vienne pour renforcer Napoléon, l'archiduc Jean et Giulay réunis accablassent le général Marmont, et que si, au contraire, on faisait un détour vers Laybach pour appuyer le général Marmont, l'archiduc Jean libre de courir sur Presbourg, vînt jeter dans la balance le poids décisif de l'armée autrichienne d'Italie. Dans ce doute, le prince Eugène prit un parti moyen qui

Le prince Eugène, imitant l'archiduc Jean, se divise en deux masses, l'une marchant par Laybach, l'autre par Klagenfurth.

convenait assez aux circonstances. Il donna au général Macdonald 15 ou 16 mille hommes de troupes excellentes, qui devaient suivre la route de Laybach, débloquer Palma-Nova, occuper Trieste, rallier le général Marmont, former avec celui-ci 26 à 27 mille hommes, et avec cette force très-respectable rejoindre par Grätz l'armée d'Italie sur la route de Vienne. Quant à lui, il s'en réserva 30 à 32 mille, et prit la route qui devait le conduire le plus directement vers Napoléon. Ce plan offrait néanmoins des inconvénients, car l'archiduc Jean, s'il eût été un vrai général, aurait pu, en manœuvrant entre ces divers corps, les battre les uns après les autres. Mais ce prince spirituel concevait à la guerre une foule d'idées, et n'en suivait aucune résolument. De plus, il avait des troupes démoralisées, et peu capables de ces mouvements rapides, qui supposent de la part des soldats autant de confiance dans le général, que de dévouement à ses desseins. Le plan du prince Eugène ne présentait donc pas les inconvénients qu'il aurait pu avoir en face d'un autre adversaire. Ces deux portions de l'armée d'Italie se séparèrent le 14 mai, pour ne plus se revoir que dans les plaines de Wagram.

Dans ce moment, le général Marmont, avec 10 ou 11 mille hommes de vieilles troupes, envoyées en Illyrie après Austerlitz, traversait les pays montueux de la Croatie, pour se rendre par la Carniole dans la Styrie, et rejoindre la grande armée d'Allemagne. Il conduisait entre ses colonnes un convoi de vivres porté sur des chevaux du pays, qui devaient se charger de ses malades et de ses

*Mai 1809.*

*Marche du général Marmont pour rejoindre l'armée d'Italie.*

blessés, quand ils se seraient déchargés des grains consommés par l'armée. Après avoir dispersé les bandes du général Stoïchevich, il s'avançait prudemment à travers une sorte d'obscurité, ne sachant quelle rencontre il allait faire entre les armées françaises et autrichiennes, qui pouvaient les unes et les autres s'offrir à lui à l'improviste, en amies ou ennemies, et en nombre bien supérieur. Il se comportait dans cette marche difficile avec sagesse et fermeté, cherchant à avoir des nouvelles du général Macdonald, qui de son côté cherchait à avoir des siennes, sans qu'ils parvinssent ni l'un ni l'autre à s'en procurer.

Mai 1809.

Ces événements survenus en Italie en avaient amené de semblables dans le Tyrol. Le général Chasteler, attiré du Tyrol italien dans le Tyrol allemand par le danger des Autrichiens sur le Danube, avait couru à Inspruck, et d'Inspruck à Kufstein. Il avait poussé quelques avant-postes sur la route de Salzbourg par Lofen et Reichenthal. Un autre corps autrichien, celui du général Jellachich, qu'on a vu au début de la campagne marcher latéralement au corps de Hiller, avait suivi, en se retirant comme en avançant, la route qui longe le pied des montagnes. Il s'était replié sur Salzbourg, de Salzbourg sur Léoben, après avoir défendu contre la division de Wrède les postes de Luegpass et d'Obtenau. Les troupes réunies de Jellachich et de Chasteler s'élevaient de 16 à 17 mille hommes sans les Tyroliens, et, bien commandées, résolues à s'enfermer dans les montagnes, elles auraient pu créer sur notre droite et sur nos derrières une fâ-

Événements dans le Tyrol.

cheuse diversion. Mais elles avaient reçu pour instruction de se joindre aux masses agissantes; elles étaient divisées en plusieurs corps indépendants les uns des autres, s'entendaient mal avec les Tyroliens, et ne pouvaient pas dès lors se rendre fort redoutables. Le maréchal Lefebvre, après avoir refoulé dans la vallée de l'Ens supérieur (voir la carte n° 31) le corps de Jellachich, en lui opposant la division de Wrède, ramena cette division à lui, revint sur le fort de Kufstein qui était bien défendu par une garnison bavaroise, le débloqua, et, faisant remonter de Rosenheim sur Kufstein la division Deroy, s'enfonça avec ces deux divisions dans le Tyrol allemand, qu'il avait mission de soumettre. Ce vieil officier, peu capable de conduire une grande opération, était excellent pour livrer avec vigueur et intelligence une suite de petits combats. Il repoussa partout les avant-postes autrichiens, et enfin le 13 mai, rencontra le général Chasteler dans la position de Worgel. Celui-ci s'était retranché sur des hauteurs, ayant derrière des ouvrages les troupes autrichiennes, et au loin sur ses ailes les Tyroliens insurgés, qui tiraillaient avec une grande justesse, et roulaient d'énormes rochers. Le vieux Lefebvre, après avoir essayé vers ses deux ailes d'un combat de tirailleurs désavantageux pour ses troupes, aborda de front l'ennemi, enleva sous un feu terrible les positions de Chasteler, prit environ trois mille hommes, dispersa la nuée des insurgés, et mit les Autrichiens dans une déroute complète. Puis brûlant quelques villages tyroliens, sur son passage, il se porta sous Inspruck, qu'on offrit de lui livrer moyennant certaines conditions. Il parvint à y entrer sans rien accorder, grâce au désaccord des Tyroliens, qui voulaient, les uns se rendre, les autres résister à outrance. Maître d'Inspruck, il pouvait se croire assuré de la soumission du Tyrol. Mais l'aubergiste Hofer et le major Teimer se retirèrent vers les cimes inaccessibles qui séparent le Tyrol allemand du Tyrol italien, prêts à en descendre de nouveau si l'occasion redevenait favorable. Le général Chasteler avec sa troupe fort réduite, le général Jellachich avec la sienne, fort réduite aussi, se mirent en marche pour se retirer furtivement vers la Hongrie, en coupant transversalement la route qui mène du Frioul à Vienne, exposés à rencontrer dans ce périlleux trajet ou la tête ou la queue de l'armée du prince Eugène.

Mai 1809.

Ainsi, après un premier revers en Italie et une vive commotion en Tyrol, tout réussissait au gré du conquérant, dont la fortune, un moment ébranlée, se relevait par la puissance de son génie. La situation ne s'était pas moins améliorée en Pologne. Le prince Joseph Poniatowski venait de tenir dans ces contrées une conduite aussi habile qu'heureuse. Ayant livré avec Varsovie la rive gauche de la Vistule aux Autrichiens, il s'était promis de leur faire expier cet avantage dès qu'ils voudraient passer sur la rive droite, dont il s'était réservé la possession. Quelques corps autrichiens ayant en effet voulu franchir la Vistule, il les avait surpris et détruits. Puis, tandis que l'archiduc Ferdinand, pressé de recueillir des triomphes faciles, continuait à descendre la gauche de la Vistule, de

Évènements en Pologne.

Mai 1809.

Varsovie à Thorn, et sommait inutilement cette dernière place, le prince Poniatowski remontait la droite du fleuve, se portait sur Cracovie pour conquérir cette vieille métropole de la nationalité polonaise, et venait lever en Gallicie l'étendard de l'insurrection. Là aussi les cœurs battaient secrètement pour l'indépendance de la Pologne, et une vive émotion avait éclaté à l'aspect du héros polonais. Si les Russes, plus zélés ou plus expéditifs, avaient secondé le brave Poniatowski, en traversant la Vistule à Sandomir ou à Cracovie, ils auraient coupé la retraite à l'archiduc Ferdinand, et celui-ci n'eût jamais repassé la frontière, qu'il avait si témérairement franchie.

Satisfait de la marche des choses, Napoléon songe à passer le Danube, pour terminer la guerre par une bataille décisive.

Tels étaient en Italie, en Autriche, en Pologne, les événements jusqu'au 15 ou 18 mai. L'occupation de Vienne, à la suite des foudroyantes opérations de Ratisbonne, avait rendu à la fortune de Napoléon tout son ascendant. L'Allemagne, quoique en secret frémissante, se contenait mieux qu'au début de la guerre : le major Schill, obligé d'abandonner le haut Elbe et de se réfugier vers le littoral de la Baltique, trouvait partout des cœurs amis, mais nulle part des bras prêts à le seconder : la Prusse, intimidée par les nouvelles du Danube, d'abord niées, puis admises, faisait courir après le major Schill, et adressait au cabinet français des protestations d'amitié et de dévouement. Napoléon ayant bien assuré son établissement à Vienne, habilement jalonné sa route par la présence des Allemands des petits princes à Ratisbonne, des Saxons à Passau, des Wurtembergeois à Lintz, du corps de Davout à Saint-Polten, voulait en finir en passant le Danube pour se jeter sur l'archiduc Charles, qui était venu se placer en face de lui avec sa principale armée. Pouvant s'adjoindre le maréchal Davout, et se procurer ainsi 90 mille combattants, il avait le moyen de terminer la guerre, sans attendre ni le prince Eugène, ni le général Macdonald, ni le général Marmont. L'archiduc Charles renforcé de quelques bataillons recueillis à travers la Bohême, des restes du général Hiller et de l'archiduc Louis, ne pouvait pas lui opposer plus de 100 mille hommes. Il n'y avait pas là de quoi l'intimider. Franchir le Danube devant cette armée était donc toujours la difficulté à vaincre pour terminer la guerre.

Mai 1809.

Mais comment franchir un tel fleuve, en pareille saison, avec de si grandes masses, et contre d'autres masses non moins considérables? C'est sur quoi Napoléon méditait sans cesse. D'abord fallait-il passer sous Vienne? Cette première question était résolue dans son esprit. (Voir la carte n° 32.) Revenir en arrière, à Krems par exemple, pour dérober à l'ennemi l'opération du passage, était impossible, car Vienne, frémissante et dévouée à la maison impériale, eût appelé à l'instant l'archiduc Charles, à moins d'être contenue par une force qui aurait manqué le jour de la bataille décisive. Napoléon eût donc couru la chance de perdre à la fois la capitale, les ressources qu'elle contenait, ses moyens de communication avec le prince Eugène, et l'ascendant moral des armes. Descendre plus bas était moins praticable encore, car au danger de s'absenter de Vienne s'en serait joint un plus grave,

Raisons de passer le Danube à Vienne même, ni au-dessus, ni au-dessous de cette capitale.

celui d'allonger sa ligne d'opération, de se créer par conséquent un point de plus à garder, et de se priver de 25 à 30 mille hommes, indispensables pour livrer bataille. Vienne était donc le point forcé du passage. Les deux adversaires y étaient attachés, Napoléon par les raisons que nous venons de dire, l'archiduc Charles par la présence de Napoléon.

Mais on pouvait passer une lieue au-dessus, ou une lieue au-dessous, sans manquer aux graves considérations qui précèdent. Les officiers du génie avaient reconnu le Danube depuis Klosterneubourg, point où ce fleuve sort des montagnes pour s'épancher dans la magnifique plaine de Vienne, jusqu'aux environs de Presbourg. (Voir les cartes n°ˢ 32 et 48.) Ils avaient constaté une grande diversité dans les difficultés du passage. Devant Vienne et un peu au-dessous le Danube s'étendait, se divisait en une multitude de bras, devenait dès lors plus large, mais moins rapide et moins profond. Plus bas qu'Ébersdorf, en approchant de Presbourg, il s'encaissait de nouveau, devenait moins large, moins coupé, mais plus profond et plus rapide, et bordé de rives escarpées, ce qui était un sérieux inconvénient pour l'établissement des ponts.

Napoléon choisit pour son opération la partie du Danube la plus voisine de Vienne, aimant mieux rencontrer le fleuve large que rapide et profond, et surtout le rencontrer partagé en plusieurs bras et semé d'îles, car il trouvait ainsi la difficulté amoindrie, comme il arrive d'un fardeau qu'on rend maniable en le divisant. Napoléon songea particulièrement à se servir des îles qui forment la séparation des bras, pour s'aider à passer. Si, par exemple, il s'en présentait une assez considérable pour contenir une nombreuse armée, dans laquelle on pourrait descendre en sûreté à l'abri des regards et des boulets des Autrichiens, et après laquelle il n'y aurait plus qu'un faible bras à traverser pour déboucher devant l'ennemi, la difficulté du passage devait en être fort diminuée. Fallût-il pour y aborder franchir la plus forte masse des eaux du Danube, ce qui était inévitable, si on voulait n'avoir plus qu'un faible bras à passer devant l'ennemi, il valait la peine de le tenter, puisque la partie la plus périlleuse de l'opération s'exécuterait sous la protection de cette île, de ses bois et de sa profondeur. Il y en avait deux dans ces conditions, celle de Schwarze-Laken, vis-à-vis de Nussdorf, au-dessus de Vienne, et celle de Lobau, à deux lieues au-dessous, vis-à-vis d'Enzersdorf. (Voir la carte n° 48.) Napoléon jeta les yeux sur l'une et l'autre, et voulut doubler ses chances, en essayant de se servir de toutes les deux. Mais la tentative faite sur la première, plutôt à titre de démonstration que d'entreprise sérieuse, échoua, parce qu'elle fut exécutée avec trop peu de moyens et trop peu de vigilance. Le général Saint-Hilaire y envoya 500 hommes et un chef de bataillon, sans avoir pris garde à une jetée qui liait cette île de Schwarze-Laken avec la rive gauche qu'occupaient les Autrichiens. Nos 500 hommes, transportés à l'aide de barques, et se croyant couverts par le petit bras qui restait à traverser, tinrent bon contre la fusillade et la canonnade, mais furent bientôt assaillis inopinément par plusieurs bataillons qui avaient passé sur la petite jetée. Après une résistance héroïque, ne pouvant repasser le grand bras, ils furent tués ou pris. Il y avait à cet échec une compensation, c'était d'attirer l'attention de l'ennemi sur le point de Nussdorf, et de l'éloigner de l'île de Lobau, par laquelle Napoléon était résolu de faire sa principale tentative de passage.

Description de l'île de Lobau. L'île de Lobau dont il s'agit, île à jamais célèbre par les événements prodigieux dont elle devint le théâtre, était on ne peut pas plus heureusement conformée pour les projets de Napoléon. (Voir les cartes n°ˢ 48 et 49.) Elle était en partie boisée, et présentait dans sa longueur un rideau continu de beaux arbres entre l'ennemi et nous. Elle était fort vaste, car elle avait une lieue de longueur et une lieue et demie de largeur, d'où il résultait que, même en se trouvant dans le milieu, on était garanti des boulets autrichiens. Une fois arrivé dans l'île de Lobau, on n'avait plus à franchir qu'un bras de 60 toises, difficulté grande encore, qui ne dépassait pas toutefois les proportions ordinaires. Mais il fallait se transporter dans cette île avec une nombreuse armée, et pour cela traverser le grand Danube, composé de deux bras immenses, l'un de 240 toises, l'autre de 120, séparés par un banc de sable. Un pont à jeter sur une telle masse d'eau courante était une opération des plus difficiles; mais comme on devait l'entreprendre à l'improviste, avant que les Autrichiens pussent s'en apercevoir, en faisant avec des barques une brusque invasion dans l'île de Lobau, l'établissement de ce pont devenait praticable, puisqu'il ne devait pas avoir lieu devant l'ennemi. Il ne s'agissait de construire devant l'ennemi que le dernier pont, sur le bras de 60 toises, qui séparait la Lobau de la rive gauche. L'opération ainsi divisée avait chance de réussir. Il restait une seule difficulté vraiment grave, celle de la réunion des matériaux. Il fallait en effet soixante-dix à quatre-vingts bateaux de forte dimension, plusieurs milliers de madriers, et surtout de puissantes amarres, pour retenir le pont contre un courant extrêmement rapide. Or les Autrichiens auxquels il était facile de prévoir que le passage du Danube serait l'opération importante de la guerre, n'avaient en quittant Vienne montré de la prévoyance que relativement à cet objet. Ils avaient brûlé ou coulé à fond la plupart des gros bateaux, et fait descendre sur Presbourg ceux qu'ils n'avaient pas détruits. Les bois abondaient, mais les gros cordages étaient rares. En un mot, on manquait presque absolument des moyens de s'amarrer. Les ponts qui existaient auparavant devant Vienne, étaient des ponts de pilotis, et n'avaient par conséquent jamais exigé d'amarres, comme les ponts de bateaux. Il eût fallu ou planter des pilotis pour y attacher les bateaux, ce qui aurait été long, et ce que l'ennemi aurait aperçu, ou se procurer de fortes ancres. Or sur cette partie du Danube les fortes ancres n'étaient pas à l'usage de la navigation, et on ne pouvait en obtenir que très-difficilement. Ce n'était qu'à Presbourg ou Komorn qu'on en aurait trouvé un nombre suffisant. Néanmoins Napoléon s'efforça de suppléer par di-

Mai 1809.

Efforts de Napoléon pour suppléer aux moyens de passage qui lui manquent.

vers moyens au matériel qui lui manquait, et fut fort aidé dans ses efforts par les généraux Bertrand et Pernetti, l'un du génie, l'autre de l'artillerie.

Quant aux bateaux, on en découvrit quelques-uns dans Vienne, car ceux qui descendaient le Danube en convois étaient en général d'un échantillon qui ne convenait pas, ou bien avaient été retenus pour les ponts de Passau, de Lintz et de Krems. On en retira un certain nombre de dessous l'eau, qu'on eut soin de relever et de réparer. On s'en procura de cette manière environ quatre-vingt-dix, les uns destinés à porter le pont, les autres à conduire les matériaux jusqu'au lieu où ils devaient être employés. A force de recherches dans cette grande ville, on découvrit des cordages, car la navigation d'un fleuve comme le Danube devait toujours en exiger un approvisionnement assez considérable. On se procura des madriers par le sciage des bois, dont la contrée abondait. Enfin quant aux ancres on aurait pu en faire fabriquer dans les forges de Styrie, non loin de Vienne; mais cette fabrication eût entraîné une assez grande perte de temps, et Napoléon croyant avoir sous la main les forces nécessaires pour battre l'archiduc Charles, voulait en finir aussi vite que la prudence le permettrait. En conséquence il imagina de suppléer aux ancres en jetant dans le fleuve des poids très-lourds, comme des canons de gros calibre trouvés dans l'Arsenal de Vienne, ou bien des caisses remplies de boulets. Si le fleuve ne venait pas à croître subitement, ainsi qu'il arrive quand les chaleurs sont précoces, ce moyen pouvait suffire. On s'y fia,

Raisons qui décident Napoléon à précipiter le passage du Danube.

## WAGRAM.

et on disposa à l'avance les poids qui devaient remplacer les ancres pour n'avoir plus au dernier moment que la peine de les jeter dans le fleuve.

Mai 1809.

Tout étant prêt vers les 16 et 17 mai à Vienne, on fit descendre les matériaux à la hauteur de l'île de Lobau vis-à-vis d'Ébersdorf. (Voir les cartes 48 et 49.) En même temps les ordres de concentration furent donnés aux troupes qui allaient combattre au delà du Danube. Toute la cavalerie, sauf une division de chasseurs laissée en observation sur la frontière de Hongrie, fut ramenée de Presbourg et d'OEdenbourg sur Vienne. Dans le nombre des régiments rappelés se trouvaient les quatorze régiments de cuirassiers. Le maréchal Davout, qui devait d'abord venir avec son corps tout entier sur Vienne, reçut ordre d'y conduire deux divisions seulement, celles de Friant et Gudin, et de répartir la division Morand entre Mölk, Mautern et Saint-Polten, pour s'opposer aux tentatives du corps de Kollovrath que l'archiduc Charles avait placé à Lintz. Avec les corps de Lannes et de Masséna, avec la garde, la réserve de cavalerie, et les deux tiers du corps du maréchal Davout, Napoléon pouvait mettre environ 80 mille hommes en ligne contre les Autrichiens, et c'était assez, car l'archiduc Charles était hors d'état d'en réunir plus de 90 mille.

Concentration des forces françaises sur Vienne.

Le matériel de passage et les troupes destinées à combattre furent amenés du 18 au 19 mai vers la petite ville d'Ébersdorf. Le corps de Masséna avait été acheminé le premier sur ce point, et notamment la meilleure de ses divisions, celle de Mo-

Commencement du passage le 18 mai au matin.

litor. Dès le 18 l'opération commença sous les yeux de Napoléon, qui avait quitté Schœnbrunn pour établir son quartier général à Ebersdorf. La division Molitor fut placée dans des barques, et transportée successivement à travers les deux grands bras du Danube dans l'île de Lobau. (Voir la carte n° 49.) Quelques avant-postes autrichiens en occupaient la partie qui fait face à Ebersdorf. Le général Molitor les refoula, et ne dépassa point le milieu de l'île, afin de ne pas donner à l'ennemi l'idée d'une entreprise sérieuse. Il se contenta de disposer ses troupes derrière un petit canal, large à peine de douze à quinze toises, facile à passer à gué, et qui ne coule à travers l'île de Lobau que dans le cas de très-hautes eaux. Pendant qu'il opérait ainsi, le général d'artillerie Pernetti travaillait à l'établissement du grand pont. On y employa près de soixante-dix bateaux de fort échantillon, pour franchir les deux grands bras, qui, sur ce point, forment la presque totalité du fleuve. Il fallut s'y prendre à plusieurs fois pour amarrer les bateaux que le courant entraînait sans cesse. Malheureusement ce courant devenait à chaque instant plus rapide, par suite d'une crue dont les progrès étaient menaçants. Enfin à force de plonger, à défaut d'ancres, d'énormes poids dans le fleuve, on finit par fixer les bateaux, et on put établir avec des madriers le tablier du pont. Toute la journée du 19 et la moitié de celle du 20 furent employées à terminer ce vaste ouvrage. Ceci fait, le passage dans l'île de Lobau était assuré, à moins d'accidents extraordinaires. On se hâta de jeter un pont de chevalets sur le petit canal de douze ou quinze toises qui traverse par le milieu la grande île de Lobau, et qui, bien qu'il fût habituellement à sec, se remplissait déjà sous l'influence de la crue des eaux. La division Boudet, l'une des quatre de Masséna, passa sur-le-champ, et alla rejoindre celle de Molitor. Puis vinrent la division de cavalerie légère de Lasalle, et plusieurs trains d'artillerie. C'était assez pour balayer l'île de Lobau, ce que le général Molitor exécuta promptement. Il ramassa quelques prisonniers. On traversa l'île dans toute sa largeur, et on arriva au dernier bras, qui avait 60 toises, à peu près comme la Seine sous Paris en temps ordinaire. Ce n'était plus dès lors qu'une opération praticable, même en face de l'ennemi, si toutefois il ne se jetait pas en masse sur les troupes qui l'exécuteraient. Mais évidemment l'archiduc Charles n'était pas encore prévenu, et jusqu'ici on n'avait affaire qu'à une avant-garde. Le général Molitor avait trouvé un point des plus favorables au passage, et le signala à l'Empereur, qui en approuva complétement le choix : c'était un rentrant que formait vers nous le bras à traverser (voir la carte n° 49), de manière qu'en plaçant de l'artillerie à droite et à gauche, on pouvait couvrir de tant de mitraille le terrain sur lequel on devait descendre, que l'ennemi serait dans l'impossibilité d'y rester. C'est ce qui fut fait sur-le-champ, et ce qui d'ailleurs n'était pas même nécessaire, car il n'y avait sur le rentrant, dont on allait se servir pour déboucher, que quelques tirailleurs. Le lieutenant-colonel Aubry, appartenant à l'artillerie, fut chargé d'entre-

*Mai 1809.*

*Établissement du second pont sur le petit bras du Danube.*

prendre dans cette après-midi du 20 l'établissement du dernier pont. Pour celui-ci on avait réservé l'équipage de pontons pris à Landshut, et transporté sur des haquets. Un aide de camp du maréchal Masséna, M. de Sainte-Croix, un aide de camp du maréchal Bessières, M. Baudru, se jetèrent dans des barques avec deux cents voltigeurs, refoulèrent les tirailleurs autrichiens, et attachèrent le câble sur lequel le pont devait s'appuyer. Quinze pontons suffirent, la largeur de l'eau n'étant sur ce point que de 54 toises; et en trois heures la communication fut établie. Immédiatement après le général Lasalle passa sur la rive gauche avec quatre régiments de cavalerie, et il fut suivi par les voltigeurs des divisions Molitor et Boudet. Le pont franchi, on trouvait un petit bois qui s'étendait de gauche à droite, et venait aboutir aux deux côtés du rentrant formé par le fleuve. On fouilla ce bois, et on en chassa quelques détachements autrichiens qui l'occupaient. Au delà du bois le terrain s'élargissait, et on rencontrait à gauche le village d'Aspern, à droite celui d'Essling, lieux immortels dans l'histoire des hommes, qui rappellent sans doute pour l'humanité des souvenirs lugubres, mais qui rappellent aussi pour les deux nations française et autrichienne des souvenirs à jamais glorieux. Une sorte de fossé peu profond, rempli d'eau seulement quand le fleuve déborde, s'étendait de l'un à l'autre de ces deux villages. La cavalerie pouvait le traverser, car c'était plutôt une dépression du terrain qu'un fossé véritable. Le général Lasalle le franchit au galop avec sa cavalerie, dispersa les avant-postes ennemis, et balaya cette plaine dite le Marchfeld, qui, par une pente douce de deux à trois lieues, s'élève insensiblement jusqu'à des hauteurs portant d'autres noms immortels, ceux de Neusiedel et de Wagram.

*Mai 1809.*

Par cette journée de printemps, chaude et pure, mais tirant sur sa fin, on ne pouvait apercevoir dans l'obscurité qu'une forte avant-garde de cavalerie. Cette avant-garde fit mine de se jeter sur le général Lasalle, qui se retira, repassa l'espèce de fossé que nous venons de décrire, et évita ainsi un engagement inutile. Quelques centaines de nos voltigeurs embusqués dans le pli du terrain reçurent la cavalerie autrichienne par un feu à bout portant, couvrirent le sol de ses blessés, et l'obligèrent à se retirer. Ainsi commença le 20 mai au soir la sanglante bataille d'Essling!

*Passage de notre avant-garde dans l'après-midi du 20 mai.*

Le Danube était franchi, et si les Autrichiens dont on avait vu les avant-gardes se présentaient le lendemain, on avait, à moins de mécomptes imprévus, la certitude de déboucher et de se déployer, avant qu'ils pussent faire effort pour culbuter l'armée française dans le fleuve. Un accident toutefois n'était pas impossible. En effet, dans cette après-midi du 20, pendant qu'on passait le petit bras devant l'ennemi, le grand pont établi sur les deux bras principaux venait d'être rompu par l'enlèvement de quelques bateaux, qui attachés non à des ancres, mais à de grands poids, avaient cédé à la violence du courant. Une crue subite de trois pieds, provenant de la fonte précoce des neiges dans les Alpes, avait produit cet accident, et pouvait le pro-

*Quelques craintes pour la sûreté du passage.*

Mai 1809.

duire encore. La cavalerie légère du général Marulaz s'était vue coupée en deux par la rupture du pont. Une portion était parvenue jusque dans l'île de Lobau, tandis que l'autre était restée à Ébersdorf. Heureusement les généraux Bertrand et Pernetti s'étant mis à l'ouvrage avec une extrême activité, le grand pont fut rétabli dans la nuit.

Incertitudes de Napoléon produites par l'état peu rassurant du grand pont.

Sans être bien résolu à livrer bataille, avec des moyens de passage aussi incertains que ceux dont il disposait, Napoléon cependant ne voulait pas abandonner le résultat de l'opération commencée, et il était décidé à garder cette importante communication, sauf à la perfectionner plus tard, à la rendre plus sûre et moins intermittente. On avait dans le rentrant que formait le petit bras, et qu'une forte artillerie de droite et de gauche couvrait de ses feux, un terrain excellent pour déboucher. Les deux villages d'Aspern à gauche, d'Essling à droite, liés par une sorte de fossé, étaient de précieux appuis pour le déploiement de l'armée. Une telle position valait donc la peine d'être conservée, que la bataille fût ou ne fût pas différée. En conséquence la division Molitor alla coucher à Aspern, la division Boudet à Essling. La cavalerie du général Lasalle bivouaqua entre les deux villages en avant du petit bois. Napoléon avec un détachement de sa garde s'établit au même lieu, et, suivant sa coutume, dormit tranquillement et tout habillé. Plusieurs officiers envoyés en reconnaissance pendant la nuit rapportèrent des renseignements contradictoires. Les uns prétendaient que les Autrichiens étaient dans le Marchfeld tout prêts à combattre, les autres soutenaient qu'on n'avait pas devant soi d'armée ennemie, et que ce qui s'apercevait équivalait tout au plus à une forte avant-garde de cavalerie. Au milieu de ces assertions si diverses, on attendit le lendemain, tout étant préparé pour la bataille si l'armée parvenait à passer, ou pour la retraite dans l'île de Lobau, si on ne pouvait franchir le Danube avec des forces suffisantes.

Le grand pont ayant été réparé dans la nuit, la cavalerie du général Marulaz, les cuirassiers du général Espagne, la division d'infanterie Legrand, et une partie de l'artillerie, purent passer le 21 au matin. Mais l'existence d'un seul pont, tant sur le grand bras que sur le petit, la largeur de l'île de Lobau qu'il fallait traverser tout entière, rendaient le défilé très-lent. Vers midi le major général Berthier étant monté sur le clocher d'Essling, discerna clairement l'armée du prince Charles descendant la plaine inclinée du Marchfeld, et décrivant autour d'Aspern et d'Essling un vaste demi-cercle. Le major général Berthier était l'homme de son temps qui appréciait le mieux à l'œil l'étendue d'un terrain, et le nombre d'hommes qui le couvraient. Il évalua à 90 mille hommes environ l'armée autrichienne, et vit bien qu'elle venait pour accabler l'armée française au moment du passage. L'archiduc Charles, en effet, averti le 19 de l'apparition des Français dans l'île de Lobau, n'avait songé à les reconnaître que le lendemain 20 à la tête de sa cavalerie, et convaincu de leur intention après les avoir observés de près, il n'avait ébranlé ses trou-

*Mai 1809.*

*Une moitié de l'armée française passe dans la journée du 21.*

pes que le matin du 21, de manière à être en ligne dans l'après-midi du même jour. S'il eût paru le 20 au soir, ou le matin du 21, entre Aspern et Essling, la portion de l'armée française déjà transportée au delà du fleuve se serait trouvée dans un immense péril.

Le major général adressa sur-le-champ son rapport à l'Empereur, qui ne vit dans ce qu'on lui apprenait que ce qu'il avait souhaité lui-même, c'est-à-dire l'occasion de battre une fois de plus l'armée autrichienne et d'en finir avec elle. Mais tout à coup on vint lui annoncer une nouvelle rupture du grand pont, produite par la crue des eaux qui augmentait d'heure en heure. Le Danube, qui s'était élevé de trois pieds depuis la veille, venait encore de s'élever de quatre. Toutes les amarres cédaient au courant. Napoléon, en ce moment (après-midi du 21), n'avait avec lui que les trois divisions d'infanterie Molitor, Boudet, Legrand, les divisions de cavalerie légère Lasalle et Marulaz, la division de cuirassiers du général Espagne, et une partie de l'artillerie, ce qui représentait une force d'environ 22 à 23 mille hommes[1], consistant,

---

[1] J'ai fait pour évaluer les forces employées dans ces deux grandes journées du 21 et du 22 mai, et qu'on appelle bataille d'Essling en France, bataille d'Aspern en Allemagne, des efforts consciencieux, ainsi que pour toutes les autres grandes journées de cette époque. On possède à leur sujet, comme documents, des ouvrages imprimés tant en France qu'à l'étranger, et qui contiennent les assertions les plus exagérées dans un sens comme dans l'autre. On possède en outre les états du dépôt de la guerre, qui sont rédigés trop loin des faits, puisqu'on les dressait à Paris, pour qu'ils puissent être exacts : on possède enfin les propres livrets de l'Empereur, dressés à l'état-major général par les bureaux de Berthier, et qui par ce motif sont plus rapprochés

il est vrai, en troupes excellentes, mais trop peu nombreuses pour qu'il fût possible avec elles de livrer bataille à une armée de 90 mille hommes. Il donna donc l'ordre d'abandonner Aspern et Essling, de repasser le pont du petit bras, sans toutefois le détruire, car il était facile, grâce au rentrant du fleuve, de le protéger contre l'ennemi par une masse formidable d'artillerie. On pouvait attendre là, sous la protection d'un cours d'eau de 60 toises, devenu très-rapide et très-profond, que la consolidation du grand pont et la baisse des eaux permissent de préparer une opération sûre et décisive. Cet ordre commençait à s'exécuter, lorsque les généraux de division élevèrent des objections fort naturelles contre l'abandon de points tels qu'Essling et Aspern.

de la vérité. Toutefois ces derniers eux-mêmes sont constitués en erreur par les assertions des généraux qui ne s'attribuent pas toujours dans leurs récits les nombres de combattants que leur attribuaient les bureaux de Berthier. En comparant ces documents on voit que les Autrichiens ont supposé que toute l'armée française avait passé le Danube, et se sont donné 70 mille hommes, contre 80 ou 100. Les historiens français, au contraire, ont parlé de 40 mille Français luttant deux jours contre 100 mille Autrichiens. La vérité est entre ces extrêmes. La voici, reproduite aussi exactement que possible.

Les forces passées le 20 et dans la matinée du 21 furent :

| | |
|---|---|
| La division Molitor. | 6,500 hommes. |
| La division Boudet. | 5,000 |
| La division Legrand. | 4,500 |
| Les divisions de cavalerie légère Marulaz et Lasalle. | 4,500 |
| Les cuirassiers Espagne. | 2,000 |
| | 22,500 hommes. |

C'est-à-dire 22 ou 23 mille hommes. Les états donnent des chiffres plus élevés, mais ces chiffres sont évidemment inexacts.

Dans la soirée du 21 il passa :

| | |
|---|---|
| La division Carra Saint-Cyr. | 6,000 hommes. |
| Les cuirassiers Saint-Germain. | 1,500 |
| | 7,500 hommes. |

Mai 1809.

Sur l'avis de ses généraux et sur la nouvelle du rétablissement des ponts, Napoléon révoque l'ordre de la retraite et se décide à combattre.

Le général Molitor fit observer à l'Empereur que le village d'Aspern, dans lequel sa division avait couché, avait une importance immense, que pour le reprendre il en coûterait des torrents de sang, qu'au contraire une force peu considérable suffirait à le défendre long-temps contre de grands efforts, et qu'il fallait y bien réfléchir avant de se résoudre à un tel sacrifice [1]. La chose était tout aussi vraie pour Essling. Si on abandonnait ces deux points, on devait renoncer à passer par cet endroit pourtant si favorable, ajourner pour on ne sait combien de temps l'opération si urgente du passage, délaisser les travaux exécutés, s'exposer en un mot aux plus graves inconvénients. Tandis que Napoléon pesait ces observations, on vint lui apprendre que le grand pont était définitivement rétabli, que les eaux bais-

Ce qui porte les forces pour le premier jour à un total de. . . . . . . . . . . . . . . 22,500 passés le matin du 21.
7,500 passés le soir du 21.
30,000 hommes.

Le lendemain 22 il passa :
Les deux divisions Oudinot. . 11 ou 12,000 hommes.
La division Saint-Hilaire. . . . 8,000
La garde. . . . . . . . . . 6 ou 7,000
La division Demont. . . . . 3,000
Total. . . 60,000 hommes.

Ainsi, en réalité, la première journée d'Essling, celle du 21, commença avec 22 ou 23 mille hommes, et s'acheva avec 30 mille. La seconde, et la plus terrible, celle du 22, fut livrée avec 60 mille hommes contre environ 90 mille. Mais, comme on le verra plus tard, ce ne furent pas les forces qui manquèrent, ce furent les munitions. Avec ces 60 mille hommes Napoléon aurait gagné la bataille, si les convois d'artillerie avaient pu lui arriver.

[1] Je tiens ces détails de la bouche même de M. le maréchal Molitor, sous la dictée duquel je les ai écrits le jour où il me les donnait, pour ne pas en perdre le souvenir.

saient, que les convois d'artillerie chargés de munitions commençaient à défiler, qu'il pouvait donc se regarder comme assuré d'avoir en quelques heures toutes ses ressources. Pourvu qu'il eût une vingtaine de mille hommes de plus, notamment les cuirassiers, et surtout ses caissons bien approvisionnés en munitions, Napoléon ne craignait rien, et il ressaisit avec joie l'occasion, qu'il avait vu lui échapper un moment, de joindre et d'accabler la grande armée autrichienne. En conséquence, il ordonna au général Boudet, qui n'avait pas quitté Essling, de le défendre énergiquement (voir la carte n° 49); il autorisa le général Molitor, dont la division avait déjà quitté Aspern, d'y rentrer de vive force, avant que l'ennemi eût le temps de s'y établir. Le maréchal Lannes, quoique son corps n'eût point encore franchi le Danube, voulut être là même où ses soldats n'étaient pas encore, et il prit le commandement de l'aile droite, c'est-à-dire d'Essling et des troupes qui devaient y arriver successivement. La cavalerie fut placée sous ses ordres, ce qui lui subordonnait le maréchal Bessières, qui la commandait. Masséna fut chargé de la gauche, c'est-à-dire d'Aspern, que la division Molitor allait réoccuper. La division Legrand dut être placée en arrière d'Aspern, avec la cavalerie légère de Marulaz. La division de cavalerie légère de Lasalle et la division des cuirassiers Espagne remplirent l'espace entre Aspern et Essling. Tout ce qu'on avait d'artillerie fut disposé dans les intervalles. Une nuée de tirailleurs fut répandue dans cette espèce de fossé dont il a été parlé, et qui

*Mai 1809.*

*Lannes établi à Essling, Masséna à Aspern.*

était le lit desséché d'un bras d'eau coulant autrefois d'Aspern à Essling. Ces tirailleurs attendaient l'arme chargée que les Autrichiens fussent à portée de fusil. Ainsi 22 à 23 mille hommes allaient en combattre environ 90 mille.

*Disposition de l'armée autrichienne.*

L'archiduc Charles avait divisé son armée en cinq colonnes. La première, sous le général Hiller, devait s'avancer le long du Danube par Stadlau, attaquer Aspern, et tâcher de l'enlever de concert avec la seconde colonne. Celle-ci, commandée par le lieutenant général Bellegarde, devait marcher par Kagran et Hirschstatten sur ce même village d'Aspern, qui, appuyé au Danube, semblait couvrir le pont de l'armée française. La troisième, commandée par Hohenzollern, marchant par Breitenlée sur le même point, devait l'attaquer aussi pour plus de certitude de l'emporter. Les quatrième et cinquième colonnes, formées du corps de Rosenberg, devaient compléter le demi-cercle tracé autour de l'armée française, et attaquer l'une Essling, l'autre la petite ville d'Enzersdorf, située au delà d'Essling. Comme Enzersdorf, faiblement occupé par les Français, ne paraissait pas offrir de grands obstacles à vaincre, les deux colonnes avaient ordre de réunir leur effort sur Essling. Pour lier ses trois colonnes de droite avec ses deux colonnes de gauche, l'archiduc avait placé en bataille entre ces deux masses la réserve de cavalerie du prince de Liechtenstein. Beaucoup plus en arrière, à Breitenlée, se trouvaient comme seconde réserve les grenadiers d'élite. Les restes du corps de l'archiduc Louis, fort affaibli par les détachements laissés sur le Haut-Danube, étaient en observation vers Stamersdorf, vis-à-vis de Vienne. Le corps de Kollovrath, ainsi qu'on l'a vu, était à Lintz. Les cinq colonnes agissantes, avec la cavalerie de Liechtenstein et les grenadiers, pouvaient présenter environ 90 mille combattants [1], et près de 300 bouches à feu.

Bien que l'archiduc eût réuni de grandes forces contre Aspern, qui était le point essentiel à emporter, puisqu'il couvrait le petit pont, néanmoins le demi-cercle tracé autour d'Aspern, d'Essling, et d'Enzersdorf, était faible dans le milieu, et pouvait être brisé par une charge de nos cuirassiers. L'armée autrichienne, coupée alors en deux, aurait vu tourner contre elle la chance d'abord si menaçante pour nous. Napoléon s'en aperçut au

---

[1] Il est encore plus difficile d'approcher de la vérité pour l'évaluation des forces autrichiennes que pour l'évaluation des forces françaises. Pourtant un récit d'Essling, fourni par l'archiduc Charles, donne en bataillons et escadrons, pour

| | | |
|---|---|---|
| Hiller, 1ʳᵉ colonne. | 19 bataillons, | 22 escadrons. |
| Bellegarde, 2ᵉ colonne. | 20 — | 16 — |
| Hohenzollern, 3ᵉ colonne. | 22 — | 8 — |
| Rosenberg, 4ᵉ colonne. | 13 — | 8 — |
| Rosenberg, 5ᵉ colonne. | 13 — | 16 — |
| Grenadiers. | 16 — | » — |
| Réserve de cavalerie. | » — | 78 — |
| Total. | 103 bataillons, | 148 escadrons. |

La difficulté consiste à évaluer la force des bataillons, force qu'on ignorait probablement à l'état-major autrichien le jour de la bataille, qui était de 1,000 ou 1,200 hommes à l'ouverture de la campagne, et qui devait être au moins de 6 ou 700 hommes les 21 et 22 mai. En supposant 650 hommes par bataillon, 120 à 130 par escadron, on obtient environ 65 mille hommes d'infanterie, 20 mille de cavalerie, et en en supposant 5 mille d'artillerie pour 288 bouches à feu, évaluation fort modérée, on arrive à environ 90 mille hommes. Les bulletins français re-

*Mai 1809.*

premier coup d'œil, et résolut d'en profiter dès que ses principales forces auraient franchi le Danube. Pour le moment, il ne songea qu'à bien garder son débouché, en défendant vigoureusement Aspern à sa gauche, Essling à sa droite, et en protégeant l'espace entre deux, au moyen de sa cavalerie.

*Bataille d'Essling, commencée le 21 mai, à trois heures de l'après-midi.*

A peine Napoléon avait-il autorisé le général Molitor à réoccuper Aspern, le général Boudet à conserver Essling, que la lutte s'engagea vers trois heures de l'après-midi avec une extrême violence. L'avant-garde de Hiller, sous les ordres du général Nordmann, avait marché sur Aspern, et, profitant du mouvement de retraite de la division Molitor, y avait pénétré. Ce qui était plus grave, elle

latent une force plus considérable, mais ils sont évidemment inexacts. Quatre-vingt-dix mille hommes me semblent l'assertion la plus vraisemblable. La vérité absolue en ce genre est impossible à obtenir, comme je l'ai dit bien des fois. Il faut exiger de l'historien qu'il s'en approche le plus possible, et ne pas lui demander ce que ne savaient pas même les chefs des armées combattantes. Mais deux ou trois mille hommes importent peu, et ne changent pas le caractère de l'événement. Aucun gouvernement, même le mieux servi, celui qui a la meilleure comptabilité, ne sait, quand il paye cent mille hommes, qui sont vraiment dans le rang, combien il y en a qui servent utilement le jour d'une bataille, car il y a les détachés, les malades de la route, les malades de la veille, ceux du matin, ceux du soir. L'histoire ne peut donc prétendre en savoir plus que les gouvernements eux-mêmes, qui payent les armées. L'important est de conserver le caractère de ces grands événements, et c'est à quoi on arrive en s'efforçant de se tenir, pour les nombres, les distances, les durées, les circonstances de détail, le plus près possible de la vérité. J'ai la conscience de n'avoir rien négligé à cet égard, et je crois avoir réuni plus de documents, plus travaillé sur ces documents, qu'on ne l'avait fait avant moi. Je ne suis jamais en repos, je l'affirme, quand il reste quelque part un document que je n'ai pas possédé, et je ne me tiens pour satisfait que lorsque j'ai pu le consulter.

avait pénétré aussi dans une prairie boisée, à gauche d'Aspern, laquelle s'étendait de ce village au Danube, et, entourée d'un petit bras du fleuve, présentait une espèce d'îlot. (Voir la carte n° 49.) En s'emparant de cet îlot, l'ennemi pouvait passer entre Aspern et le Danube, tourner notre gauche, et courir au petit pont, seule issue que nous eussions pour déboucher ou nous retirer. Le général Molitor, à la tête des 16ᵉ et 67ᵉ de ligne, régiments accomplis, commandés par deux des meilleurs colonels de l'armée, Marin et Petit, entra au pas de charge dans la rue qui formait le milieu d'Aspern afin d'en déloger les Autrichiens. Ces deux régiments pénétrèrent baïonnette baissée dans cette rue fort large, car les villages d'Autriche sont vastes et construits très-solidement : ils repoussèrent tout ce qui s'opposait à eux, se portèrent au delà, et firent évacuer les environs de l'église, située à l'extrémité de la rue. Le général Molitor plaça ensuite ses deux régiments derrière un gros épaulement en terre qui entourait Aspern, et attendit la colonne de Hiller, qui venait au secours de son avant-garde. Il la laissa approcher, puis commença de très-près un feu meurtrier, qui abattit dans ses rangs un nombre d'hommes considérable. Après avoir entretenu ce feu quelque temps, le brave général Molitor fit sortir ses soldats de l'épaulement qui les couvrait, les lança à la baïonnette sur la colonne autrichienne, et la culbuta au loin. En un instant le terrain fut évacué, et la première attaque chaudement repoussée. Cet acte de vigueur exécuté, le général

*Mai 1809.*

Napoléon ayant donné le signal, le général Molitor réoccupe de vive force le village d'Aspern.

20.

Molitor, employant habilement les deux autres régiments de sa division, dirigea le 37ᵉ à gauche sur l'îlot dont il vient d'être parlé, le reprit, et, profitant de tous les accidents de terrain, s'étudia à le rendre inaccessible. Il plaça le 2ᵉ à droite de l'entrée du village, afin d'empêcher qu'on ne fût tourné. Masséna, assistant à ces dispositions, avait rangé à droite et en arrière d'Aspern la division Legrand, pour la lancer quand il serait nécessaire. La cavalerie du général Marulaz, composée de quatre régiments français et de deux allemands, formait la liaison avec la cavalerie des généraux Lasalle et Espagne vers Essling. Du côté d'Essling, la division Boudet n'avait encore affaire qu'aux avant-gardes de Rosenberg, qui étaient en marche vers Enzersdorf.

Mais ce n'était là que le prélude de cette effroyable journée. Hiller repoussé revint bientôt à la charge, appuyé de la colonne de Bellegarde. Celle-ci, arrivée en ligne, se serra à la colonne de Hiller, et toutes deux abordèrent en masse le village d'Aspern, par le côté voisin du Danube et par le centre. Les 46ᵉ et 67ᵉ de ligne placés en avant d'Aspern, faisant à très-petite distance un feu non interrompu, immolèrent au pied de l'épaulement des milliers d'ennemis. Mais les colonnes autrichiennes, réparant sans cesse leurs pertes, avancèrent jusqu'à cet épaulement, et s'y élancèrent malgré les deux régiments du général Molitor qu'elles obligèrent à se replier dans l'intérieur du village. Le général Vacquant parvint même à s'emparer de l'extrémité de la grande rue où se trouvait située l'église. A cet aspect l'intrépide Molitor, avec le 2ᵉ qui était en réserve, se précipite sur le général Vacquant. Une horrible mêlée s'engage. Un flux et reflux s'établit entre les Autrichiens et les Français, qui, tantôt vaincus, tantôt vainqueurs, vont et viennent d'un bout à l'autre de la longue rue d'Aspern. De nouvelles troupes s'approchent au dehors, car les colonnes de Hiller et Bellegarde comptent à elles deux au moins 36 mille hommes, contre lesquels la division Molitor lutte avec 7 mille. Masséna, pour les tenir à distance, jette sur elles les six régiments de cavalerie légère du général Marulaz. Celui-ci était l'un des plus vaillants et des plus habiles officiers de cavalerie formés par nos longues guerres. Il s'élance au galop sur les lignes de l'infanterie autrichienne qui se rangent en carrés pour le recevoir. Il enfonce plusieurs de ces carrés, mais il est arrêté par des masses profondes qui se trouvent au delà. Obligé de revenir, il ramène quelques pièces de canon qu'il a prises, et, quoiqu'il ne puisse pas faire évacuer le terrain, il le dispute cependant à l'ennemi qu'il empêche de porter toutes ses forces sur Aspern. A l'intérieur du village le général Molitor, barricadé dans les maisons avec trois de ses régiments, se sert pour résister de tous les objets qui tombent sous sa main, voitures, charrues, instruments de labourage, et défend le poste qui lui est confié avec une fureur égale à celle que les Autrichiens mettent à l'assaillir.

*Mai 1809.*

Horrible lutte entre le général Molitor et les forces de Hiller et de Bellegarde dans l'intérieur d'Aspern.

Pendant ce combat acharné soit au dedans, soit au dehors d'Aspern, Lannes, à Essling, prenait les plus habiles dispositions pour conserver ce village,

Défense de Lannes à Essling.

Mai 1809.

qui, d'abord moins fortement attaqué, avait fini par l'être violemment aussi, lorsque les quatrième et cinquième colonnes, composées du corps de Rosenberg, étaient parvenues à se réunir. La cinquième, formant l'extrême gauche des Autrichiens, et faisant face à notre extrême droite vers Enzersdorf, après avoir enlevé ce poste peu défendu, en avait débouché pour se jeter sur Essling. Alors la quatrième s'était mise en mouvement, et toutes deux avaient commencé leur attaque contre notre second point d'appui. Lannes les avait reçues comme on l'avait fait à Aspern, en se couvrant d'un épaulement en terre dont Essling était entouré, et en criblant de mousqueterie et de mitraille les assaillants, qui s'étaient arrêtés au pied de cet obstacle sans oser le franchir.

Charge de cavalerie ordonnée par Lannes pour défendre le centre de notre ligne entre Esling et Aspern.

Mais le combat allait devenir plus terrible, parce que la colonne de Hohenzollern, qui était la troisième, et constituait le milieu de la ligne autrichienne, entrait enfin en action, soutenue par la réserve de cavalerie du prince Jean de Liechtenstein. Elle marchait sur notre centre, et pouvait en perçant entre Aspern et Essling, isoler ces deux points l'un de l'autre, assurer leur conquête, et rendre notre perte infaillible. A cette vue Lannes, qui était en dehors d'Essling, observant les mouvements de l'ennemi, se décide à ordonner un puissant effort de cavalerie. Il avait à sa disposition les quatre régiments de cuirassiers du général Espagne, et les quatre régiments de chasseurs du général Lasalle, placés tous les huit sous les ordres du maréchal Bessières. Sans tenir compte du grade de ce dernier, il lui fait ordonner impérieusement de charger à la tête des cuirassiers, et de *charger à fond*. Quoique blessé de cette dernière expression, car, disait-il, il n'avait pas l'habitude de charger autrement, Bessières s'ébranle avec le général Espagne, le premier officier de grosse cavalerie de l'armée, et laisse Lasalle en réserve pour lui servir d'appui. Bessières et Espagne s'élancent au galop à la tête de seize escadrons de cuirassiers, enlèvent d'abord l'artillerie ennemie dont ils sabrent les canonniers, et se précipitent ensuite sur l'infanterie dont ils enfoncent plusieurs carrés. Mais après avoir fait reculer la première ligne, ils en trouvent une seconde qu'ils ne peuvent atteindre. Tout à coup ils voient paraître la masse de la cavalerie autrichienne, que l'archiduc Charles a lancée sur eux. Nos cuirassiers, surpris pendant le désordre de la charge qu'ils viennent d'exécuter, sont violemment assaillis, et ramenés. Lasalle, avec ce coup d'œil et cette vigueur qui le distinguent, vole à leur secours. Il engage le 16ᵉ de chasseurs si à propos, si vigoureusement, que ce régiment culbute les cavaliers autrichiens acharnés à la poursuite de nos cuirassiers, et en sabre un bon nombre. Au milieu du tumulte, le brave Espagne est tué d'un biscaïen. Bessières est enveloppé avec son aide de camp Baudru par les hulans, fait feu de ses deux pistolets, et met le sabre à la main pour se défendre, lorsque les chasseurs de Lasalle s'apercevant du péril viennent le dégager. Les cuirassiers se rallient, chargent de nouveau, toujours appuyés par Lasalle. On aborde ainsi plusieurs fois l'infanterie autrichienne, on l'arrête, et on empêche Hohenzollern de percer notre centre entre Essling et Aspern, et d'envoyer un renfort aux deux colonnes de Hiller et de Bellegarde, qui n'ont pas cessé de s'acharner sur Aspern.

Mais ces deux colonnes sont suffisantes à elles seules pour accabler dans Aspern les 7 mille hommes de la division Molitor. Cette division, dont la moitié est déjà hors de combat, ne se soutient que par l'héroïsme des colonels Petit et Marin, et du général Molitor lui-même, qui donnant sans cesse l'exemple à leurs soldats, se montrent à la tête de toutes les attaques. Enfin le général Vacquant, bien secondé, parvient à pénétrer dans Aspern, et à s'en emparer presque entièrement, après une lutte de cinq heures. Le général Molitor va être rejeté de l'intérieur de ce village, si précieux à conserver, car si on le perd, on est refoulé sur le pont du petit bras, et peut-être jeté dans le Danube. Heureusement que le grand pont rétabli a permis à une brigade des cuirassiers de Nansouty, celle de Saint-Germain, de passer vers la fin du jour, ainsi qu'à la division d'infanterie Carra Saint-Cyr, la quatrième de Masséna. Il reste donc des ressources pour parer aux accidents imprévus, et Masséna peut disposer de la division Legrand qu'il avait rangée derrière Aspern en qualité de réserve. Il place Carra Saint-Cyr en arrière avec ordre de veiller au pont, et à la tête de la division Legrand il entre dans Aspern. L'héroïque Legrand suivi du 26ᵉ d'infanterie légère et du 18ᵉ de ligne, ces mêmes régiments avec lesquels il avait enlevé Ébersberg, vient au secours de Molitor épuisé, tra-

## WAGRAM.

verse au pas de charge la grande rue d'Aspern, refoule les troupes de Bellegarde à l'autre extrémité du village, et oblige le général Vacquant à s'enfermer dans l'église. Au centre, Lannes, voulant encore dégager le milieu de la ligne, ordonne de nouvelles charges à Bessières. La division Espagne a perdu un quart de son effectif; mais Nansouty, avec la brigade des cuirassiers Saint-Germain, prend la place des cuirassiers Espagne, charge vigoureusement l'infanterie autrichienne, et prolonge la résistance, qui n'est possible sur ce point qu'avec de la cavalerie. On renverse de nouveau l'infanterie des Autrichiens, mais on attire encore leur cavalerie, qui se jette sur nos cuirassiers, et Marulaz, remplaçant Lasalle accablé de fatigue, recommence avec le 23e de chasseurs ce que Lasalle a exécuté deux heures auparavant avec le 16e. Il secourt nos cuirassiers, repousse ceux de l'ennemi, et fond ensuite sur plusieurs carrés. Entré dans l'un de ces carrés, il y est démonté, et va être pris ou tué, quand ses chasseurs, rappelés par ses cris, le dégagent, lui donnent un cheval, et reviennent en passant sur le corps d'une ligne d'infanterie.

Il y avait six heures que durait cette lutte opiniâtre : à Aspern, à Essling, des fantassins acharnés se disputaient des ruines en flammes; entre ces deux villages des masses de cavaliers se disputaient la plaine à coups de sabre. L'archiduc Charles croyant avoir assez fait en arrêtant l'armée française au débouché du pont, et se flattant de la précipiter le lendemain dans le Danube, prit le parti de suspendre le feu, pour procurer à ses troupes le

*Mai 1809.*

*Nouvelles charges de cavalerie ordonnées par Lannes sur le centre de l'ennemi.*

*L'archiduc Charles, remettant au lendemain la destruction de l'armée française, ordonne*

*Mai 1809.*

*la suspension du feu le 21 au soir.*

temps de se reposer, pour rapprocher ses masses, et surtout pour amener en ligne la réserve des grenadiers qui était restée à Breitenlée.

*Disposition d'esprit de Napoléon à la suite de cette première journée.*

Napoléon de son côté ayant assisté de sa personne à cette première bataille, sous les boulets qui se croisaient entre Aspern et Essling, avait conservé toute sa confiance. Quoique la moitié de la division Molitor fût couchée par terre dans les rues et les maisons d'Aspern, quoique un quart des cuirassiers d'Espagne, des chasseurs de Lasalle et de Marulaz, eût péri sous la mitraille, il ne doutait pas du résultat, s'il pouvait faire venir encore par les ponts du Danube une vingtaine de mille hommes, et principalement ses parcs de munitions. On passait sur le grand pont, malgré la crue toujours plus forte, malgré les corps flottants que le Danube débordé entraînait dans son cours. C'étaient tantôt des troncs d'arbres énormes déracinés par les eaux, tantôt des bateaux mis à sec sur ses rives que le fleuve remettait à flot en s'élevant, tantôt enfin de gros moulins enflammés, que l'ennemi lançait avec intention de détruire notre unique communication. A chaque instant il fallait ou détourner ces masses flottantes, ou réparer les brèches qu'elles occasionnaient à nos ponts, en y employant des bateaux de rechange. Le passage continuel contribuait aussi à fatiguer ces ponts, et on voyait parfois les bateaux presque submergés sous le poids des caissons d'artillerie, et nos soldats traverser le fleuve les pieds dans l'eau, ce qui ajoutait à la lenteur du défilé. Cependant les généraux Pernetti et Bertrand assuraient toujours qu'ils maintiendraient le passage, et qu'au jour on aurait le corps de Lannes, la garde, peut-être les deux divisions du maréchal Davout descendues sur Ébersdorf, et surtout le parc d'artillerie chargé de munitions. Napoléon n'eût-il qu'une partie de ces troupes, s'il avait ses parcs, était certain d'en finir avec l'ennemi, et de décider entre Essling et Aspern les destins de la maison d'Autriche. Il ordonna donc de profiter du répit que l'ennemi nous laissait, pour accorder aux troupes qui s'étaient battues un repos dont elles avaient besoin. Il bivouaqua en arrière du bois, en avant du petit pont, pour assister en personne au passage de ses corps d'armée, qui devaient employer toute la nuit à défiler. Au moment où il allait lui-même prendre un peu de repos, il en fut détourné par une vive altercation qui s'engagea entre deux de ses principaux lieutenants. C'était Bessières qui se plaignait du langage dans lequel Lannes lui avait fait parvenir ses ordres. Masséna, présent sur les lieux, fut obligé d'arrêter ces braves gens, qui, après avoir supporté toute une journée le feu croisé de trois cents pièces de canon, étaient prêts à mettre l'épée à la main pour l'intérêt de leur orgueil blessé. Napoléon apaisa leur différend, que l'ennemi devait terminer le lendemain de la manière la plus cruelle pour eux et pour l'armée.

Le défilé souvent interrompu continua pendant une partie de la nuit. Mais vers minuit le grand pont se rompit de nouveau. C'était la troisième fois. Le Danube élevé d'abord de sept pieds venait encore de s'élever de sept, ce qui faisait une crue totale de quatorze pieds. La fortune donnait donc

Mai 1809.

Passage pendant la nuit du 21 au 22, d'une nouvelle partie de l'armée française.

de nouveaux signes d'inconstance à Napoléon, ou pour mieux dire la nature des choses, qui ne se plie pas à la volonté des conquérants, lui donnait de nouveaux avis ! Mais si c'était une faute d'avoir voulu passer le Danube dans la saison des crues subites, et avec un matériel insuffisant, il n'y avait plus à reculer maintenant, et une portion de l'armée étant passée, il fallait la soutenir, et sortir de ce mauvais pas à force d'énergie. Les généraux Bertrand et Pernetti se remirent à l'ouvrage pour réparer le grand pont, et affirmèrent itérativement qu'ils maintiendraient le passage. Avant la pointe du jour, en effet, le pont fut réparé, la communication rétablie. La belle division Saint-Hilaire, les deux divisions d'Oudinot (composant à elles trois le corps de Lannes), la garde à pied, une seconde brigade des cuirassiers Nansouty, toute l'artillerie des corps de Masséna et de Lannes, une réserve d'artillerie attachée aux cuirassiers, deux divisions de cavalerie légère, et enfin la petite division Demont, formée des quatrièmes bataillons du corps de Davout, passèrent à la fin de la nuit et vers le point du jour. Les parcs continuèrent à défiler entre les intervalles de chaque corps. Ainsi les 23 mille hommes avec lesquels la bataille avait commencé la veille au milieu du jour, ayant été portés le soir à 30 mille, par l'arrivée de la division Carra Saint-Cyr et des cuirassiers Saint-Germain, furent portés à environ 60 mille par ce dernier passage exécuté le 22 au matin. C'était assez pour vaincre. Malheureusement l'artillerie était insuffisante, car Lannes, Masséna et la grosse cavalerie ne comp-

## WAGRAM. 317

taient pas plus de 144 pièces de canon, et il fallait soutenir l'effort de 300 bouches à feu que les Autrichiens pouvaient mettre en batterie. Toutefois si, avec 30 mille hommes et 50 pièces de canon, on avait la veille arrêté les Autrichiens, on devait les battre aujourd'hui avec 60 mille et 150 bouches à feu. La chose était certaine si les munitions ne manquaient pas. Du reste le pont était maintenu, et elles continuaient à arriver.

<small>Mai 1809.</small>

A la pointe du jour tout le monde était debout dans les deux armées, et les tirailleurs échangeaient des coups de fusil dès quatre heures du matin. Napoléon, qui n'avait presque pas pris de repos, était à cheval, entouré de ses maréchaux, et leur donnant ses ordres avec la plus grande confiance. En voyant tout ce qui avait passé, il ne doutait pas de finir la guerre dans la journée. Masséna devait réoccuper Aspern en entier, et reconquérir l'église restée au général Vacquant. Lannes était chargé de repousser toutes les attaques qui allaient se renouveler contre Essling, et puis, profitant de la disposition de l'ennemi qui consistait toujours en un vaste demi-cercle, devait le percer dans le milieu par un effort vigoureux de notre droite portée brusquement en avant. Le maréchal Davout, dont deux divisions étaient à Ébersdorf, de l'autre côté du Danube, étant attendu dans peu d'instants, devait, en se portant derrière Lannes, le couvrir par la droite pendant le mouvement que celui-ci allait opérer.

<small>L'armée française étant fort accrue par les forces arrivées dans la nuit, Napoléon recommence la bataille avec la plus grande confiance.</small>

<small>Plan de Napoléon pour la seconde journée d'Essling.</small>

D'après ces vues, Masséna et Lannes coururent, l'un à Aspern, l'autre à Essling. Appréciant la nécessité de bien lier Aspern au Danube, Masséna avait placé la division Molitor tout entière dans le petit ilot à gauche. (Voir la carte n° 49.) Les faibles défenses de ce poste, couvert par un petit canal, par des arbres, et par un épaulement en terre que l'ingénieur Lazowski avait élevé dans la nuit, suffisaient à l'énergie de la division Molitor, quoiqu'elle fût réduite de 7 mille hommes à 4. La division Legrand s'était battue vers la fin du jour précédent dans Aspern, et s'y était maintenue. Masséna lui donna l'appui de la division Carra Saint-Cyr, laquelle fut remplacée dans la garde du petit pont par la division Demont. Napoléon dirigea encore sur Aspern les tirailleurs de la garde impériale, avec quatre pièces de canon, afin que cette jeune troupe, récemment formée, fît ses premières armes sous l'intrépide Masséna.

A Essling, Lannes, laissant au général Boudet le soin de garder l'intérieur du village, plaça à gauche et en avant, dans l'intervalle qui séparait Essling d'Aspern, la division Saint-Hilaire d'abord, puis plus à gauche, vers le centre, les deux divisions Oudinot, les cuirassiers, les hussards et les chasseurs. Ces derniers servirent de liaison avec le corps de Masséna sous Aspern. En arrière au centre, les fusiliers de la garde et la vieille garde elle-même restèrent en réserve. Toutefois cette belle troupe forma un crochet vers Essling, pour fermer l'espace qui séparait Essling du Danube, espace ouvert, par lequel l'ennemi pouvait être tenté de pénétrer, depuis qu'il était maître de la petite ville d'Enzersdorf. (Voir la carte n° 49.) D'ailleurs, il fut encore pourvu à ce danger par une forte batterie de 12, qui, placée de l'autre côté du petit bras, prenait en écharpe le terrain dont il s'agit. L'artillerie fut disposée dans les intervalles de cette ligne de bataille, pour seconder l'effort de toutes les armes.

*Mai 1809.*

C'est dans cet ordre que la lutte recommença dès le matin. Masséna résolu à chasser le général Vacquant de l'église, située à l'extrémité occidentale d'Aspern, où celui-ci s'était retranché, avait envoyé au général Legrand le secours de deux régiments de la division Carra Saint-Cyr. Ces régiments étaient le 24e léger et le 4e de ligne, habitués à servir ensemble. Le colonel Pourailly, officier excellent, marcha aussi vite que le permettaient les cadavres entassés dans la grande rue d'Aspern, et se porta sur l'église. Les généraux Hiller et Bellegarde, chargés toujours d'agir contre Aspern, s'y étaient entassés de bonne heure. Tandis que le 24e était aux prises avec eux, il se vit débordé le long d'une rue latérale par une colonne autrichienne, qui traversait le village en sens contraire. Le 4e, commandé par le brave colonel Boyeldieu, faisant un détour à droite, coupa la colonne qui s'était avancée parallèlement, et s'empara des deux bataillons qui la composaient. Puis le 24e et le 4e, conduits par Legrand, s'élancèrent sur l'église et le cimetière, et en expulsèrent les Autrichiens. De son côté, la division Molitor, placée dans l'îlot à gauche, et couverte par des abatis, tuait à coups de fusil tous les tirailleurs autrichiens assez hardis pour se montrer à portée de sa mousqueterie.

*Masséna fait expulser le général Vacquant de l'église d'Aspern.*

Le moment était venu d'exécuter le mouvement

*Mouvement*

offensif projeté sur le centre des Autrichiens, car tandis que les généraux Hiller et Bellegarde étaient repoussés d'Aspern, Rosenberg, toujours formé en deux colonnes, était tenu à distance d'Essling par les feux de la division Boudet, et au milieu du demi-cercle de l'armée autrichienne on ne voyait que le corps de Hohenzollern faiblement lié à celui de Rosenberg par la cavalerie de Liechtenstein, et appuyé de très-loin par la réserve de grenadiers. Il était douteux que le centre des Autrichiens pût résister à une masse de vingt mille fantassins et de six mille cavaliers, que Lannes allait jeter sur lui.

Lannes, en effet, au signal donné par Napoléon s'ébranle pour exécuter l'attaque dont il est chargé. Laissant Boudet dans Essling, il s'avance, la droite en tête, sur le centre des Autrichiens. C'est la division Saint-Hilaire qui marche la première, rangée en colonnes serrées par régiment, disposition qui donne prise au boulet, mais qui présente une solidité à l'abri de tous les chocs. Plus à gauche, et un peu en arrière, les deux divisions Claparède et Tharreau s'avancent ensuite dans le même ordre, en présentant des échelons successifs. Plus à gauche encore et plus en arrière, la cavalerie forme le dernier de ces échelons dirigés sur le centre de l'ennemi.

Lannes les met en mouvement avec cette vigueur qu'il apporte dans toutes ses attaques. Le 57ᵉ de ligne de la division Saint-Hilaire, régiment redoutable entre tous, placé à notre extrême droite, marche au pas de charge sous la mitraille et la fusillade, et oblige l'infanterie autrichienne à plier. Toute la division appuie le 57ᵉ, et à mesure que les autres régiments formés en autant de colonnes serrées arrivent à portée de l'ennemi, ils s'arrêtent pour faire feu, puis s'avancent de nouveau, gagnant du terrain sur les troupes qui leur sont opposées. Les deux divisions d'Oudinot prennent place à leur tour dans ce mouvement offensif, et bientôt l'impulsion se communiquant à toute la ligne, les Autrichiens vivement pressés commencent à se retirer en désordre. A ce spectacle, l'archiduc Charles, comme tous les capitaines indécis dans le conseil, mais braves sur le champ de bataille, montre le dévouement d'un prince héroïque. Il accourt de sa personne pour prévenir la catastrophe dont son centre est menacé. D'une part il ordonne aux grenadiers qui étaient à Breitenlée de s'approcher; de l'autre il prescrit à Bellegarde de se reporter d'Aspern vers Essling, pour renforcer le milieu de sa ligne. En attendant l'exécution de ces ordres, il prend en main le drapeau du régiment de Zach qu'il ramène en avant. Ses plus braves officiers sont frappés à côté de lui, notamment le comte Colloredo, qu'il voit tomber sous ce feu épouvantable, et dont il serre la main avec douleur.

Lannes, qui comme lui est à la tête de ses soldats, continue sa marche offensive, et voyant l'infanterie autrichienne ébranlée, lance sur elle Bessières avec les cuirassiers. Ceux-ci se précipitent sur le corps de Hohenzollern, enfoncent plusieurs carrés, et enlèvent des prisonniers, des canons, des drapeaux. Déjà nous touchons à Breitenlée, point où l'archiduc avait placé sa réserve de gre-

322  LIVRE XXXV.

*Mai 1809.*

nadiers. Lannes, ne doutant plus du succès, envoie à Napoléon l'officier d'état-major César de Laville, pour l'informer de ses progrès, et lui demander de couvrir ses derrières, pendant que, s'élevant dans cette plaine, il va laisser un si vaste espace entre son corps et le village d'Essling.

M. César de Laville court en toute hâte pour porter à l'Empereur cette communication, et le trouve à un endroit dit la Tuilerie [1], entre Essling et Aspern, assistant froidement à ce grand spectacle, dont il dirigeait la formidable ordonnance. Napoléon ne témoigne pas au récit que lui fait M. César de Laville la satisfaction qu'il aurait dû éprouver. En effet un sinistre accident venait de se produire.

*Une nouvelle rupture des ponts décide Napoléon à suspendre le mouvement offensif de Lannes.*

Après des efforts inouïs de la part des généraux Bertrand et Pernetti pour maintenir la communication entre les deux rives du Danube, la crue toujours plus forte, les arbres déracinés, les bateaux renfloués par l'élévation des eaux, les moulins enflammés lancés par l'ennemi, avaient enfin déter-

[1] Le général César de Laville, excellent officier originaire du Piémont, aussi énergique que spirituel, digne sous tous les rapports de sa brave nation, est mort récemment en France, où il s'était établi. C'est de sa propre bouche que j'ai recueilli tous les détails rapportés ici, et pour être plus sûr de ma mémoire, je le priai de me les écrire, ce qu'il fit de Saint-Sauveur en 1844, dans une lettre curieuse de vingt-quatre pages, que j'ai conservée comme un monument historique des plus intéressants. Je me suis servi d'un document non moins curieux de M. Baudru, aide de camp du maréchal Bessières, qui a bien voulu m'écrire aussi tout ce qu'il avait vu. J'ai recueilli encore d'autres détails de la bouche du maréchal Molitor, du général duc de Mortemart, du général Petit, du général Marbot, du maréchal Reille, tous présents à Essling et à Wagram, et j'ai complété avec leurs renseignements la foule de documents écrits contenus au dépôt de la guerre. Je me suis du reste toujours borné aux détails qui étaient d'une authenticité incontestable.

miné une rupture complète du grand pont, établi entre Ebersdorf et l'île de Lobau. Cette rupture était survenue au moment où six beaux régiments de cuirassiers, les deux divisions du maréchal Davout et les caissons de l'artillerie se préparaient à défiler. On avait vu un escadron de cuirassiers coupé en deux s'en aller à la dérive, partie à droite, partie à gauche, sur les bateaux entraînés par le courant. Pourtant ce n'était pas la privation de troupes qu'il fallait le plus regretter, car les 60 mille hommes passés dans les deux jours précédents, suffisaient, surtout avec l'élan donné, pour culbuter l'armée autrichienne : c'était la privation des munitions, dont une prodigieuse quantité avait déjà été consommée, et dont on devait bientôt manquer.

A cette triste nouvelle, portée par M. de Mortemart, Napoléon, devenu trop prudent peut-être après avoir été trop téméraire, craint d'être tout à coup privé de munitions sur ce vaste champ de bataille, et de n'avoir plus que des baïonnettes et des sabres à opposer à l'ennemi. Il craint aussi, ayant engagé toutes ses troupes, et n'ayant plus que la garde à pied et les fusiliers pour couvrir les derrières du maréchal Lannes, d'être sans ressource contre un retour subit de fortune, retour qui serait désastreux sur le bord de l'abîme auquel on est adossé. Il se résout donc à un sacrifice douloureux, et il renonce à une victoire presque certaine pour ne pas s'exposer à des risques que la sagesse ne permet pas de braver. Ce parti si cruel pris en un instant avec la résolution d'un véritable homme de guerre, Napoléon ordonne à M. de Laville de

*Mai 1809.*

retourner aussi vite qu'il est venu auprès du maréchal Lannes pour lui dire de suspendre son mouvement et de se replier peu à peu, sans trop enhardir l'ennemi, sur la ligne d'Essling et d'Aspern. Il lui fait recommander aussi de ménager ses munitions, qui ne tarderont pas à faire faute [1].

*Retraite de Lannes au milieu de la plaine du Marchfeld, sur le village d'Essling.*

Lannes et Bessières, en recevant cet ordre, sont obligés, malgré de vifs regrets, de s'arrêter au milieu de cette immense plaine du Marchfeld, inondée de feux. L'archiduc, si vivement pressé vers Breitenlée, voit nos colonnes devenir subitement immobiles, sans pouvoir s'en expliquer la cause. Il profite de ce moment de répit pour reporter de sa droite à sa gauche une partie du corps de Bellegarde, et pour ranger en ligne derrière le corps de

---

[1] Dans une lettre curieuse adressée au maréchal Davout, au milieu de la bataille, le major général Berthier écrit que dès dix heures du matin les munitions manquèrent. Nous citons cette lettre, qui donne à la journée son vrai et sinistre caractère.

*Le major général au duc d'Awerstædt, à Vienne.*

« Rive gauche du Danube, à la tête du pont,
le 22 mai 1809, à midi et demi.

» L'interruption du pont nous a empêchés de nous approvisionner. A dix heures nous n'avions plus de munitions ; l'ennemi s'en est aperçu, et a remarché sur nous. 200 bouches à feu, auxquelles depuis dix heures nous ne pouvions répondre, nous ont fait beaucoup de mal.

» Dans cette situation de choses, raccommoder les ponts, nous envoyer des munitions et des vivres, faire surveiller Vienne, est extrêmement important. Écrivez au prince de Ponte-Corvo pour qu'il ne s'engage pas dans la Bohême, et au général Lauris'on pour qu'il soit prêt à se rapprocher de nous. Voyez M. Daru pour qu'il nous envoie des effets d'ambulance et des vivres de toute espèce.

» Aussitôt que le pont sera prêt, ou dans la nuit, venez vous aboucher avec l'Empereur.

» *Signé :* ALEXANDRE. »

Hohenzollern les seize bataillons de grenadiers qui formaient sa réserve, plus une masse énorme d'artillerie, car il possédait près de 300 bouches à feu, et pouvait en réunir 200 sur ce point si menacé. Remis ainsi de son premier trouble, il fait diriger sur Lannes une canonnade effroyable. La division Saint-Hilaire, la plus avancée des trois, placée en l'air pour ainsi dire, reçoit de front et de flanc un feu de mitraille continuel. Elle rétrograde lentement, avec l'aplomb qui convient, et aux vieux régiments dont elle est composée, et au chevaleresque Saint-Hilaire qu'elle a pour chef. Par malheur ce brave officier, ancien ami de Napoléon, tombe frappé à mort d'un biscaïen. Sa division, saisie de douleur, se maintient cependant. Lannes accourt pour remplacer Saint-Hilaire, et ramener sa division sur un terrain moins exposé. Il rétrograde, mais comme un lion qu'il est dangereux de poursuivre. Les corps qui veulent le serrer de trop près essuient de rudes charges à la baïonnette, et sont violemment repoussés. Passant de la division Saint-Hilaire aux deux divisions d'Oudinot, Lannes les conduit avec la même vigueur devant un adversaire que notre retraite a rempli de confiance. Malheureusement les soldats d'Oudinot souffrent plus que les autres, parce qu'on n'a pas osé déployer en face de l'ennemi des troupes aussi jeunes. Rangés en colonnes profondes, ils perdent par le boulet des files entières.

Peu à peu Lannes ramène sa ligne à la hauteur du fossé qui s'étend d'Essling jusqu'à Aspern, et qui présente une sorte d'abri derrière lequel son in-

*Mai 1809.*

*Lannes abrite ses troupes derrière le fossé qui s'étend*

fanterie peut se mettre à couvert. Son artillerie, quoique inférieure en nombre et en approvisionnements à celle de l'ennemi, reste seule sur la partie saillante de ce fossé, afin d'arrêter le mouvement des colonnes autrichiennes qui s'avancent pour faire une tentative désespérée. En effet, on voit le corps de Hiller et une partie de celui de Bellegarde se reporter sur Aspern, les deux colonnes de Rosenberg s'approcher de nouveau d'Essling, enfin le corps de Hohenzollern rallié, renforcé d'une partie de celui de Bellegarde, des grenadiers, de la cavalerie de Liechtenstein, préparer contre notre centre un effort semblable à celui que Napoléon a tenté sur le centre des Autrichiens.

C'est en effet sur notre centre que l'orage paraît d'abord se diriger, car le corps de Hohenzollern, les grenadiers, la cavalerie de Liechtenstein s'avancent en formant une masse compacte. Napoléon s'en aperçoit, prévient Lannes, qui s'en est également aperçu, et ils demandent à la division Saint-Hilaire, aux divisions Oudinot, à la cavalerie, de se dévouer encore une fois au salut de l'armée. Lannes, disposant en première ligne les divisions Saint-Hilaire, Claparède et Tharreau, en seconde ligne les cuirassiers, en troisième la vieille garde, laisse approcher la masse épaisse du corps de Hohenzollern et des grenadiers à demi-portée de fusil. Puis il ordonne un feu de mousqueterie et de mitraille, exécuté de si près et avec tant de justesse, qu'on voit bientôt les lignes de l'ennemi s'éclaircir. Il lance ensuite les cuirassiers à bride abattue sur l'infanterie autrichienne, qui, cédant en plusieurs points, est entr'ouverte comme une muraille dans laquelle on a fait brèche. Le brave prince Jean de Liechtenstein se précipite à son tour avec sa cavalerie sur celle de Bessières. Mais Lasalle, Marulaz viennent avec leurs chasseurs et leurs hussards au secours de nos cuirassiers, et ce vaste terrain ne présente bientôt plus qu'une immense confusion de quinze mille cavaliers français et autrichiens, se chargeant les uns les autres avec fureur, unis quand ils s'élancent, désunis quand ils reviennent, et se ralliant sans cesse pour charger de nouveau.

Mai 1809.

Après cette longue mêlée, le mouvement de l'ennemi sur notre centre paraît suspendu, et le corps de Hohenzollern, comme paralysé, s'arrête en face de l'épaulement qui s'étend d'Essling à Aspern. Notre artillerie, en partie démontée, reste sur le rebord du fossé, tirant avec justesse mais avec lenteur, à cause de la rareté des munitions, et exposée au feu de plus de deux cents pièces de canon. Nos fantassins s'abritent dans le fossé; notre cavalerie, formant un rideau en arrière, et remplissant l'espace d'Essling à Aspern, essuie avec une admirable impassibilité une canonnade incessante. Ainsi l'exige une impérieuse nécessité. Il faut tenir jusqu'à la fin du jour, si on ne veut être précipité dans le Danube qui continue de grossir. En ce moment un affreux malheur vient frapper l'armée. Tandis que Lannes galope d'un corps à l'autre pour soutenir le courage de ses soldats, un officier, effrayé de le voir en butte à tant de périls, le supplie de mettre pied à terre, pour de-

L'effort des Autrichiens sur le centre étant arrêté, l'armée française reste immobile sous une affreuse canonnade.

Lannes est frappé mortellement par un boulet qui lui fracasse

meurer moins exposé aux coups. Il suit ce conseil, quoique bien peu habitué à ménager sa vie, et, comme si le destin était un maître auquel on ne saurait échapper, il est à l'instant même atteint par un boulet qui lui fracasse les deux genoux. Le maréchal Bessières et le chef d'escadron César de Laville le recueillent noyé dans son sang et presque évanoui. Bessières, qu'il avait fort maltraité la veille, serre sa main défaillante, mais en détournant la tête de peur de l'offenser par sa présence. On l'étend sur le manteau d'un cuirassier, et on le transporte pendant une demi-lieue jusqu'au petit pont où se trouvait une ambulance. Cette nouvelle, connue bientôt dans toute l'armée, y répand une profonde tristesse. Mais ce n'est pas le temps de pleurer, car le danger s'accroît à chaque minute.

Les efforts de l'ennemi, arrêtés au centre, se tournent avec fureur sur les ailes, contre Aspern et Essling. Du côté d'Aspern, les généraux Hiller et Vacquant dirigent des attaques réitérées sur ce malheureux village, qui n'est plus qu'un amas de ruines et de cadavres. On n'y marche que sur des décombres, sur des poutres brûlantes, ou sur des mourants, dont les souffrances n'importent plus en présence du danger qui menace tout le monde. Les tirailleurs de la garde, que Napoléon avait confiés à Masséna, malgré leur jeune ardeur, malgré les vieux officiers qui les commandent, sont eux-mêmes poussés en dehors du village. Aussitôt Legrand avec les débris de sa division, Carra Saint-Cyr avec la moitié de la sienne, reprennent ce tas de ruines fumantes sous les yeux de Masséna, qui est au milieu d'eux brisé par la fatigue, mais élevé au-dessus des faiblesses de la nature par la force de son âme. Legrand, chargé d'exécuter ses ordres, se montre partout, la pointe de son chapeau coupée par un boulet, et obligé souvent de recourir à son épée pour éloigner les baïonnettes ennemies de sa poitrine. A gauche, Molitor jette dans le bras d'eau derrière lequel il est posté les Autrichiens qui veulent envahir l'îlot. Grâce à cette héroïque résistance Aspern nous reste. Mais l'archiduc nourrit un dernier espoir, c'est d'emporter Essling. Il fait envelopper cette position par les deux colonnes de Rosenberg, et dirige avec les grenadiers qu'il conduit en personne une attaque furieuse sur le centre même du village. Bessières, qui a remplacé Lannes, voit ce nouveau péril, et s'occupe d'y parer. Napoléon, pour le secourir, lui envoie les fusiliers de la garde, troupe superbe, formée pendant les campagnes de Pologne et d'Espagne, et près d'atteindre à cette perfection, qui se rencontre entre l'extrême jeunesse et l'extrême vieillesse du soldat. C'est le général Mouton qui est chargé de les commander. — Brave Mouton, lui dit l'Empereur, faites encore un effort pour sauver l'armée; mais finissez-en, car après ces fusiliers je n'ai plus que les grenadiers et les chasseurs de la vieille garde, dernière ressource qu'il ne faut dépenser que dans un désastre. — Mouton part, et se dirige sur la gauche d'Essling, où l'attaque des grenadiers autrichiens paraissait plus à craindre. Bessières, placé plus près des lieux, voit le danger à droite, entre Essling et le Danube, et il n'hésite pas

*Mai 1809.*

*Les fusiliers de la garde, sous les ordres du général Mouton, repoussent une dernière tentative des grenadiers autrichiens contre Essling.*

à changer la direction indiquée par l'Empereur. Il envoie partie de ces quatre bataillons dans Essling même, partie à droite entre le village et le fleuve. Ce secours était urgent, car de front Essling était menacé par les grenadiers, et à droite par les colonnes de Rosenberg, prêtes à passer entre Essling et le Danube. C'était le général Boudet qui défendait encore Essling depuis la veille. Cinq fois les grenadiers conduits par le feld-maréchal d'Aspre étaient revenus à l'attaque, et cinq fois ils avaient été repoussés tantôt par la fusillade, tantôt par des charges à la baïonnette. Néanmoins sur la droite du village, que peu de monde défendait, Boudet tourné, enveloppé par l'une des deux colonnes de Rosenberg, avait été obligé de se retirer dans un grenier, vaste édifice, crénelé comme une forteresse. Il s'y maintenait avec une ténacité indomptable; mais assailli de toutes parts, il allait succomber quand Mouton arrive avec les fusiliers de la garde. Cette belle jeunesse arrache aux grenadiers d'Aspre une partie du village, et arrête les soldats de Rosenberg le long de l'espace qui s'étend jusqu'au Danube. Pourtant ce premier acte d'énergie ne suffit pas contre un ennemi quatre fois plus nombreux, et résolu à tenter les derniers efforts pour réussir. Mais Rapp survient avec deux nouveaux bataillons de ces mêmes fusiliers, et propose au général Mouton de faire une charge générale à la baïonnette. Tous deux en se serrant la main adoptent cette manière d'en finir, et fondent tête baissée sur les Autrichiens. Ils leur portent un tel choc qu'ils les refoulent à l'instant d'un bout du village à l'autre, culbutent les soldats d'Aspre sur ceux de Rosenberg, et les rejettent tous au delà d'Essling. Au même moment l'artillerie de la Lobau prenant en écharpe les masses qui avaient passé entre le fleuve et le village, les couvre de mitraille. Essling se trouve ainsi délivré.

Il y avait trente heures que cette lutte durait. L'archiduc Charles épuisé, désespérant de nous jeter dans le Danube, commençant lui aussi à manquer de munitions, prend enfin le parti de suspendre cette sanglante bataille, l'une des plus affreuses du siècle, et se décide à clore la journée en envoyant ce qui lui reste d'obus et de boulets sur les corps placés entre Aspern et Essling. Aussi tandis que dans Aspern les généraux Hiller et Bellegarde s'acharnent encore à disputer quelques débris de ce malheureux village, vers le centre et vers Essling, l'archiduc Charles fait discontinuer les attaques, et se borne à porter son artillerie en avant pour tirer à outrance sur nos lignes. A un péril de ce genre il n'y avait à opposer qu'une froide immobilité. Notre artillerie, démontée en grande partie, s'arrête comme elle avait déjà fait sur le bord du fossé qui nous couvrait, tirant d'intervalle en intervalle pour gagner la fin du jour. L'infanterie s'établit en arrière à moitié couverte par le terrain, et plus en arrière encore se déploie notre belle cavalerie, présentant deux fronts, l'un d'Essling à Aspern, pour couvrir le centre de la position, l'autre en retour, pour couvrir l'espace entre Essling et le fleuve. Enfin la garde impériale, présentant deux

Mai 1809.

L'archiduc Charles, désespérant de jeter l'armée française dans le Danube, renonce à ses attaques, et termine la journée par une canonnade.

fronts parallèles à ceux de la cavalerie, demeure impassible sous les boulets, et on n'entend au milieu de la canonnade, que ce cri des officiers : Serrez les rangs! Il n'y a plus en effet que cette manœuvre à exécuter jusqu'à la nuit, car il est impossible, soit d'éloigner l'ennemi, soit de le fuir par le pont qui conduit à la Lobau. Cette retraite par une seule issue ne peut s'opérer qu'à la faveur de l'obscurité, et dans le mois de mai il faut attendre plusieurs heures encore les ténèbres salutaires qui doivent favoriser notre départ.

Napoléon n'avait cessé pendant la journée de se tenir dans l'angle que décrivait notre ligne d'Aspern à Essling, d'Essling au fleuve, et où passaient tant de boulets. On l'avait pressé plusieurs fois de mettre à l'abri une vie de laquelle dépendait la vie de tous. Il ne l'avait pas voulu tant qu'il avait pu craindre une nouvelle attaque. Maintenant que l'ennemi épuisé se bornait à une canonnade, il résolut de reconnaître de ses yeux l'île de Lobau, d'y choisir le meilleur emplacement pour l'armée, d'y faire en un mot toutes les dispositions de retraite. Certain de la possession d'Essling que les débris de la division Boudet et les fusiliers occupaient, il fit demander à Masséna s'il pouvait compter sur la possession d'Aspern, car tant que ces deux points d'appui nous restaient, la retraite de l'armée était assurée. L'officier d'état-major César de Laville, envoyé à Masséna, le trouva assis sur des décombres, harassé de fatigue, les yeux enflammés, mais toujours plein de la même énergie. Il lui transmit son message, et Masséna, se levant, lui répondit avec un accent extraordinaire : Allez dire à l'Empereur que je tiendrai deux heures, six, vingt-quatre, s'il le faut, tant que cela sera nécessaire au salut de l'armée. —

Napoléon, tranquillisé pour ces deux points, se dirigea sur-le-champ vers l'île de Lobau, en faisant dire à Masséna, à Bessières, à Berthier, de le venir joindre, dès qu'ils pourraient quitter le poste confié à leur garde, afin de concerter la retraite qui devait s'opérer dans la nuit. Il courut au petit bras, lequel coulait entre la rive gauche et l'île de Lobau. Ce petit bras était devenu lui-même une grande rivière, et des moulins lancés par l'ennemi avaient plusieurs fois mis en péril le pont qui servait à le traverser. L'aspect de ses bords avait de quoi navrer le cœur. De longues files de blessés, les uns se traînant comme ils pouvaient, les autres placés sur les bras des soldats, ou déposés à terre en attendant qu'on les transportât dans l'île de Lobau, des cavaliers démontés jetant leurs cuirasses pour marcher plus aisément, une foule de chevaux blessés se portant instinctivement vers le fleuve pour se désaltérer dans ses eaux, et s'embarrassant dans les cordages du pont jusqu'à devenir un danger, des centaines de voitures d'artillerie à moitié brisées, une indicible confusion et de douloureux gémissements, telle était la scène qui s'offrait, et qui saisit Napoléon. Il descendit de cheval, prit de l'eau dans ses mains pour se rafraîchir le visage, et puis apercevant une litière faite de branches d'arbres, sur laquelle gisait Lannes qu'on venait d'amputer, il courut à lui, le serra dans ses bras, lui

*Mai 1809.*

*Spectacle que présentaient les abords du petit pont qui conduisait à l'île de Lobau.*

*Mai 1809.*

*Entrevue de Lannes et de Napoléon.*

exprima l'espérance de le conserver, et le trouva, quoique toujours héroïque, vivement affecté de se voir arrêter sitôt dans cette carrière de gloire. — Vous allez perdre, lui dit Lannes, celui qui fut votre meilleur ami et votre fidèle compagnon d'armes. Vivez et sauvez l'armée. — La malveillance qui commençait à se déchaîner contre Napoléon, et qu'il n'avait, hélas! que trop provoquée, répandit alors le bruit de prétendus reproches, que Lannes lui aurait adressés en mourant. Il n'en fut rien cependant. Lannes reçut avec une sorte de satisfaction convulsive les étreintes de son maître, et exprima sa douleur sans y mêler aucune parole amère. Il n'en était pas besoin : un seul de ses regards rappelant ce qu'il avait dit tant de fois sur le danger de guerres incessantes, le spectacle de ses deux jambes brisées, la mort d'un autre héros d'Italie, Saint-Hilaire, frappé dans la journée, l'horrible hécatombe de quarante à cinquante mille hommes couchés à terre, n'étaient-ce pas là autant de reproches assez cruels, assez faciles à comprendre? Napoléon, après avoir serré Lannes dans ses bras, et se disant certainement à lui-même ce que le héros mourant ne lui avait pas dit, car le génie qui a commis des fautes est son juge le plus sévère, Napoléon remonta à cheval, et voulut profiter de ce qui lui restait de jour pour visiter l'île de Lobau, et arrêter ses dispositions de retraite. Après avoir parcouru l'île dans tous les sens, avoir examiné de ses propres yeux les divers bras du Danube qui, changés en véritables bras de mer, roulaient les débris des rives supérieures, il acquit la conviction que l'armée

*Napoléon visite l'île de Lobau avant la chute du jour.*

trouverait dans l'île de Lobau un camp retranché où elle serait inexpugnable, et où elle pourrait s'abriter deux ou trois jours, en attendant que le pont sur le grand bras fût rétabli. Le petit bras qui la séparait des Autrichiens était impossible à franchir en présence de Masséna, qui serait là pour en disputer le passage. La largeur de l'île ne permettait pas qu'en l'accablant de boulets on la rendît inhabitable pour nos soldats. Enfin en employant tout ce qu'il y avait de bateaux sur la rive droite, on parviendrait à apporter des vivres, des munitions, de manière que l'armée eût de quoi subsister et se défendre. Ces vues promptement conçues et arrêtées, Napoléon revint à la nuit vers le petit bras. Le maréchal Masséna s'y était transporté dès qu'il avait cru pouvoir confier la garde d'Aspern à ses lieutenants. Le maréchal Bessières, le major général Berthier, quelques chefs de corps, le maréchal Davout venu en bateau de la rive droite, étaient réunis à ce rendez-vous assigné au bord du Danube, au milieu des débris de cette sinistre journée. Là on tint un conseil de guerre. Napoléon n'avait pas pour habitude d'assembler de ces sortes de conseils, dans lesquels un esprit incertain cherche, sans les trouver, des résolutions qu'il ne sait pas prendre lui-même. Cette fois il avait besoin, non pas de demander un avis à ses lieutenants, mais de leur en donner un, de les remplir de sa pensée, de relever l'âme de ceux qui étaient ébranlés, et il est certain que, quoique leur courage de soldat fût inébranlable, leur esprit n'embrassait pas assez les difficultés et les ressources de la situation, pour n'être pas à quelques de-

*Mai 1809.*

*Conseil de guerre tenu au bord du Danube entre Napoléon et ses maréchaux.*

Mai 1809.

grés surpris, troublé, abattu. Le caractère qui fait supporter les revers est plus rare que l'héroïsme qui fait braver la mort. Napoléon, calme, confiant, car il voyait dans ce qui était arrivé un pur accident qui n'avait rien d'irréparable, provoqua les officiers présents à dire leur avis. En écoutant les discours tenus devant lui, il put se convaincre que ces deux journées avaient produit une forte impression, et que quelques-uns de ses lieutenants étaient partisans de la résolution de repasser tout de suite, non-seulement le petit bras afin de se retirer dans l'île de Lobau, mais aussi le grand bras, afin de se réunir le plus tôt possible au reste de l'armée, au risque de perdre tous les canons, tous les chevaux de l'artillerie et de la cavalerie, douze ou quinze mille blessés, enfin l'honneur des armes.

Opinion exprimée par Napoléon dans le conseil assemblé au bord du Danube.

A peine une telle pensée s'était-elle laissée entrevoir que Napoléon, prenant la parole avec l'autorité qui lui appartenait, et avec la confiance non pas feinte, mais sincère, que lui inspirait l'étendue de ses ressources, exposa ainsi la situation. La journée avait été rude, disait-il, mais elle ne pouvait pas être considérée comme une défaite, puisqu'on avait conservé le champ de bataille, et c'était une merveille de se retirer sains et saufs après une pareille lutte, soutenue avec un immense fleuve à dos, et avec ses ponts détruits. Quant aux blessés et aux morts, la perte était grande, plus grande qu'aucune de celles que nous avions essuyées dans nos longues guerres, mais celle de l'ennemi avait dû être d'un tiers plus forte; on pouvait donc être certain, assurait Napoléon, que les Autrichiens se tiendraient tranquilles pour long-temps, et qu'on aurait le loisir de rallier l'armée d'Italie qui arrivait victorieuse à travers la Styrie, de ramener dans les rangs les trois quarts des blessés, de tirer de France les nombreux renforts qui étaient en marche, d'établir sur le Danube des ponts de charpente aussi solides que des ponts de pierre, et qui feraient du passage du fleuve une opération ordinaire. Napoléon ajoutait qu'après tout, lorsque les blessés seraient rentrés dans les rangs, ce ne seraient que dix mille hommes de moins de notre côté, pour quinze mille du côté de l'adversaire, et deux mois de plus dans la durée de la campagne; qu'à cinq cents lieues de Paris, soutenant une grande guerre au sein d'une monarchie conquise, au milieu même de sa capitale, un accident de cette espèce n'avait rien qui dût étonner des gens de courage, rien que de très-naturel, rien même que d'heureux, si on songeait aux difficultés de l'entreprise, qui consistait à passer devant une armée ennemie le plus grand fleuve de l'Europe pour aller livrer bataille au delà. Il ne fallait donc, suivant lui, ni s'alarmer, ni se décourager. Il y avait un mouvement rétrograde qui était convenable et nécessaire, c'était de repasser le petit bras du Danube, pour se renfermer dans l'île de Lobau, pour y attendre l'abaissement des eaux et le rétablissement des ponts sur le grand bras; mouvement facile, qui se ferait la nuit, sans inconvénient, sans perdre ni un blessé, ni un cheval, ni un canon, sans perdre surtout l'honneur des armes. Mais il y avait un autre mouvement rétrograde à la fois déshonorant et désastreux, ce serait de repasser non-seulement le petit bras, mais le grand, en repassant celui-ci tant bien que mal, avec des barques qui ne pourraient transporter que les hommes valides, sans un canon, ni un cheval, ni un blessé, en renonçant surtout à l'île de Lobau, qui était une conquête précieuse, et le vrai terrain d'un passage ultérieur. Si on agissait de la sorte, si au lieu de soixante mille qu'on était au départ on repassait au nombre de quarante mille, sans artillerie, sans chevaux, en abandonnant au moins dix mille blessés capables de servir dans un mois, on ferait bien en revenant de ne pas se montrer aux Viennois, qui accableraient de mépris leurs vainqueurs, et appelleraient bientôt l'archiduc Charles pour chasser les Français d'une capitale où ils n'étaient plus dignes de rester. Et dans ce cas ce n'était pas à une retraite sur Vienne, mais à une retraite sur Strasbourg qu'il fallait se préparer. Le prince Eugène, en marche sur Vienne, y trouverait l'ennemi, au lieu de l'armée française, et périrait dans ce coupe-gorge; les alliés effrayés, devenus traîtres par faiblesse, se retourneraient contre nous; la fortune de l'Empire serait anéantie, et la grandeur de la France détruite en quelques semaines. En un mot Napoléon prévit, annonça avec précision, comme devant se réaliser sous quinze jours, tout ce que sa politique lui a valu cinq ans plus tard, si au lieu de se retirer fièrement dans la Lobau, on avait la faiblesse de traverser précipitamment le grand Danube, laissant à l'autre bord ses camarades blessés, son matériel, son honneur.

Pour agir d'ailleurs comme il le conseillait, il ne fallait que peu d'efforts. Masséna tiendrait à Aspern jusqu'à minuit, défilerait ensuite avec l'armée sur le petit pont, défendrait la Lobau le lendemain contre les entreprises de l'ennemi, et attendrait derrière le petit bras du Danube les vivres et les munitions qu'on allait lui envoyer en bateaux. Pendant ce temps on rétablirait le grand pont, et si, contre toute vraisemblance, l'archiduc Charles osait faire une tentative, en descendant sur Presbourg ou en remontant jusqu'à Krems, pour se transporter sur la rive droite, et venir nous disputer Vienne, le maréchal Davout lui tiendrait tête avec ses 30 mille hommes, qui valaient 60 mille Autrichiens, avec le reste des cuirassiers, avec la cavalerie de la garde qui n'avaient point passé, avec les Wurtembergeois, les Bavarois, les Saxons. Ainsi Masséna, Davout, leur dit-il, vous vivez, et vous sauverez l'armée, en vous montrant dignes de ce que vous avez déjà fait. — Masséna, souvent mécontent, blâmant même avec amertume la précipitation qu'on avait mise à passer le Danube, Masséna, transporté de tant de raison et de fermeté, saisit la main de Napoléon et lui dit : — Vous êtes, sire, un homme de cœur, et digne de nous commander ! Non, il ne faut pas fuir comme des lâches, qui auraient été vaincus. La fortune nous a mal servis, mais nous sommes victorieux néanmoins, car l'ennemi qui aurait dû nous précipiter dans le Danube a mordu la poussière devant nos positions. Ne perdons pas notre attitude de vainqueurs, bornons-nous à repasser le petit bras du Danube, et je vous jure d'y

Mai 1809.

Vif assentiment donné par Masséna aux paroles de Napoléon.

noyer tout Autrichien qui voudrait le franchir à notre suite. — Davout promit de son côté de garder Vienne, et de repousser toute attaque qui viendrait par Presbourg ou par Krems, pendant l'opération du rétablissement des ponts, opération après laquelle l'armée réunie sur une seule rive n'aurait plus rien à craindre de l'archiduc Charles.

Tous les cœurs se trouvèrent raffermis à la suite de ce conseil tenu au bord du Danube, sous les derniers boulets lancés par les Autrichiens. Il fut convenu que Masséna prendrait le commandement en chef de l'armée, emploierait la nuit à traverser le petit bras, tandis que Napoléon repassant de sa personne le grand bras avec Berthier et Davout, irait diriger lui-même les deux opérations qui pressaient le plus, l'envoi dans la Lobau de munitions de guerre et de bouche, et le rétablissement du grand pont. On se quitta consolés, résolus, confiants les uns dans les autres. Pendant que Masséna retournait à Aspern, Napoléon se rendit à travers la Lobau sur le bord du bras principal du Danube, après avoir donné tous ses ordres. Il eut de la peine à franchir plusieurs gros ruisseaux qui s'étaient formés dans l'intérieur de l'île par suite de la crue des eaux. Il arriva entre onze heures du soir et minuit au bord du grand Danube, et voulut le passer immédiatement. Le péril était grave, car outre une obscurité profonde il fallait braver les énormes corps flottants que le courant entraînait, et qui heurtant la frêle barque dans laquelle Napoléon allait monter, pouvaient la submerger. Mais il n'y avait pas à hésiter en présence des grands devoirs qui restaient à remplir, et avec la confiance de César au milieu des flots de l'Épire, Napoléon s'embarqua sur un esquif, accompagné de Berthier et de Savary, conduit par quelques pontonniers intrépides, qui le transportèrent sain et sauf sur l'autre rive. A peine débarqué à Ébersdorf il donna ses premiers ordres pour attirer sur ce point toutes les barques disponibles, les remplir de biscuit, de vin, d'eau-de-vie, de gargousses, de cartouches, d'objets de pansement, et les diriger sur l'île de Lobau. Les bateaux détachés du grand pont détruit suffisaient dans le moment, pour porter le nécessaire à l'armée de l'autre côté du fleuve. On commença cette opération dans la nuit même, ou plutôt on la continua plus activement, car après la rupture du pont, on avait déjà eu recours à ce moyen dans le courant de la journée.

Pendant ce temps Masséna, investi du commandement en chef, avait couru à Essling et Aspern pour préparer la retraite. Les attaques directes contre ces deux points avaient cessé. Les Autrichiens s'en tenaient à une canonnade, toujours plus lente à mesure que la nuit avançait, et qui de loin en loin, ici ou là, faisait quelques victimes dans l'ombre. Nos adversaires épuisés se laissaient tomber de lassitude sur ce champ de carnage, tandis que la vigilance, indispensable dans notre position critique, nous obligeait à nous tenir debout, bien que notre fatigue fût égale à celle des Autrichiens. Vers minuit, Masséna fit commencer

*Mai 1809.*

*Mesures de Masséna pour assurer la retraite de l'armée dans l'île de Lobau.*

Mai 1809.

Défilé
de l'armée par
le petit pont,
dans
la nuit du 22
au 23 mai.

la retraite par la garde impériale, qui était la plus rapprochée du fleuve. Chaque corps devait défiler par le petit pont, emportant ses blessés, emmenant ses canons, laissant seulement ses morts, dont, hélas! le nombre n'était que trop considérable. Après la garde vint la grosse cavalerie, et comme beaucoup de soldats avaient jeté leurs cuirasses, Masséna les fit ramasser par les cavaliers démontés, ne voulant abandonner à l'ennemi que le moins de trophées possible. Une partie de la cavalerie légère demeura en ligne avec les voltigeurs pour faire devant Aspern et Essling un semblant de résistance. Puis les divisions Saint-Hilaire et Oudinot défilèrent à leur tour, chacune emportant ce qui lui restait encore de blessés sur le terrain. Les divisions Legrand, Carra Saint-Cyr suivirent, et enfin, à la pointe du jour du 23, les généraux Boudet et Molitor, quittant Essling et Aspern, s'enfoncèrent dans le bois qui couvrait le rentrant du fleuve, escortés par une nuée de leurs tirailleurs. L'ennemi harassé ne s'aperçut pas du mouvement rétrograde de nos troupes. Ce ne fut que vers cinq ou six heures du matin que, voyant nos postes avancés disparaître peu à peu, il conçut le soupçon de notre retraite, et songea à nous suivre. Il le fit lentement sans nous inquiéter beaucoup. Entré toutefois dans Essling et parvenu au bord du fleuve, il put découvrir le petit pont sur lequel passaient nos dernières colonnes. Il dirigea aussitôt ses boulets de ce côté, tandis que ses tirailleurs débouchant à travers le bois nous décochaient des balles. Masséna, avec quelques officiers de son état-major, était resté sur la rive gauche, résolu à passer le dernier. On lui fit remarquer que nos postes commençaient à être vivement pressés, qu'il pouvait être subitement assailli, que le moment était venu de replier le pont, et de mettre fin à cette résistance sans exemple. Il ne voulut rien entendre tant qu'il aperçut sur la rive gauche quelque débris à sauver. Courant en tout sens, il s'assura par lui-même qu'on ne laissait pas un blessé, pas un canon, pas un objet de quelque valeur dont l'ennemi eût à s'enorgueillir. Il fit ramasser encore ce qu'il put de fusils, de cuirasses jetés le long du Danube, et comme çà et là des chevaux blessés et sans maîtres erraient au bord de l'eau, il les fit chasser vers le fleuve pour les obliger à le traverser à la nage. Enfin ne voyant plus aucun devoir à remplir sur cette rive devenue un sol ennemi, et les balles des tirailleurs pleuvant déjà autour de lui, il s'embarqua le dernier, aussi fier que lorsqu'il sortait de Gênes dans une simple embarcation sous le feu de l'escadre anglaise. Il fit couper les amarres du pont que le courant du fleuve reporta bientôt vers l'autre bord, et en quelques minutes il fut dans la Lobau, les Autrichiens se contentant d'assister à la retraite volontaire de leurs adversaires.

Ainsi se termina cette bataille de deux jours, l'une des plus sanglantes du siècle, et qui commença la série de ces abominables carnages des derniers temps de l'Empire, où l'on détruisait en une journée l'équivalent de la population d'une grande ville. Le nombre des morts et des blessés, pour celle-ci comme pour les autres, ne saurait être que difficí-

*Mai 1809.*

*Embarquement de Masséna, qui se retire le dernier dans l'île de Lobau.*

*Résultats et caractères de la bataille d'Essling.*

lement précisé. On peut évaluer la perte des Autrichiens à 26 ou 27 mille[1] morts et blessés, à 15 ou 16 mille celle des Français. De notre côté, la pénurie des ressources dans l'île de Lobau, pendant les premiers moments, devait rendre les blessures extrêmement dangereuses. Ce qui expliquait l'énorme différence des pertes, c'est que les Autrichiens avaient combattu toujours à découvert, et que nous au contraire avions été abrités durant une partie de ces journées par quelques obstacles de terrain. Quant aux prisonniers, il n'en avait été fait d'aucun côté, sauf quelques centaines enlevés dans Aspern et Essling, et envoyés dans la Lobau. C'était une bataille sans autre résultat qu'une abominable effusion de sang, effusion, comme on vient de le voir, plus grande pour l'ennemi que pour nous, et qui nous laissait tous nos moyens de passage, puisque l'île de Lobau nous restait. La plus grave conséquence de ces journées d'Essling, c'était ce qu'on allait en dire, c'étaient les exagérations de nos ennemis prompts à publier en Allemagne et dans toute l'Europe, que les Français étaient vaincus, accablés, en pleine retraite. Or Napoléon, combattant au milieu du continent prêt à s'insurger contre lui, obligé de se maintenir au sein de la capitale ennemie, où quatre cent mille habitants n'attendaient qu'un signal pour se soulever, ayant besoin sur ses derrières de routes sûres pour amener ses renforts,

*Mai 1809.*

*Conséquences morales de la bataille d'Essling.*

[1] Leur bulletin officiel avouait 20 mille, et quand on sait à quel point ils y défiguraient la vérité à leur avantage, on doit supposer un nombre infiniment plus considérable. C'est d'après divers documents contenus au dépôt de la guerre, et émanés des Autrichiens eux-mêmes, que je m'arrête au chiffre indiqué ici.

ne pouvait se passer du prestige de son invincibilité. Matériellement il était plus fort, puisqu'il avait moins perdu que son adversaire, et qu'il avait retrempé le cœur de sa jeune armée dans une épreuve formidable; moralement il était plus faible, parce que ses ennemis allaient triompher d'une prétendue défaite, qui en réalité était une victoire, car c'était vaincre que de soutenir une telle lutte avec ses ponts détruits. Quant à sa conduite comme général, on ne pouvait qu'admirer le choix de l'île de Lobau, choix qui avait rendu possible une opération dans tout autre cas impraticable, et qui permettait qu'une position désastreuse, d'où l'on n'aurait dû sortir que noyés ou prisonniers, finît par la plus facile, la moins troublée des retraites. Mais on devait blâmer la précipitation que Napoléon avait mise à traverser le fleuve dans une telle saison, avant d'avoir réuni des moyens suffisants de passage. En cela il était reprochable assurément, mais tant de motifs excusaient son impatience d'occuper les deux rives du Danube, qu'on peut lui pardonner d'avoir trop compté sur la fortune, dans le désir d'épargner le temps. Son tort véritable, son tort éternel, c'était cette politique sans frein, qui, après l'avoir porté sur le Niémen d'où il était revenu à force de miracles, l'avait porté ensuite sur l'Èbre et le Tage d'où il était revenu de sa personne en y laissant ses plus belles armées, l'entraînait maintenant de nouveau sur le Danube où il ne parvenait à se soutenir que par d'autres miracles, miracles dont la suite pouvait à tout moment s'interrompre, et aboutir à des désastres. C'est là, disons-nous, qu'était

Mai 1809.

Quel jugement on peut porter sur la conduite militaire de Napoléon.

son tort, car le général ne commettait de fautes que sous la contrainte qu'exerçait sur lui le plus imprudent des politiques.

Quant à l'archiduc Charles, fort critiqué depuis, surtout par ses compatriotes, car c'est ordinairement chez ses concitoyens qu'on recueille le plus d'amertume, il déploya une grande énergie, quoi qu'on ait pu dire; et si on trouve étonnant qu'il n'ait pas précipité l'armée française dans le Danube, c'est qu'on oublie la puissance des positions choisies par son adversaire, l'impossibilité d'arracher Essling et Aspern à soixante mille Français, commandés par Lannes et Masséna, et réduits à vaincre ou à périr; c'est qu'on oublie les avantages de l'île de Lobau, qui, Essling et Aspern nous restant, était facile à regagner, et devenait alors un asile inviolable. Chercher à forcer le petit bras devant Masséna, sans avoir de pont, ou même en ayant un, c'eût été de la part du généralissime autrichien une entreprise folle, que lui ont fort reproché de n'avoir pas tentée des gens qui auraient été incapables de l'exécuter. Ce qu'ont dit avec plus de raison certains juges impartiaux, c'est que pendant la bataille il étendit beaucoup trop le demi-cercle tracé autour des Français, et l'étendit au point de s'exposer à être coupé par le milieu; c'est qu'en se concentrant davantage à sa droite, et en employant toutes ses forces à faire une percée vers Aspern, il aurait eu plus de chance peut-être de nous couper du Danube. En répétant ces critiques, il faut ajouter aussi que s'il eût agi de la sorte, il eût probablement trouvé à Aspern les forces qu'il n'aurait pas attirées ailleurs, et qui se seraient reportées sur le point qu'il aurait exclusivement attaqué. Après une si affreuse lutte, après de si héroïques efforts, il faut savoir admirer le dévouement, et se taire, quel qu'ait été le résultat, devant des actes d'énergie que les hommes ont rarement égalés.

C'est pendant les jours qui suivirent que l'archiduc Charles eût pu exécuter des choses qu'il n'essaya même pas. L'armée française, en effet, partie dans l'île de Lobau, partie sur la rive droite du Danube, coupée en deux par la principale masse des eaux du fleuve, se trouvait dans une position critique. Certes Napoléon, dans sa jeune ardeur, quand général d'Italie il poursuivait si activement ses succès, n'aurait pas laissé échapper l'occasion qui s'offrait en cet instant. Si, effectivement, il était impossible à l'archiduc Charles de forcer le petit bras du fleuve qui le séparait de la Lobau, de le forcer devant Masséna et les quarante-cinq mille hommes qui restaient à ce dernier, il n'était pas à beaucoup près aussi impossible de tenter au-dessus ou au-dessous de Vienne, l'un de ces passages que Napoléon redoutait si fort, et contre la réalisation desquels il avait employé tant et de si ingénieuses précautions.

Si en effet l'archiduc Charles eût marché sur Presbourg, qu'il y eût traversé le Danube, et que, remontant la rive droite, il fût venu attaquer le maréchal Davout, qui n'aurait pas eu quarante mille hommes à lui opposer, il se serait donné sans doute de belles chances de nous faire essuyer un désastre.

Mais il aurait eu quelque chance aussi d'en essuyer un lui-même, car il ne lui aurait pas fallu moins de deux jours pour descendre le Danube, deux pour le remonter, et dans ces quatre jours, il y avait beaucoup de probabilité que le grand pont rétabli momentanément permettrait à l'armée française de repasser sur la rive droite. Dans ce cas l'archiduc Charles aurait trouvé 80 mille hommes à combattre, n'en pouvant amener que 70 mille tout au plus, car la bataille d'Essling lui en avait coûté 26 ou 27 mille. Il pouvait donc être refoulé, détruit, rejeté en pièces sur la Hongrie. Il restait à tenter une autre opération, aussi hasardeuse, mais plus décisive encore, si elle eût réussi. C'était, au lieu de descendre le Danube, de le remonter au contraire, de rallier les 25 mille hommes de Kollovrath, ce qui eût reporté l'armée autrichienne à 95 mille combattants, de franchir le fleuve à l'un des points qui se trouvent entre Krems et Lintz, d'y surprendre le passage contre les Saxons de Bernadotte ou les Wurtembergeois de Vandamme, et de déboucher sur les derrières de Napoléon. Ici le passage était moins certain, puisqu'il fallait le disputer, mais il offrait de grandes chances de réussite contre les troupes qui gardaient le fleuve, il se faisait avec 25 mille hommes de plus, il amenait une concentration de forces supérieure à toutes celles que Napoléon pouvait exécuter dans le moment, il n'exigeait que deux ou trois jours; il procurait le moyen de battre en détail avant leur réunion, les Saxons, les Wurtembergeois, les divisions du maréchal Davout dispersées entre Saint-Polten,

Vienne, Ébersdorf; enfin, en cas de succès il plaçait Napoléon dans la position du général Mélas après la bataille de Marengo. Mais aussi en plaçant un tel adversaire, une telle armée, dans de telles extrémités, il provoquait de leur part des efforts extraordinaires, un dévouement dont il fallait peu se flatter de triompher, et par conséquent des périls immenses. Plus décisif encore, mais plus hasardeux, ce plan était donc moins présumable de la part de l'archiduc.

Quoi qu'il en soit de ces diverses combinaisons, l'archiduc Charles raisonna autrement, ou, pour mieux dire, il agit autrement, car dans ces occasions on ne raisonne pas, on agit instinctivement, d'après son caractère; et ce n'eût pas été un tort, si en suivant le plan le plus conforme à son caractère, le généralissime autrichien avait fait tout ce qui était possible et convenable dans le système qu'il adoptait. Il n'avait su que le 23 mai, c'est-à-dire le lendemain des deux journées du 21 et du 22, s'il était vainqueur ou non, et bien qu'il écrivît partout qu'il l'était, il n'en avait pas la conviction sincère, car tout en ayant empêché Napoléon de déboucher au delà du Danube, il n'avait pu l'empêcher de se retirer paisiblement dans la Lobau, de garder son champ de bataille, et surtout de conserver des moyens ultérieurs de passage. Outre que sa victoire pouvait être considérée comme douteuse, l'archiduc se ressentait cruellement de ces deux jours de combats acharnés. Son armée diminuée de près d'un tiers était épuisée, et dans un état d'accablement dont ne se rendent pas compte ceux qui jugeant les généraux après l'événement, leur reprochent de n'avoir pas suivi des plans auxquels il n'y avait pas même à penser en face de la réalité des choses. Il était personnellement peu disposé à recommencer. Pour la première fois il se trouvait devant Napoléon sans avoir succombé, et tout étonné de ce triomphe inusité, il voulait en jouir avant de courir de nouvelles chances. Il avait dans ses pertes, dans l'insuffisance des forces qui lui restaient, dans la destruction de ses munitions qui étaient entièrement consommées, il avait des motifs d'attendre, et de goûter en repos le plaisir d'un succès inespéré. Et il y avait bien, il faut le reconnaître, quelques considérations sensées à faire valoir en faveur de cette manière de se conduire. Il pouvait se dire, en effet, que le temps était à son avantage, que ne pas périr était beaucoup quand on se battait dans son pays, à portée de ses ressources, entouré de toutes les sympathies de l'Allemagne, qui ne demandait qu'une occasion pour éclater. Il pouvait se dire que Napoléon au contraire, à plusieurs centaines de lieues de sa frontière, vivant au milieu de populations ennemies, au sein d'une capitale conquise et frémissante, ne s'y maintenant que par le prestige de son invincibilité, avait besoin pour se soutenir de coups d'éclat continuels, et surtout d'en finir vite pour en finir à son honneur; que pour le général français, passer le Danube était la condition indispensable de tout succès définitif, et qu'avoir échoué dans ce passage était un échec moral autant qu'un échec matériel; qu'il valait mieux par conséquent persister à lui opposer un genre d'obstacle qui seul l'avait arrêté jusqu'alors, et persévérer dans une tactique qui avait réussi, que d'aller soi-même s'offrir à ses coups, et risquer des batailles douteuses en essayant un passage hasardeux, au-dessous ou au-dessus de Vienne. L'archiduc Charles pouvait se faire, et se fit ces raisonnements, qui étaient sages, qui méritaient même d'être approuvés, si, adoptant un pareil plan, il le suivait dans toutes ses conséquences, s'il employait le temps qui allait s'écouler à renforcer l'armée autrichienne, à rendre le Danube de plus en plus difficile à franchir, et à soulever autour de Napoléon les résistances de toute nature, qu'un avantage obtenu sur lui devait naturellement provoquer. C'est au moins ce qu'il parut faire dans les premiers moments, s'attachant à garder plus fortement que jamais sa position vis-à-vis de Vienne, s'étudiant à augmenter les difficultés de tout passage ultérieur du Danube, concentrant sur ce point le plus de forces possible, donnant à l'archiduc Jean l'ordre de l'y rejoindre au plus tôt, et surtout chantant victoire en Allemagne, écrivant partout que les Français avaient été battus, presque détruits, parlant de trente à quarante mille morts ou blessés, d'autant de prisonniers, de façon que si ces bruits avaient été vrais il ne serait pas resté un soldat à Napoléon; parlant en outre d'une retraite inévitable et prochaine des Français sur Lintz, Passau et Strasbourg même, promettant enfin à tous leur délivrance générale et certaine, si l'Europe, et particulièrement l'Allemagne, voulait seconder l'Autriche par un seul effort. Heureusement pour Napoléon, ce que l'archiduc sut faire de mieux pour user de sa victoire, ce fut de se vanter du succès obtenu, et vanité à part, c'était quelque chose d'utile, on le verra bientôt, que de se vanter beaucoup, même au delà de toute vérité et de toute mesure.

En effet, Napoléon avait bien moins à redouter la conséquence matérielle de la bataille d'Essling que ses conséquences morales. En réalité, bien qu'il eût, comme nous l'avons déjà dit, échoué dans un passage du Danube tenté prématurément, il conservait en gardant l'île de Lobau la base de tout passage ultérieur, et il avait beaucoup plus affaibli l'ennemi en soldats qu'il ne s'était affaibli lui-même. Mais ce qu'on allait dire en Allemagne, en France, en Europe de ces deux grandes journées, pouvait provoquer des résistances imprévues, diminuer l'ascendant moral dont il avait besoin pour être obéi, et pour attirer à lui toutes les ressources de son empire. Cependant il ne s'inquiéta pas plus qu'il ne fallait de l'avantage qu'on allait tirer des derniers événements; il écrivit en tous lieux pour redresser l'opinion, pour que les deux journées d'Essling fussent envisagées comme elles devaient l'être, et par-dessus tout, il prit des mesures vigoureuses afin de réparer cet échec apparent ou réel, afin d'en tirer même dans un avenir prochain des résultats inattendus et décisifs.

Le premier danger auquel il fallait pourvoir, c'était une tentative de l'archiduc Charles pour passer le petit bras du Danube, et envahir l'île de Lobau. Napoléon ne le craignait guère, moyennant que les quarante-cinq mille hommes demeurés sous Masséna dans cette île immense eussent des vivres, des munitions, des effets de pansement. Son premier soin, comme on vient de le voir, fut de leur en envoyer dans la nuit même du 22 et dans la journée qui suivit. Ce qui restait de bateaux du grand pont détruit fut employé à cet usage, et en trente-six heures Masséna eut assez de gargousses et de cartouches pour arrêter tout essai de passage, assez de biscuit pour préserver ses soldats de la faim. Les cerfs et les chevreuils, qui existaient abondamment dans l'île de Lobau, devaient fournir la viande à cette troupe de quarante-cinq mille chasseurs. Ainsi, grâce au dévouement des pontonniers, qui, malgré la crue extraordinaire du Danube, malgré les énormes corps flottants dont il fallait braver le choc, ne cessèrent d'opérer au milieu des plus grands périls un trajet extrêmement pénible, l'armée eut le nécessaire pour se défendre et pour vivre.

*Mai 1809.*

*est d'envoyer dans l'île de Lobau des vivres et des munitions.*

Le second danger dont on devait s'occuper sur-le-champ, c'était la possibilité d'un passage vers Presbourg, le seul auquel Napoléon accordât quelque créance, parce que c'était celui qui exigeait le moins de hardiesse. Mais pour parer à celui-là, il fallait avoir vaincu une grave difficulté, c'était de rétablir le pont sur le grand bras, ne fût-ce que temporairement, car, sans ce pont, le maréchal Davout était exposé à se trouver seul avec deux de ses divisions, et avec ce qui n'avait point passé de la garde et de la grosse cavalerie, pour résister à l'archiduc Charles. La troisième di-

*Le second soin de Napoléon est de rétablir les ponts du Danube, pour ramener l'armée sur la rive droite, et parer à un passage des Autrichiens sous Presbourg.*

vision du maréchal Davout, celle de Morand, restée entre Saint-Polten et Vienne, serait évidemment indispensable pour contenir la capitale pendant que les deux autres combattraient. Il est vrai que ce vigoureux lieutenant de l'Empereur avait répondu sur sa tête d'arrêter avec 25 ou 30 mille hommes tout ce qui viendrait du côté de Presbourg, et on pouvait attendre de l'opiniâtre vainqueur d'Awerstaedt la réalisation de cette promesse. Mais c'était là une position fort critique, et il importait au plus haut point d'avoir rétabli promptement les communications entre la rive droite et l'île de Lobau, pour que l'armée pût au besoin se réunir tout entière sur cette rive. Napoléon s'y appliqua sans relâche, bien qu'il sût dans quel état il avait laissé l'armée autrichienne en repassant dans l'île de Lobau, et que la double expérience qu'il avait de la guerre et du caractère de son adversaire, suffît pour lui apprendre qu'après deux journées comme celles d'Essling, il n'était pas à craindre d'en avoir immédiatement une troisième. Les marins de la garde, mandés de Boulogne à Strasbourg, de Strasbourg à Vienne, venaient heureusement d'arriver. On s'en servit pour accélérer le rétablissement des communications. Ils s'y consacrèrent avec leur zèle et leur habileté accoutumés. Toujours en croisière sur le Danube, soit pour transporter des munitions, soit pour arrêter les corps flottants lancés par l'ennemi, ils aidèrent à dominer l'obstacle que présentait ce fleuve immense, rapide comme un torrent et vaste comme un bras de mer. En attendant la reconstruction du pont, on commença à faire repasser dans des bateaux une partie de l'infanterie de la garde, de l'île de Lobau à Ébersdorf. Le 25, au moyen des pontons qui avaient servi pour le passage du petit bras, et des bateaux ramassés sur le fleuve, on parvint à établir un pont, sur lequel il n'eût pas fallu compter pour entreprendre une opération offensive, mais bien assez solide pour une retraite, qu'il suffisait d'opérer à intervalles successifs. Chaque détachement transporté sur la rive droite mettait le maréchal Davout en état de mieux résister à une attaque vers Presbourg, et, quant à celle qui aurait pu être dirigée contre l'île de Lobau, elle n'était visiblement plus à craindre dès qu'elle n'avait pas été tentée le 23 ou le 24.

Après la garde on fit repasser la division Demont, ensuite la cavalerie légère, qu'il importait d'envoyer en reconnaissance autour de Presbourg, puis la grosse cavalerie, et enfin le corps de Lannes tout entier, qui depuis la blessure mortelle de ce dernier avait été mis sous les ordres du général Oudinot, et ne pouvait pas être en meilleures mains. Ces passages de troupes achevés, et ils le furent dans la journée du 27 mai, on n'avait plus rien à redouter, car le maréchal Davout avait au moins 60 mille hommes à sa disposition, et aucune tentative de l'archiduc Charles sur la rive droite ne présentait dès lors de chance de succès. Napoléon dirigea Lasalle et Marulaz sur Haimbourg, pour surveiller et contenir, avec neuf régiments de cavalerie légère, ce qui pourrait venir de Presbourg, que ce fût l'armée de l'archiduc Charles, ou simplement l'insurrection de Hongrie, qui commençait

Mai 1809.

Rétablissement des communications entre l'île de Lobau et Ebersdorf.

Mai 1809.

Distribution de l'armée autour de Vienne.

à se réunir. (Voir la carte n° 32.) Il dirigea Montbrun sur Œdenbourg, de l'autre côté du lac de Neusiedel, pour observer les routes de la Hongrie et de l'Italie, par où pouvait se montrer l'archiduc Jean, en retraite devant le prince Eugène. Le général Lauriston n'avait pas cessé de se tenir à Bruck avec les Badois et la cavalerie du général Bruyère, pour tendre la main au prince Eugène engagé dans les routes de la Styrie. Napoléon plaça, comme il avait déjà fait, la grosse cavalerie en arrière afin de soutenir la cavalerie légère. Enfin le maréchal Davout, avec les deux divisions Friant et Gudin, avec la division Demont, avec tout le corps d'Oudinot et la garde, c'est-à-dire avec 50 ou 60 mille hommes, était à Ebersdorf, prêt à se jeter sur l'archiduc Charles, de quelque côté qu'il se montrât.

Napoléon résolut d'amener encore quelques forces sur Vienne. Pensant que les Bavarois suffiraient à défendre leur pays, non-seulement du côté des montagnes du Tyrol, mais vers le Danube, il ordonna au maréchal Lefebvre d'envoyer une division bavaroise à Lintz, pour y remplacer la division Dupas et les Saxons qui, sous les ordres du maréchal Bernadotte, gardaient ce point. Le général Vandamme dut rester avec les Wurtembergeois à Krems, tandis que le maréchal Bernadotte, avec ses 18 mille hommes, eut ordre de s'avancer sur Vienne, pour y augmenter l'accumulation des forces. Le corps de Masséna, dont nous n'avons pas parlé dans cette énumération, fut laissé tout entier dans l'île de Lobau, afin de garder cette île, qui, malgré l'usage qu'on venait d'en faire, était encore le lieu le plus propre au passage du Danube. Napoléon, dans la profondeur de sa pensée, avait déjà cherché et trouvé le moyen de s'en servir d'une manière si nouvelle, que l'ennemi, bien qu'averti par une tentative antérieure, y fût sûrement trompé. Il avait calculé que soit pour réunir et employer le matériel nécessaire, soit pour laisser venir la saison des basses eaux, il lui faudrait tout un mois, et qu'il ne serait prêt à porter le coup qui devait terminer la guerre, que vers la fin de juin, ou le commencement de juillet. C'était aussi le temps qu'il lui fallait pour recevoir ses renforts, organiser plus complétement sa ligne d'opération, et amener sous Vienne l'armée du prince Eugène. Il se mit donc à préparer l'accomplissement de ces divers desseins, avec un imperturbable sang-froid, une incroyable activité, et une attitude aussi fière qu'il aurait pu l'avoir le lendemain d'une grande victoire.

*Mai 1809.*

D'abord il s'occupa de préparer partout des matières. Vienne était remplie de bois : il en ordonna la recherche, le choix, le transport sous Ebersdorf. Les ouvriers de Vienne manquaient d'ouvrage : il résolut de les employer, en les payant avec le papier-monnaie autrichien, dont regorgeaient les caisses publiques qu'on avait saisies. Il attira dans l'île de Lobau des constructeurs, et en fit même venir de France, qui durent être transportés en poste. Il commanda des bateaux de toute forme, de toute dimension, d'après un plan que nous ferons connaître, quand le moment en sera venu. Enfin, sans perdre un seul jour, il donna

*Préparatifs d'un passage ultérieur, et mesures pour réparer les pertes de l'armée.*

les ordres suivants pour le recrutement de l'armée. Comme il avait eu soin de remplir les dépôts, soit à l'aide d'une anticipation sur la conscription de 1810, soit à l'aide d'un nouvel appel sur les classes antérieures, il pouvait en tirer aujourd'hui les hommes levés précédemment, certain qu'ils seraient remplacés par les derniers appelés. En conséquence il fit acheminer sur Strasbourg tous les conscrits déjà instruits, en les réunissant en bataillons de marche qui devaient porter les numéros des divisions militaires où étaient situés les dépôts. Mais il avait un moyen plus sûr encore de se procurer immédiatement des hommes tout formés, c'était de les prendre dans les demi-brigades provisoires, qu'il avait organisées dans le Nord, sur les frontières du Rhin, et même en Italie, en les composant de quatrièmes et cinquièmes bataillons. Il ordonna d'y puiser, pour les corps de Masséna, d'Oudinot, de Davout, de nombreuses recrues, en envoyant les unes directement à leur régiment, en incorporant les autres dans les régiments auxquels elles n'appartenaient pas d'origine. Napoléon avait déjà eu recours à ce dernier moyen; il persista à l'employer, vu l'urgence des circonstances, et il l'appliqua à trois régiments revenus depuis une année du Portugal, et restés sur les côtes de Bretagne, où ils avaient été largement pourvus de jeunes soldats. Il en tira trois à quatre mille hommes parfaitement instruits, et qui, moyennant leur incorporation dans d'autres régiments, pouvaient servir à recruter ceux dont les dépôts manquaient de conscrits. Il désigna ainsi vingt à vingt-cinq mille fantassins qui devaient être fournis par les dépôts de France, et six à huit mille par ceux d'Italie. Il adopta les mêmes mesures pour la cavalerie qui avait dans ses dépôts des ressources considérables, vu qu'on n'y avait pas beaucoup puisé jusqu'alors, et il fit diriger de nombreux escadrons de marche du Rhin au Danube. Il travailla surtout à la remonter, car elle avait perdu des chevaux, plus encore que des hommes. Napoléon prescrivit la formation de deux dépôts, un en Bavière, pour acheter des chevaux allemands de grosse et moyenne cavalerie; un en Hongrie, pour se procurer des chevaux de cavalerie légère. Il s'occupa enfin, avec un soin tout particulier, d'augmenter son artillerie. Celle de l'ennemi lui avait tant fait de mal à Essling, que pour renforcer la sienne il eut recours à un essai que l'expérience ne justifia pas, c'était de donner aux régiments d'infanterie des canons servis par les régiments eux-mêmes, au moyen de fantassins exceptionnellement dressés à ce service. La difficulté de tirer des canonniers des dépôts, en nombre suffisant, en temps utile, l'avait décidé à cet essai, que son tact supérieur l'aurait conduit à repousser dans toute autre circonstance, car il était facile de prévoir qu'en fait d'armes spéciales, rien ne pouvait remplacer chez les hommes une éducation prolongée, et surtout que l'infanterie ne saurait jamais soigner le matériel comme un corps exclusivement destiné à ce service était capable de le faire. Napoléon résolut de donner deux cents bouches à feu à l'infanterie, sur le pied de quatre par régiment, en consacrant à

*Mai 1809.*

cet usage les pièces de calibre inférieur, celles de 3 et de 4, par exemple. Il voulut, en outre, porter de soixante pièces de canon à quatre-vingt-quatre, la réserve d'artillerie de la garde, en tirant d'Italie et de Strasbourg les compagnies d'artilleurs dont il aurait besoin. Il comptait se procurer ainsi sept cents pièces de canon, masse de feux accablante, qui supposait environ quatre pièces par mille hommes, et dépassait toutes les proportions admises jusqu'à ce jour. Ces divers appels devaient amener de France et d'Italie environ quarante mille hommes, sous un mois ou deux. C'était un renfort qui compensait et au delà toutes les pertes de la campagne, dont on pouvait se passer à la rigueur pour livrer une bataille décisive, car on recevait en ce moment le recrutement demandé après Ratisbonne, mais qui dans tous les cas mettrait Napoléon en état de continuer la guerre, quelles qu'en fussent les alternatives.

Indépendamment de ces soins accordés aux divers corps de l'armée, Napoléon s'occupa aussi de la garde impériale. Il avait avec lui les grenadiers et les chasseurs composant la vieille garde, les fusiliers et les tirailleurs composant la nouvelle. Il avait ordonné l'organisation des conscrits, formés, comme nous l'avons dit, non pas en prenant des hommes d'élite dans l'armée, mais en choisissant de bons sujets dans la conscription. Deux régiments de ces conscrits, l'un de grenadiers, l'autre de chasseurs, se trouvaient à Augsbourg, y remplissant une double tâche, celle de s'instruire, et celle de servir de réserve contre les mouvements du Tyrol et de la Souabe. Napoléon fit diriger sur Vienne les deux régiments qui étaient à Augsbourg, et sur Augsbourg les deux qui étaient en formation à Strasbourg. La réserve d'Augsbourg devait ainsi n'être pas diminuée. Cette réserve intéressait beaucoup Napoléon, dans la prévision de ce qui pouvait se passer sur ses derrières, à la suite de la commotion produite par les journées d'Essling. Elle se composait des détachements envoyés pour recruter l'armée, et qui faisaient des séjours successifs à Augsbourg; du 65e réorganisé, depuis sa mésaventure de Ratisbonne, tant avec des conscrits qu'avec des prisonniers de ce corps qu'on avait recouvrés moyennant échange; enfin de six régiments provisoires de dragons, formés avec les troisièmes escadrons des régiments servant en Espagne. Celles des demi-brigades provisoires, qu'on ne devait pas dissoudre pour le recrutement de l'armée, se réunissaient dans le même but à Wurzbourg, à Hanau, à Mayence. Le soin que Napoléon se donnait pour la recomposition du 65e à Augsbourg, il se le donnait en Italie pour la recomposition du 35e surpris à Pordenone, et illustré par son dévouement dans cette circonstance malheureuse. Comptant tirer des dépôts d'Italie, grâce aux mesures qu'il avait prescrites, sept ou huit mille hommes avec leur matériel, il envoya le général Lemarois à Osopo, pour s'occuper de tous ces mouvements d'hommes et de choses, sachant que sans un chef spécial chargé d'y veiller particulièrement, l'attention nécessaire manque souvent aux objets les plus essentiels, et qu'un détail négligé entraîne parfois des catastrophes. Une

Mai 1809.

colonne de conscrits ayant déjà été prise dans le Tyrol, il prescrivit de diriger les nouvelles colonnes en force de quatre mille hommes au moins, sous un général de brigade, et par la route de Carinthie, que le prince Eugène devait suivre dans sa marche sur Vienne.

Opérations militaires en Italie pendant les événements survenus en Allemagne.

Le prince Eugène venait effectivement d'arriver sur cette route, et l'effet moral de sa jonction avec Napoléon allait compenser l'impression produite par les journées d'Essling sur des esprits prévenus, qui croyaient à nos revers parce qu'ils les désiraient.

Le vice-roi avait pris la route de Carinthie à la suite de l'archiduc Jean, et le général Macdonald avait pris celle de la Carniole à la suite d'Ignace Giulay, ban de Croatie. Cette poursuite s'était continuée pendant les journées qui s'étaient écoulées avant et après la bataille d'Essling, avec le même avantage pour les Français, les mêmes pertes pour les Autrichiens. Le 16 mai le prince Eugène parvint à l'entrée des gorges des Alpes Carniques, devant le fort de Malborghetto, qui interdisait tout passage à l'artillerie, tandis que l'archiduc Jean campait de l'autre côté, sur la position de Tarvis. On entra baïonnette baissée dans le village de Malborghetto, et on se contenta de bloquer le fort qui barrait la grande route. L'infanterie et la cavalerie dépassèrent Malborghetto, pour se porter devant Tarvis, où ils arrivèrent sans artillerie en présence des Autrichiens qui en avaient beaucoup. Il fallait sortir d'une telle situation qui aurait pu devenir critique : le prince Eugène s'en tira par un coup de vigueur. A force de tourner autour du fort de

Le prince Eugène force les gorges des Alpes Carniques.

Malborghetto, on finit par découvrir une position, sur laquelle on parvint à élever une batterie composée de plusieurs bouches à feu. Après avoir bien battu le fort, on résolut de l'enlever malgré le relief des ouvrages. On y réussit grâce à l'audace des troupes, qui escaladèrent des fortifications régulières sous la mitraille, en perdant tout au plus cent ou deux cents hommes. Nos soldats animés par la difficulté passèrent au fil de l'épée une partie des malheureux défenseurs du fort, prirent le reste, et arborèrent le drapeau français sur le sommet des Alpes Carniques. Cet acte audacieux eut lieu le 17 mai. On marcha dans la même journée sur Tarvis avec l'artillerie qu'aucun obstacle n'arrêtait plus. Les Autrichiens qui nous croyaient sans canons voulurent défendre les bords escarpés de la Schlitza. Mais ils furent bientôt détrompés par la mitraille qui pleuvait sur eux, et abordés vivement par les troupes que les avantages obtenus remplissaient d'élan. Ils perdirent 3 mille hommes et 15 pièces de canon. Dans le même moment le général Seras, détaché sur la route de Cividale, enlevait le fort de Predel avec la même vigueur et le même succès.

Mai 1809.

L'archiduc Jean ainsi poursuivi ne pouvait plus se jeter dans la Haute-Autriche, comme il en avait eu d'abord la pensée, et même reçu l'ordre, quand on s'était flatté de réunir les archiducs sur Lintz ou sur Saint-Polten, en avant de Vienne. La marche rapide de l'armée française la portant sur les routes du Tyrol et de la Haute-Autriche (voir la carte n° 31), ne laissait au prince autrichien d'autre parti à prendre que celui de se diriger vers la Hon-

Retraite de l'archiduc Jean sur Grätz.

Mai 1809.

grie, où il avait chance de rendre encore d'utiles services, soit en renforçant l'archiduc Charles, soit en empêchant la jonction de l'armée d'Allemagne avec le prince Eugène, avec les généraux Macdonald et Marmont. Ce dernier rôle était celui qui convenait le plus au goût qu'il avait de s'isoler, et de s'acquérir une gloire à part dans cette guerre. Mais son frère le généralissime, par désir de tout faire concourir à l'action principale, était d'un avis différent, et voulait qu'il vînt se ranger derrière le Danube à Presbourg, en remettant à l'insurrection hongroise et au ban Giulay le soin d'occuper le prince Eugène, les généraux Macdonald et Marmont. L'archiduc Jean, placé entre ses désirs personnels et les instructions de son frère, se retira sur Grätz, pour y attendre les nouveaux ordres qu'il avait sollicités. Ayant perdu près de quinze mille hommes dans cette campagne, en ayant donné environ dix ou douze au ban Giulay, il ne lui en restait guère que quinze mille en marchant sur Grätz. Mais il comptait sur diverses jonctions pour se refaire une armée. Ne pensant plus qu'il y eût grand' chose à se promettre des Tyroliens, depuis le combat de Worgel, il avait cru devoir retirer du Tyrol le général Chasteler, qui s'y était enfermé avec environ 9 à 10 mille hommes, le général Jellachich qui s'y était réfugié avec 8 à 9 mille. Il avait ordonné à tous les deux de se faire jour à travers l'armée du prince Eugène, en se jetant à l'improviste ou sur son avant-garde, ou sur son arrière-garde, de manière à déboucher par Léoben sur Grätz. (Voir la carte n° 34.) En supposant que ces deux généraux

Vues personnelles de l'archiduc Jean pour une campagne en Hongrie.

laissassent quelques détachements en Tyrol, pour servir d'appui aux insurgés, ils pouvaient amener une quinzaine de mille hommes en Hongrie, qui, ajoutés à ce qu'il conservait, lui formeraient un excellent corps d'environ trente mille combattants. Avec les 10 ou 12 mille de Giulay, avec l'insurrection hongroise et croate, avec quelques bataillons de landwehr, il espérait se procurer encore un rassemblement de 50 à 60 mille hommes, et tenir la campagne, en occupant toutes les forces françaises de l'Italie et de la Dalmatie.

C'était là un rêve comme n'avait cessé d'en faire l'archiduc Jean pendant cette campagne, et ce rêve supposait vaincues toutes les difficultés qui restaient à surmonter pour opérer tant de jonctions diverses, en présence des forces du prince Eugène, du général Macdonald, du général Marmont. En effet, tandis que le prince autrichien s'était retiré sur Grätz, envoyant aux généraux Jellachich et Chasteler l'ordre de le rejoindre, le prince Eugène, pressé de se réunir à Napoléon sous Vienne, avait marché sur Léoben, en suivant la grande route qui du Frioul débouche par la Carinthie et la Styrie sur la Basse-Autriche. (Voir la carte n° 31.) Le général Jellachich, se conformant aux ordres qu'il avait reçus, avait quitté le Tyrol en toute hâte, et avait essayé de se glisser à travers l'armée française d'Italie, en se cachant dans les gorges des montagnes, pour épier l'occasion favorable. Menant 9 mille hommes avec lui, il pouvait passer sur le corps d'une avant-garde, ou d'une arrière-garde, et descendre ensuite sur Grätz. Il parvint ainsi le

Mai 1809.

Défaite du général Jellachich dans la tentative qu'il fait pour rejoindre l'archiduc Jean en Styrie.

25 mai, trois jours après la bataille d'Essling, à la position de Saint-Michel, en avant de Léoben, tandis que le prince Eugène se trouvait un peu à droite du côté de Grätz, où il s'était porté pour observer la marche de l'archiduc Jean vers la Hongrie. Les patrouilles de cavalerie eurent bientôt appris aux uns et aux autres la rencontre qu'ils venaient de faire, et Jellachich, séparé de l'archiduc Jean par le prince Eugène, n'eut aucun moyen d'éviter le combat. Il prit position sur les hauteurs de Saint-Michel près de Léoben, se flattant, grâce aux lieux, de résister à des forces infiniment supérieures. Mais l'armée du prince Eugène, qui après avoir détaché le général Macdonald n'était pas de moins de trente-deux à trente-trois mille hommes, qui était d'ailleurs en veine de succès et de témérités heureuses, ne pouvait guère s'arrêter devant un corps trois fois moins nombreux qu'elle. Il fallait franchir une rivière, puis gravir des montagnes pour aborder les 9 mille hommes de Jellachich. Tout cela fut exécuté avec une hardiesse extraordinaire, malgré la fusillade et la mitraille, et Jellachich enfoncé perdit en quelques heures environ 2 mille morts ou blessés, et 4 mille prisonniers. Il eut beaucoup de peine, en se dispersant dans tous les sens, et à la faveur d'un pays tout dévoué à l'Autriche, à sauver trois mille hommes qu'il conduisit vers Grätz à l'archiduc Jean.

Il y avait bien moins de chances encore pour la jonction du général Chasteler, qui ne pouvait pas amener plus de 5 à 6 mille hommes, après les détachements laissés dans le Tyrol, et qui devait trouver la route de Carinthie et de Styrie définitivement occupée par les Français. L'archiduc Jean voyait donc ses forces portées tout au plus à 18 mille hommes par la jonction des débris du général Jellachich, et ne savait encore ce que deviendrait le ban Giulay, qui, avec son détachement et les levées croates, avait affaire aux généraux Macdonald et Marmont. Croyant prudent de se rapprocher de la Hongrie, il mit une garnison dans la forteresse de Grätz, et se dirigea sur la Raab, attendant toujours les ordres de son frère le généralissime, et laissant le prince Eugène victorieux marcher sur Vienne, où aucun obstacle ne pouvait l'empêcher d'arriver, puisque le détachement du général Lauriston était à Bruck pour lui donner la main. Les avant-gardes françaises se reconnurent en effet aux environs de Bruck, s'embrassèrent, et le fait si important de la réunion des armées d'Italie et d'Allemagne fut dès lors consommé.

*Mai 1809.*

*Retraite de l'archiduc Jean derrière la Raab, et jonction du prince Eugène avec Napoléon.*

Le général Macdonald, avec les 16 ou 17 mille hommes qui lui avaient été confiés, n'avait pas marché moins heureusement, sur la route d'Udine à Laybach. Il avait passé l'Izonzo, tourné le fort de Prévald qu'il avait fait tomber en le tournant, et avait débouché sur Laybach, enlevant tout entier un bataillon rencontré sur la route. Pendant ce temps l'un de ses détachements occupait Trieste. Parvenu devant Laybach, après avoir recueilli beaucoup de prisonniers, le général Macdonald y avait trouvé un vaste camp retranché, construit à grands frais, et défendu par une forte colonne de troupes qui en rendait la prise presque impossible.

*Marche du général Macdonald à travers la Carniole.*

Le général Macdonald hésitait à l'attaquer avec ce qu'il avait de forces, craignant de s'affaiblir par une tentative infructueuse, et de n'être plus ensuite capable de tenir la campagne. Il allait donc passer outre, pressé qu'il était de rejoindre le prince Eugène, lorsqu'il avait reçu du commandant éperdu l'offre de traiter. Le général Macdonald ayant accepté cette offre, avait fait ainsi en passant quatre à cinq mille prisonniers, occupé les beaux ouvrages de Laybach, et regagné la route de Grätz, où il espérait retrouver le gros de l'armée d'Italie. Il y était arrivé le 30 mai, ayant heureusement traversé une vaste étendue de pays, et menant devant lui sept à huit mille prisonniers recueillis à Prévald, à Laybach, et sur la route. Il s'arrêta à Grätz, pour y attendre les ordres du vice-roi, et il envoya des patrouilles sur les routes de la Carniole, pour avoir des nouvelles du général Marmont, qui du reste, ayant dix mille soldats avec lui et des meilleurs, n'avait rien à craindre des troupes du ban Giulay, et des rassemblements d'insurgés épars sur son chemin.

Napoléon avait, dans cette jonction, qui lui procurait, à lui, environ 45 à 50 mille hommes de renfort, et tout au plus 15 à 18 mille à l'ennemi, un sûr moyen de se venger des journées d'Essling. Voulant dédommager son fils adoptif du tort qu'avait pu lui faire la journée de Sacile, prenant plaisir à le récompenser de ses succès pendant sa marche de Vérone à Léoben, attachant surtout une grande importance à publier les précieux avantages qui devaient résulter de la réunion de toutes les armées françaises, il rédigea un ordre du jour brillant, où il paya à l'armée d'Italie un juste tribut d'éloges, et exposa ses hauts faits avec une certaine exagération qui n'était pas, d'ailleurs, fort éloignée de la vérité, car, depuis Vérone, le prince Eugène et le général Macdonald n'avaient pas enlevé en morts, blessés ou prisonniers, moins de 20 mille hommes à l'ennemi[1], contre 4 à 5 mille hommes, fatigués ou blessés, qu'ils avaient laissés en route.

En supposant que le prince Eugène pût fournir en présents sous les armes 30 mille hommes, le général Macdonald 15 mille, c'était, sans compter le général Marmont, qu'on pouvait au besoin laisser en Styrie ou en Hongrie, une force de 45 mille hommes, et de 40 mille au moins, ajoutée à l'armée française sous Vienne. En les joignant aux 100 mille que devait procurer la réunion du maréchal Davout, du maréchal Masséna, du général Oudinot, de la réserve de cavalerie, de la garde impériale, et des Saxons, Napoléon allait avoir sous la main, même avant l'arrivée de ses renforts, la masse énorme de 140 mille hommes, bien suffisante pour livrer une bataille décisive au delà du Danube. L'archiduc Charles n'était pas en mesure d'en ré-

Mai 1809.

Force effective que procurait à Napoléon la jonction avec l'armée d'Italie.

---

[1] Il faut bien qu'il en soit ainsi pour expliquer et justifier l'assertion des narrateurs autrichiens, qui ne donnent pas plus de 12 mille hommes à l'archiduc Jean arrivé à Grätz, tandis qu'il en avait certainement quarante et quelques mille sous Vérone. Avec le détachement du ban Giulay il ne lui en restait pas plus de 20 à 24 mille en tout. Il n'y a donc pas exagération dans l'évaluation de ses pertes, que nous donnons ici, après avoir beaucoup atténué les rapports du prince Eugène et du général Macdonald, rapports qui sont pleins au reste d'une remarquable modestie, et forment un singulier contraste avec les récits fastueux des généraux autrichiens.

Juin 1809.

unir autant, ni d'une aussi bonne qualité, eût-il l'art qu'il ne fallait guère présumer de lui, de concentrer ses forces le jour de la bataille, comme il était certain que Napoléon saurait le faire, quand le moment serait venu. Napoléon avait donc le moyen de finir la guerre, dès que ses immenses préparatifs pour passer le Danube seraient achevés. Cependant résolu cette fois à jouer à coup sûr, il ne voulait livrer cette action dernière et décisive, que lorsque d'une part le Danube serait vaincu par des travaux d'une solidité infaillible, et lorsque de l'autre le prince Eugène, les généraux Macdonald et Marmont, seraient prêts à concourir directement ou indirectement aux opérations devant Vienne.

Instructions au prince Eugène pour les opérations ultérieures dont il est chargé.

C'est vers cette fin que furent dirigées toutes les instructions au prince Eugène, qu'il conduisit dès qu'il l'eut à sa portée, comme un fils, comme un élève, dont il était aussi jaloux de faire briller les talents, qu'impatient de s'assurer la coopération dans les grands événements qui se préparaient. Vous avez maintenant, lui écrivit-il dans une suite de lettres admirables, divers buts à vous proposer: le premier, d'achever la poursuite de l'archiduc Jean, afin qu'il ne reste sur la droite du Danube et à la frontière de Hongrie aucun rassemblement capable de nous inquiéter, pendant que nous manœuvrerons autour de Vienne; le second, en acculant ce prince au Danube, de le réduire à passer le fleuve à Komorn plutôt qu'à Presbourg (voir la carte n° 14), de manière que l'arc qu'il décrira étant le plus étendu possible, il ait moins de chances que vous d'être présent à la prochaine bataille; le troisième, de séparer l'archiduc Jean de Chasteler, de Giulay, de tous ceux qui pourraient grossir son rassemblement, tandis que vous au contraire vous rallierez Macdonald et Marmont; le quatrième enfin, d'occuper la rivière de la Raab, qui tombant dans le Danube près de Komorn, forme une barrière dont on peut se couvrir contre la Hongrie, de s'emparer pour cela de la place de Raab, qui commande cette rivière vers son embouchure, et de la citadelle de Grätz qui la domine près de sa source, de façon que quelques détachements laissés sur cette ligne puissent la défendre, pendant que l'armée d'Italie, dérobant sa marche, viendra former sous Vienne l'une des ailes de la grande armée. — Tels étaient les buts principaux que Napoléon assignait au prince Eugène. Il lui assignait, comme buts accessoires, de profiter lui-même, et de faire profiter la grande armée des vastes ressources de la Hongrie, en grains, fourrages, bétail, chevaux, matériel de navigation.

Pour l'exécution de ces desseins, Napoléon lui recommanda, après avoir accordé quelque repos à ses troupes, de laisser des détachements à Klagenfurth et à Léoben afin de jalonner sa route, puis de se diriger sur Œdenbourg à l'ouest du lac de Neusiedel, où il devait trouver le général Lauriston avec les Badois, la cavalerie de Colbert et de Montbrun, ce qui allait lui procurer un renfort de 3 mille fantassins et de 4 mille chevaux; de se porter ensuite sur la Raab, de pousser ses reconnaissances au delà de cette rivière, pour savoir au juste quelle marche suivrait l'archiduc Jean, et une fois bien éclairé de manœuvrer toujours de manière à placer ce prince entre le maréchal Davout qui était vers Presbourg et l'armée d'Italie, pour empêcher qu'il ne se jetât sur Macdonald ou sur Marmont; de tenir ses forces réunies afin d'avoir 30 mille hommes sous la main, et 36 mille avec Lauriston, lorsqu'il rencontrerait encore une fois l'archiduc Jean; de presser la prise de la citadelle de Grätz, la réunion de Macdonald et de Marmont; de veiller soigneusement sur ses derrières, afin de prendre Chasteler comme on avait pris Jellachich à la sortie du Tyrol; de diriger sur Vienne, ou de renvoyer sur Osopo, tout ce qui était malade ou blessé, et incapable de rentrer dans les rangs; de former de vastes amas de vivres, d'expédier à mi-chemin de Vienne les caissons de l'armée d'Italie qui étaient vides, pour que le parc général les remplît de munitions; enfin d'être toujours prêt, soit à livrer une nouvelle bataille à l'archiduc Jean, soit à concourir avec les généraux Macdonald et Marmont à la grande et dernière bataille, qui allait se livrer sur les bords du Danube, contre toutes les forces de la monarchie autrichienne. Napoléon prescrivait de plus au prince Eugène de ménager les Hongrois s'ils se montraient pacifiques et bienveillants envers les Français, sinon de leur faire subir les conséquences ordinaires de la guerre, c'est-à-dire de vivre à leurs dépens, mais en les traitant dans tous les cas avec plus de ménagements que les Autrichiens. Les Hongrois, en effet, méritaient cette différence de traitement, car ils ne manifestaient pas à l'égard des Français la même animosité que les autres sujets de la maison d'Autriche. Quoiqu'ils eussent plus d'une fois fait preuve de dévouement envers cette maison, ils étaient cependant contraires à l'exercice direct de son autorité, et ils voyaient dans Napoléon le représentant de la Révolution française, révolution qui avait éveillé chez eux beaucoup de sympathie. Il y avait dans tout le pays on ne sait quel bruit répandu, que Napoléon songeait à l'affranchissement de la Hongrie comme à celui de la Pologne, et les esprits portés vers les idées nouvelles avaient témoigné pour lui une sorte de penchant, indépendant de l'admiration qu'inspirait au monde sa prodigieuse carrière. Néanmoins les instances de l'archiduc Palatin, la présence de la cour, l'action qu'elle exerçait sur la haute noblesse, avaient contre-balancé les influences opposées, et la Hongrie s'était levée à la voix des archiducs, mais, selon beaucoup de rapports, moins par enthousiasme que par calcul. Elle avait voulu, disaient ces rapports, sous prétexte de la levée en masse, s'exempter des charges régulières en hommes et en argent qui auraient pesé sur elle, si elle avait été traitée comme les autres provinces de la monarchie. Il faut reconnaître qu'elle n'avait pas fourni par la levée en masse plus d'une vingtaine de mille hommes, dont 7 ou 8 mille de cavalerie noble, et 12 mille de mauvaise infanterie, celle-ci composée d'Allemands que les nobles payaient pour les remplacer dans le contingent de l'insurrection.

Connaissant ces dispositions douteuses, Napoléon avait adressé aux Hongrois des proclamations amicales, pour leur promettre à la paix l'indépendance, et pendant la guerre l'exemption de toute espèce

Juin 1809.

de charges, s'ils renonçaient à prendre les armes contre lui. L'effet de ces proclamations n'avait pas été de les détacher de la maison d'Autriche, mais d'attiédir leur zèle pour le gouvernement autrichien, et de les disposer à accueillir les Français avec moins d'hostilité.

C'est à cet état de choses que se rapportaient les instructions données par Napoléon au prince Eugène concernant la Hongrie. Elles étaient parfaitement sages, de même que toutes les instructions militaires qu'il adressait presque chaque jour à ce jeune prince. Celui-ci, comme on va le voir, les suivit de son mieux dans la mesure de sa capacité, et à peu près aussi bien que Napoléon pouvait le désirer pour le résultat général de la campagne.

Efforts du prince Eugène pour atteindre l'archiduc Jean, et lui livrer une dernière bataille.

Établi à Neustadt, puis à Œdenbourg (voir les cartes 31 et 32) dans les premiers jours de juin, à quelques marches de Vienne, et sur la frontière de Hongrie, le prince Eugène avait fait reposer son armée, rapproché les divers corps qui la composaient, et rejoint les généraux Lauriston, Colbert et Montbrun. Fidèle au plan que Napoléon lui avait tracé, il se mit à la recherche de l'archiduc Jean, tâchant de le placer entre le maréchal Davout et l'armée d'Italie, toujours pour l'empêcher de se jeter sur les généraux Macdonald et Marmont. Ayant appris que l'archiduc Jean était à Kormond sur la haute Raab, où devaient lui parvenir les nouveaux ordres du généralissime, il marcha sur Guns, puis sur Stein-am-Anger, afin de l'atteindre et de le combattre. Il fit part en même temps de sa position et de ses projets au général Macdonald, pour que celui-ci le rejoignît le plus tôt possible. Le général Macdonald s'était arrêté à Grätz, attendant le général Marmont, et tâchant de s'emparer du fort de Grätz, qui dominait la ville, et par la ville la contrée. Mais ce fort, bien armé, situé d'une manière qui en rendait l'attaque très-difficile, ne pouvait être assiégé qu'avec de la grosse artillerie, dont le général Macdonald manquait absolument. Il avait essayé de battre les murailles avec des obus, puis d'effrayer le commandant par ses menaces, mais le tout était resté sans succès. On était donc maître de la ville de Grätz, et réduit à bloquer la citadelle qui en faisait la principale force. Le général Macdonald, en recevant les communications du prince Eugène, se hâta, dans l'espérance de participer aux opérations qui se préparaient, de se mettre en route avec la division Lamarque, les dragons de Pully, deux bataillons de la division Broussier, et la plus grande partie de l'artillerie. Il laissa le général Broussier devant Grätz, avec huit bataillons seulement, deux régiments de cavalerie légère, et dix pièces de campagne, lui abandonnant le soin d'accomplir la mission qu'aurait dû accomplir le corps tout entier, celle de prendre la citadelle de Grätz, de rallier l'armée de Dalmatie, et d'empêcher l'Autrichien Chasteler de passer du Tyrol en Hongrie. Heureusement que les troupes étaient excellentes, et pouvaient, comme elles le prouvèrent bientôt, résister à des forces infiniment supérieures.

Le général Macdonald, parti pour Kormond le 9 juin, y rejoignit le prince Eugène sur la Raab, où tous deux furent charmés de se revoir sains et saufs, après un mois de mouvements divergents et périlleux, au milieu de contrées ennemies. Le plus simple eût été de marcher désormais ensemble pour combattre l'archiduc Jean, et, en lui faisant essuyer un dernier revers, d'apporter aux généraux Broussier et Marmont le secours puissant quoique indirect d'une bataille gagnée à côté d'eux. Mais le prince Eugène, sentant confusément l'inconvénient de laisser le général Broussier seul à Grätz, crut y parer en laissant le général Macdonald seul à Papa, pour que celui-ci fût à portée des généraux Broussier et Marmont, ce qui, loin d'être une atténuation, était une aggravation de la faute commise, puisqu'on allait être partagé en quatre détachements, le général Marmont avec dix mille hommes, le général Broussier avec sept, le générald Macdonald avec huit, le prince Eugène avec trente. Le général Macdonald fut donc renvoyé vers Papa, tandis que le prince Eugène, revenu de Stein-am-Anger sur Sarvar, descendit la Raab à la suite de l'archiduc Jean, avec 29 ou 30 mille hommes de son armée, et 6 à 7 mille du détachement de Lauriston.

*Mouvements de l'archiduc Jean autour de la Raab.*

Pendant ces marches du vice-roi, l'archiduc Jean, après avoir erré entre la Muhr et la Raab, en mettant dans ses mouvements encore moins de précision et de justesse que son adversaire, avait fini par céder aux ordres réitérés du généralissime, et par se rapprocher du Danube. Son désir, comme on l'a vu, eût été d'obtenir la faculté d'opérer isolément sur la frontière de Hongrie, de rallier les généraux Chasteler et Giulay, de se composer ainsi un rassemblement de 50 à 60 mille hommes, l'insurrection hongroise comprise, de battre alternativement le corps d'Eugène, de Macdonald et de Marmont, de venir enfin se placer sur la droite découverte de Napoléon, pour lui faire sentir dans le flanc la pointe de son épée. Sans doute, si une telle série de succès avait été certaine, ou seulement probable, il eût valu la peine de s'imposer des sacrifices pour se la ménager, car en privant Napoléon des cinquante mille bons soldats qui lui arrivaient d'Italie et de Dalmatie, en menaçant en outre sa droite et ses derrières, on le réduisait à l'impossibilité de rien tenter de décisif autour de Vienne, et de réparer le premier passage du Danube par un second plus heureux. Mais, pour agir comme le projetait l'archiduc Jean, il fallait un à-propos, une rapidité de manœuvres, qu'on ne devait attendre que du plus habile capitaine, que des troupes les meilleures, et, puisqu'on ne pouvait guère y compter, il valait mieux se borner à harceler la droite de Napoléon avec les insurrections hongroises et croates, et disposer des 18 ou 20 mille hommes qui restaient à l'archiduc Jean, pour être en mesure au premier appel de se porter sur Vienne. L'ordre avait donc été donné itérativement au prince autrichien de laisser au général Stoïchevich, au ban Giulay, à Chasteler, le soin de harceler les Français vers la Hongrie, de jeter une garnison dans Presbourg, et de se placer ensuite avec la meilleure partie des troupes d'Italie derrière le Danube, pour concourir à la lutte, qui tôt ou tard devait s'engager encore une fois sur les bords de ce grand fleuve.

Vaincu par des ordres aussi positifs, l'archiduc Jean avait été contraint de se rapprocher du Danube, ce qu'il avait fait en suivant les bords de la Raab par Kormond, Sarvar, Papa et la ville de Raab elle-même. Cette ville fortifiée, mais négligée depuis long-temps, et en ce moment médiocrement armée, était située sur la rivière du même nom, pas loin de son embouchure dans le Danube, entre Presbourg et Komorn. (Voir la carte n° 32.) Un camp retranché était lié à la place, et offrait une bonne position sur la Raab. L'archiduc Jean y avait été rejoint par son frère l'archiduc Palatin avec les forces de l'insurrection hongroise. Les deux princes pouvaient présenter aux Français environ quarante mille hommes, dont moitié de troupes régulières venues d'Italie et du Tyrol, et moitié de troupes à peine formées de l'insurrection hongroise. Celles-ci se divisaient en douze mille hommes d'infanterie, espèce de ramassis de toutes les populations magyares ou allemandes du pays, et en huit mille hommes de cavalerie noble, peu habituée aux rudes guerres de cette époque. C'est avec ces 40 mille hommes, de qualité si inégale, que les deux archiducs voulurent tenir tête encore une fois au prince Eugène, avant de lui abandonner la rive droite du Danube, et de se reléguer sur la rive gauche.

Déjà les 12 et 13 juin ils avaient été talonnés par les avant-gardes du prince Eugène, et le 13 au soir ils s'étaient postés autour de Raab, certains d'avoir une affaire fort chaude le lendemain, s'ils ne consentaient à battre en retraite. La position leur paraissant avantageuse, ils s'établirent sur un plateau, leur droite appuyée à la Raab, leur dos tourné au Danube qui coulait quelques lieues en arrière, leur gauche à des marécages qui s'étendaient au loin. Ils employèrent la soirée du 13 juin et la matinée du 14 à rectifier leur position, et surtout à mêler ensemble, pour donner aux unes la consistance des autres, les troupes régulières et les troupes de l'insurrection. Ils suivaient en cela un ordre formel de l'archiduc Charles, ordre fort sage, mais qui en cette occasion leur fit perdre beaucoup de temps. Ils ne furent pas prêts à combattre avant onze heures du matin, le 14.

Heureusement pour eux, le prince Eugène, quoiqu'il eût marché avec une grande bonne volonté de les atteindre, n'était pas lui même en mesure de les aborder avant onze heures ou midi.

Il avait longé, comme les deux princes autrichiens, les bords de la Raab, laquelle coule presque perpendiculairement au Danube (voir la carte n° 32), et n'en est plus qu'à quelques lieues à la hauteur de la ville de Raab. Il s'avançait la gauche à la rivière, où les Autrichiens avaient leur droite, et la droite dans la plaine marécageuse où les Autrichiens avaient leur gauche. Il marchait en plusieurs échelons, la division Seras formant le premier à droite, la division Durutte le second au centre, la division italienne Severoli le troisième à gauche. La division Pacthod et la garde italienne placées en arrière composaient une double réserve. La cavalerie était répartie sur les ailes. Cette disposition était commandée par la nature des lieux et la distribution des

*Juin 1809.*

*de l'armée autrichienne sur la Raab.*

*Plan d'attaque arrêté par*

Juin 1809.

Les généraux français.

forces ennemies sur le plateau qu'on allait attaquer. Dans la plaine marécageuse à notre droite on apercevait la masse de la cavalerie hongroise, présentant sept à huit mille cavaliers environ, fort brillants d'aspect, mais pas aussi redoutables que beaux à voir. Ils étaient soutenus par des hussards réguliers, moins brillants mais éprouvés dans la campagne d'Italie, le tout sous les ordres du général Mecszery. Un peu moins à droite, et tirant vers le centre, derrière un ruisseau fangeux, on voyait l'infanterie de Jellachich et de Colloredo, occupant les bâtiments fort solides d'une grosse ferme dite de Kismegyer, et le village de Szabadhegy. Enfin, de ce dernier village à la Raab, c'est-à-dire vers notre gauche, on découvrait l'infanterie de Frimont, qui formait vers la rivière et le camp retranché la droite des Autrichiens. Quatre à cinq mille hommes des moins bonnes troupes défendaient ce camp retranché que bloquait le général Lauriston avec les Badois.

Le prince Eugène, après s'être concerté avec les généraux Grouchy, Montbrun, Grenier, Seras, Durutte, convint des dispositions suivantes. Tandis que la cavalerie déployée de Montbrun masquerait les mouvements de notre infanterie, les trois divisions Seras, Durutte, Severoli, s'avançant en échelons, devaient attaquer successivement la ferme de Kismegyer, et le village de Szabadhegy, par l'un et l'autre côté. La division Pacthod et la garde italienne, restées en réserve, étaient chargées d'appuyer celui des trois échelons qui aurait besoin de secours. Grouchy et Montbrun à droite devaient se jeter sur

## WAGRAM.

la cavalerie ennemie, pendant que Sahuc à gauche lierait l'armée avec le détachement de Lauriston. Le prince Eugène, sentant alors mais un peu tard la sagesse des principes de Napoléon, dépêcha aides de camp sur aides de camp auprès du général Macdonald, pour qu'il lui amenât de Papa les 8 mille hommes qui l'auraient complété si à propos dans le moment, car il n'en avait que 36 mille contre 40 mille établis dans une forte position. Napoléon cependant lui avait répété sans cesse, que même avec les troupes les meilleures il fallait, pour ne rien donner au hasard, manœuvrer de manière à être plus nombreux que l'ennemi sur le terrain où se livraient les batailles. Heureusement que Macdonald prévoyant qu'il pourrait être utile à Raab, tandis qu'à Papa il ne faisait rien ni pour Broussier ni pour Marmont, s'était mis spontanément en route, et déjà se montrait dans le lointain précédé par les dragons de Pully. Il y avait donc là une ressource contre un accident peu probable, mais possible.

Vers midi on s'ébranla pour attaquer la position ennemie. La division Seras, chargée de former l'échelon le plus avancé à droite, n'étant pas encore en ligne, Montbrun étala ses quatre régiments de cavalerie légère, et fit sous un feu violent d'artillerie, et avec un admirable sang-froid, les évolutions qu'on aurait pu exécuter sur un champ de manœuvre. Puis lorsque l'infanterie de Seras fut en ligne, et qu'il lui sembla opportun d'aborder la cavalerie hongroise, il mit ses régiments au galop, et fondit sur la brillante noblesse venue en hésitant au secours de la maison d'Autriche. Quel-

*Juin 1809.*

*Bataille de Raab, livrée le 14 juin 1809.*

*Juin 1809.*

*Montbrun disperse la cavalerie hongroise.*

que brave que soit une nation, rien ne saurait remplacer chez elle l'habitude et l'expérience de la guerre. En un instant cette troupe se dispersa devant les légers cavaliers de Montbrun, habitués à faire le coup de sabre même avec les cuirassiers, et laissa à découvert la gauche des Autrichiens. Restaient les hussards réguliers de l'archiduc Jean, qui étaient dignes de se mesurer avec les nôtres. Ils chargèrent Montbrun, qui le leur rendit sur-le-champ, et les obligea à se replier sur leur corps de bataille.

*Attaque de notre infanterie sur le plateau occupé par l'armée autrichienne.*

Pendant ce temps l'infanterie de Seras, rangée sur deux lignes, avait abordé le plateau occupé par les Autrichiens, en se dirigeant sur la ferme de Kismegyer. Avant d'y atteindre elle rencontra le ruisseau fangeux qui couvrait la position de l'ennemi, et le trouva plus difficile à franchir qu'on ne l'avait supposé d'abord. Ce ruisseau était profond, présentait peu d'accès, et était défendu par de braves et adroits tirailleurs. On parvint cependant à le traverser, et on marcha sur le vaste bâtiment carré composant la ferme de Kismegyer, dont les murs étaient crénelés et défendus par douze cents hommes de la meilleure infanterie. Tandis que Seras allait se heurter contre cet obstacle redoutable, Durutte avec son infanterie, formant le second échelon, arrivait aussi devant le ruisseau, le passait, gravissait le plateau sous une grêle de projectiles, et abordait par la droite le village de Szabadhegy, que la division italienne Severoli abordait également par la gauche. En cet instant on était engagé sur toute la ligne, et l'artillerie des Autrichiens, jointe à leur mousqueterie, faisait sur nos troupes un feu plongeant des plus meurtriers. Le prince Eugène, courant d'un bout à l'autre du champ de bataille, prodiguait sa vie en vaillant officier, jaloux de compenser par sa bravoure ce qui lui manquait encore sous le rapport du commandement.

Le général Seras, après s'être fort approché de la ferme de Kismegyer, essuya par toutes les ouvertures un si terrible feu de mousqueterie, qu'en quelques minutes il eut 7 à 800 hommes couchés par terre, dont une soixantaine d'officiers, à tel point que ses troupes, sinon ébranlées, du moins un peu étonnées, eurent besoin d'un secours qui remontât leur ardeur et leur confiance. Le général Seras replia la première ligne sur la seconde, puis, quand ses braves soldats eurent repris haleine, il les ramena, l'épée à la main, sur le formidable obstacle d'où partaient des feux si destructeurs. Malgré les décharges redoublées de la mousqueterie ennemie, il vint porter la hache des sapeurs contre les portes du bâtiment, les enfonça, et entrant baïonnette baissée, vengea, sur les malheureux défenseurs de la ferme de Kismegyer, la mort des 7 ou 800 hommes qui avaient péri sous ses murs. Après avoir passé au fil de l'épée quelques centaines d'ennemis et pris les autres, il marcha sur la gauche de la ligne autrichienne, qui, en se repliant sur le haut du plateau, faisait encore bonne contenance. Dans ce temps, Durutte avait gravi le plateau, et attaqué Szabadhegy de concert avec l'infanterie italienne de Severoli. Ici le combat ne fut pas moins opiniâtre que devant la ferme de Kismegyer. Les Autrichiens se défendirent avec vigueur derrière les maisons du village, et nous en firent payer cher la conquête. Ils se replièrent un instant, mais pour revenir à la charge. Le gros des troupes composant leur centre et leur droite, ramené par l'archiduc Jean sur ce village, y rentra au pas de charge, et culbuta vers le ruisseau, d'un côté Durutte, de l'autre les Italiens de Severoli. La première ligne de ces deux divisions se repliant, passa dans les intervalles de leur seconde ligne, sans que celle-ci s'ébranlât ou se laissât entraîner. Loin de là, elle se porta en avant, ramenant la première ligne avec elle. Les généraux Durutte et Severoli conduisirent leurs divisions sur le village tant disputé, et l'emportèrent de concert avec la première brigade de la division Pacthod, accourue à leur secours. Dès lors, on s'avança de droite et de gauche, au delà des deux points d'appui de la ligne ennemie qui venaient d'être enlevés. C'était pour la cavalerie le moment d'agir. Montbrun, Grouchy, Colbert, s'élancèrent pour couper la retraite aux Autrichiens, qui cherchaient à gagner le Danube. Montbrun enfonça plusieurs carrés, et fit de nombreux prisonniers. Cependant il fut arrêté par l'attitude de l'armée autrichienne, qui se retirait en masse et en bon ordre. A gauche, le 8ᵉ de chasseurs de la division Sahuc, se trouvant plus avancé que le reste de sa division, se précipita avec une ardeur extraordinaire sur la droite des Autrichiens au moment où elle s'éloignait de Raab, et enfonça tout ce qu'il rencontra sur son chemin. Déjà il avait fait mettre bas les armes à plusieurs milliers de fantassins ennemis, pris une nombreuse artillerie, lorsque les Autrichiens, s'apercevant qu'il n'était pas soutenu, revinrent de leur trouble, firent feu sur lui, et ils allaient le maltraiter gravement, si le reste de la division Sahuc, tardivement amenée par son général, n'était venu le dégager. Ce brave régiment conserva néanmoins 1,500 prisonniers, quelques canons et des drapeaux.

Juin 1809.

Les archiducs voyant que la bataille était totalement perdue, ordonnèrent enfin la retraite, qui, grâce au terrain et à la nuit, ne fut pas aussi désastreuse qu'ils auraient pu le craindre, et s'effectua par Saint-Yrany, vers les terrains inondés du Danube. Cette journée qui, pour le prince Eugène et l'armée d'Italie, réparait glorieusement la défaite de Sacile, nous coûta à nous 2,000 morts ou blessés, et aux Autrichiens environ 3 mille hommes hors de combat, 2,500 prisonniers, 2 mille soldats égarés. Elle mettait l'archiduc Jean et l'archiduc Palatin hors de cause, assurait la jonction des généraux Broussier et Marmont, et ne nous laissait plus exposés sur la rive droite qu'à des courses de hussards, courses peu redoutables, auxquelles il devait suffire d'opposer quelques détachements de cavalerie. Le général Macdonald arriva vers la chute du jour, pour embrasser sur le champ de bataille le jeune prince aux succès duquel il s'intéressait vivement.

Retraite de l'armée autrichienne.

Tandis que sur ce point le plan de Napoléon s'exécutait, sauf de légères fautes de détail, d'une manière si conforme à sa pensée, le ralliement des

Jonction des généraux Broussier et Marmont

Juin 1809.

avec l'armée d'Italie.

généraux Marmont et Broussier s'opérait aussi, malgré quelques accidents, les uns naissant des circonstances, les autres de mauvaises combinaisons que Napoléon, à la distance où il était, ne pouvait pas toujours rectifier à temps. Le général Broussier, laissé seul à Grätz, eût été fort compromis si ses troupes n'avaient pas été des plus solides. Après avoir commencé par canonner avec des obusiers la citadelle de Grätz, sans réussir à la soumettre, le commandant s'étant montré résolu à ne céder que devant une attaque sérieuse, il avait pris ses dispositions pour rester maître de la ville, indépendamment de la citadelle, et pour tenir la campagne au loin, afin de tendre la main au général Marmont qui s'approchait. Il avait fait plusieurs excursions vers la Croatie, dans la direction que suivait le général Marmont, jusqu'à des distances de douze ou quinze lieues; et chaque fois, avec cinq à six mille hommes, il avait livré au ban Giulay de petites batailles, dans lesquelles il l'avait complétement battu. Mais, en s'éloignant toujours ainsi de Grätz, il n'avait pu garder suffisamment les routes du Tyrol, et le général Chasteler, traversant les postes de l'armée d'Italie, avait gagné la Hongrie, avec quatre ou cinq mille hommes, beaucoup plus heureusement que le général Jellachich. Sur ces entrefaites, le général Marmont, qui s'était arrêté quelques jours en apprenant les revers de l'armée d'Italie, avait bientôt repris sa marche, s'était avancé jusque près de Grätz, avec autant de prudence que de hardiesse, et il venait de donner avis de son approche au général Broussier. Celui-ci, à cette nouvelle, se hâta de descendre la Muhr, dans l'espoir de joindre le général Marmont à Kalsdorf, laissant deux bataillons du 84ᵉ dans un faubourg de Grätz pour garder la ville. Mais pendant qu'il descendait la rive droite de la Muhr, le ban Giulay en remontait la gauche à la tête de quinze mille hommes, moitié de troupes régulières, moitié de l'insurrection croate, et venait assaillir à l'improviste les deux bataillons chargés de défendre Grätz. Ces deux bataillons, attaqués par toute une armée, résistèrent dix-neuf heures de suite avec un courage héroïque, sous les ordres du colonel Gambin. Ils tuèrent 1,200 hommes à l'ennemi, en prirent 4 ou 500, et donnèrent le temps au général Broussier de venir à leur secours. Ce général, en effet, averti du mouvement du ban Giulay, remonta précipitamment la Muhr, tomba sur les troupes de Giulay, les dispersa, et dégagea les deux bataillons du 84ᵉ. Les avant-gardes du général Marmont se montrèrent enfin à une ou deux marches. Ainsi ce corps de dix mille hommes, le meilleur de l'armée après celui du maréchal Davout, rejoignit les masses belligérantes, et les généraux Marmont, Broussier, Macdonald, réunis au prince Eugène, furent dès lors en mesure de fournir à Napoléon le concours de toutes les forces de l'Italie et de la Dalmatie. Les corps de Stoïchevich et Giulay étaient de plus entièrement dispersés, et les deux archiducs (Jean et le Palatin) rejetés définitivement au delà du Danube.

Il y avait là de quoi dédommager Napoléon des journées d'Essling, et il en avait besoin, car encouragés par ces journées fameuses, ses ennemis s'agitaient plus que jamais, et essayaient encore de

Juin 1809.

Nouveau soulèvement du Tyrol sous l'influence des événe-

25.

soulever le Tyrol, la Souabe, la Saxe, la Westphalie, la Prusse. Au bruit de la prétendue défaite des Français à Essling, le Tyrolien Hofer et le major Teimer étaient descendus des cimes du Brenner, quoiqu'ils fussent fort irrités contre le gouvernement autrichien qui leur avait retiré les deux corps de Jellachich et de Chasteler. Leur haine contre la maison de Bavière suppléait à leur amour refroidi pour la maison d'Autriche. Le général bavarois Deroy, laissé seul à la défense d'Inspruck, s'était vu assailli de toutes les hauteurs voisines par une nuée de montagnards, mauvais soldats en plaine, mais très-bons tirailleurs dans les montagnes, et adversaires très-redoutables quand on était réduit à battre en retraite. Obligé de leur tenir tête pendant plusieurs jours, le général Deroy avait épuisé presque toutes ses munitions, et craignant d'en manquer, craignant surtout d'être privé de vivres par suite de l'étroit blocus établi autour d'Inspruck, il s'était retiré avec sa division sur le fort de Kufstein, abandonnant une seconde fois la capitale du Tyrol. Cet événement de peu d'importance en lui-même avait produit néanmoins une profonde impression dans toute la Bavière, et surtout à la cour, qui redoutait fort d'être contrainte encore à évacuer Munich. Les habitants du Vorarlberg se montraient aussi fort remuants. Sur les bords du lac de Constance, sur le haut Danube, dans toute la Souabe enfin, l'agitation était sensible, et il était évident que si nous éprouvions un revers plus réel que celui d'Essling, nos derrières seraient sérieusement menacés.

Les Autrichiens, qui connaissaient cet état de choses puisqu'ils en étaient les auteurs, venaient de l'aggraver par une disposition très-dangereuse pour nous. Ils avaient donné au duc de Brunswick-Oels, fils du fameux duc de Brunswick, les moyens de lever un corps composé de réfugiés de toutes les provinces allemandes, particulièrement de Prussiens. Ils lui avaient en outre adjoint quelques troupes régulières et quelques landwehr, le tout formant à peu près 8 mille hommes, et l'avaient dirigé de la Bohême vers la Saxe, en le faisant précéder des bruits les plus mensongers sur la prétendue victoire remportée sur les Français à Essling. Ils avaient en même temps dirigé un autre corps de quatre mille hommes environ, moitié troupes régulières, moitié landwehr, de la Bohême vers la Franconie, en semant les mêmes bruits sur son chemin. Le premier corps s'était avancé de Prague sur Dresde, où il était entré sans coup férir, après avoir forcé par sa seule approche la cour de Dresde à se réfugier à Leipsick. Le second avait marché d'Egra sur Bayreuth, en profitant du dénûment où la guerre du Danube avait laissé nos alliés de la Bavière et du Wurtemberg. Leur plan était de pousser sur la Thuringe, de s'y réunir en une seule masse, sous les ordres du général Kienmayer, et d'entrer en Westphalie pour en expulser le roi Jérôme. Celui-ci, effrayé du danger qui le menaçait, s'était hâté de demander à Paris des ressources qui n'existaient pas, et ses cris de détresse avaient fini par y produire une sorte d'alarme.

L'apparition de ces diverses colonnes avait excité

Juin 1809

Invasion de la Franconie et de la Saxe par des insurgés allemands suivis de quelques troupes régulières autrichiennes.

Fin

Juin 1809.

des aventures
du major
Schill.

une vive agitation en Allemagne, mais sans y provoquer cependant aucun mouvement insurrectionnel, malgré tout ce que s'en étaient promis les Autrichiens, parce que le prestige de Napoléon était encore entier, parce qu'on regardait comme difficile d'abattre sa puissance, et que tout en répandant qu'il était vaincu, on n'en était pas assez persuadé pour oser prendre les armes. L'exemple de ce qui venait d'arriver au major Schill n'avait de quoi tenter personne. Ce hardi partisan, croyant obéir à la pensée secrète de son gouvernement en désobéissant à ses ordres patents, était, comme on l'a vu, sorti de Berlin avec un corps de cavalerie prussienne, et s'était mis à courir la campagne, dans l'espoir qu'il entraînerait à sa suite l'armée et les populations. Bien accueilli de tout le monde, sans être suivi de personne, et même déconcerté par les déclarations sévères parties de Kœnigsberg, il s'était enfui en Mecklembourg, puis en Poméranie, et avait surpris la place mal gardée de Stralsund, avec l'intention d'y soutenir un siége. Assailli bientôt par un corps hollandais, et même par un corps danois qui avait voulu donner à Napoléon cette preuve de dévouement, il n'avait pu défendre une place forte avec de la cavalerie, et tâchant de se sauver par une porte tandis que les troupes hollandaises entraient par l'autre, il était tombé sous le sabre d'un cavalier hollandais. Le malheureux, victime de son patriotisme désordonné, avait vu en expirant sa troupe prise, détruite ou dispersée. C'était jusqu'alors le seul fruit des insurrections allemandes. Les cœurs n'en étaient pas moins exaspérés contre nous, et il ne fallait qu'un revers, non pas supposé, mais réel, pour que les peuples encore intimidés fissent explosion d'un bout du continent à l'autre.

En Pologne, la campagne habilement conduite par le prince Poniatowski, avait eu des résultats inespérés, quoique peu décisifs. Livrant la rive gauche de la Vistule à l'impatience des Autrichiens, qui non contents d'occuper Varsovie, avaient eu l'imprudence de descendre jusqu'à Thorn, ce prince s'était réservé la rive droite, les avait repoussés toutes les fois qu'ils avaient voulu la franchir, puis l'avait remontée jusqu'en Gallicie, pour réveiller l'esprit insurrectionnel des Polonais couvant sourdement dans cette province. A son apparition, en effet, une partie des Galliciens s'était levée, et lui avait offert des vivres, des munitions et des hommes. Il était entré à Sandomir, et menaçait même Cracovie. L'archiduc Ferdinand, ramené en arrière par les opérations du prince Poniatowski, avait été obligé de faire une retraite rapide, qu'on aurait pu interrompre, et rendre désastreuse en passant de la rive droite sur la rive gauche, pour l'arrêter dans son mouvement rétrograde. Un corps polonais de 5 mille hommes sous le général Dombrowski s'était proposé ce plan, mais il était incapable à lui seul de l'accomplir, et courait la chance de se faire écraser, sans avoir celle d'arrêter l'ennemi. Les Russes, sous le prince Gallitzin, arrivés en ligne vers les derniers jours de juin, tandis qu'ils auraient dû y être en avril, pouvaient exécuter cette manœuvre, et ne pas lais-

*Juin 1809.*

Suite de la campagne du prince Poniatowski en Pologne.

Juin 1809.

Refus des Russes d'aider les Polonais contre les Autrichiens.

ser revenir en Gallicie un seul Autrichien. Le prince Poniatowski les suppliant d'agir ainsi, avait trouvé chez eux une mauvaise volonté évidente, que n'expliquaient plus la saison, le débordement des rivières, l'imperfection de l'administration russe. Le vrai motif de leur inaction, c'est qu'ils éprouvaient à détruire les Autrichiens au profit des Polonais, une répugnance telle qu'ils désobéissaient aux ordres mêmes de leur gouvernement. Le prince Gallitzin, fortement réprimandé par Alexandre, avait montré un peu moins de froideur au prince Poniatowski, mais il n'avait rien fait pour vaincre la résistance de ses lieutenants, et l'un d'eux, le prince Gortschakoff, avait même écrit qu'il arrivait dans l'espérance de se joindre aux Autrichiens et non aux Polonais. Ceux-ci ayant intercepté la lettre l'avaient envoyée avec beaucoup d'autres à Saint-Pétersbourg. Partout où les avant-postes russes et autrichiens se rencontraient, ils se tendaient la main en se promettant de servir bientôt ensemble. En un mot, les divisions russes parvenues enfin sur le territoire de la Gallicie ne semblaient y être venues que pour comprimer l'insurrection gallicienne. Sous prétexte de prendre possession du pays, elles supprimaient partout les nouvelles autorités polonaises, et rétablissaient les anciennes autorités autrichiennes.

Tandis que les Russes manquaient ainsi à leur parole, probablement contre le gré de leur souverain, les Polonais manquaient de leur côté, contre le gré également de Napoléon, à celle qu'on avait donnée aux Russes, et annonçaient dans toutes leurs proclamations le prochain rétablissement de la Pologne. Napoléon leur avait néanmoins bien recommandé de ne parler que du grand-duché de Varsovie, et de ne pas lui aliéner la Russie par un langage imprudent. Il n'avait cessé de leur dire que le jour viendrait où, sans faillir à ses engagements, sans s'attirer plus d'ennemis qu'il n'en pouvait combattre à la fois, il achèverait leur reconstitution en agrandissant peu à peu le duché de Varsovie; qu'il ne pouvait pas tout faire d'un seul coup; qu'il lui fallait pour achever son œuvre du temps et des occasions; qu'en ce moment manifester des espérances, exprimer des vœux prématurés, c'était le mettre inutilement en péril, et s'y mettre soi-même. Napoléon, en donnant ces conseils, n'avait pas été plus écouté par les Polonais qu'Alexandre par les Russes. Toutefois il faut reconnaître qu'Alexandre, s'il s'y était appliqué sincèrement, aurait pu sur les Russes beaucoup plus que Napoléon sur les Polonais. Mais il était Russe aussi, et travailler au rétablissement de la Pologne en aidant les Polonais contre les Autrichiens lui coûtait presque autant qu'à ses soldats. Lui-même, sans s'en douter, était le premier en révolte contre sa propre politique.

Telles étaient les perplexités de l'Europe entière, pendant que l'archiduc Charles et Napoléon luttaient l'un contre l'autre, sous les murs de Vienne. Bien qu'il y eût là des symptômes graves, qui auraient dû servir d'avertissements à un politique sage, il n'y avait rien qui pût alarmer, ni détourner de son but essentiel, un aussi grand capitaine que Napoléon. Quelques progrès ou quelques revers en Pologne, quelques courses de partisans en Saxe et en Poméranie, une nouvelle retraite des Bavarois en Tyrol, étaient peu de chose. Passer le Danube, battre l'archiduc Charles, était l'opération décisive, qui devait faire tomber toutes les dispositions hostiles, fussent-elles suivies de commencements d'insurrection plus ou moins inquiétants. Aussi Napoléon n'en était-il que médiocrement ému, et n'attachait-il d'importance qu'à ce qui se passait autour de lui entre Lintz, Léoben, Raab, Presbourg et l'île de Lobau. Il s'était donc borné à un petit nombre de précautions fort sages, fort bien conçues, et surtout très-suffisantes dans le cas où il réussirait à frapper à Vienne le coup principal et définitif. Il avait envoyé à Milan le général Cafarelli, ministre de la guerre du royaume d'Italie, pour remplacer par une autorité élevée le prince Eugène. Il lui ordonna de réunir tout ce qu'il y avait de détachements disponibles pour bloquer le Tyrol italien, en occupant les débouchés des montagnes. Il prescrivit au prince Eugène de laisser la division Rusca à Klagenfurth, pour opérer le même blocus du côté de la Carinthie. Le général bavarois Deroy dut en faire autant du côté de la Bavière, en occupant Rosenheim et Kufstein, de manière à renfermer cette espèce d'incendie dans des limites qu'il ne pût franchir, sauf à sévir plus activement contre les Tyroliens, lorsqu'on en aurait fini avec la grande armée autrichienne. Quant à la Souabe et au Vorarlberg, Napoléon avait de quoi les contenir dans le rassemblement formé à Augsbourg, rassemblement qui se composait des dragons provisoires, du 65° de ligne, des régiments de conscrits de la garde, enfin des nombreuses troupes de passage. Il prescrivit au général Beaumont de s'établir, avec quelques-unes de ces troupes, à Kempten, à Lindau, le long du lac de Constance, afin de refouler tout ce qui voudrait déboucher des montagnes.

Le général Bourcier commandait à Passau le dépôt général de la cavalerie. Il avait là tous les hommes à pied, les détachements de recrues, les ateliers de sellerie, un marché ouvert pour les achats de chevaux, et il remettait en état de servir les hommes démontés, fatigués ou malades. Napoléon lui ordonna de se détourner un moment de ce dépôt, d'y laisser un remplaçant capable de le suppléer, puis de prendre avec lui deux régiments de dragons formant 2 mille chevaux, le régiment à cheval de Berg, plus 2 à 3 mille Bavarois tirés des places du Palatinat, et de s'avancer sur Bayreuth. De son côté, le général Rivaud, établi à Wurzbourg à la tête de deux demi-brigades provisoires, devait se diriger de Wurzbourg sur Bayreuth, s'y réunir au général Bourcier, et marcher avec lui contre le petit corps qui venait de sortir de la Bohême. Cette courte expédition terminée, le général Bourcier avait ordre de retourner à Passau pour y reprendre le commandement de son dépôt de cavalerie. Le général Rivaud devait se joindre à quatre demi-brigades rassemblées à Hanau sous le maréchal Kellermann, et se porter vers la Saxe contre les Autrichiens entrés à Dresde. Napoléon écrivit à Paris, soit au ministre de la guerre Clarke, soit au ministre de la police Fouché, pour leur reprocher sévèrement les craintes qu'ils avaient trop facilement conçues à l'occasion des événements de Dresde et de Bayreuth. Les ministres restés à Paris avaient été fort émus en effet des cris de détresse poussés par le roi Jérôme, et ils étaient allés jusqu'à croire que la Prusse se préparait à déclarer la guerre. — Si quelques courses insignifiantes vous alarment à ce point, leur écrivit Napoléon, que feriez-vous donc si des événements graves survenaient, de ces événements de guerre qui peuvent cependant arriver sans qu'on succombe? Je suis bien peu satisfait, ajoutait-il, de voir les hommes attachés à mon service montrer si peu de caractère, et donner euxmêmes le signal des plus ridicules terreurs. Il ne peut y avoir d'événements sérieux que sur le théâtre où j'opère, et là je suis présent pour tout dominer. —

Les alarmes que l'on concevait si facilement à Paris étaient pour la politique de Napoléon une critique involontaire dont il s'irritait, et qu'il ne pardonnait pas même à ses serviteurs les plus dévoués. Du reste, il avait raison de dire que tout était de peu d'importance ailleurs que sur le théâtre où il opérait, que victorieux sur ce théâtre il le serait partout. Aussi ne négligeait-il rien pour l'être prochainement et complétement.

Une fois le prince Eugène vainqueur à Raab, l'archiduc Jean et l'archiduc Palatin rejetés au delà du Danube, et la jonction des armées d'Italie et de Dalmatie assurée, Napoléon n'avait plus à s'occuper que d'un seul objet, avant de livrer sa dernière bataille, c'était d'empêcher que les deux archiducs repassant le Danube à Presbourg ou à Komorn, ne suivissent les armées françaises d'Italie et de Dalmatie, quand celles-ci viendraient combattre sous les murs de Vienne. (Voir la carte n° 32.) Il fallait pour cela interdire aux Autrichiens l'usage du pont de Presbourg, et de plus occuper la ligne de la Raab, destinée à nous couvrir du côté de la Hongrie, de manière qu'elle pût arrêter les Autrichiens pendant trois ou quatre jours, temps fort suffisant pour exécuter le mouvement des armées d'Italie et de Dalmatie sur Vienne. Les Autrichiens avaient un pont à Presbourg, et une tête de pont au village d'Engerau. Ils avaient en outre conservé la place de Raab, après la victoire remportée sur la rivière de ce nom par le prince Eugène.

Napoléon qui avait porté le maréchal Davout avec une de ses divisions jusque devant Presbourg, lui assigna la tâche d'enlever Engerau, de détruire le pont de Presbourg, et même, s'il le pouvait, celui de Komorn, situé beaucoup plus bas. Il assigna au prince Eugène la tâche de prendre la place de Raab, ne tenant sa récente victoire pour véritablement fructueuse qu'autant qu'elle procurerait cette conquête. Il fit échelonner tous les chevaux d'artillerie, qui n'étaient pas employés aux travaux de l'île de Lobau, sur la route de Presbourg et de Raab pour y amener du gros canon, et en tirer en retour les grains dont la Hongrie abondait. Quoique aucun général ne fût moins cruel que Napoléon, il était inexorable toutefois dans l'accomplissement de ses desseins, et il ordonna de pousser l'emploi des moyens de guerre, à l'égard de Presbourg et de Raab, jusqu'à la dernière rigueur, afin de s'emparer de ces deux points. Les moyens prescrits étaient terribles, mais ainsi le voulait le salut de l'armée et de l'empire.

Le maréchal Davout, placé sous les murs de Presbourg dès les derniers jours de mai, commença par attaquer avec la division Gudin les retranchements d'Engerau, qui servaient à couvrir un pont de bateaux jeté devant Presbourg, et appuyé sur plusieurs îles. Ces retranchements se composaient d'épaulements en terre, liés au village d'Engerau, et défendus par une nombreuse artillerie. Le maréchal Davout les fit aborder avec la vigueur que ses soldats déployaient en toute occasion. Mais les Autrichiens, qui appréciaient l'importance de la position qu'ils défendaient, la disputèrent avec une égale énergie. Ils perdirent 15 ou 1,800 hommes, et nous 800 devant cette simple tête de pont. Les ouvrages enlevés, le maréchal Davout se trouvait au bord du fleuve. La partie du pont qui aboutissait de notre côté avait été repliée, mais les portions restantes étaient établies entre des îles retranchées, qu'il eût fallu conquérir l'une après l'autre, ce qui aurait exigé une opération des plus difficiles et des plus longues. On employa pour détruire ces autres portions du pont tous les moyens imaginables. On lança des bateaux chargés de pierres, des moulins en feu, comme avaient fait les Autrichiens pour rompre notre grand pont, lors des journées d'Essling. Mais celui qu'ils avaient à Presbourg, œuvre du temps, gardé d'ailleurs par des bateliers qui arrêtaient les corps flottants entraînés par le fleuve, résistait à toutes ces tentatives, et n'en était nullement ébranlé. Le maréchal Davout alors, par l'ordre de l'Empereur, disposa des batteries de pierriers, d'obusiers, de mortiers, sur le bord du Danube, et fit tomber sur les îles une horrible pluie de feu et de fer. Les soldats autrichiens supportèrent ce genre d'attaque avec une rare résignation, et n'en demeurèrent pas moins dans les îles qu'ils avaient mission de défendre. Poussé à bout par cette résistance, Napoléon ordonna de sommer la ville de Presbourg elle-même, et si elle refusait ou de se rendre, ou au moins de détruire son pont, de la ruiner jusque dans ses fondements. Le maréchal Davout, qui était un parfait honnête homme, mais un militaire impitoyable, commença sans hésiter cette cruelle exécution. Après avoir sommé le général Bianchi, commandant de Presbourg, il donna le signal du feu, et en quelques heures il jeta une innombrable quantité de bombes sur la malheureuse ville condamnée à subir toutes les horreurs de la guerre. Après avoir allumé un incendie dans plusieurs quartiers, il somma de nouveau le commandant, ne demandant que ce dont il ne pouvait pas se départir, la destruction du pont. Le général Bianchi répondit que la conservation du pont étant nécessaire à la défense de la monarchie autrichienne, la ville de Presbourg supporterait les dernières extrémités plutôt que de consentir aux conditions qu'on mettait à son salut. Le maréchal Davout recommença ses rigueurs. Mais voyant qu'elles resteraient sans résultat, car le général autrichien s'obstinait dans sa résistance, il

Juin 1809.

Inutile bombardement de Presbourg.

Moyens par lesquels le maréchal Davout

*Juin 1809.*

*supplée à la prise de Presbourg.*

céda enfin à un mouvement d'humanité, et eut recours à des moyens différents pour annuler les communications d'une rive à l'autre. Que fallait-il, après tout, pour atteindre le but qu'on se proposait? Arrêter pendant trois ou quatre jours le corps autrichien qui se présenterait de ce côté, temps qui suffisait à la concentration des troupes françaises sous les murs de Vienne. Le maréchal établit donc une suite de retranchements qui se liaient au château fortifié de Kittsée, à l'île fort étendue de la Schutt, à la rivière et à la place de Raab. (Voir la carte n° 32.) Quelques mille hommes s'éclairant le long de l'île de la Schutt et de la rivière de la Raab par de la cavalerie légère, défendant les retranchements d'Engerau, se repliant, s'ils étaient forcés, sur le château de Kittsée, tandis que la place de Raab se défendrait de son côté, pouvaient retenir l'ennemi pendant le nombre de jours nécessaire, et ralentir son arrivée jusqu'au moment où tout serait décidé sous les murs de Vienne. Ces dispositions convenues avec Napoléon furent définitivement exécutées, et dispensèrent de continuer plus long-temps la destruction de Presbourg.

*Siège et prise de la place de Raab.*

Sur ces entrefaites le général Lauriston, secondé par le général Lasalle, avait entamé le siége de Raab, laissant à l'armée d'Italie le soin de le couvrir, ce qui permettait à celle-ci de se reposer de ses fatigues. On manquait de gros canons; mais Napoléon en avait envoyé quelques-uns de Vienne avec des obusiers et des pièces de 12. Heureusement la place, mal réparée, encore plus mal armée, occupée tout au plus par deux mille hommes, ne pouvait pas tenir long-temps. Immédiatement après la bataille du 14, les travaux furent entrepris. On avait ouvert la tranchée, construit des batteries de siége, et commencé le feu de brèche. Après quelques jours de cette attaque improvisée et bien conduite par les généraux Lauriston et Lasalle, la place offrit de capituler. Comme on tenait médiocrement à la manière de la conquérir, mais grandement à la rapidité de la conquête, on fut facile sur les conditions demandées par la garnison. On entra dans Raab le 22 juin, sans en avoir endommagé les ouvrages, et sans y avoir dépensé ni beaucoup de munitions, ni beaucoup d'hommes.

Juin 1809.

D'après les ordres précis et fort détaillés de Napoléon, la place de Raab fut armée de nouveau, et mise en meilleur état de défense qu'auparavant. On y introduisit des munitions de guerre et de bouche; on lui composa une garnison formée de tous les hommes fatigués ou malades de l'armée d'Italie; on fit aux ouvrages les réparations indispensables; enfin Napoléon lui donna un illustre commandant : ce fut le comte de Narbonne, jadis ministre de la guerre sous Louis XVI, l'un des derniers survivants de l'ancienne noblesse française, remarquable à la fois par le courage, l'esprit et l'élégance des mœurs. Il venait de se rattacher à l'Empereur, qui, avant de l'employer dans des postes éminents, voulait lui faire acheter son entrée au service par une mission peu élevée, mais qui supposait une véritable confiance.

Napoléon fit ramener sur Vienne toute l'artillerie inutile à Presbourg et à Raab, replier sur les hô-

Napoléon échelonne ses corps

Juin 1809.

d'armée sur Vienne.

pitaux de la Lombardie et de la Haute-Autriche les blessés des armées d'Italie et de Dalmatie, ne voulant laisser en prise à l'ennemi ni un canon, ni un homme. Il ordonna au prince Eugène, aux généraux Macdonald, Broussier et Marmont, de se préparer à marcher au premier signal, de ne conserver dans le rang ni un écloppé, ni un malade, d'avoir leur artillerie bien attelée et bien approvisionnée, de confectionner du biscuit pour nourrir leurs troupes pendant une semaine, de se procurer de la viande sur pied prête à suivre, de tout disposer enfin pour être rendus à Vienne en trois jours au plus. Le prince Eugène, cantonné à Raab, pouvait franchir en trois jours la distance qui le séparait de Vienne. Les généraux Marmont, Broussier, Macdonald furent échelonnés de façon à exécuter le trajet dans le même espace de temps. Le maréchal Davout n'avait, lui, que deux marches à faire. Il fut convenu que le prince Eugène laisserait le général Baraguey-d'Hilliers avec une division italienne devant Engerau, pour garder les approches de Presbourg, tandis que l'armée d'Italie se porterait tout entière sur Vienne. Napoléon, ne voulant pas consacrer à une simple surveillance de postes éloignés des troupes telles que celles de Montbrun et Lasalle, les échelonna de manière à pouvoir les attirer à lui en quarante-huit heures, et les remplaça sur la ligne de la Raab par douze ou quinze cents chevaux provenant des régiments de marche récemment arrivés. Le général Lasalle, qui, pendant le mois de juin, n'avait cessé de parcourir la ligne de Presbourg à Raab, et qui en connaissait les moindres particularités, eut ordre avant de se replier de placer lui-même les postes, et de donner aux commandants de ces postes les instructions dont ils auraient besoin afin de se bien garder.

Tout étant ainsi préparé sur cette ligne pour qu'on pût s'y dérober rapidement, en se couvrant par de simples arrière-gardes, Napoléon prit ses mesures sur le haut Danube pour que de ce côté on pût descendre sur Vienne avec une égale vitesse, et accroître dès qu'il le faudrait la masse des troupes destinées à livrer bataille. Il avait déjà attiré à lui le corps du maréchal Davout répandu en ce moment de Vienne à Presbourg, le corps saxon du prince Bernadotte, et la division française Dupas. Il n'avait laissé sur le haut Danube pour occuper Saint-Polten, Mautern, Mölk, Amstetten, Enns, Lintz (voir la carte n° 32), que les Wurtembergeois et les Bavarois, fort réduits les uns et les autres par cette campagne, si courte mais si active. Les Wurtembergeois sous Vandamme étaient distribués entre Tulln, Mautern, Saint-Polten, Mölk. Les Bavarois chargés de défendre la Bavière étaient, la division du général Deroy à Munich, Rosenheim et Kufstein, les deux divisions du général de Wrède et du prince royal à Lintz. Quoique ce ne fût pas trop pour garder la Bavière dans les circonstances actuelles, c'était beaucoup sur le point particulier de Lintz, depuis que l'archiduc Charles, voulant de son côté concentrer ses troupes, avait amené le comte Kollovrath devant Vienne, en ne laissant que 6 à 7 mille hommes disséminés sur le Danube entre Passau, Lintz, Krems, Tulln et

Klosterneubourg. Se doutant de cette circonstance d'après plusieurs reconnaissances exécutées au delà du Danube par le général Vandamme, Napoléon ordonna au maréchal Lefebvre de tenir prête à marcher l'excellente division de Wrède avec vingt-quatre bouches à feu. Les divisions du général Deroy et du prince royal, les Wurtembergeois suffisaient avec tout ce qui était en route, avec tout ce qui restait à Augsbourg, à Passau, à Ratisbonne, pour maintenir pendant quelques jours la sécurité sur nos derrières. A Ratisbonne se trouvait la division Rouyer, composée des contingents des petits princes allemands. Il n'y avait évidemment rien à craindre de ce côté, si la dernière bataille était gagnée. Si contre toute vraisemblance elle était perdue, les précautions étaient assez bien prises à Saint-Polten, à Mölk, à Amstetten, à Lintz, à Passau, pour que nos blessés, nos malades ne fussent pas compromis, pour que l'armée en se retirant trouvât partout des vivres, des munitions, et des points d'appui parfaitement solides.

Napoléon avait ainsi consacré le mois de juin à préparer la concentration de ses troupes sur Vienne. Il l'avait employé aussi, comme nous l'avons dit, à préparer le passage du Danube, et à le rendre tellement sûr cette fois, que l'accident arrivé à ses ponts pendant les journées d'Essling ne pût pas se reproduire. C'est le moment de faire connaître par quels travaux gigantesques il avait aplani, presque annulé la difficulté de franchir un vaste cours d'eau, en présence de l'ennemi, avec des masses d'hommes que jamais jusqu'alors aucun capitaine, ancien ni moderne, n'avait eu à mouvoir. On a déjà vu par quelles raisons décisives il était obligé de passer le Danube devant l'archiduc Charles, pour aller lui livrer bataille au delà de ce grand fleuve. Rester en effet sur la rive droite, en laissant les Autrichiens tranquilles sur la rive gauche, c'était prolonger indéfiniment la guerre, perdre son prestige, multiplier les chances d'accident, accroître enfin l'ébranlement général des esprits en Europe, et même en France. A passer le fleuve, c'était à Vienne, comme nous l'avons encore dit, non au-dessus, non au-dessous, qu'il fallait le faire : car au-dessus c'était rétrograder en arrière de Vienne, abandonner les immenses ressources de cette capitale, l'effet moral de sa possession, le point principal d'intersection des routes d'Autriche, d'Italie et de Hongrie : au-dessous c'était allonger inutilement notre ligne d'opération, c'était se donner un point de plus à garder sur le Danube, et se priver d'un corps d'armée nécessaire le jour de la bataille. Il fallait donc passer à Vienne même. Une lieue de plus ou de moins n'y faisait rien, mais il fallait absolument passer en vue du clocher de Saint-Étienne.

*Juin 1809.*

On connaît également les propriétés de l'île de Lobau, si heureusement choisie par Napoléon pour faciliter l'exécution de ses projets. Cette île spacieuse, située au delà du grand bras, et séparée de la rive ennemie par un bras d'une médiocre largeur, réduisait l'opération du passage à l'entreprise de franchir un fleuve large comme la Seine sous Paris, au lieu d'un fleuve large comme le Rhin de-

*En quoi consistait l'opération du passage du Danube par l'île de Lobau.*

vant Cologne. L'entreprise, en restant difficile, devenait praticable. Mais pour y réussir, il fallait d'abord rendre infaillible le passage du bras principal, qui conduisait dans l'île, puis convertir l'île elle-même en un vaste camp retranché pourvu d'abondantes ressources, et y tout disposer à l'avance pour qu'on pût franchir sans danger le petit bras en présence de l'ennemi. C'est à quoi Napoléon employa les quarante jours qui s'écoulèrent du 23 mai au 2 juillet avec une activité, une fécondité d'esprit incroyables, et dignes du grand capitaine qui avait passé le Saint-Bernard, et rendu possible la traversée du Pas-de-Calais.

Le pont de bateaux sur le bras principal, servant à communiquer avec l'île de Lobau, avait été rétabli quelques jours après la bataille d'Essling, comme on l'a vu ci-dessus, et avait fourni le moyen de reporter l'armée sur la rive droite, sauf le corps de Masséna, laissé dans l'île pour nous en assurer la possession. De nouveaux bateaux ramassés sur les bords du fleuve par les marins de la garde, fixés avec de meilleures amarres, avaient consolidé ce pont de manière à inspirer confiance. Il avait pourtant été coupé encore deux ou trois fois, par suite des crues du mois de juin, et ce n'était pas avec des communications incertaines, quoique beaucoup mieux établies, que Napoléon voulait s'engager au delà du Danube. Il résolut donc de lier l'île de Lobau au continent de la rive droite, de telle façon qu'elle ne fît qu'un avec cette rive qui devait être notre point de départ. Pour cela il y avait un seul moyen, c'était de jeter un pont sur pilotis. Napoléon s'y décida, quelque laborieuse que fût cette opération sur un fleuve comme le Danube au-dessous de Vienne. César avait exécuté une semblable entreprise dix-huit cents ans auparavant sur le Rhin. Elle était plus difficile aujourd'hui à cause des moyens de destruction dont l'ennemi disposait. C'est l'arme du génie qui fut chargée de cet ouvrage, tandis que l'artillerie eut la construction de tous les ponts de bateaux. Il y avait à Vienne des approvisionnements considérables de bois, descendus des cimes des Alpes par les affluents du Danube. Tous les soldats du génie, tous les charpentiers oisifs qui avaient besoin de gagner leur vie, tous les chevaux de l'artillerie devenus disponibles par l'interruption des combats, furent occupés soit à préparer ces bois, soit à les transporter. Amenés de Vienne par un petit bras qui communique avec le grand, descendus ensuite jusqu'à Ebersdorf (voir la carte n° 48), ils y étaient arrêtés pour être employés à l'œuvre immense qu'on avait entreprise. De nombreuses sonnettes existant à Vienne, où l'on exécute beaucoup de travaux en rivière, avaient été réunies devant Ebersdorf pour l'enfoncement des pilotis. Après une vingtaine de jours on avait vu soixante piles en bois s'élever au-dessus des plus hautes eaux, et sur ces piles s'appuyer un large tablier, qui pouvait donner passage à n'importe quelle quantité d'artillerie et de cavalerie. A vingt toises au-dessous de ce pont fixe, on conserva, en le consolidant, l'ancien pont de bateaux, qu'on voulut faire servir à l'infanterie, de manière que le défilé des diverses armes pût s'o-

Juin 1809.

Usage habilement fait de la grande quantité de bois existant à Vienne.

pérer simultanément, et que les communications avec l'île de Lobau en fussent plus promptes. On s'était procuré un grand nombre de bateaux, on avait trouvé à Raab de fortes ancres, et grâce à ces nouvelles ressources, les amarres devenues parfaitement sûres ne laissaient plus craindre les accidents qui avaient failli perdre l'armée à la fin de mai.

*Moyens employés pour garantir les grands ponts du choc des corps flottants.*

Quoique ces deux ouvrages se protégeassent l'un l'autre, puisque le pont sur pilotis placé en amont garantissait le pont de bateaux, Napoléon cependant avait voulu les mettre tout à fait à l'abri du choc des corps flottants, et pour y parvenir il avait essayé des moyens de toute sorte. Le premier avait été de tirer de l'arsenal de Vienne une chaîne gigantesque, dont les Turcs s'étaient servis dans le siége de 1683, et qui était restée comme une de leurs dépouilles triomphales. Aujourd'hui que nos vaisseaux possèdent de ces chaînes énormes, on serait moins étonné des dimensions de celle que les Turcs avaient laissée à Vienne. Mais alors elle était regardée comme un des plus merveilleux ouvrages de ce genre. On résolut donc de la tendre sur le grand bras, pour qu'elle pût arrêter les corps lancés par l'ennemi contre nos ponts. Mais il fallut y renoncer, les machines manquant pour la tendre à une hauteur suffisamment égale au-dessus de l'eau. Napoléon imagina de construire une vaste estacade, consistant en une suite de gros pilotis profondément enfoncés, qui au lieu de couper perpendiculairement le cours du fleuve, le coupaient obliquement, pour donner moins de prise à la force du courant. Cette œuvre non moins extraordinaire que le pont sur pilotis fut achevée presque aussi vite. Mais elle ne parut pas d'une efficacité certaine, car on vit plus d'une fois la ligne des pilotis forcée par des bateaux chargés de matériaux qui s'étaient échappés des mains des ouvriers. Napoléon s'y prit alors autrement, il établit une surveillance continuelle au moyen des marins de la garde, lesquels circulant sans cesse dans des barques au-dessus de l'estacade, harponnaient les bateaux qui descendaient, et les amenaient sur les rives. De la sorte, si l'estacade ne suffisait pas absolument à les retenir, les marins accourant à force de rames devaient les arrêter, et les détourner de leur marche. Avec cet ensemble de précautions, les communications établies entre la rive droite et l'île de Lobau avaient acquis une certitude infaillible.

Mais ce n'était pas assez, aux yeux de Napoléon, que d'avoir mis ses ponts à l'abri de tout danger de la part du fleuve. Une surprise de l'ennemi, une invasion subite dans l'île de Lobau, peut-être une retraite en désordre après une bataille perdue, pouvaient les exposer à une destruction imprévue et inévitable. Napoléon voulut les protéger par une vaste tête de pont, élevée dans l'île de Lobau, de manière que cette île venant à nous être enlevée, quelques bataillons pussent les défendre, et que l'armée conservât ainsi le moyen de se retirer en sûreté de l'autre côté du fleuve.

Cette suite d'ouvrages liait d'une manière indissoluble l'île de Lobau tant à la rive droite qu'à la

*Juin 1809.*

*Vaste tête de pont en avant du grand bras.*

petite ville d'Ébersdorf, devenue notre base d'opération. Il fallait s'occuper encore des travaux à exécuter dans l'île elle-même, pour en faire un camp retranché, spacieux, sûr, commode, salubre, pourvu de tout ce qui serait nécessaire pour y vivre quelques jours. Napoléon satisfit à ce besoin avec autant de prévoyance qu'à tous les autres.

Il y avait dans l'île de Lobau des terrains bas et marécageux, souvent exposés à l'inondation. On y voyait aussi de petits canaux, desséchés quand les eaux étaient basses, et qui devenaient de véritables rivières pendant les hautes eaux. On en avait eu l'exemple lors des grandes crues des 21, 22 et 23 mai. Napoléon fit élever des chaussées sur les parties basses de l'île, pour servir au passage des troupes en tout temps. Il fit jeter sur chaque petit canal desséché plusieurs ponts de chevalets, de façon à assurer et à multiplier les communications, quelle que fût la hauteur des eaux. Voulant que l'île devînt un grand dépôt qui pût se suffire à lui-même, quoi qu'il arrivât, il y fit construire un magasin à poudre, lequel reçut des arsenaux de Vienne une quantité considérable de munitions confectionnées. Il y fit construire des fours, transporter des farines tirées de Hongrie, et parquer plusieurs milliers de bœufs amenés vivants de la même contrée. Enfin il y envoya des vins en abondance, et de qualité telle, que l'armée française, excepté en Espagne, n'en avait jamais bu de pareils. L'aristocratie autrichienne et les couvents de Vienne, qui possédaient les plus riches caves de l'Europe, fournirent la matière de ce précieux approvisionnement. Ainsi rien ne devait manquer aux troupes dans ce vaste camp retranché, ni en pain, ni en viande, ni en liquides. Voulant rendre l'île de Lobau aussi facile à traverser la nuit que le jour, Napoléon en fit éclairer toutes les routes par des lanternes suspendues à des poteaux, absolument comme on aurait pu le faire pour les rues d'une grande ville.

Restait la dernière et la plus difficile opération à préparer, celle du passage du petit bras, qui devait s'exécuter de vive force en face d'un ennemi nombreux, averti, et tenu toujours en éveil par notre présence dans l'île de Lobau. Quelque avantage qu'offrît le lieu choisi pour l'ancien passage, puisqu'il formait un rentrant (voir la carte n° 49) qui permettait de couvrir de feux le point du débarquement, il n'était guère présumable qu'on pût s'en servir encore, l'ennemi devant avoir pris toutes ses précautions pour nous en interdire l'usage. Les Autrichiens en effet, se souvenant de ce qui leur était arrivé un mois auparavant, avaient en quelque sorte muré cette porte, en élevant d'Essling à Aspern une ligne de retranchements hérissés d'artillerie. Une dernière raison enfin obligeait de renoncer à ce débouché, c'était le défaut d'espace pour le déploiement d'une armée considérable. L'ennemi était si averti que ce serait par l'île de Lobau qu'on ferait irruption sur la rive gauche, qu'on devait s'attendre à le trouver rangé en bataille vis-à-vis de soi, tandis que la première fois on avait eu le temps de défiler par le pont du petit bras, de traverser le bois, et de se mettre en ligne, un corps après l'autre, sans rencontrer aucun obstacle au déploiement. Il n'y avait plus à espérer que les choses se passassent de la sorte, et dès lors il fallait se préparer à déboucher presque en masse, pour combattre au moment même où l'on toucherait à la rive gauche.

Par ces divers motifs le premier point de passage ne convenait plus. Napoléon songea à en chercher un autre, tout en feignant de persévérer dans la préférence donnée à l'ancien. Le petit bras de soixante toises qui restait à franchir, parvenu à l'extrémité de l'île, se détournait brusquement pour se diriger perpendiculairement vers le grand bras. (Voir les cartes n°s 48 et 49.) Il décrivait ainsi sur le flanc droit de l'île de Lobau une ligne droite, longue de deux mille toises. Si pour le traverser on choisissait l'un des points de cette ligne, on descendait dans une plaine unie, fort commode pour le déploiement d'une armée nombreuse. C'est en effet par cette plaine que Napoléon résolut de déboucher. Il est vrai qu'on ne devait y être protégé par aucun obstacle de terrain; mais, en passant en une seule masse, on devait être protégé par cette masse même, et d'ailleurs il n'était pas impossible de suppléer à la protection du terrain, par des moyens d'artillerie habilement disposés.

Sur la rive gauche, au point même où le petit bras se détournait brusquement pour rejoindre le grand bras, se trouvait située la ville peu considérable d'Enzersdorf (voir la carte n° 49), couverte d'ouvrages défensifs et d'artillerie, comme Essling et Aspern : puis, un peu au-dessous, s'étendaient au loin la plaine ouverte dont il vient d'être question et enfin des bois touffus, qui couvraient le sol jusqu'au confluent des deux bras du fleuve. C'est entre Enzersdorf et ces bois que Napoléon résolut d'opérer le passage.

Juin 1809.

D'abord il fit tout pour persuader à l'ennemi qu'il passerait par l'ancien endroit, c'est-à-dire par la gauche de l'île, et, dans cette vue, il y multiplia les travaux, jugeant utile d'ailleurs d'avoir des ponts partout, à gauche comme à droite, car plus il aurait de communications, plus il aurait de chances de franchir le fleuve et de se déployer rapidement après l'avoir franchi. Mais les travaux les plus importants furent accumulés sur la droite de l'île, le long de la ligne qui s'étend d'Enzersdorf à l'embouchure du petit bras dans le grand. Quelques îles semées au milieu de ce petit bras, et que l'armée avait qualifiées de noms de circonstance, tels que ceux d'*île Masséna*, *île des Moulins*, *île Espagne*, *île Pouzet*, *île Lannes*, *île Alexandre*, furent jointes au continent de la Lobau par des ponts fixes, et hérissées de batteries de gros calibre. Ces batteries armées de cent neuf bouches à feu, tant pièces de 24 qu'obusiers ou mortiers, étaient destinées à couvrir de projectiles lancés à une grande distance, tous les points où l'on se présenterait. Celles de l'*île Masséna*, de l'*île des Moulins*, de l'*île Espagne*, devaient accabler de feu Aspern, Essling et les ouvrages élevés de ce côté. Celles de l'*île Pouzet* devaient en deux heures réduire en cendres la malheureuse ville d'Enzersdorf. Celles enfin de l'*île Alexandre* devaient battre la plaine choisie pour le

Établissement de nombreuses batteries de gros calibre pour protéger le nouveau point de passage.

déploiement, et y vomir une telle masse de mitraille qu'aucune troupe ennemie ne pût y tenir. Le temps ne manquant pas, elles furent établies avec un soin infini, pourvues d'épaulements en terre, de plates-formes, de petits magasins à poudre. Les pièces de gros calibre, qu'une armée ne traîne jamais avec elle, avaient été prises dans l'arsenal de Vienne. Quant aux affûts, on les avait fait construire par les ouvriers de l'arsenal.

Indépendamment de ces moyens d'artillerie imaginés pour protéger le passage, Napoléon eut recours, pour le rendre rapide, simultané, foudroyant, à des combinaisons inconnues jusqu'à lui. Il voulait qu'en quelques minutes plusieurs milliers d'hommes, jetés au delà du petit bras, eussent fondu sur les avant-postes autrichiens pour les surprendre et les enlever; qu'en deux heures cinquante mille autres fussent déployés sur la rive ennemie pour y livrer une première bataille; qu'enfin en quatre ou cinq heures cent cinquante mille soldats, quarante mille chevaux, six cents bouches à feu eussent passé pour décider du sort de la monarchie autrichienne. Jamais de telles opérations n'avaient été ni projetées, ni exécutées sur une pareille échelle.

Lorsqu'on veut franchir un fleuve, on commence par transporter inopinément quelques soldats résolus dans des barques. Ces soldats, bien choisis et bien commandés, vont désarmer ou tuer les avant-postes ennemis, puis fixer des amarres auxquelles on attache les bateaux qui doivent porter le pont. Ensuite l'armée elle-même passe aussi vite que possible, car un pont est un défilé long et étroit, que des masses d'infanterie, de cavalerie et d'artillerie ne peuvent traverser qu'en s'allongeant beaucoup.

Juin 1809.

La première de ces opérations était la plus difficile en présence d'un ennemi aussi nombreux, aussi préparé que l'étaient les Autrichiens. Napoléon pour la faciliter fit construire de grands bacs, capables de porter 300 hommes chacun, devant être conduits à la rame sur l'autre rive, et ayant, pour mettre les hommes à l'abri de la mousqueterie, un mantelet mobile qui en s'abattant servait à descendre à terre. Chaque corps d'armée fut pourvu de cinq de ces bacs, ce qui faisait une avant-garde de quinze cents hommes transportés à la fois, et à l'improviste, sur chaque point de passage. Or il était peu présumable que l'ennemi n'étant pas exactement informé du lieu où l'opération s'exécuterait, pût nous opposer des avant-postes aussi considérables. A l'instant une *cinquenelle* (câble auquel les bacs sont attachés, et le long duquel ils coulent dans leur mouvement de va-et-vient), une *cinquenelle* fixée à un arbre devait fournir le moyen de commencer les allées et venues, et de transporter successivement les troupes. Immédiatement après, l'établissement des ponts devait commencer. Tous les bateaux étant préparés, tous les agrès disposés, les lieux choisis, les hommes instruits de ce qu'ils avaient à faire, on était fondé à croire que deux heures suffiraient pour jeter un pont de soixante toises, opération qui exigeait autrefois douze ou quinze heures, si on était prêt, vingt-quatre et quarante-huit, si on ne l'était pas. Napoléon décida que quatre ponts au moins, deux de bateaux, un

Projet de jeter quatre ponts à la fois,

de pontons, un de gros radeaux (celui-ci pour la cavalerie et l'artillerie), seraient jetés sur le petit bras, de manière à faire déboucher trois corps d'armée à la fois, ceux du maréchal Masséna, du général Oudinot et du maréchal Davout. Ainsi plusieurs milliers d'hommes, transportés dans des bacs en quelques minutes, suffiraient pour accabler les avant-postes ennemis. Cinquante à soixante mille hommes, débouchant en deux heures sous la protection de batteries formidables, tiendraient tête aux forces que l'ennemi aurait le temps de réunir en apprenant le point du passage. Enfin, en quatre ou cinq heures, l'armée aurait débouché tout entière, prête à livrer bataille, et pourvue de moyens de retraite aussi assurés que si elle n'avait pas eu un grand fleuve sur ses derrières. Il était même probable que l'opération serait terminée avant que l'ennemi eût pu la troubler, car la nuit, le feu de batteries puissantes, la simultanéité des passages, devaient le plonger dans une extrême confusion.

Cependant, aux yeux de Napoléon, ce n'était pas assez que d'avoir réduit à deux heures l'établissement d'un pont de 60 toises, qui en exigeait quelquefois douze, vingt-quatre, quarante-huit : il voulait qu'une colonne d'infanterie pût déboucher à l'instant même, et aussi vite que les avant-gardes transportées dans les bacs. Pour y parvenir, il inventa un pont d'un genre tout nouveau, dont il confia l'exécution à un officier fort intelligent, le capitaine Dessales. Ordinairement c'est en amarrant l'un à côté de l'autre une suite de bateaux qu'on réussit à établir un pont. Il imagina d'en jeter un d'une seule pièce, composé de bateaux liés d'avance entre eux avec de fortes poutrelles, qu'on descendrait le long de la rive où l'on désirait l'établir, qu'on attacherait par un bout à cette rive, qu'on livrerait ensuite au courant qui le porterait lui-même à la rive opposée, où des hommes iraient le fixer en le traversant au pas de course. Cela fait, il ne resterait plus qu'à jeter quelques ancres pour lui servir de points d'appui dans sa longueur. On avait calculé, et le résultat le prouva depuis, que quelques minutes suffiraient à cette prodigieuse opération.

Juin 1809.

Napoléon invente un pont d'une seule pièce, qui peut être jeté en quelques minutes.

L'inconvénient de ce pont construit à l'avance était d'indiquer, par le lieu où on le préparait, le lieu où il serait jeté. On remédia à cet inconvénient par le moyen que voici. L'île de Lobau avait été couverte de chantiers, comme aurait pu l'être un des grands ports de France. Ces chantiers étaient placés au bord de plusieurs flaques d'eau, aboutissant par des canaux intérieurs au petit bras. C'était là que l'on construisait les nombreux bateaux, pontons, radeaux, destinés à l'établissement des ponts, sans indication du lieu où s'opérerait le passage. Il y avait derrière l'*île Alexandre*, sur le flanc droit de la grande île Lobau, au-dessous d'Enzersdorf, vis-à-vis de la plaine où l'on avait le projet de déboucher, un canal intérieur, large, long, assez profond, et où devaient s'achever les derniers ajustements de chaque ouvrage. C'est là qu'on disposa le pont d'une seule pièce, avec projet de le faire sortir au dernier moment, pour l'introduire dans le petit bras. Cependant, comme ce canal présentait un coude à son extrémité, Napoléon poussa la prévoyance jusqu'à faire adapter plusieurs articulations au pont d'une seule pièce, afin qu'il pût tour à tour se courber et se redresser, suivant les inflexions du canal dans lequel il avait été préparé.

Pensant bien qu'au moment même de l'opération le besoin de communications rapides entre les deux rives se ferait vivement sentir, Napoléon voulant réparer jusqu'à l'excès l'imprudence de son premier passage, fit réunir dans ces canaux intérieurs, des bois, des radeaux, des pontons tout prêts, pour jeter au besoin quatre ou cinq ponts de plus, pour hâter ainsi autant que possible le déploiement de son armée, et rendre, en cas de revers, la retraite aussi facile que sur un champ de bataille ordinaire.

Il avait fait venir, outre les marins de la garde, des constructeurs de France. Il en avait recueilli sur les bords du Danube, qui sous la direction des ingénieurs français concouraient à construire cette flottille d'un nouveau genre. Des milliers d'ouvriers de toute origine travaillaient ainsi avec une incroyable activité, dans cette île devenue semblable aux chantiers d'Anvers, de Brest ou de Toulon. Des courbes provenant des Alpes ou trouvées à Vienne, d'énormes poutrelles, d'innombrables madriers, transportés par les chevaux de l'artillerie, venaient de tous les points s'embarquer sur le Danube, qui les amenait jusqu'à Ebersdorf, de là étaient introduits dans les canaux intérieurs de la Lobau, et saisis par la hache des charpentiers prenaient la forme qui convenait à leur destination. Les marins de la garde dans des chaloupes armées d'obusiers croisaient sans cesse pour surveiller ces immenses travaux, pour fouiller les îles et les replis cachés du fleuve, pour acquérir ainsi une connaissance des lieux qui serait fort utile le jour de la grande opération. Napoléon avait recouvré un précieux débris de l'armée du général Dupont, c'était le brave capitaine Baste, commandant des marins de la garde dans la campagne d'Andalousie, aussi bon officier d'infanterie qu'habile officier de mer, et le seul auquel Napoléon eût pardonné la catastrophe de Baylen, car il l'avait élevé en grade tandis qu'il poursuivait sans pitié ses compagnons d'infortune. Le capitaine Baste, devenu colonel, commandait encore les marins de la garde, et devait être présent partout à l'heure du péril.

Juin 1809.

Napoléon partant presque tous les jours de Schœnbrunn à cheval, traversait au galop l'espace qui le séparait d'Ebersdorf, venait surveiller, diriger, perfectionner les ouvrages qu'il avait ordonnés, et à chaque visite concevait une idée ou une combinaison nouvelle, pour arriver à une réalisation plus certaine de ses projets. Les Viennois, sous les yeux, quelquefois même avec le concours desquels s'exécutait cette prodigieuse entreprise, frémissaient en secret, et, sans la puissante armée qui les contenait, auraient fini par se soulever, car s'ils étaient doux, ils étaient patriotes, et animés des sentiments qui conviennent à un grand peuple. Mais Napoléon avait pris des soins extrêmes pour les calmer. La discipline avait été rigoureusement observée. Pas un propos, pas un acte offensant n'étaient permis;

Moyens employés par Napoléon pour contenir, occuper et nourrir le peuple de Vienne pendant le séjour de son armée dans cette capitale.

toute infraction était réprimée à l'instant même. Les vivres manquant, Napoléon avait tiré de Hongrie des quantités considérables de grains et de nombreux convois de bestiaux, de telle sorte qu'on vivait à Vienne sans payer les subsistances trop cher. Il avait consenti à employer la bourgeoisie pour le maintien de l'ordre, parce que nos troupes ne parlant pas la langue du pays, étant d'ailleurs étrangères et ennemies, étaient moins propres qu'une milice nationale à se faire écouter quand il y avait du tumulte. Mais il avait limité à six mille les bourgeois employés à cet usage, et ne leur avait laissé que 1,500 fusils, nombre égal à celui des hommes qui étaient de garde chaque jour. Napoléon en outre exerçait une surveillance sévère sur les habitants. Sachant que beaucoup de soldats de l'ancienne garnison s'étaient cachés dans la ville, sous l'habit civil, prêts à seconder la première révolte populaire, il avait ordonné quelques actes de rigueur, en se bornant toutefois à ce qui était indispensable. Quant aux gens du peuple, qui avaient besoin de travail, il leur en fournissait à un taux raisonnable, et pas toujours pour le service de l'armée, souvent au contraire pour l'utilité ou l'embellissement de Vienne, afin que le pain qu'il leur procurait ne leur parût pas trop amer.

Tel fut l'aspect de l'île de Lobau et de la ville de Vienne pendant le mois de juin. Au 1ᵉʳ juillet tout étant prêt, et les corps d'armée dont on pouvait disposer étant arrivés ou sur le point d'arriver, Napoléon donna ses ordres pour que les troupes commençassent à se réunir dans l'île de Lobau dès le 3 juillet, qu'elles y fussent rendues le 4, qu'elles passassent le petit bras dans la nuit du 4 au 5, pour combattre le 5 si on rencontrait l'ennemi en débouchant, le 6 s'il ne se présentait pas immédiatement. Le 1ᵉʳ juillet il quitta Schœnbrunn, et alla établir son quartier général dans l'île de Lobau, laissant voir ainsi ce qu'on ne pouvait plus ignorer, que cette île serait son point de départ, mais ne laissant soupçonner à personne quelle serait la partie de cette île vers laquelle s'exécuterait le passage. Le corps du maréchal Masséna s'y trouvant déjà, Napoléon y fit venir successivement le corps du général Oudinot, la garde, le corps du maréchal Davout, la cavalerie légère, la grosse cavalerie, enfin l'immense artillerie de campagne qu'il avait préparée. La cavalerie et l'artillerie passaient le grand bras sur le pont de pilotis, l'infanterie sur le pont de bateaux. Le général Mathieu Dumas avait été chargé de veiller lui-même au défilé, afin d'éviter les encombrements. Des poteaux indiquaient l'emplacement de chaque corps d'armée. D'après les ordres expédiés, l'armée d'Italie devait arriver le 4 au matin, l'armée de Dalmatie et les Bavarois le 5 au plus tard. Les Saxons rendus à Vienne depuis quelques jours, ainsi que la division française Dupas, passèrent avec les premières troupes dans l'île de Lobau. Les corps étaient reposés, bien nourris, et animés des meilleures dispositions. Quelques bataillons et escadrons de marche, arrivés en juin, beaucoup d'hommes sortis des hôpitaux, avaient servi à réparer, non pas la totalité mais une partie des pertes. La garde était superbe, complète en toutes armes,

Juillet 1809.

Réunion successive de l'armée dans l'île de Lobau pendant les journées des 1ᵉʳ, 2 et 3 juillet.

mais surtout en artillerie. En additionnant les troupes de Masséna, d'Oudinot, de Davout, de Bernadotte, du prince Eugène, de Macdonald, de Marmont, du Bavarois de Wrède et de la garde, on pouvait supposer un total de 150 mille hommes, dont 26 mille cavaliers et 12 mille artilleurs servant 550 bouches à feu, force énorme que Napoléon n'avait pas encore réunie sur un même champ de bataille, et qui, si on consulte bien l'histoire du monde, n'avait encore figuré sur aucun [1]. Outre cette force si considérable, Napoléon avait auprès de lui l'invincible Masséna, meurtri d'une chute de cheval, mais capable de dominer un jour de bataille toutes les douleurs physiques; l'opiniâtre Davout, le bouillant Oudinot, l'intrépide Macdonald, et une foule d'autres qui étaient prêts à payer de leur sang le triomphe de nos armes. L'héroïque Lannes, mort des suites de ses blessures, à Ébersdorf, entre les bras de Napoléon et au milieu des regrets de toute l'armée, y manquait seul. La destinée le privait d'assister à une victoire à laquelle il avait puissamment contribué par sa conduite dans cette campagne, mais elle le dispensait aussi de voir les affreux revers qui nous frappèrent plus tard : il mourait heureux, puisqu'il mourait dans le cours du dernier de nos triomphes.

---

[1] Les historiens anciens, et ceux du moyen âge, ont allégué en quelques occasions des nombres de combattants beaucoup plus considérables, mais une foule de raisons, inutiles à rapporter ici, prouvent que ces allégations sont tout à fait exagérées. Je crois donc vrai de dire qu'il ne s'était pas rencontré encore autant d'hommes, armés d'aussi puissants moyens de destruction, sur un même champ de bataille.

Napoléon transporté dans l'île de Lobau fut saisi d'une inquiétude subite : il craignit, d'après quelques indices, que l'archiduc Charles ne lui eût échappé en descendant le Danube jusqu'à Presbourg. Il est certain que l'archiduc aurait pu recourir à cette manœuvre, et la preuve qu'elle eût été bien conçue de sa part, c'est que son adversaire la redoutait singulièrement. En quittant la position qu'il occupait vis-à-vis de Vienne, sur les hauteurs de Wagram, il aurait, il est vrai, livré sans combat le passage du Danube ; mais avec les moyens imaginés par Napoléon, il y avait peu de chances d'empêcher ce passage, et en s'enfonçant en Hongrie, il obligeait les Français à s'affaiblir par l'allongement de leur ligne d'opération, à laisser un corps pour garder Vienne, tandis que les Autrichiens se renforçaient de l'archiduc Jean et de l'insurrection hongroise. Il aurait donc pu concevoir ce plan sans commettre une faute, et on pouvait avec quelque fondement lui en prêter la pensée. Napoléon, pour dissiper ses doutes, fit une tentative hardie, qui, tout en l'éclairant sur les projets du généralissime autrichien, était destinée à tromper ce dernier sur le véritable point du passage.

Juillet 1809.

Inquiétude conçue par Napoléon à l'occasion du départ supposé de l'archiduc Charles pour Presbourg.

La division Legrand du corps de Masséna avait été placée près du rentrant qui avait servi au premier passage. Un brave et habile officier de pontonniers, le capitaine Baillot, avait été chargé de jeter de ce côté un pont de bateaux. Vers la nuit l'artillerie fut répartie à droite et à gauche du rentrant ; les voltigeurs de la division Legrand s'em-

Reconnaissance pour s'assurer de la présence de l'armée autrichienne entre Essling et Wagram.

barquèrent dans des nacelles, sous la direction de l'aide de camp de Masséna, Sainte-Croix, franchirent le petit bras, et s'emparèrent du débouché, malgré les avant-postes autrichiens, qu'ils repoussèrent. En moins de deux heures le capitaine Baillot, opérant avec des matériaux préparés à l'avance, sur un terrain bien étudié, réussit à établir un pont de bateaux, et la division Legrand passant sur ce pont en toute hâte, puis traversant le petit bois qui s'étend au delà, vint déboucher entre Essling et Aspern. Après avoir ramassé quelques prisonniers et tué quelques hommes, la division attira, en se montrant, une vive canonnade de la part des redoutes ennemies, et quand le jour fut venu elle aperçut un déploiement de forces qui ne laissait aucun doute sur la présence en ces lieux de la principale armée autrichienne. Dès ce moment Napoléon n'avait plus à craindre que l'ennemi eût disparu; il était certain au contraire de l'avoir devant lui, et de pouvoir bientôt finir la guerre dans la vaste plaine du Marchfeld.

L'archiduc Charles se trouvait en effet vis-à-vis, sur les hauteurs de Wagram, flottant entre mille projets, ne sachant auquel s'arrêter, et, comme d'usage, ne s'attachant à en exécuter aucun. Il avait employé les premiers jours qui avaient suivi la bataille d'Essling à se laisser féliciter de sa victoire, à se prêter même à des exagérations ridicules, qui pouvaient toutefois avoir un côté sérieux, celui d'agir utilement sur les esprits. Mais il n'avait rien fait pour se procurer, après un succès douteux, un succès incontestable. Ce n'est pas assurément de n'avoir point envahi la Lobau, comme nous l'avons dit ailleurs, qu'on pouvait l'accuser; ce n'est pas non plus de n'avoir point essayé, au-dessus ou au-dessous de Vienne, un passage qui aurait pu amener la délivrance de l'Autriche, mais aussi sa ruine totale; mais sans imposer au généralissime des plans compliqués et hasardeux, pourquoi, puisque la bataille d'Essling lui avait paru une merveille, pourquoi ne pas profiter de la leçon, et ne pas en tirer une autre bataille d'Essling plus complète et plus décisive? Cet événement tant vanté par les Autrichiens était l'expression de la difficulté militaire que Napoléon avait à vaincre, et qui consistait à passer un grand fleuve, pour livrer bataille avec ce fleuve à dos. Il fallait dès lors ne rien négliger pour accroître cette difficulté, et la rendre même insurmontable, si on le pouvait. C'était là un jeu simple, sûr, éprouvé, et sans y faire de prodige, il suffisait qu'on eût encore une fois arrêté Napoléon au bord du Danube, pour le chasser bientôt de l'Autriche. Il y avait pour cela deux mesures fort simples à prendre, c'était d'abord d'ajouter au terrain du combat, qui était connu d'avance, toute la force qu'une position défensive peut recevoir des efforts de l'art; c'était ensuite d'employer la ressource des grandes manœuvres pour y concentrer toutes les armées de la monarchie. De ces deux mesures, l'archiduc, heureusement, n'en avait pris aucune.

*Juillet 1809.*

Ainsi Napoléon avait accumulé les redoutes sur tout le pourtour de l'île de Lobau pour déboucher sous la protection d'une puissante artillerie de gros

*Négligence apportée par l'archiduc à défendre*

Juillet 1809.

les abords
de la rive
gauche.

calibre : n'était-il pas dès lors naturel d'élever vis-à-vis des redoutes qui rendissent la rive opposée inabordable? La grosse artillerie ne manquait pas à une puissance qui se battait chez elle, et qui était l'une des mieux fournies de l'Europe en matériel. Or l'archiduc avait retranché Essling, Aspern, Enzersdorf, parce qu'on s'était battu sur ces trois points; mais d'Enzersdorf au confluent des deux bras, sur toute la droite de la Lobau, dans la plaine unie que Napoléon avait choisie pour déboucher, il s'était borné à construire une redoute, près d'un endroit dit la *Maison-Blanche*, armée de six canons, et à loger quelques troupes dans le petit château de Sachsengang, situé au milieu des bois. La possibilité du débouché par notre droite, qui était la combinaison sur laquelle Napoléon avait médité quarante jours, n'avait pas un moment frappé l'archiduc Charles, et il n'avait construit de véritables ouvrages que d'Aspern à Essling, d'Essling à Enzersdorf. (Voir la carte n° 49.) Encore ces ouvrages n'étaient-ils pas de force à résister à des soldats aussi impétueux que les soldats français.

Après avoir rendu le passage du Danube aussi difficile que possible, en couvrant d'ouvrages puissants la rive opposée à l'île de Lobau, il restait à se créer en arrière, dans la plaine du Marchfeld, qui était le champ de bataille inévitable des deux armées, une position défensive telle, qu'on eût pour soi toutes les chances. Or, en supposant que l'ennemi fût parvenu à franchir le Danube, si on gagnait sur lui une bataille défensive, on pouvait, le lendemain ou le jour même, passer de la défensive à l'offensive, et essayer, avec grande probabilité d'y réussir, de le jeter dans le fleuve. Le terrain offrait pour cela des ressources nombreuses. La plaine du Marchfeld allait en s'élevant doucement pendant deux lieues; puis surgissait une petite chaîne de hauteurs, de Neusiedel à Wagram, dont le pied était baigné par un gros ruisseau, profond et marécageux, le Russbach. (Voir les cartes n°[s] 48 et 49.) C'était derrière ce ruisseau que l'archiduc avait campé ses principales forces. Il y avait placé trois de ses corps d'armée, le premier sous Bellegarde, le deuxième sous Hohenzollern[1], le quatrième sous Rosenberg, c'est-à-dire 75 mille hommes environ. Il eût été facile, en profitant des hauteurs et du ruisseau qui circulait à leur pied, d'y élever des ouvrages formidables, qu'aucune impétuosité, même française, n'aurait pu vaincre. Cette position venait se relier au Danube par une seconde ligne de hauteurs en forme de demi-cercle, passant pas Aderklaa, Gerarsdorf et Stamersdorf, dont l'accès n'était pas interdit par un ruisseau profond, mais qui n'en avait pas besoin, car c'est le côté par lequel on aurait dû prendre l'offensive, pendant qu'on aurait opposé sur l'autre une défensive obstinée et invincible. L'archiduc avait là encore 65 ou 70 mille hommes, se composant du troisième corps sous Kollovrath[2], du cinquième sous le prince de Reuss[3], du sixième sous Klenau[4]. Ce dernier

Juillet 1809.

Nature du terrain entre l'île de Lobau et Wagram.

---
[1] C'était Kollovrath qui le commandait au début de la guerre.
[2] Commandé auparavant par Hohenzollern.
[3] Commandé auparavant par le prince Louis.
[4] Commandé auparavant par le général Hiller.

gardait le bord du fleuve. La double réserve de cavalerie et de grenadiers, cantonnée entre Wagram et Gerarsdorf, liait les deux masses de l'armée autrichienne. Celle de gauche, qui campait entre Neusiedel et Wagram, aurait pu défendre les hauteurs opiniâtrément, et, pendant ce temps, celle de droite qui s'étendait de Gerarsdorf à Stamersdorf, aurait dû prendre l'offensive, se porter dans le flanc des Français, les séparer du Danube, ou les jeter dans ce fleuve. L'archiduc pensait effectivement à se conduire de la sorte, comme on le verra bientôt, mais sans avoir construit aucun des ouvrages qui auraient rendu inabordable la position entre Wagram et Neusiedel.

Enfin la dernière précaution à prendre eût été de concentrer ses forces, de façon à être sur le champ de bataille supérieur en nombre à son adversaire. Le mouvement successif de concentration qui amenait, les uns après les autres, les corps français sous Vienne, était en partie connu du généralissime autrichien, bien que la manœuvre principale, celle qui devait faire participer l'armée d'Italie à la grande bataille, lui fût habilement dérobée. Cette manière d'agir aurait dû lui servir de leçon, et le porter à réunir entre la Lobau et Wagram toutes les troupes qui n'étaient pas indispensables ailleurs. Cependant, comme tous les esprits indécis, il n'avait que très-imparfaitement suivi l'exemple si instructif de son adversaire. Il avait en effet appelé de Lintz à Wagram le corps de Kollovrath, ce qui l'avait renforcé d'une vingtaine de mille hommes. Mais il en avait laissé sur le haut Danube au moins une douzaine de mille, dont il aurait pu attirer encore une partie, les Français n'ayant évidemment aucun projet de ce côté. Il songeait à faire venir l'archiduc Jean, tandis qu'il aurait déjà dû l'avoir auprès de lui, la ville de Presbourg pouvant se défendre avec 3 ou 4 mille hommes de garnison. Il aurait pu lui adjoindre le général Chasteler avec 7 ou 8 mille hommes, car pour batailler en Hongrie avec les postes français restés sur la Raab, le ban Giulay suffisait, ce qui aurait élevé de 12 à 20 mille le renfort que lui eût amené l'archiduc Jean. Enfin l'archiduc Ferdinand faisait en Pologne une campagne inutile, et employait 30 à 35 mille hommes d'excellentes troupes en courses ridicules de Thorn à Sandomir. En conservant dans cette partie du théâtre de la guerre une quinzaine de mille hommes pour contenir non les Russes, qui étaient peu à craindre, mais les Polonais, qui se montraient assez entreprenants, on aurait eu encore une vingtaine de mille hommes qui eussent pu concourir à sauver la monarchie sous les murs de Vienne.

Ainsi en manœuvrant comme Napoléon, avec cet art qui consiste à ne laisser en chaque lieu que l'indispensable, pour porter sur le point décisif tout ce qui peut y être réuni sans faire faute ailleurs, l'archiduc Charles aurait eu le moyen d'amener 20 mille hommes de Presbourg, 9 à 10 mille de Lintz, et 20 de Cracovie, ce qui eût ajouté 50 mille hommes à ses forces, et peut-être décidé la question en sa faveur. Que serait-il arrivé, en effet, si les Français débouchant avec 140 ou 150 mille hommes, en eussent rencontré 200 mille, dont 80 dans une position inexpugnable et 120 leur tombant dans le flanc pendant l'attaque de cette position? Il est probable que, malgré tout son génie, Napoléon, dans cette plaine du Marchfeld, eût trouvé trois ou quatre ans plus tôt le terme de sa prodigieuse grandeur.

L'archiduc, entrevoyant mais ne voyant pas sûrement que tout se déciderait entre Wagram et l'île de Lobau, n'avait rien exécuté de ce que nous venons de dire. Il avait campé ses troupes sur les hauteurs de Neusiedel à Wagram, les y avait baraquées, les faisait manœuvrer pour instruire ses recrues, les nourrissait assez abondamment avec du pain et de la viande fournis par les juifs, mais les laissait manquer de paille, de fourrage, d'eau (excepté pour les corps placés près du Russbach), et par conséquent ne les avait pas même mises à l'abri des privations, bien qu'il fût dans son pays, et secondé par le patriotisme de toutes les populations. Il n'avait presque rien fait pour remonter la cavalerie, quoique l'Autriche abondât en chevaux, et il n'obtenait pas d'un pays dévoué, tout ce qu'en tirait Napoléon, qui en était abhorré à titre de conquérant étranger[1]. On pouvait évaluer les six corps

---

[1] Les Autrichiens, après la bataille de Wagram, ont cherché à réduire le chiffre des troupes dont ils pouvaient disposer dans cette bataille. Les récits par eux publiés ont évalué leur armée à 115 mille hommes, sans y compter le prince de Reuss, qui était à Stamersdorf, vis-à-vis de Vienne, et qu'ils ont omis parce qu'il n'agit pas dans cette journée. S'il n'agit pas ce fut la faute du général en chef, mais il n'en était pas moins sur le terrain. En évaluant son corps à 14 ou 15 mille hommes, ce serait un total de près de 130 mille hommes, sans l'archiduc Jean. Mais ces évaluations sont au-dessous de toute vraisemblance. Le 1er et le 2e corps (Bellegarde et Kollovrath) avaient pris peu

dont il disposait, en y ajoutant les deux réserves de grenadiers et de cuirassiers, à 140 mille hommes environ, suivis de 400 bouches à feu; et il comptait en outre sur 12 mille de l'archiduc Jean, ce qui faisait à peu près 150 mille, tandis qu'il aurait pu en réunir près de 200 mille. Ses troupes lui étaient fort attachées; mais en estimant sa bravoure et son savoir, en le préférant à son frère, elles n'avaient pas dans son génie une suffisante confiance. Elles craignaient de le voir en présence de Napoléon presque autant qu'il craignait lui-même de s'y trouver.

Comme l'accumulation successive des troupes françaises vers Ébersdorf annonçait des événements prochains, l'archiduc Charles, déjà tenu en éveil par cette accumulation, prit l'alarme en entendant la canonnade provoquée par la division Legrand, et mit ses troupes en mouvement dans la persuasion que le passage allait recommencer sur le même point. Déjà une avant-garde sous le général Nordmann occupait Enzersdorf, la plaine à droite de l'île,

*Juillet 1809.*

*Reconnaissance opérée par l'archiduc Charles à la suite du passage exécuté par la division Legrand.*

de part aux principaux combats de la campagne, et ne devaient pas compter beaucoup moins de 50 mille hommes. Les 3ᵉ et 4ᵉ avaient souffert, mais ils avaient été considérablement recrutés. En les portant à 20 mille hommes chacun, on trouve déjà un total de 90 mille. Restaient le 6ᵉ sous Klenau, le 5ᵉ sous le prince de Reuss, enfin la double réserve dont le chiffre avoué était de 8 mille hommes d'infanterie, et de 8 mille de cavalerie. On ne peut pas évaluer ces trois corps à moins de cinquante mille hommes, en supposant le corps de Klenau de 20 mille, celui de Reuss de 15 mille, la double réserve de 16 mille, ce qui produit un total de 140 mille sans l'archiduc Jean, et de 152 mille avec lui. On peut donc avancer avec la plus grande vraisemblance que les deux armées étaient de même force. Les calculs les plus rigoureux donnent en effet environ 140 à 150 mille hommes pour l'évaluation des forces de l'armée française.

la petite redoute de la *Maison-Blanche*, et les bois situés au confluent des deux bras du Danube. Tandis que ce point le plus menacé était gardé par une simple avant-garde, le général Klenau, avec le sixième corps tout entier, occupait les ouvrages entre Aspern et Essling, devant lesquels on supposait que l'armée française se présenterait de nouveau pour combattre. L'archiduc Charles descendit des hauteurs de Wagram dans la plaine du Marchfeld, avec les corps de Bellegarde, Hohenzollern, Rosenberg (les 1er, 2e, 4e), pour appuyer Nordmann et Klenau. Il fit descendre aussi du demi-cercle de hauteurs qui formait sa droite de Wagram au Danube, le corps de Kollovrath (le 3e), laissant en position le prince de Reuss à Stamersdorf, vis-à-vis de Vienne, afin d'observer si les Français ne tenteraient rien de ce côté. La double réserve d'infanterie et de cavalerie resta en arrière, aux environs de Gerarsdorf. Il demeura ainsi en position le 1er et le 2 juillet, puis ne voyant point paraître les Français, imaginant que le passage ne serait pas immédiat, et répugnant à tenir dans cette plaine, au milieu d'une chaleur étouffante, son armée exposée à toutes les privations, il la ramena sur les hauteurs où elle était habituée à camper. Il maintint l'avant-garde de Nordmann entre Enzersdorf et la *Maison-Blanche*, le corps de Klenau dans les ouvrages d'Essling et d'Aspern, attendant une démonstration plus sérieuse, pour descendre de nouveau dans la plaine, et livrer bataille.

Le 3 juillet Napoléon ne fit rien que préparer définitivement, et secrètement, derrière le rideau des bois, le matériel de passage, et attendre les troupes qui ne cessaient de franchir les grands ponts pour se rendre dans la Lobau. L'agglomération toujours croissante des troupes pouvait même se discerner au loin, et l'archiduc Charles averti ordonna le 4 à l'artillerie d'Aspern, d'Essling et d'Enzersdorf, de tirer sur l'île de Lobau, pour y envoyer des boulets dont aucun ne devait être perdu, en tombant au milieu d'une telle accumulation d'hommes. Jamais en effet on n'avait vu dans un espace d'une lieue de largeur, de trois lieues de tour, 150 mille soldats, 550 bouches à feu, et 40 mille chevaux, entassés les uns sur les autres. Heureusement l'île était trop profonde pour que les projectiles lancés d'Essling et d'Aspern pussent avoir un effet meurtrier. Il aurait fallu pour cela de gros calibres, comme ceux dont Napoléon avait eu la prévoyance d'armer ses batteries, tandis que l'archiduc n'avait dans ses ouvrages que des pièces de campagne. Cependant les troupes de Masséna les plus voisines de l'ennemi perdirent quelques hommes par le boulet.

Le 4 à la chute du jour, Masséna, Davout, Oudinot, couverts par le rideau des bois, s'approchèrent de la droite de l'île, et se placèrent Masséna vis-à-vis d'Enzersdorf (voir la carte n° 49), Davout un peu plus bas, vis-à-vis de la *Maison-Blanche*, Oudinot en dessous, en face des bois touffus du confluent. Le colonel des marins Baste mouilla près de ce dernier endroit avec ses barques armées, prêt à convoyer les troupes de débarquement. A neuf heures, le corps d'Oudinot commença son passage. La brigade Conroux, de la division Tharreau, embarquée sur les gros bacs dont nous avons parlé, et escortée par la flottille du colonel Baste, sortit des golfes intérieurs de l'île de Lobau, et se porta vers les bois du confluent. La nuit était profonde, et le ciel, chargé d'épais nuages, annonçait un violent orage d'été, ce qui ne pouvait que favoriser notre entreprise. Le petit bras fut traversé en peu de minutes, quoiqu'il s'élargît en se rapprochant du grand. Après avoir débarqué sur la rive opposée, on enleva les sentinelles ennemies qui appartenaient à l'avant-garde du général Nordmann, on s'empara ensuite de la redoute de la *Maison-Blanche*, et tout cela, exécuté en un quart d'heure, coûta tout au plus quelques hommes. La cinquenelle fut aussitôt attachée à un arbre désigné d'avance, et les bacs, commençant leur va-et-vient, transportèrent rapidement le reste de la division Tharreau. Au même instant le capitaine Larue, toujours secondé par le colonel Baste, amena en position les matériaux du pont qui devait être établi à l'embouchure du petit bras dans le grand, et conduisit son travail de manière à le terminer en moins de deux heures. Pendant ce temps la division Tharreau tiraillait sur l'autre rive, et à travers l'obscurité, contre les avant-gardes autrichiennes qu'elle n'avait pas de peine à repousser, et les divisions Grandjean (autrefois Saint-Hilaire), Frère (autrefois Claparède), qui complétaient le corps d'Oudinot, se rangeaient en colonnes serrées, attendant que le pont fût jeté, pour passer à leur tour et rejoindre la division Tharreau.

Le maréchal Masséna avait reçu ordre de ne commencer son passage que lorsque le général Oudinot aurait fort avancé le sien, et pris pied sur la rive ennemie. A onze heures il se mit en mouvement avec les trois divisions, Boudet, Carra Saint-Cyr, Molitor, celle de Legrand ayant déjà franchi le fleuve entre Essling et Aspern. Quinze cents voltigeurs embarqués sur cinq gros bacs, escortés par le colonel Baste, et conduits par le brave aide de camp Sainte-Croix, débouchèrent du canal intérieur de l'*île Alexandre*, et traversèrent le petit bras, sous le feu des avant-postes autrichiens, que la fusillade d'Oudinot avait attirés. Ils bravèrent ce feu, et touchèrent bientôt à la rive opposée. Les bacs ayant de la peine à y aborder, les soldats se jetèrent dans l'eau jusqu'à la ceinture, les uns pour combattre corps à corps les tirailleurs ennemis, les autres pour tirer les bacs à terre. La cinquenelle ayant été attachée à un arbre, on commença les trajets successifs, et on porta secours aux voltigeurs engagés avec l'avant-garde de Nordmann. Sur ces entrefaites le pont d'une seule pièce, dirigé par le commandant Dessalles, sortait du canal de l'*île Alexandre*, s'infléchissait pour suivre les sinuosités de ce canal, se redressait après les avoir franchies, puis livré au courant allait s'arrêter à une cinquantaine de toises au-dessous, afin de laisser le passage libre aux matériaux des autres ponts. Quelques pontonniers intrépides s'avançant dans une nacelle, sous la mousqueterie ennemie, vinrent jeter une ancre sur laquelle ils halèrent le pont pour le redresser et le placer trans-

*Juillet 1809.*

Passage du corps de Masséna.

Placement en quelques minutes du pont d'une seule pièce.

versalement. Tandis qu'on le fixait fortement de notre côté, les troupes de la division Boudet s'élancèrent dessus pour aller le fixer à l'autre bord. Quinze ou vingt minutes suffirent à l'achèvement de cette belle opération. Le reste des troupes de Masséna défila aussitôt pour prendre possession de la rive gauche, avant que les Autrichiens eussent le temps d'opposer des masses au déploiement de l'armée française.

Le pont de pontons, puis celui de radeaux sortirent successivement du canal de l'*île Alexandre*, mais en pièces détachées, et furent disposés au-dessus du pont d'une seule pièce, à cent toises les uns des autres. Le pont de pontons était destiné à l'infanterie du maréchal Davout, le pont de radeaux à l'artillerie et à la cavalerie des maréchaux Davout et Masséna. Le premier devait être achevé en moins de deux heures et demie, le second en quatre ou cinq. Les pontonniers travaillaient sous un feu continuel, sans se troubler ni se rebuter.

Son projet étant démasqué, Napoléon avait ordonné à l'artillerie des redoutes de commencer à tirer, pour démolir d'abord la petite ville d'Enzersdorf, de manière qu'elle ne pût servir de point d'appui à l'ennemi, et ensuite pour couvrir la plaine au-dessous de tant de mitraille que les troupes de Nordmann fussent dans l'impossibilité d'y tenir. Il donna le même ordre non-seulement aux batteries placées à la droite de l'île, mais à celles qui étaient placées à gauche, vers l'ancien passage, afin d'étourdir les Autrichiens par la simultanéité de ces attaques. Tout à coup cent neuf bouches à feu du plus gros calibre remplirent l'air de leurs détonations. Le colonel Baste parcourant le Danube avec ses barques armées, tant au-dessus qu'au-dessous de l'île de Lobau, se mit à canonner partout où l'on apercevait des feux, au point de faire perdre l'esprit à l'ennemi le plus calme et le plus résolu. Bientôt le ciel lui-même joignit son tonnerre à celui de Napoléon, et l'orage, qui chargeait l'atmosphère, fondit en torrents de pluie et de grêle sur la tête des deux armées. La foudre sillonnait les airs, et quand elle avait cessé d'y briller, des milliers de bombes et d'obus les sillonnant à leur tour, se précipitaient sur la malheureuse ville d'Enzersdorf. Jamais la guerre dans ses plus grandes fureurs n'avait présenté un spectacle aussi épouvantable. Napoléon courant à cheval, d'un bout à l'autre de la rive où s'exécutait cette prodigieuse entreprise, dirigeait tout avec le calme, avec la sûreté qui accompagnent des projets longuement médités. Ses officiers, aussi préparés que lui, ne ressentaient au milieu de cette nuit, ni trouble, ni embarras. Tout marchait avec une régularité parfaite, malgré la grêle, la pluie, les balles, les boulets, le roulement du tonnerre et de la canonnade. Vienne, éveillée par ces sinistres bruits, apprenait enfin que son sort se décidait, et que la pensée de Napoléon, si longtemps menaçante, était près de s'accomplir.

A deux heures après minuit, l'armée avait déjà trois ponts, celui du confluent, celui d'une seule pièce au-dessous de l'*île Alexandre*, celui de pontons en face de cette île. Oudinot passa sur le premier,

Masséna sur le second, et en livra immédiatement l'usage au maréchal Davout. Les troupes défilèrent avec rapidité et en colonnes serrées. Bientôt à droite le général Oudinot enleva les bois du confluent, repoussa quelques postes de Nordmann, franchit un petit bras, celui de Steigbieghl, sur des chevalets, et porta sa gauche à la *Maison-Blanche*, sa droite au petit hameau de Muhlleiten. Dans ces divers engagements il prit trois pièces de canon et quelques centaines d'hommes. Un peu à sa droite se trouvait le château fortifié de Sachsengang, dans lequel s'était jeté un bataillon autrichien. Il le fit cerner, et cribler d'obus. Pendant ce temps Masséna avait défilé avec toute son infanterie; mais n'ayant pas encore ses canons, il s'était rapproché de la rive du fleuve, afin d'être couvert par l'artillerie des redoutes. Sous cette artillerie à grande portée la plaine étant devenue inhabitable, les troupes de Nordmann se retirèrent peu à peu. Le corps du maréchal Davout traversa ensuite sur le pont qui avait servi aux troupes de Masséna. Une horrible canonnade continua d'accabler Enzersdorf, dont les maisons s'écroulaient au milieu des flammes.

Quand le jour vint éclairer les bords du fleuve, vers quatre heures du matin, un spectacle des plus imposants se présenta aux yeux surpris des deux armées. L'orage était dissipé. Le soleil se levant radieux faisait reluire des milliers de baïonnettes et de casques. A droite le général Oudinot s'élevait dans la plaine, tandis que son arrière-garde foudroyait le château de Sachsengang. (Voir les cartes n^{os} 48 et 49.) A gauche Masséna s'appuyait à la ville d'Enzersdorf, qui brûlait encore sans pouvoir rendre les feux dont elle était criblée, car son artillerie avait été éteinte en quelques instants. Entre ces deux corps, celui de Davout, passé tout entier, remplissait l'intervalle. Une partie de l'artillerie et de la cavalerie avait défilé sur le pont de pontons; le reste se pressait sur le pont de radeaux. La garde impériale suivait, pour passer à son tour. Soixante-dix mille hommes étaient déjà en bataille sur la rive ennemie, capables à eux seuls de tenir tête aux forces de l'archiduc Charles. Bernadotte, avec les Saxons, s'apprêtait à défiler après la garde impériale. Les armées d'Italie et de Dalmatie, la division bavaroise, transportées pendant la nuit dans la Lobau, s'avançaient de leur côté. Tout marchait avec un ensemble merveilleux et irrésistible. Les soldats à qui on avait défendu d'allumer des feux pendant la nuit, pour ne pas offrir un but aux projectiles de l'ennemi, et qui étaient tout mouillés par la pluie, se réchauffaient aux premières ardeurs d'un soleil de juillet. Quelques-uns sortaient des rangs pour embrasser des parents, des amis, qu'ils n'avaient pas vus depuis des années, car des corps venus, les uns du fond de la Dalmatie, les autres des confins de la Pologne et de l'Espagne, se rencontraient sur ce nouveau champ de bataille, après s'être séparés à Austerlitz, pour se rendre aux extrémités opposées du continent. Des Bavarois, des Badois, des Saxons, des Polonais, des Portugais, des Italiens, mêlés à des Français, se trouvaient à ce rendez-vous des nations, prêts à se battre pour une politique qui leur était étrangère. La joie de nos soldats éclatait de toutes parts, bien que le soir même un grand nombre d'entre eux ne dussent plus exister. Le soleil, la confiance dans la victoire, l'amour du succès, l'espoir de récompenses éclatantes les animaient. Ils étaient enchantés surtout de voir le Danube vaincu, et ils admiraient les ressources du génie qui les avait transportés si vite, et en masse si imposante, d'une rive à l'autre de ce grand fleuve. Apercevant Napoléon qui courait à cheval sur le front des lignes, ils mettaient leurs schakos au bout de leurs baïonnettes, et le saluaient des cris de vive l'Empereur [1] !

D'après l'ordre de Napoléon, on dut s'emparer à gauche de la ville d'Enzersdorf, à droite du château de Sachsengang, afin de ne pas laisser d'ennemis sur ses derrières, en se déployant dans la plaine. Quelques ouvrages de campagne d'un très-faible relief couvraient les portes de cette petite ville, à moitié réduite en cendres. Un bataillon autrichien la défendait, mais il avait presque épuisé ses munitions, et il allait être remplacé par un autre, lorsque Masséna ordonna l'attaque. Ses deux aides de camp, Sainte-Croix et Pelet, assaillirent l'une des portes d'Enzersdorf avec le 46ᵉ, tandis que Lasalle, enveloppant la ville avec sa cavalerie légère, empêcha qu'on ne lui portât secours. L'infanterie enleva à

---

[1] Je ne donne point ici des détails de fantaisie, qui m'ont toujours semblé indignes de l'histoire. Je puise ceux-ci dans une foule de mémoires contemporains, publiés ou inédits, ceux notamment des maréchaux Macdonald, Marmont, Davout, etc.

la baïonnette les ouvrages élevés aux portes, entra dans les rues en flammes, et prit du bataillon ennemi tout ce qui ne fut pas tué. Les hommes qui essayèrent de sortir furent sabrés par la cavalerie du général Lasalle.

*Juillet 1809.*

De son côté, le général Oudinot, après avoir canonné le château de Sachsengang, le fit sommer. Le commandant de ce château se voyant comme noyé au milieu de cent cinquante mille hommes, se rendit sans résistance. Dès lors, l'armée n'avait plus rien sur ses ailes qui dût l'inquiéter ou la gêner. Elle pouvait se déployer dans la plaine, vis-à-vis de l'archiduc Charles, et lui offrir la bataille au pied des hauteurs de Wagram. Ce prince voyait en ce moment toutes ses prévisions cruellement trompées. Croyant que les Français passeraient comme la première fois à la gauche de l'île, il n'avait placé à la droite que Nordmann, sans l'appui d'aucun ouvrage, et avait rangé le corps de Klenau tout entier derrière les retranchements d'Essling et d'Aspern, devant lesquels nous ne devions pas déboucher. Après une telle méprise il ne restait à ses avant-gardes d'autre ressource que celle de se retirer, car si elles s'obstinaient Klenau allait être pris à revers dans les redoutes d'Essling et d'Aspern. Au surplus l'archiduc généralissime, ne jugeant pas encore la situation aussi grave qu'elle l'était véritablement, crut que le passage n'était effectué qu'en partie, que l'armée française emploierait au moins vingt-quatre heures pour franchir le fleuve et se déployer, et qu'il aurait le temps de l'assaillir avant qu'elle fût en mesure de se défendre. Placé sur une

*L'archiduc Charles replie ses avant-gardes sur le corps de bataille.*

hauteur, à côté de son frère l'empereur, qui lui demandait compte des événements, il lui dit qu'à la vérité les Français avaient forcé le Danube, mais qu'il les laissait passer pour les jeter dans le fleuve. — Soit, répondit l'empereur avec finesse, mais n'en laissez pas passer un trop grand nombre [1]. — L'archiduc Charles, qui n'avait plus le choix, fit ordonner à Klenau de ne pas se compromettre, et de se replier avec ordre sur le gros de l'armée.

Napoléon, ayant les trois quarts de son armée au delà du fleuve, ne songea plus qu'à gagner du terrain afin de pouvoir se mettre en bataille. Marchant toujours avec une extrême prudence, il ordonna diverses précautions avant de s'avancer davantage. Quoiqu'il eût assez de ponts pour transporter ses troupes d'une rive à l'autre, il voulait recevoir son matériel plus vite, et surtout en cas de malheur avoir de nombreux moyens de retraite. En conséquence, il fit jeter encore trois ponts, qui, ajoutés aux quatre qu'on avait établis dans la nuit, faisaient sept. Tous les matériaux étant prêts, il allait être obéi en quelques heures. Il prescrivit en outre d'élever un nombre égal de têtes de ponts, les unes en fascines, les autres en sacs à terre préparés à l'avance, afin que l'armée en s'éloignant ne pût pas être privée de ses communications par une brusque invasion sur ses derrières. Enfin il confia à un excellent officier, déjà fort connu, et très-propre à la guerre défensive, au général Regnier, la garde de l'île de Lobau. Il lui laissa sept batail-

---

[1] Ce mot remarquable est resté traditionnel parmi les militaires du temps.

lons, dont deux devaient garder les grands ponts, un le pont du confluent, un les ponts du petit bras, trois former une réserve au centre de l'île de Lobau. Ordre était donné de ne laisser passer personne de l'autre côté du fleuve, si ce n'est les blessés.

Ces précautions prises, Napoléon commença à se déployer dans la plaine, sa gauche immobile près d'Enzersdorf et du Danube, sa droite en marche pour s'approcher des hauteurs de Wagram, opérant par conséquent un mouvement de conversion. Il était formé sur deux lignes : en première ligne on voyait Masséna à gauche, Oudinot au centre, Davout à droite; en seconde ligne on voyait Bernadotte à gauche, Marmont et de Wrède au centre, l'armée d'Italie à droite. La garde et les cuirassiers présentaient en arrière une superbe réserve. L'artillerie s'avançait sur le front des corps, entremêlée de quelques détachements de cavalerie. Le gros de la cavalerie, hussards, chasseurs et dragons, était répandu sur les ailes. Napoléon était au centre, calme, mais naturellement un peu enivré de sa puissance, comptant sur une victoire certaine et décisive.

On continua de gagner du terrain, en pivotant toujours sur sa gauche, les corps qui étaient en première ligne s'écartant les uns des autres pour faire place successivement à ceux qui étaient en seconde, et l'armée entière se déployant ainsi en éventail devant l'ennemi qui se repliait sur les hauteurs de Wagram. Notre artillerie tirait en marchant; notre cavalerie chargeait la cavalerie autrichienne quand elle pouvait l'atteindre, ou en-

*Juillet 1809.*

*Ordre dans lequel l'armée s'avance dans la plaine de Wagram.*

levait les arrière-gardes d'infanterie quand il en restait à sa portée. Le corps de Davout trouvant sur son chemin le village de Rutzendorf, contre lequel on ne pouvait se servir de la cavalerie, le fit attaquer et emporter par de l'infanterie. (Voir les cartes 48 et 49.) On y recueillit quelques centaines d'hommes. La division française Dupas, marchant avec les Saxons de Bernadotte, enleva de même le village de Raschdorf. Sur ce point la cavalerie autrichienne, ayant voulu soutenir son infanterie, fut vivement repoussée par les cuirassiers saxons, qui, sous l'aide de camp Gérard (depuis maréchal), se comportèrent vaillamment. Masséna, remontant avec lenteur les bords du Danube, rencontra dans son mouvement Essling, puis Aspern, les prit à revers, et y entra sans résistance. Le sixième corps de Klenau se retira par Leopoldau sur Stamersdorf et Gerarsdorf. Ainsi l'audace de notre débouché sur la droite avait fait tomber toutes les défenses de l'ennemi sur la gauche, et il ne lui restait d'autre ressource que de nous disputer la plaine du Marchfeld en nous livrant le lendemain une bataille sanglante. Le 5 à six heures du soir, nous bordions dans toute son étendue la ligne des hauteurs de Wagram, après avoir perdu pour exécuter cette opération magnifique quelques centaines au plus de nos soldats, mis hors de combat près de deux mille Autrichiens, et fait à Sachsengang, à Enzersdorf, à Raschdorf, à Rutzendorf, environ trois mille prisonniers[1].

[1] Les bulletins de cette journée parlent de prisonniers bien plus nombreux, mais ce sont là évidemment des exagérations calculées.

L'armée française, qui s'était déployée en marchant, ne formait plus qu'une longue ligne d'environ trois lieues, parallèle à celle des Autrichiens, laquelle était presque droite de Neusiedel à Wagram, mais courbe au centre vers Aderklaa, et se continuait demi-circulairement par Gerarsdorf et Stamersdorf jusqu'au bord du Danube. (Voir la carte n° 49.) De Neusiedel, village dominé par une tour carrée, à Wagram, s'étendaient en pente douce les hauteurs sur lesquelles était campée l'aile gauche de l'armée autrichienne, au nombre de 75 mille hommes environ, et sous la protection d'un ruisseau bourbeux, celui du Russbach. C'est là qu'avec le secours de l'art on aurait pu, comme nous l'avons déjà dit, élever des retranchements invincibles, mais on n'y voyait heureusement que les baraques du camp. A Neusiedel, c'est-à-dire à l'extrême gauche des Autrichiens, se trouvait le prince de Rosenberg avec l'avant-garde de Nordmann et une nombreuse cavalerie : moins à gauche, vers Baumersdorf, était établi le corps de Hohenzollern, et en approchant du centre, à Wagram, le corps de Bellegarde avec le quartier général de l'archiduc Charles. C'est vers ce point que la ligne de bataille commençait à se recourber pour joindre le Danube, et que cessait l'utile protection du Russbach. Les Autrichiens avaient à leur centre même la réserve de grenadiers et de cuirassiers, s'étendant en demi-cercle de Wagram à Gerarsdorf. Ils avaient à leur droite le troisième corps sous le général Kollovrath, le sixième sous le général Klenau, lequel venait de se retirer d'Essling et d'Aspern, enfin le cinquième

*Juillet 1809.*

Description de la position de Wagram, sur laquelle étaient établis les Autrichiens.

sous le prince de Reuss, entre Gerarsdorf, Stamersdorf et le Danube.

La ligne française suivait exactement les contours de la ligne ennemie. Devant l'aile gauche des Autrichiens nous avions notre aile droite, c'est-à-dire Davout établi au village de Glinzendorf, faisant face au corps de Rosenberg, et Oudinot établi au village de Grosshofen, faisant face au corps de Hohenzollern. Au centre se trouvait l'armée d'Italie opposée au corps de Bellegarde. En tournant à gauche, vis-à-vis de Wagram, on voyait au village d'Aderklaa, Bernadotte avec les Saxons chargé de tenir tête à la double réserve des grenadiers et des cuirassiers, enfin tout à fait à gauche, de Süssenbrunn à Kagran, les quatre divisions de Masséna destinées à contenir les corps de Kollovrath, de Klenau et de Reuss. Au centre, en arrière de l'armée d'Italie et des Saxons, Napoléon avait gardé en réserve le corps de Marmont, la garde impériale, les Bavarois et les cuirassiers. Ainsi sur cette vaste ligne de bataille, droite, comme nous venons de le dire, de Neusiedel à Wagram, courbe de Wagram à Stamersdorf, les Autrichiens avaient leur plus grande force sur leurs ailes, et leur moindre au centre, puisque la réserve de grenadiers et de cuirassiers formait seule la liaison des deux masses principales. Nous possédions au contraire une force suffisante à notre aile droite de Glinzendorf à Grosshofen, où étaient Davout et Oudinot, une très-modique à notre aile gauche de Süssenbrunn à Kagran, où était Masséna seul, mais une considérable au centre entre Grosshofen et Aderklaa, puisqu'en cet endroit, outre l'armée d'Italie et les Saxons, il y avait l'armée de Dalmatie, la garde impériale, les Bavarois, toute la grosse cavalerie. Cette disposition était assurément la meilleure, celle qui permettait de pourvoir le plus vite aux chances diverses de la bataille, en se jetant rapidement ou à droite ou à gauche suivant le besoin, celle aussi qui permettait de frapper l'armée autrichienne à son endroit faible, c'est-à-dire au milieu de la ligne. En effet, ici comme à Essling, l'archiduc Charles voulant envelopper l'armée française pour l'empêcher de déboucher, s'était affaibli au centre, et donnait prise sur ce point à la puissante épée de son adversaire.

Cet état de choses, qui ne pouvait échapper à un œil aussi exercé que celui de Napoléon, lui inspira la tentation d'en finir le soir même par un acte décisif, qui l'aurait dispensé de verser le lendemain des torrents de sang. Tous les rapports indiquaient que l'ennemi ne tenait nulle part, et se retirait avec une étrange facilité. L'archiduc Charles en effet, surpris par la soudaine apparition de l'armée française, n'avait pas fait de dispositions d'attaque, et remettant la bataille au lendemain, n'avait donné à ses avant-gardes que l'instruction de se replier. Napoléon espéra donc, sur le rapport trop légèrement accueilli de quelques officiers, qu'en exécutant à la chute du jour une attaque brusque sur le plateau de Wagram, on enlèverait le centre de l'ennemi avant qu'il eût suffisamment pourvu à sa défense, et que l'armée autrichienne, coupée en deux, se retirerait d'elle-même, ce qui réduirait la fin de la campagne à la poursuite active et destructive des deux fractions de cette armée. Ici se faisait sentir l'inconvénient d'agir avec des masses d'hommes énormes, et sur des espaces immenses. Le général en chef ne pouvant plus ni tout voir, ni tout diriger en personne, était réduit à s'en fier à des lieutenants qui observaient médiocrement, et qui souvent même, comme on va en juger, agissaient sans ensemble.

Napoléon ordonna donc, avec une imprudence qui ne répondait pas à l'admirable prévoyance déployée dans ces journées, d'enlever le plateau de Wagram, contre lequel pouvaient agir Oudinot, en attaquant Baumersdorf, l'armée d'Italie en passant le Russbach entre Baumersdorf et Wagram, Bernadotte en se jetant par Aderklaa sur Wagram même. En effet, d'après l'ordre qu'ils en reçurent, Bernadotte avec les Saxons et la division Dupas, Macdonald et Grenier avec deux divisions de l'armée d'Italie, Oudinot avec son corps tout entier, s'avancèrent à la nuit tombante sur la position des Autrichiens. (Voir les cartes n° 48 et 49.) Oudinot marcha sur Baumersdorf, le canonna, y mit le feu avec des obus, et s'efforça de l'enlever aux avant-gardes de Hohenzollern, qui avaient dans le Russbach un puissant moyen de résistance. Au côté opposé, Bernadotte avec les Saxons se précipita sur Wagram, que défendait un détachement de Bellegarde, en devint presque le maître, mais pas assez complétement pour se porter au delà. Pendant qu'Oudinot et Bernadotte luttaient ainsi aux deux extrémités de cette attaque pour s'emparer des deux points d'appui de l'ennemi, au milieu Dupas et Macdonald avaient abordé le Russbach pour le franchir. Ce ruisseau peu large, mais profond, offrait un assez grand obstacle à vaincre. Dupas avec le 5ᵉ léger et le 19ᵉ de ligne, s'y jeta au cri de : Vive l'Empereur! Dans leur empressement quelques soldats, qui avaient rencontré la partie de l'eau la plus profonde, se noyèrent. Les autres triomphèrent de l'obstacle, se rallièrent après l'avoir surmonté, et gravirent les pentes du plateau sous les balles et la mitraille. Les corps autrichiens à cette brusque attaque s'étaient formés en arrière des baraques du camp, et en carré. Des tirailleurs blottis derrière cet abri s'en servaient pour faire un feu très-vif. Les deux braves régiments français de Dupas débusquèrent les tirailleurs ennemis, dont ils prirent environ trois cents, dépassèrent la ligne des baraques, et se précipitèrent sur les carrés. Le 5ᵉ léger, qui était en tête, enfonça l'un de ces carrés, lui prit son drapeau, et le fit prisonnier. Le 19ᵉ appuya cette action vigoureuse. Deux bataillons saxons attachés à Dupas, les grenadiers de Rudlof et de Melsch la secondèrent également. Déjà la ligne autrichienne était près d'être coupée, quand on reçut par derrière un feu qui causa une extrême surprise, et beaucoup d'inquiétude. Les deux colonnes de l'armée d'Italie, l'une commandée par Macdonald, l'autre par Grenier, après s'être élancées dans le Russbach et l'avoir franchi, montaient sur le plateau l'arme au bras, et allaient joindre Dupas, lorsque apercevant les Saxons de celui-ci, et les prenant pour ennemis, elles firent

*Juillet 1809.*

*Surprise qui amène une déroute parmi les corps chargés d'attaquer Wagram.*

feu sur eux. Cette attaque inattendue sur leurs derrières ébranla les Saxons. Ils se replièrent en tirant sur les troupes de Macdonald et de Grenier. Celles-ci se croyant chargées de front, et essuyant en même temps du côté de Baumersdorf, que le corps de Hohenzollern n'avait pas quitté, une attaque de flanc, éprouvèrent un trouble, que la nuit convertit bientôt en panique. Elles se précipitèrent vers le bas du plateau, suivies par les Saxons épouvantés, et se mirent à fuir dans un incroyable désordre. Dupas resté seul en pointe avec ses deux régiments français, assailli de tout côté par le corps de Bellegarde que l'archiduc Charles avait rallié lui-même, fut obligé de céder le terrain, et d'évacuer le plateau sous des charges réitérées d'infanterie et de cavalerie. Oudinot interrompit l'attaque de Baumersdorf; Bernadotte abandonna Wagram qu'il avait presque conquis, pour se rapprocher d'Aderklaa.

Cette échauffourée coûta à la division Dupas un millier d'hommes, la dispersion de ses deux bataillons saxons, qui s'étaient rendus aux Autrichiens avec trop d'empressement, et quelque mille hommes égarés à l'armée d'Italie. Heureusement que la cavalerie, lancée dans toutes les directions, eut bientôt ramené à leurs corps les soldats isolés. Notre armée, toujours aussi brave, était cependant moins expérimentée que celle d'Austerlitz ou de Friedland, et trop nombreuse, mêlée d'éléments trop divers, pour être ferme, solide, manœuvrière autant qu'autrefois. Du reste, c'était là un échec de peu de conséquence entre le merveilleux passage qui venaît de s'accomplir, et l'éclatante victoire qu'on était fondé à espérer pour le lendemain.

Napoléon prescrivit à tous ses corps de bivouaquer dans les positions prises à la fin de la journée, son centre étant toujours d'une grande force, et capable de porter secours à celle de ses ailes qui en aurait besoin. Il n'y avait aucun bois dans la plaine, et on ne pouvait faire de feu, ce qui était une pénible privation, car, quoiqu'on fût en juillet, la nuit était froide. Chacun coucha dans son manteau. Les soldats se nourrirent de biscuit et d'eau-de-vie. Napoléon n'eut que le feu de quelques bottes de paille pour se chauffer à son bivouac. Il employa plusieurs heures à conférer avec ses maréchaux pour leur faire bien connaître ses intentions. Il les renvoya avant le jour, excepté Davout, qu'il garda jusqu'à l'aurore. C'était la troisième nuit qu'il passait debout ou à cheval.

Pendant ce temps l'archiduc Charles avait enfin arrêté de sérieuses dispositions de bataille, car il fallait dès le lendemain culbuter l'armée française dans le Danube, ou rendre son épée au vainqueur de Marengo et d'Austerlitz. Le généralissime autrichien avait toujours eu la pensée, inspirée par l'étude très-ancienne de ce champ de bataille, d'opposer au mouvement offensif des Français sa gauche campée sur les hauteurs de Neusiedel à Wagram, puis, tandis que les Français seraient occupés devant cette espèce de camp retranché, de prendre à son tour l'offensive contre eux avec sa droite ployée en avant, de se jeter ainsi dans leur flanc, de les séparer du Danube, et une fois qu'il les aurait réduits à la défensive, de faire descendre des hauteurs de Wagram sa gauche elle-même, afin de les pousser dans le fleuve avec toutes ses forces réunies. Il espérait en outre que pendant que sa gauche défendrait les bords du Russbach, que sa droite attaquerait les Français en flanc, l'archiduc Jean, remontant de Presbourg, viendrait les assaillir par derrière, et qu'ils ne tiendraient point contre un tel concours d'efforts. Tout cela eût été possible, probable même, si, manœuvrant comme Napoléon, l'archiduc eût amené sur le champ de bataille 30 ou 40 mille hommes de plus qu'il aurait pu y avoir; s'il eût averti en temps utile son frère l'archiduc Jean; si enfin profitant de cette circonstance que le champ de bataille était connu d'avance, il eût accumulé entre Neusiedel et Wagram des travaux qui auraient rendu ce camp retranché inexpugnable. Alors une attaque de flanc sur les Français, déjà épuisés par une tentative infructueuse, aurait produit des résultats infaillibles. Mais l'archiduc Charles n'avait rien fait de tout cela, comme on l'a vu; il s'était borné à élever sur le terrain qu'il fallait défendre des baraques pour ses troupes, et il n'avait expédié à son frère l'archiduc Jean l'ordre de le joindre que la veille au soir, c'est-à-dire le 4. L'obstacle que ces baraques avaient présenté dans l'échauffourée de la nuit, et qu'elles présentèrent le lendemain, suffit pour prouver ce qui aurait pu arriver, si des ouvrages considérables avaient été ajoutés à la configuration des lieux.

Quoi qu'il en soit, dans l'une des maisons à moitié incendiées du village de Wagram, évacué par Bernadotte, l'archiduc Charles dicta ses ordres. Il prescrivit à sa gauche de n'entrer en action que lorsque sa droite, mise en mouvement dès la nuit même, aurait abordé les Français, et commencé à les ébranler par l'attaque de flanc dont elle était chargée. Cette aile, composée des corps de Klenau et de Kollovrath, devait se mettre en marche tout de suite, c'est-à-dire à une ou deux heures du matin, se précipiter sur notre gauche qui n'était composée que du corps de Masséna, la repousser de Kagran sur Aspern, de Sussenbrunn sur Breitenlée. Immédiatement après, les réserves de grenadiers et de cuirassiers, formant entre Gerarsdorf et Wagram la liaison de la droite avec le centre, devaient s'avancer sur Aderklaa, et s'y joindre avec une partie du corps de Bellegarde, descendu à cet effet du plateau de Wagram. Ce mouvement une fois prononcé, la gauche, composée des corps de Hohenzollern et de Rosenberg, avait ordre de descendre à son tour sur Baumersdorf et sur Neusiedel, de franchir le Russbach, d'enlever les villages de Grosshofen et de Glinzendorf qu'occupait le maréchal Davout, et de compléter ainsi cette double manœuvre de flanc et de front, qui d'après le généralissime devait amener le refoulement des Français dans le Danube.

Dans ce plan, on ne sait pourquoi le corps du prince de Reuss, qui était contre le Danube même, plus près de ce fleuve que le corps de Klenau, et qui terminait près de Stamersdorf l'aile droite des Autrichiens, n'avait pas ordre de concourir aux opérations de cette aile, et de rendre ainsi plus irrésistible l'attaque qu'elle était chargée d'exécuter. Le besoin d'observer le débouché de Vienne n'était pas assez grand pour paralyser un corps tout entier, car il était évident par le passage des Français à travers l'île de Lobau qu'ils n'en méditaient pas un autre ailleurs. Enfin il aurait fallu que les ordres fussent calculés sous le rapport de la distance et du temps, de manière à faire agir chaque corps au moment opportun, et que la gauche, par exemple, qui à cause de sa proximité allait recevoir les ordres du généralissime bien avant la droite, ne se mît en mouvement que lorsque celle-ci aurait produit parmi les Français l'ébranlement de flanc qui permettrait de les attaquer de front avec succès. Mais il n'y a que les esprits nets qui, en toutes choses, guerre, administration ou gouvernement, sachent se faire comprendre et obéir.

Les ordres du généralissime expédiés de Wagram dans la nuit parvinrent en moins d'une heure à la gauche, c'est-à-dire aux corps de Hohenzollern et de Rosenberg, qui étaient à une lieue, entre Wagram et Neusiedel, et exigèrent plus de deux heures pour être transmis à la droite, c'est-à-dire aux corps de Kollovrath et de Klenau, qui étaient à plus de deux lieues entre Gerarsdorf et Stamersdorf, et qu'il fallut chercher au milieu d'une extrême confusion. Par surcroît de malheur, dans la retraite opérée le soir, le corps de Klenau s'était trop rapproché de Gerarsdorf, et était venu occuper la place qui était destinée à celui de Kollovrath. Il fallut donc, soit pour joindre dans l'obscurité les corps composant la droite, soit pour leur faire prendre leur position de bataille, plus de temps qu'on ne l'avait supposé au quartier général, et il était déjà près de quatre heures qu'ils commençaient à peine à entrer en mouvement. Au contraire, à ce même moment la gauche, avertie plus vite, n'étant pas exposée à perdre du temps pour chercher sa position, allait agir la première, tandis qu'elle n'aurait dû agir que la seconde, et bien après la droite.

*Juillet 1809.*

Pendant que tout était en mouvement dans le camp autrichien, et que les troupes, pour rectifier des positions mal prises, se fatiguaient au lieu de se reposer, un calme profond régnait chez les Français. Couchés sur le terrain occupé la veille ils dormaient, grâce à Napoléon, qui, ayant bien renforcé sa droite, à cause de l'arrivée possible de l'archiduc Jean, mais plus encore son centre, où il avait accumulé des forces considérables, n'avait qu'à se tenir tranquille, en attendant que l'ennemi prît le soin de démasquer ses desseins. Il avait donc ordonné à ses maréchaux d'être sous les armes à la pointe du jour, mais de laisser les Autrichiens se prononcer avant d'agir, pour saisir avec certitude le point où l'on pourrait les frapper mortellement. Il inclinait toutefois à faire enlever par Davout et Oudinot les hauteurs de Neusiedel à Wagram, à exécuter en même temps une percée au centre avec l'armée d'Italie, les Saxons, et le corps de Marmont, tandis que Masséna se bornerait à contenir avec ses quatre divisions la droite des Autrichiens d'Aderklaa au Danube. Napoléon se réservait les Bavarois, la garde impériale, et la

*Profond repos dans le camp des Français, tandis qu'on se fatigue dans le camp des Autrichiens.*

*Napoléon se décide, avant d'adopter un plan définitif, à laisser l'ennemi manifester ses desseins.*

*Juillet 1809.*

*Mémorable bataille de Wagram, livrée le 6 juillet 1809.*

*Commencement de l'action à notre droite, entre le prince de Rosenberg et le corps du maréchal Davout.*

*Le maréchal Davout repousse l'attaque du prince de Rosenberg sur Glinzendorf et Grosshofen.*

grosse cavalerie, pour parer aux cas imprévus. Ces desseins eux-mêmes étaient subordonnés à l'événement.

A quatre heures du matin, le 6 juillet, journée à jamais mémorable, le feu commença d'abord à la gauche des Autrichiens, et à la droite des Français. Le prince de Rosenberg, sur l'indication mal donnée qui lui désignait quatre heures comme le moment d'entrer en action, descendit des hauteurs de Neusiedel, signalées au loin par une grosse tour carrée, traversa le Russbach au village même de Neusiedel, et se porta en deux colonnes sur Grosshofen et Glinzendorf, qu'il attaqua avec une extrême vigueur. Le maréchal Davout avait à sa disposition ses trois divisions ordinaires, Morand, Friant, Gudin, la petite division Puthod, composée des quatrièmes bataillons [1], six régiments de cavalerie légère sous le général Montbrun, trois de dragons sous le général Grouchy, les quatre régiments de cuirassiers Espagne sous le général Arrighi (depuis duc de Padoue). La gauche du général Friant, la droite du général Gudin envoyèrent des détachements à la défense du village de Glinzendorf, tandis que la division Puthod se chargea de disputer à l'ennemi le village de Grosshofen, derrière lequel elle avait bivouaqué. De fortes levées de terre s'étendaient de l'un de ces villages à l'autre. Nos soldats, placés avec intelligence derrière ce retranchement naturel, firent un feu de mousqueterie bien nourri, qui causa infiniment de mal aux Autrichiens, sans

[1] Elle avait passé des ordres du général Demont aux ordres du général Puthod.

que ceux-ci nous en fissent essuyer beaucoup. Au bruit de ces détonations, Napoléon envoya le général Mathieu Dumas porter à ses lieutenants l'ordre de ne risquer aucun mouvement offensif, de se borner à bien disputer le terrain qu'ils occupaient, jusqu'à ce qu'il leur eût adressé ses instructions définitives, et il courut à droite où se trouvait le maréchal Davout. En chemin il aperçut très-distinctement les deux colonnes autrichiennes, qui, débouchant au delà du Russbach, attaquaient les villages de Glinzendorf et de Grosshofen. Il était suivi par une brigade des cuirassiers de Nansouty, pourvue de quelques batteries d'artillerie légère. Napoléon les fit diriger sur le flanc de la colonne qui attaquait Grosshofen, ce qui exécuté instantanément vint fort à propos, car cette colonne fatiguée d'essuyer inutilement une mousqueterie meurtrière, avait assailli ce village et l'avait emporté à la baïonnette. Mais le général Puthod, résolu à le reprendre, s'y jeta à son tour à la tête d'une réserve, et, secondé par l'artillerie légère de Nansouty, réussit à s'en rendre maître. Les Autrichiens, repoussés ainsi de front, mitraillés en flanc, furent obligés de rétrograder jusqu'au Russbach. Même chose arriva à la colonne qui, ayant débouché de Neusiedel sur Glinzendorf, trouva en face la droite de Gudin, la gauche de Friant, et en flanc l'artillerie légère des cuirassiers du général Arrighi. Elle fut obligée de se replier également sur le Russbach. Cette première tentative allait être renouvelée avec une plus grande énergie par le prince de Rosenberg, lorsque l'archiduc Char-

Juillet 1809.

Dispositions
projetées
par Napoléon
pour l'attaque
des hauteurs
de Neusiedel
et de
Wagram.

les, pensant avec raison que sa gauche commençait la bataille prématurément, lui ordonna de ralentir son action, et de ne pas trop s'engager encore. Le prince de Rosenberg reprit alors sa position sur les pentes de Neusiedel, en arrière du Russbach.

En ce moment le bruit de la fusillade et de la canonnade était devenu général sur ce front immense de trois lieues, le long duquel trois cent mille hommes et onze cents pièces de canon étaient en présence. Napoléon, qui voyait partout une sorte d'attaque simultanée de la part de l'ennemi, sans projet clairement dessiné, jugea néanmoins qu'il fallait, dans tous les cas, enlever les hauteurs de Neusiedel, afin d'occuper le point vers lequel l'archiduc Charles et l'archiduc Jean pouvaient se rejoindre. L'inspection des lieux indiquait comment il fallait s'y prendre pour triompher de cette espèce de camp retranché. Jusqu'à Neusiedel les hauteurs composant le plateau de Wagram longeaient les bords du Russbach. A Neusiedel et à la tour carrée, elles faisaient un détour en arrière, et s'éloignant du Russbach, elles ne présentaient qu'une pente infiniment adoucie, d'accès très-facile. Il suffisait donc de passer le Russbach un peu plus à droite et loin du feu de l'ennemi, puis de se ployer pour embrasser la ligne des hauteurs, et prendre en flanc la position des Autrichiens. La cavalerie légère de Montbrun, les dragons de Grouchy furent chargés de préparer rapidement les moyens de passage. Ensuite les divisions Morand et Friant eurent ordre de franchir le Russbach, de s'avancer en formant un angle droit avec les divisions Gudin et Puthod, et pendant que celles-ci attaqueraient le plateau de front de l'attaquer par côté et à revers. Une fois l'angle, dont la tour carrée marquait le sommet, enlevé, Napoléon se promettait de faire assaillir Baumersdorf par Oudinot, Wagram par l'armée d'Italie. Ces divers points emportés, l'archiduc Jean pouvait paraître sur le champ de bataille : il n'y viendrait que pour assister à un désastre.

Ces dispositions étaient à peine arrêtées avec le maréchal Davout, qu'une multitude d'aides de camp, dépêchés par Masséna et Bernadotte, venaient annoncer à Napoléon un mauvais commencement de journée tant à gauche qu'au centre, et réclamer à la fois sa présence et ses secours.

De graves événements, mais très-réparables, s'étaient passés en effet au centre et à gauche, comme on doit le deviner d'après les dispositions qui ont été précédemment indiquées. Le maréchal Bernadotte, qui avait été la veille obligé d'évacuer Wagram, et de se retirer sur Aderklaa (voir la carte n° 49), se trouvait encore le matin dans cette position, présentant une pointe au sein de la ligne courbe que décrivaient les Autrichiens. Il voyait à sa droite Bellegarde, obéissant aux instructions de l'archiduc Charles, descendre des hauteurs de Wagram sur Aderklaa avec la partie la plus considérable de son corps : il voyait à sa gauche la réserve des cuirassiers et des grenadiers s'avancer sur Sussenbrunn. Il résolut donc de se replier sur un petit plateau situé en arrière d'Aderklaa, pour se rapprocher de l'armée d'Italie d'un côté, et du corps de Masséna de l'autre. Il n'avait pas plutôt achevé ce mouvement, que les avant-gardes de Bellegarde s'étaient jetées sur lui, et qu'un combat acharné s'était engagé avec les Saxons, incapables de tenir long-temps contre une telle attaque. Il avait donc été ramené fort en arrière.

Au même instant les quatre faibles divisions de Masséna, présentant tout au plus dix-huit mille hommes contre les soixante mille de Klenau, de Kollovrath et de Liechtenstein, avaient été obligées de rétrograder pour prendre sur notre gauche une position moins étendue. Masséna, meurtri encore de la chute de cheval qu'il avait faite quelques jours auparavant, assistait à la bataille, comme il l'avait promis à Napoléon, et, tout enveloppé de compresses, commandait dans une calèche ouverte.

Masséna jugeant que si on n'opposait pas une résistance énergique sur le point que Bernadotte venait d'abandonner, on serait bientôt refoulé, et que non-seulement la gauche serait compromise, mais même le centre, se hâta de diriger la division Carra Saint-Cyr sur Aderklaa. Cette division, composée de deux braves régiments, y entra tête baissée. Malgré l'obstacle des murs de jardin et des maisons, le 24ᵉ léger et le 4ᵉ de ligne, conduits avec une rare vigueur, enlevèrent le village. Au lieu de s'y arrêter, et de s'y établir solidement, ces deux régiments, n'écoutant que leur ardeur, débouchèrent au delà, et vinrent se placer à découvert, dans la position où Bernadotte avec raison n'avait pas voulu rester, recevant par leur droite et de front le feu de Bellegarde, à gauche le feu de la réserve de grenadiers. Après une héroïque obstination, ils furent contraints de céder au nombre, et de se replier sur Aderklaa, privés de leurs deux colonels. Alors le général Molitor vint se serrer au général Carra Saint-Cyr, pour le soutenir; mais Legrand et Boudet restés seuls devant Klenau et Kollovrath, formant tout au plus 10 mille hommes contre 45 mille, furent contraints de se retirer sur la gauche, et d'abandonner une grande étendue de terrain.

Juillet 1809.

Tel était à neuf heures du matin l'état de choses qu'on vint annoncer à Napoléon. Rassuré sur sa droite, où il laissait le maréchal Davout bien instruit de ce qu'il avait à faire, il partit au galop, suivi de son état-major, pour aller à une distance de près de deux lieues, réparer l'accident dont les conséquences pouvaient compromettre son centre. Il trouva Bernadotte fort agité, le rassura, et courut ensuite à la calèche de Masséna, autour de laquelle pleuvaient les boulets. Dans ce moment les grenadiers d'Aspre, excités par la présence de l'archiduc Charles qui s'était mis à leur tête, traversaient Aderklaa après l'avoir enlevé à la division Carra Saint-Cyr, et s'avançaient victorieux. Le général Molitor se déployant devant eux pour arrêter la trouée, avait été obligé de se former un flanc avec sa droite repliée, pour n'être pas débordé.

Napoléon peu troublé par ce spectacle, et comptant sur les vastes ressources dont il disposait, s'entretint quelques instants avec Masséna, et arrêta avec lui son plan de conduite. Déjà on pouvait juger d'après la direction des feux que Boudet était ramené fort en arrière, et que l'archiduc touchait

Dispositions concertées par Napoléon avec Masséna, pour réparer le dommage éprouvé au centre et à gauche.

par sa droite au Danube. Des officiers même venaient dire que Boudet était refoulé jusque dans Aspern, après avoir perdu toute son artillerie. On aurait pu avec des troupes aussi fermes que celles d'Austerlitz, qui surtout n'auraient pas eu le souvenir trop présent encore de la journée d'Essling, se laisser déborder par sa gauche, pourvu qu'on tînt bon au centre, et qu'on prît à droite une offensive victorieuse. Le maréchal Davout devant bientôt enlever le plateau de Wagram, Aderklaa ne pouvant manquer d'être reconquis, nous aurions eu tout avantage à trouver la droite des Autrichiens entre nous et le Danube. Nous l'aurions prise tout entière, et la maison d'Autriche aurait peut-être succombé dans cette journée. Napoléon en eut la pensée, qu'il fit connaître quelques jours après[1]. Mais avec des troupes jeunes, préoccupées du souvenir d'Essling, c'était courir un gros risque. La seule nouvelle que l'ennemi était aux ponts pouvait les troubler profondément. Il repoussa donc une combinaison qui eût été féconde, mais que les circonstances rendaient périlleuse, et ne songea qu'à arrêter sur-le-champ le progrès des Autrichiens vers

---

[1] Quelque temps après, Napoléon allant visiter les troupes qui campaient aux environs de Brunn, et les faisant manœuvrer sur le champ de bataille d'Austerlitz, parlait de la qualité des troupes en général, des armées qu'il avait commandées, des batailles qu'il avait livrées, et revenant à la dernière, celle de Wagram, qu'il comparait à celle d'Austerlitz, il dit qu'il avait bien songé à employer la manœuvre dont il est question ici, et qu'il l'aurait fait s'il avait eu les troupes du camp de Boulogne; mais qu'avec des troupes dont une partie était fort jeune et fort impressionnable, il n'avait pas osé risquer une combinaison féconde, qui aurait exigé chez ses soldats un sang-froid fort rare, celui de se laisser tourner sans être ébranlés.

le centre et vers la gauche, par une prompte disposition des troupes qu'il avait en réserve.

C'est ici qu'il recueillit le prix de sa profonde prévoyance. Il avait pour principe que c'était en concentrant sur un même point l'action de certaines armes spéciales, qu'on parvenait à produire de grands effets, et c'est pour ce motif qu'il avait voulu procurer à la garde une immense réserve d'artillerie, et conserver sous la main une réserve de quatorze régiments de cuirassiers. Il ordonna donc qu'on fît avancer au galop toute l'artillerie de la garde, en y ajoutant celle dont on pourrait disposer dans les corps. Précisément le général de Wrède arrivait sur le terrain avec vingt-cinq pièces d'une excellente artillerie, et demandait l'honneur de concourir à ce mouvement décisif. Napoléon y consentit, et voulut qu'on amenât toute cette artillerie au pas de course. Il fit mander en outre le général Macdonald avec trois divisions de l'armée d'Italie, les fusiliers et les grenadiers à cheval de la garde, et les six régiments de cuirassiers du général Nansouty. Son projet était d'ébranler le centre des Autrichiens avec cent bouches à feu, puis de le percer avec les baïonnettes de Macdonald et les sabres de Nansouty. Il décida en même temps que Masséna, avec les divisions Carra Saint-Cyr, Molitor et Legrand, formées en colonnes serrées, ferait un à droite, puis se dirigerait perpendiculairement vers le Danube au secours de Boudet, exécutant ainsi une marche de flanc sous le feu des corps de Kollovrath et de Klenau. Du reste les têtes de pont qu'il avait fait construire partout le rassuraient suf-

*Juillet 1809.*

Napoléon amène au centre l'artillerie de la garde, le corps de Macdonald et la grosse cavalerie.

fisamment, et il recueillait encore en cela le prix de sa prévoyance. Mais il ne voulait pas que ses jeunes troupes pussent entendre le canon sur leurs derrières, et avoir des inquiétudes sur les communications de l'armée avec le Danube.

A peine donnés, ces ordres sont obéis à l'instant même. Les divisions Carra Saint-Cyr, Molitor et Legrand sous la conduite de Masséna, se forment en colonnes serrées par division, font demi-tour à droite, puis défilent en une longue colonne pour se rapprocher du Danube, recevant avec une impassibilité héroïque et en flanc, le feu de Klenau et de Kollovrath. Les généraux Lasalle et Marulaz, les couvrant pendant cette marche, chargent et repoussent la cavalerie autrichienne. Tandis que ce mouvement s'exécute vers la gauche, Napoléon, au centre, impatient d'être rejoint par Lauriston et Macdonald, leur envoie officiers sur officiers pour les presser de hâter le pas, et monté sur un cheval persan d'une éclatante blancheur, parcourt sous une grêle de boulets ce terrain abandonné par Masséna. La canonnade en ce moment a acquis la fréquence de la fusillade[1], et tout le monde frémit à l'idée de voir l'homme sur qui reposent tant de destinées emporté par l'un de ces aveugles projectiles qui traversent l'espace. Enfin arrivent au galop, et en faisant trembler la terre, les soixante bouches à feu de la garde, suivies de quarante bouches à feu françaises et bavaroises. L'illustre Drouot, sur une indication de l'Empereur, se pose en jalon, et les cent pièces de canon qu'il dirige viennent s'aligner

[1] Expression textuelle du maréchal Molitor.

sur son épée. En un instant commence la plus affreuse canonnade qui ait signalé nos longues guerres. La ligne autrichienne présente de Wagram à Aderklaa, d'Aderklaa à Sussenbrunn (voir la carte n° 49), un angle ouvert, dont les deux côtés sont formés par Bellegarde d'une part, par les grenadiers et les cuirassiers de l'autre. Les cent bouches à feu de Lauriston tirant incessamment sur cette double ligne, la criblent de boulets, et démontent bientôt l'artillerie ennemie. Napoléon regarde à la lunette l'effet de cette batterie formidable, et s'applaudit de la justesse de ses conceptions. Mais il ne suffit pas de l'artillerie pour briser le centre de l'armée autrichienne, il faut des baïonnettes, et il demande avec un redoublement d'impatience celles de l'armée d'Italie, qui accourent au pas accéléré. L'intrépide Macdonald, récemment tiré de la disgrâce, marche à la tête de son corps, étonnant ceux qui ne le connaissent point encore par son costume d'ancien général de la République, et s'apprêtant à les étonner bien davantage par sa manière de se comporter au feu. Il déploie sur une seule ligne une partie de la division Broussier, et une brigade de la division Seras. Il range en colonne serrée sur les ailes de cette ligne, à gauche le reste de la division Broussier, à droite la division Lamarque, et présente ainsi à l'ennemi un carré long, qu'il ferme avec les vingt-quatre escadrons des cuirassiers Nansouty. Napoléon voulant lui donner un appui, place sur ses derrières, sous le général Reille, les fusiliers et les tirailleurs de la garde impériale, au nombre de huit bataillons. Il

*Juillet 1809.*

Marche de Macdonald contre le centre de l'armée autrichienne.

y ajoute la cavalerie de la garde pour fondre au moment opportun sur l'infanterie ennemie, puis il attend, les yeux fixés sur ce grand spectacle, le succès des manœuvres qu'il a ordonnées.

Macdonald, dépassant bientôt la ligne de notre artillerie pour joindre les Autrichiens, s'avance sous une pluie de feu, laissant à chaque pas le terrain couvert de ses morts et de ses blessés, serrant ses rangs sans s'ébranler, et communiquant à ses soldats la fière attitude qu'il conserve lui-même. — Quel brave homme! s'écrie plusieurs fois Napoléon en le voyant marcher ainsi sous la mitraille et les boulets. — Tout à coup le prince Jean de Liechtenstein s'ébranle avec sa grosse cavalerie, pour essayer un effort contre cette infanterie qui s'avance si résolument sur le centre de l'armée autrichienne. Macdonald arrête alors son carré long, ordonne aux deux colonnes qui en formaient les côtés de faire front, et oppose ainsi à l'ennemi trois lignes de feu. Le sol retentit sous le galop des cuirassiers autrichiens, mais ils sont accueillis par de telles décharges de mousqueterie qu'ils sont forcés de s'arrêter, et de rétrograder sur leur infanterie que leur fuite jette dans un véritable désordre. Le moment de charger est venu pour notre cavalerie, qui peut, en profitant de cet instant de confusion, recueillir des milliers de prisonniers. Macdonald en donne l'ordre à Nansouty; mais ce général, obligé d'amener sa troupe sur le front du carré dont elle occupait la dernière face, perd malgré lui un temps précieux. Lorsqu'il est prêt à s'élancer, le désordre de l'infanterie autrichienne est en partie réparé. Toutefois il charge et enfonce plusieurs carrés. Macdonald, dans son impatience, s'adresse à la cavalerie de la garde qui était près de lui, et que commandait le général Walther. Mais celui-ci ne doit recevoir d'ordre que du maréchal Bessières, et ce maréchal vient d'être renversé par un boulet. Macdonald se dépite en voyant ainsi lui échapper le fruit de la victoire : cependant, s'il n'a pas beaucoup de prisonniers, il a du moins fait rétrograder l'armée autrichienne, et rendu vaine l'entreprise tentée sur le centre et la gauche de notre ligne. L'archiduc, désespérant de nous refouler vers le Danube, commence à se décourager, et se dédommage en prodiguant sa vie au milieu du feu. Ses troupes évacuent peu à peu Aderklaa d'un côté, Süssenbrunn de l'autre.

En ce moment le grave danger qui menaçait l'armée est conjuré. Masséna, se dirigeant en colonne sur le Danube, et recevant le feu de l'ennemi en flanc, est arrivé près du fleuve, vers Aspern, a fait front à droite, et précédé de sa cavalerie a repris l'offensive contre Kollovrath et Klenau. Boudet s'est remis en ligne, et tous, marchant en avant, ramènent les Autrichiens sur Breitenlée et sur Hirschstatten. En tête de leur infanterie, Lasalle et Marulaz exécutent des charges brillantes ; mais Lasalle, atteint d'une balle, termine sa glorieuse carrière en voyant fuir l'ennemi.

Ainsi le centre de l'archiduc ébranlé par cent bouches à feu, arrêté par Macdonald, bat en retraite. Sa droite suit ce mouvement rétrograde. Si le maréchal Davout, comme il en a reçu l'ordre, enlève à la gauche des Autrichiens la position de Neusiedel, c'en est fait d'eux. Cette position enlevée, la ligne des hauteurs de Neusiedel à Wagram ne peut plus tenir, et l'archiduc Charles, privé de ce dernier appui, va être coupé de la route de Hongrie, séparé de l'archiduc Jean, et rejeté en Bohême. Aussi Napoléon, rassuré sur son centre et sa gauche, a-t-il l'œil toujours tourné sur sa droite, vers la tour carrée qui domine le village de Neusiedel. Il n'attend que le progrès des feux de ce côté pour lancer le corps d'Oudinot sur Wagram. Il lui reste, dans le cas où surviendrait l'archiduc Jean, une moitié de l'armée d'Italie, le corps de Marmont, la vieille garde, les Bavarois. Il a donc, quoi qu'il arrive, des ressources pour parer à toutes les chances de cette journée.

*Davout attaque les hauteurs de Neusiedel, les enlève, et décide ainsi du sort de la bataille.*

La confiance que Napoléon a mise dans le maréchal Davout est ici, comme toujours, pleinement justifiée. Les généraux Montbrun et Grouchy, l'un avec la cavalerie légère, l'autre avec les dragons d'Italie, ont préparé le passage du Russbach sur notre extrême droite, soit pour eux, soit pour l'infanterie. Les divisions Morand et Friant franchissent ce ruisseau à la suite de la cavalerie, et ployées par un mouvement de conversion sur le flanc de la position de Neusiedel, forment un angle droit avec Gudin et Puthod, qui sont restés devant le Russbach, de Neusiedel à Baumersdorf. Le moment d'attaquer étant venu, ces braves troupes, dignes de leur chef, gravissent le revers de la position de Neusiedel avec une rare intrépidité. Morand, placé à l'extrême droite, s'avance le premier, parce que la pente plus douce de son côté offre un abord plus facile. Friant, placé entre Morand et Neusiedel, où il forme le sommet de l'angle, attend que Morand ait gagné du terrain sur l'extrémité de la ligne ennemie, pour attaquer la hauteur à son tour. Il se borne quant à présent à un violent feu d'artillerie, qu'il soutient avec soixante pièces détachées de plusieurs divisions. Morand, secondé à gauche par cette canonnade, à droite par les charges de cavalerie de Montbrun, gravit froidement le terrain qui s'élève devant lui. Rosenberg, pour faire face à cette attaque de flanc, replie sa ligne en arrière. La mousqueterie de toute cette partie de la ligne autrichienne n'arrête point Morand. Il continue à monter sous un feu plongeant, et puis aborde l'ennemi en colonne d'attaque. Le prince de Rosenberg dirige alors un effort sur la gauche de Morand, formée par le 17$^e$ régiment de ligne, et l'oblige un instant à céder. A cette vue Friant envoie au secours du 17$^e$ la brigade Gilly, composée du 15$^e$ léger et du 33$^e$ de ligne, lesquels s'élancent à la baïonnette sur la hauteur, et refoulent les troupes de Rosenberg. Les divisions Puthod et Gudin, restées en face du Russbach, entrent à leur tour en action sous la conduite du maréchal Davout. Puthod se jette dans Neusiedel avec ses quatrièmes bataillons, pénètre dans les rues de ce village, et les dispute aux troupes autrichiennes, qu'il contraint après de grands efforts à se retirer sur la hauteur en arrière. Au même instant, Gudin, qui a franchi le Russbach, escalade audacieusement sous un feu meurtrier le plateau de Neusiedel, tandis que Friant a déjà gagné du terrain sur les derrières de Rosenberg. La tour carrée est en ce moment dépassée par le double mouvement de Friant et de Gudin. Tout n'est pas fini cependant. Jusqu'ici on n'a eu à combattre que Rosenberg favorisé par la position. Mais Hohenzollern, demeuré immobile au-dessus de Baumersdorf en face d'Oudinot qui n'agit pas encore, porte une moitié de ses troupes vers la tour carrée, et les dirige sur la droite de Gudin pour la précipiter dans le Russbach. Vainement à travers les baraques du camp essaye-t-on de faire défiler les cuirassiers d'Arrighi, pour les lancer sur la hauteur qui se termine en plateau. Ces cuirassiers, assaillis par un feu des plus vifs à travers les routes étroites du camp, ne peuvent pas charger avec avantage, et sont ramenés en désordre. Le 85e de ligne de la division Gudin accueilli par la plus violente fusillade est presque arrêté dans son mouvement. Les autres régiments de Gudin se hâtent de venir à son secours. La division tout entière lutte avec Hohenzollern, qui est peu à peu repoussé, tandis que Friant et Morand gagnent du terrain sur le derrière du plateau, en poursuivant les troupes de Rosenberg l'épée dans les reins.

Napoléon fait enlever par Oudinot les hauteurs de Wagram.

Pendant que le maréchal Davout accomplit ainsi sa tâche, Napoléon voyant ses feux dépasser la tour carrée, ne doute plus du succès de la journée. La bataille est gagnée, s'écrie-t-il, et il en fait porter la nouvelle au maréchal Masséna, au prince Eugène, au général Macdonald. Mais il ne se borne pas à pousser un cri de victoire, il ordonne au corps d'Oudinot, de marcher sur Baumersdorf et Wagram, et d'enlever cette partie des hauteurs. Les troupes d'Oudinot s'élancent sur le village de Baumersdorf, qu'elles n'avaient pas pu emporter la veille, le traversent, et s'élèvent sur le plateau, venant se joindre à la division Gudin par leur droite. L'élan devient alors général. On refoule partout la ligne autrichienne, et en ce moment la division Gudin s'alignant sur celles de Friant et de Morand, on voit le corps entier de Davout ne plus former qu'une longue ligne oblique, qui balaye dans toute son étendue le plateau de Wagram. (Voir la carte n° 48.)

La division Tharreau du corps d'Oudinot se dirige sur Wagram, charge à la baïonnette plusieurs bataillons, en prend deux, enlève le village, et y recueille de nombreux prisonniers. La division Frère (seconde d'Oudinot) passe à droite du village. La division Grandjean, autrefois Saint-Hilaire, suit ce mouvement, repousse l'infanterie autrichienne, et l'aborde vivement dès qu'elle essaye de résister. Le 10$^e$ d'infanterie légère se jette sur un bataillon qui s'était formé en carré, et le fait prisonnier. Napoléon voyant l'armée autrichienne partout en retraite et notre ligne s'étendre, s'affaiblir même en quelques points, à mesure qu'elle s'avance, envoie des secours là où ils sont nécessaires, et en particulier au général Macdonald, qui se trouve isolé de Masséna à gauche, de Bernadotte au centre. Il dirige vers lui l'infanterie bavaroise du général de Wrède et la cavalerie de la garde. Macdonald, en s'approchant de Süssenbrunn, rencontre de l'infanterie ennemie qui tient encore. Il emporte ce village, et faisant charger par sa cavalerie légère, enlève d'un seul coup quatre à cinq mille prisonniers.

*La ligne autrichienne est partout forcée vers trois heures, et la bataille gagnée.*

Sur un front de trois à quatre lieues, à l'extrême gauche devant Masséna, au centre devant Macdonald, à droite devant Oudinot et Davout, l'armée autrichienne ne pouvant tenir nulle part, se retire en flottant sous la poursuite plus ou moins vive des Français. Il est trois heures : notre gauche a refoulé Klenau sur Jedlersdorf, Kollovrath sur Gerarsdorf; notre centre a poussé Bellegarde sur Helmhof, notre droite a rejeté Hohenzollern et Rosenberg sur Bockflüss. L'archiduc Charles craignant de perdre la route de la Moravie, et d'être entraîné loin du centre de la monarchie vers la Bohême, donne alors l'ordre de la retraite. Cent vingt mille Français poursuivent cent vingt mille Autrichiens, livrant çà et là une foule de combats de détail, et recueillant à chaque pas des prisonniers, des canons, des drapeaux.

*Tardive arrivée de l'archiduc Jean sur le champ de bataille de Wagram.*

Telle est cette célèbre bataille de Wagram, commencée à quatre heures du matin, terminée à quatre heures de l'après-midi. Napoléon avait encore en réserve le corps de Marmont, une portion de l'armée d'Italie, la vieille garde, c'est-à-dire trente mille hommes, au cas où l'archiduc Jean arriverait pour prendre part à la bataille. Ce prince approchait enfin de la plaine du Marchfeld, et venait se montrer à droite sur nos derrières, vers Siebenbrunn. Ses coureurs, rencontrant les nôtres, produisirent une sorte de panique. En un clin d'œil les vivandières, les longues files de soldats emportant les blessés, crurent qu'une seconde armée se présentait pour recommencer le combat. Ils se mirent à courir en poussant des cris de terreur. Parmi ces fuyards se trouvaient beaucoup de jeunes soldats épuisés par la chaleur du jour, et qui, selon l'usage, quittaient le terrain sous prétexte de ramasser les blessés. Le tumulte fut tel que les corps restés en réserve durent prendre les armes, et que Napoléon, qui avait mis pied à terre pour se reposer à l'ombre d'une pyramide formée avec des tambours, fut obligé de remonter à cheval. Il crut sérieusement que l'archiduc Jean débouchait, et il s'apprêtait à l'arrêter avec les forces qu'il avait gardées intactes, lorsqu'on vit le danger s'éloigner, et les têtes de colonne qui s'étaient montrées un instant disparaître à l'horizon. L'archiduc Jean, en effet, averti le 5 au matin par un ordre expédié le 4 au soir de se rendre à Wagram, était parti le 5 à midi seulement, avait couché à Marchegg, était reparti un peu tard le 6 au matin, et arrivait quand la bataille était finie. Il n'avait pas voulu trahir son frère assurément, mais il avait marché comme les caractères indécis, qui ne connaissent pas le prix du temps. Serait-il survenu plus tôt, il aurait ajouté à l'effusion du sang, sans changer les destinées de la journée, puisqu'aux douze mille hommes qu'il amenait, on pouvait opposer les dix mille hommes de Marmont, les dix mille qui restaient au prince Eugène, et au besoin la vieille garde. Il avait mal obéi, à la voix d'un chef qui avait mal commandé.

Juillet 1809.

Résultats de la bataille de Wagram.

Les résultats de la bataille de Wagram, sans être aussi extraordinaires que ceux d'Austerlitz, d'Iéna ou de Friedland, étaient fort grands néanmoins. On avait tué ou blessé aux Autrichiens environ 24 mille hommes, parmi lesquels se trouvaient les généraux Nordmann, d'Aspre, Wukassovich, Vecsay, Rouvroy, Nostiz, Hesse-Hombourg, Vacquant, Motzen, Stutterheim, Homberg, Merville. On leur avait fait 9 mille prisonniers, lesquels avec ceux de la veille formaient un total de 12 mille[1] au moins. On avait ramassé une vingtaine de pièces de canon. On avait ainsi affaibli les Autrichiens de 36 mille soldats. Nous avions perdu en morts ou blessés de 15 à 18 mille hommes, dont sept à huit mille ne devaient pas se relever. C'était donc une mémorable bataille, la plus grande que Napoléon eût livrée, par le nombre des combattants, et l'une des plus importantes par les conséquences. Ce qu'elle avait de merveilleux, ce n'était pas comme autrefois la quantité prodigieuse des prisonniers, des drapeaux et des canons conquis dans la journée : c'était l'un des plus larges fleuves de l'Europe franchi devant l'ennemi avec une précision, un ensemble, une sûreté admirables : c'étaient vingt-quatre heures de combats livrés sur une ligne de trois lieues avec ce fleuve à dos, en conjurant tout ce qu'avait de périlleux une telle situation : c'était la position par laquelle le généralissime tenait les Français en échec emportée, l'armée qui défendait la monarchie autrichienne vaincue, mise

---

[1] Les bulletins ont supposé beaucoup plus de prisonniers, mais ils ont exagéré au delà de toute vérité.

hors d'état de tenir la campagne ! Ces résultats étaient immenses, puisqu'ils terminaient la guerre ! Du point de vue de l'art, Napoléon avait dans le passage du Danube surpassé tout ce qu'on avait jamais exécuté en ce genre. Sur le champ de bataille il avait, avec une rare promptitude, reporté du centre à la gauche la réserve qu'il s'était habilement ménagée, et résolu la question par un de ces mouvements décisifs, qui n'appartiennent qu'aux grands capitaines : et, s'il s'était privé d'un important résultat en arrêtant trop tôt les Autrichiens prêts à s'engager entre lui et le Danube, il l'avait fait par l'inspiration d'une prudence profonde, et digne d'être admirée. Si dans ces prodigieux événements on peut reprendre quelque chose, ce sont les conséquences dérivant déjà de la politique de Napoléon, telles que l'extrême jeunesse des troupes, l'étendue démesurée des opérations, les méprises naissant de la réunion de nations de toute origine, enfin un commencement de confusion, imputable non à l'esprit de celui qui commandait, mais à la diversité et à la quantité des éléments dont il était obligé de se servir, pour suffire à l'immensité de sa tâche. Son génie était toujours extraordinaire, d'autant plus extraordinaire qu'il luttait contre la nature des choses ; mais on pouvait voir déjà que si cette lutte se prolongeait, ce n'était pas la nature des choses qui serait vaincue.

Quant à l'adversaire, il avait été brave, dévoué à sa cause, ingénieux, mais indécis. Sans recourir pour le juger à tous les plans, plus ou moins spécieux, qu'on lui a reproché de n'avoir pas suivis, tels que d'assaillir l'île de Lobau après Essling, de passer le Danube au-dessus ou au-dessous de Vienne, il est incontestable qu'il y avait à faire certaines choses, simples, d'un effet immanquable, et qu'il ne fit pas, heureusement pour nous, comme de multiplier les obstacles au passage du fleuve sur tout le pourtour de l'île de Lobau, comme de retrancher le camp qui devait servir de champ de bataille, ce qui lui aurait permis, après avoir tenu tête aux Français, de les prendre en flanc et de les acculer au fleuve qu'ils avaient franchi, comme de donner ses ordres avec assez de précision pour que l'action de la gauche ne devançât pas celle de la droite, comme de réunir enfin pour cette journée décisive toutes les forces disponibles de la monarchie, dont quarante mille hommes au moins demeurèrent inutiles en Hongrie, en Bohême et en Gallicie. Ce sont ordinairement des choses simples, dictées par le bon sens, et imprudemment omises, qui décident des plus importantes opérations, surtout à la guerre. On serait fondé à dire aussi que le prince autrichien donna un peu trop tôt l'ordre de la retraite, car il pouvait tenir tête encore à l'armée française, et il se serait assuré en persistant l'apparition en temps opportun de l'archiduc Jean sur le champ de bataille. Il faut reconnaître qu'une plus longue obstination pouvait rendre la défaite si complète, qu'il ne serait plus rien resté d'une armée à la conservation de laquelle était attaché le salut de la monarchie. En s'obstinant on se ménageait, il est vrai, plus de chances de victoire, mais beaucoup plus de chances aussi de périr sans ressources. Quoi qu'il en soit de ces divers jugements, qui, depuis un demi-siècle, ont été portés par tous les historiens sur ces mémorables opérations, il n'en reste pas moins vrai qu'il y a gloire même à se tromper quand on se bat si héroïquement pour son pays, et qu'on prend part à de si grandes choses. La guerre d'ailleurs touchait à son terme, car ce n'était pas avec les douze mille hommes de l'archiduc Jean, et les quatre-vingt mille qui restaient à l'archiduc Charles, qu'il était possible de sauver la monarchie. Si, en effet, ce dernier n'en avait perdu que trente et quelques mille, tués ou prisonniers, il en avait vu disparaître des rangs de la landwehr un nombre au moins égal, qui couraient la campagne pour rejoindre leurs foyers. Se retirer dans l'une des provinces de la monarchie qu'on aurait bien choisie, s'y refaire le mieux possible, et par la menace d'une guerre indéfiniment prolongée améliorer les conditions de la paix, était la seule espérance qu'on pût conserver encore.

Napoléon appréciait ainsi le résultat de la bataille de Wagram, et tout en regardant la fin des hostilités comme prochaine, il voulait que cette fin fût telle que la paix dépendît absolument de lui. Si au lieu d'envoyer en Espagne, pour y périr inutilement contre des obstacles naturels, la vieille armée de Boulogne, il l'eût gardée entre le Rhin et le Danube, pour en accabler l'Autriche, il aurait pu effacer cette puissance de la carte de l'Europe, pendant la durée de son règne, bien entendu. Mais obligé de lutter avec des forces réunies à la hâte contre les immenses armements de l'Autriche, il

Juillet 1809.

Ce qui restait à faire après la bataille de Wagram.

avait fait miracle de la soumettre en trois mois, et, s'il parvenait à lui imposer la paix, et à la punir de cette quatrième guerre par de nouveaux sacrifices de territoire, de population et d'argent, c'était assez pour sa gloire personnelle et pour le maintien de sa grandeur. Aussi avait-il déjà renoncé à l'idée de détrôner la maison de Habsbourg, idée qu'il avait conçue dans le premier mouvement de sa colère, et après les prodigieux triomphes de Ratisbonne. Punir cette maison en l'abaissant encore, et faire tomber du même coup les résistances qui avaient menacé d'éclater en Europe, était désormais le prix unique, mais assez grand, assez éclatant, de cette dernière campagne, laquelle ne devait pas paraître moins extraordinaire que toutes les autres, surtout en comparant les moyens aux résultats obtenus.

Napoléon ne songea donc à poursuivre les Autrichiens que pour les amener à se soumettre définitivement. Mais il ne lui était plus possible d'agir comme il le faisait autrefois, c'est-à-dire, après avoir combattu une journée entière, de se remettre à marcher immédiatement, de manière à tirer toutes les conséquences de la victoire. Son armée était trop nombreuse, il avait trop de points à surveiller, il avait trop de cadres nouveaux, et dans les cadres vieux trop de jeunes soldats, pour pouvoir repartir le soir même, ou le lendemain matin, sans s'inquiéter de ce qu'il laissait derrière lui. Il y avait en effet des régiments dans lesquels une foule de soldats étaient, ou livrés à la maraude, ou occupés à transporter des blessés. Tel régiment de 2,500 hommes, avait 500 hommes hors de com-

WAGRAM.  479

bat, 1,000 détachés, et se trouvait ainsi réduit à mille présents sous les armes. La chaleur était excessive, les vins abondaient dans les villages, le soldat jouissait de la victoire avec un certain désordre, et il fallait l'immense ascendant de Napoléon pour maintenir la soumission, la présence au drapeau, l'attachement au devoir. Déjà tout était devenu plus difficile à cette époque, et Napoléon le savait sans le dire.

Juillet 1809.

Le lendemain, 7 juillet, il se rendit de sa personne à la résidence de Wolkersdorf, de laquelle l'empereur François avait assisté à la bataille de Wagram, et il y établit son quartier général. Il accorda cette journée à chaque corps pour porter les blessés aux ambulances de l'île de Lobau, rallier les soldats détachés ou égarés, refaire les vivres, remplacer les munitions, se mettre, enfin, en mesure d'exécuter une marche longue et rapide. En attendant, il achemina les corps demeurés intacts sur la route où il était vraisemblable qu'on trouverait l'ennemi. La route de la Moravie était celle où il paraissait raisonnable de le chercher, car la Moravie étant placée entre la Bohême et la Hongrie, permettant de rester en communication avec l'une et avec l'autre de ces grandes provinces, d'en tirer les ressources qu'elles pouvaient contenir, d'adopter l'une ou l'autre pour une résistance prolongée, semblait devoir s'offrir au généralissime vaincu comme le lieu de retraite le mieux choisi. Napoléon dirigea d'abord la cavalerie du général Montbrun sur la route de Nikolsbourg (voir la carte n° 32), et la fit suivre dès le 7 au soir par

Translation du quartier général à Wolkersdorf.

Napoléon dirige la poursuite sur deux

Juillet 1809.
routes, celles de Moravie et de Bohême.

le beau corps de Marmont, qui, n'ayant pas combattu dans la journée du 6, était en état de marcher immédiatement. Il lui adjoignit les Bavarois du général de Wrède, dont l'artillerie seule avait été engagée, et en leur assignant à tous la route de Moravie, il leur laissa la faculté de se jeter à droite ou à gauche, sur la Hongrie ou sur la Bohême, suivant que les reconnaissances du général Montbrun révéleraient l'une ou l'autre direction dans la retraite de l'ennemi. Il enjoignit à Masséna de rallier ses troupes le plus tôt possible, et avec celles de ses divisions qui avaient le moins souffert, notamment celles de Legrand et de Molitor, de longer le Danube, pour observer la route de Bohême par Korneubourg, Stockerau et Znaïm. Il lui laissa la cavalerie Lasalle, qui après la mort de celui-ci avait été commandée par Marulaz, et, ce dernier ayant été blessé, par le général Bruyère. Il y ajouta les cuirassiers Saint-Sulpice.

Le lendemain 8, Napoléon, n'étant encore que très-imparfaitement renseigné sur la marche des Autrichiens, que la cavalerie légère signalait à la fois sur les routes de Moravie et de Bohême, et jugeant toujours celle de Moravie comme la plus naturellement indiquée, envoya le maréchal Davout, dont le corps d'armée était tout à fait remis de la journée du 6, vers Nikolsbourg, à la suite du général Marmont. Il lui avait laissé les dragons de Grouchy et les cuirassiers du général Arrighi. Ces troupes avec celles du général Marmont présentaient un total d'au moins 45 mille hommes, capables de tenir tête à toute l'armée de l'archiduc Charles. Napoléon dirigea en même temps les Saxons sur la March, pour surveiller l'archiduc Jean, et le contraindre à se tenir au delà de cette ligne. Il laissa le prince Eugène avec une portion de son armée sous Vienne, soit pour contenir la capitale si elle remuait, soit pour arrêter l'archiduc Jean, si, abandonnant la rive gauche du Danube que nous venions de conquérir, il faisait sur la rive droite dégarnie une tentative, à laquelle les généraux Chasteler et Giulay auraient pu prêter la main. Le général Vandamme fut de plus amené à Vienne avec les Wurtembergeois. Napoléon achemina le général Macdonald à la suite de Masséna, et resta de sa personne encore vingt-quatre heures à Wolkersdorf, avec la garde tout entière, avec les cuirassiers de Nansouty, avec les jeunes troupes d'Oudinot, pour savoir, entre les deux routes de Moravie et de Bohême, quelle serait celle où on aurait la certitude de trouver l'ennemi.

Bien qu'il ne crût pas à la possibilité d'une résistance prolongée de la part des Autrichiens, néanmoins, ne voulant rien livrer au hasard pendant qu'il allait s'éloigner de Vienne, Napoléon ne se borna pas à consacrer une partie de ses forces à la garde de cette capitale, il prit les mesures nécessaires pour la mettre en état de défense. Il ordonna d'y transporter les cent neuf bouches à feu de gros calibre qui avaient protégé le passage de l'armée, de les répartir sur les murs de la ville, de fermer tous les bastions à la gorge, afin que la garnison fût doublement garantie contre le dedans et contre le dehors, d'y réunir des vivres et des munitions pour dix mille hommes et pour trois mois, d'y faire remonter les nombreux bateaux qui avaient servi aux diverses opérations de l'île de Lobau, de reconstruire le pont du Thabor, de l'établir sur des bateaux en attendant qu'il le fût sur pilotis, de le couvrir en outre sur les deux rives de deux vastes têtes de ponts. L'île de Lobau pouvait désormais se suffire avec les ponts en pilotis jetés sur le grand et sur le petit bras, puisqu'elle n'était plus qu'un lieu de dépôt, dans lequel on avait entassé les prisonniers et les blessés. Avec une communication assurée devant Vienne, et une autre à la hauteur de l'île de Lobau, Napoléon avait des moyens de passage suffisants pour toutes les éventualités de guerre imaginables. Il ordonna en même temps de compléter l'armement de Raab, d'achever les travaux de Mölk, de Lintz, de Passau, toujours destinés à assurer sa ligne d'opération. Enfin toutes ces précautions prises pour le cas d'une lutte prolongée, il résolut de tirer de la victoire de Wagram l'une de ses conséquences les plus essentielles, celle qui devait lui procurer immédiatement des ressources financières, et il frappa sur les provinces de la monarchie qu'il occupait une contribution de guerre de deux cents millions, laquelle étant une fois décrétée ne pourrait plus être mise en question dans une négociation ultérieure de paix, si, comme il le croyait, une négociation de ce genre venait bientôt à s'ouvrir. Il employa ainsi à Wolkersdorf les journées du 7, du 8, et une partie de celle du 9, attendant le résultat des reconnaissances envoyées dans toutes les directions.

L'archiduc Charles avait, on ne sait pourquoi,

adopté la Bohême pour lieu de retraite. Soit que, par la direction qu'avait prise la bataille de Wagram, il craignît de ne pouvoir gagner à temps la route de Moravie, soit qu'il voulût conserver l'importante province de Bohême à la monarchie, et demeurer en rapport avec le centre de l'Allemagne, qu'on avait toujours la prétention d'insurger, il s'était retiré sur la route de Znaïm, qui mène à Prague par Iglau. (Voir les cartes n°s 28 et 32.) C'était de sa part une étrange résolution, car, sauf la satisfaction de se séparer de son frère l'archiduc Jean, en lui laissant le soin de soulever la Hongrie, tandis qu'il irait lui-même mettre en valeur toutes les ressources de la Bohême, on ne voit pas trop quels avantages il espérait en recueillir. En se portant en Bohême, il s'enfermait dans une sorte de champ clos, que son adversaire pourrait traverser tout entier en quelques marches et sans s'éloigner beaucoup du Danube, ce qui faisait tout dépendre d'une prochaine et dernière rencontre, dont l'issue n'était pas douteuse. Au contraire, en s'enfonçant en Hongrie, il aurait rallié tout ce qui restait de forces à la maison d'Autriche, attiré son adversaire dans les profondeurs de la monarchie, où l'armée autrichienne devait toujours aller en augmentant et l'armée française en diminuant, où il aurait retrouvé peut-être l'occasion d'une nouvelle bataille moins malheureuse que celle de Wagram, et créé enfin à Napoléon la seule difficulté avec laquelle on pût le battre, la seule avec laquelle on l'ait battu depuis, celle des distances. L'inconvénient de perdre les ressources de la Bohême n'était pas bien considérable,

Juillet 1809.

de l'archiduc Charles en Bohême.

car d'une part cette province n'avait presque plus rien à fournir, et de l'autre Napoléon n'avait pas de forces à consacrer à son occupation. On ne peut donc s'expliquer un tel choix que par ce trouble de la défaite, qui presque toujours amène les résolutions les plus fâcheuses, et fait souvent qu'un malheur en entraîne bientôt de plus grands et de plus irréparables.

Au surplus, quoi qu'on puisse penser de ses motifs, l'archiduc Charles avait pris la route de Prague par Znaïm. Sur cette route, qu'il avait gagnée par Korneubourg et Stockerau, il marcha avec les corps de Bellegarde, de Kollovrath et de Klenau, avec la réserve de grenadiers et celle de cavalerie, le tout ne formant pas plus de 60 mille hommes. Le corps du prince de Reuss, qui avait perdu la journée du 6 à observer le débouché de Vienne, n'ayant pas souffert dans la bataille, était chargé de l'arrière-garde. Sur la route de Moravie, par Wilfersdorf et Nikolsbourg, l'archiduc Charles laissa se retirer les corps de Rosenberg et de Hohenzollern, pour flanquer l'armée principale, ce qui permet de supposer qu'il y eut en cette circonstance quelque chose de pis qu'une mauvaise résolution, c'est-à-dire absence même de résolution, et que chaque corps prit le chemin sur lequel le jeta la bataille qu'on venait de perdre. La gauche, en effet, composée de Hohenzollern et de Rosenberg, avait été poussée sur la route de Moravie; le centre et la droite, composés de Bellegarde, des réserves d'infanterie et de cavalerie, de Kollovrath, de Reuss et de Klenau (3°, 5° et 6° corps), avaient été poussés sur celle de Bohême. C'est ainsi que souvent il n'y a pas eu de motifs, là même où l'histoire s'épuise à en chercher, et qu'au lieu de faux calcul, il y a tout simplement défaut de calcul.

Pourtant cette double marche, qui plaçait loin de l'archiduc Charles peut-être 20 ou 25 mille hommes de ses forces les meilleures, eut un avantage momentané : elle laissa Napoléon dans une incertitude complète sur la route que l'ennemi suivait, et elle l'exposa à se tromper dans la direction à donner à ses colonnes. Ainsi, sur la route de Moravie, par Wolkersdorf et Nikolsbourg, il avait envoyé Montbrun, Marmont, de Wrède[1], Davout, c'est-à-dire 45 mille hommes contre 25 mille, et sur la route de Znaïm, Masséna, Macdonald, Marulaz, Saint-Sulpice, c'est-à-dire 28 mille hommes contre 60 mille. Il est vrai que placé entre deux avec la garde, Nansouty et Oudinot, il pouvait apporter en quelques heures le secours de 30 mille combattants à celui de ses lieutenants qui en aurait besoin.

Masséna d'un côté, Marmont de l'autre suivirent chacun l'itinéraire qui leur avait été tracé. Le 8 juillet, Marmont talonna l'arrière-garde de Rosenberg, ramassant partout des traînards, des blessés, principalement des hommes de la landwehr, qui abandonnaient les rangs de l'armée. Arrivé le 9 à Wilfersdorf, il apprit par les reconnaissances de Montbrun, toujours exécutées avec autant d'intel-

[1] Le général de Wrède avait été blessé. C'était sa division qui suivait le corps de Marmont, et c'est pour cela que nous lui en conservons le nom. Le général Minuti l'avait remplacé dans le commandement.

ligence que d'audace, que le prince de Rosenberg avait fait un à gauche, et qu'il abandonnait la route de Moravie pour celle de Bohême. En effet les deux lieutenants de l'archiduc Charles, pour rejoindre le gros de l'armée autrichienne, se reportaient de la route de Moravie sur celle de Bohême, obéissant en cela à une volonté dont bientôt on va voir les étranges incertitudes. Le général Marmont, que Napoléon avait laissé libre de suivre la route sur laquelle il croirait trouver l'ennemi, adopta le vrai parti qui convenait aux circonstances. Se détournant de la Moravie, à l'imitation du corps qu'il poursuivait, il prit, par Mistelbach et Laa, la direction de Znaïm. Seulement ayant à faire part au maréchal Davout de sa nouvelle marche, il n'osa pas l'attirer à lui, ne sachant pas si le détachement dont il suivait les traces était le gros de l'ennemi. Il l'informa de son détour à gauche, sans rien faire pour l'empêcher de continuer sur Nikolsbourg et sur la Moravie.

Le 9, à moitié chemin de Laa, il rencontra 1,200 chevaux et deux bataillons de Rosenberg, les culbuta, et leur enleva quelques centaines de prisonniers. Il arriva le 9 au soir à Laa, sur la Taya, rivière qui passe successivement à Znaïm, à Laa, et vient, en traversant le milieu de la Moravie, se jeter dans la Morava. La chaleur était étouffante, dans cette province abritée au nord par les montagnes de la Bohême, de la Haute-Silésie et de la Hongrie. Les caves du pays étaient richement fournies, et malgré le soin avec lequel les troupes du général Marmont étaient tenues, elles se débandèrent, entraînées par la fatigue, la chaleur, le goût du vin, et aussi par la confiance excessive que leur inspirait la victoire. Le général Marmont parvenu à Laa n'avait pas le quart de son effectif dans les rangs. Il assembla les officiers, leur exposa le danger de compromettre par une négligence coupable le résultat d'une grande campagne, fit exécuter deux soldats pour l'exemple, et à la pointe du jour il put rallier son monde afin de marcher sur Znaïm. Prêt à partir, un nouveau détour de l'ennemi faillit le rejeter dans de fâcheuses incertitudes. Le corps de Rosenberg, qui avait pris à gauche pour gagner la route de Znaïm, prenait maintenant à droite pour regagner celle de Brünn. Le généralissime autrichien continuant d'attirer à lui le corps de Hohenzollern, renvoyait au contraire celui de Rosenberg sur la Moravie, on ne sait en vérité pourquoi, car ce corps n'était guère de force à défendre cette province si les Français mettaient du prix à l'occuper. C'était une preuve de plus que les deux corps de Hohenzollern et de Rosenberg avaient été laissés sans réflexion sur la route de Moravie, et qu'ils étaient, sans réflexion encore, portés tantôt sur la route de Znaïm, tantôt sur celle de Brünn. Du reste il y avait dans ces divagations des corps autrichiens de quoi troubler l'esprit du général français, qui était en tête de la poursuite. Néanmoins le général Marmont, avec une remarquable sagacité militaire, persista dans sa marche sur Znaïm, laissant Rosenberg faire un nouveau détour à droite, et continuant lui dans la direction où il croyait trouver l'ennemi, et où il le trouva en effet.

Vers le milieu du même jour, le général Marmont, parvenu à une position où il avait à sa gauche la Taya, et sur son front un ravin profond qui allait aboutir à la Taya, aperçut au delà de ce ravin le bassin dans lequel s'élevait en amphithéâtre la ville de Znaïm. En ce moment les Autrichiens se pressaient sur le pont de la Taya, et traversaient en toute hâte la ville elle-même de Znaïm, pour gagner à temps la route de Bohême. Loin d'être en mesure de se placer en travers de cette route afin de la barrer, le général Marmont ayant 10 mille hommes à opposer à 60 mille, courait au contraire de grands dangers. Mais il était séparé du bassin de Znaïm par le ravin sur lequel il venait d'arriver, et dont les Autrichiens occupaient les bords. Il les leur enleva par une attaque vigoureuse du 8$^e$ et du 23$^e$ de ligne, s'empara en outre du village de Teswitz situé au-dessous, et d'où il avait la possibilité de canonner le pont de la Taya. Il s'empara vers sa droite de deux fermes propres à lui servir d'appui, et plus à droite encore d'un bois qu'il remplit de ses tirailleurs. Ayant ainsi son front couvert par le ravin dont il était maître, sa gauche par la Taya, et sa droite par des fermes et un bois fortement occupés, il pouvait gêner avec son canon le passage des Autrichiens sur le pont de la Taya, sans être trop exposé à leurs représailles. Il se mit donc à canonner ce pont, faisant partir aides de camp sur aides de camp pour informer Napoléon de la position singulière où il se trouvait.

Cette canonnade incommode et périlleuse inquiétant les Autrichiens, ils firent une tentative pour s'en débarrasser, en attaquant sérieusement le village de Teswitz. A la vue des préparatifs de cette attaque, le général Marmont y envoya des troupes bavaroises pour la déjouer. Les assaillants redoublant d'efforts, il fallut soutenir les premières troupes par la division de Wrède tout entière, et l'attaque n'ayant pas cessé, par l'envoi sur ce même point du 84ᵉ de ligne. Il suffit de ce régiment français pour mettre un terme aux entreprises de l'ennemi, et tenir les Autrichiens à grande distance. La journée s'acheva sans autre événement. Vers la chute du jour une canonnade, entendue dans le lointain à gauche, annonça la marche de Masséna sur la route de Bohême, à la suite de la principale armée autrichienne. Napoléon averti ne pouvait manquer non plus d'arriver par la droite. Le général Marmont passa donc la nuit tranquillement, avec la confiance d'un homme qui n'avait rien négligé pour garantir sa position, et qui participait du reste à la témérité que la victoire inspirait alors à tout le monde. Un fait d'ailleurs était de nature à le rassurer. Un Français resté au service d'Autriche, M. de Fresnel, venait de se présenter de la part du général comte de Bellegarde, pour demander un armistice. Le général Marmont n'ayant pas de pouvoirs pour conclure un tel acte, et espérant de plus qu'on pourrait encore envelopper le lendemain l'armée autrichienne, dépêcha cet envoyé au quartier général de l'Empereur, sans prendre sur lui de suspendre les hostilités.

Dans le moment, les Français arrivaient par la

Juillet 1809.

de Masséna le 11 au matin au pont de la Taya, devant Znaïm.

gauche et par la droite, par la route de Bohême et par la route de Moravie, sur la trace des Autrichiens. Masséna, parti le 8 de Stockerau avec les divisions d'infanterie Legrand, Carra Saint-Cyr, Molitor, avec une division de grosse cavalerie, avait talonné sans cesse l'arrière-garde du prince de Reuss, et lui avait enlevé de nombreux prisonniers. Il avait joint cette arrière-garde le 9 au pied des hauteurs de Mallebern, et le 10 à Hollabrünn, où il combattait, tandis que le général Marmont était occupé à s'établir devant Znaïm. L'archiduc Charles instruit de la présence d'un corps français à Laa, avait envoyé les grenadiers et la réserve de cavalerie pour s'emparer du pont de la Taya, les avait suivis lui-même avec les corps de Bellegarde, de Kollovrath et de Klenau, abandonnant au prince de Reuss le soin de disputer Hollabrünn le plus longtemps qu'il pourrait. C'était donc lui qui avec les corps que nous venons de désigner, traversait, sous les yeux du général Marmont, le pont de la Taya devant Znaïm, appelé pont de Schallersdorf. Tandis que les choses se passaient de la sorte à gauche, Napoléon à droite, prévenu le 9 de la marche de Marmont vers Znaïm, s'était mis en mouvement par Wilfersdorf avec la garde, le corps d'Oudinot, et les cuirassiers de Nansouty. Il s'était rendu le 10 de Wilfersdorf à Laa, espérant amener la garde à Znaïm dans la journée du 11. Devançant ses troupes de sa personne, il s'était mis immédiatement en route pour arriver, le 11 au milieu du jour, au quartier général de Marmont.

Le 11 au matin, en effet, les Autrichiens continuèrent à défiler sous les yeux du général Marmont, qui, du village de Teswitz, les canonnait au passage de la rivière, et Masséna, suivant en queue le prince de Reuss, les culbuta au milieu du jour sur la Taya, après un engagement vigoureux. Parvenu jusqu'au pont de Schallersdorf, qui était barricadé, Masséna le fit attaquer par la vaillante division Legrand. Le chef de cette division, conduisant ses soldats au feu avec sa valeur accoutumée, et abordant l'obstacle de front pendant que l'artillerie de Masséna le prenait en enfilade, réussit à s'approcher du pont, en escalada les barricades, et s'en rendit maître. Après cet acte d'audace, le général Legrand porta sa division dans la petite plaine qui formait le bassin de la Taya, en présence des troupes du prince de Reuss et des grenadiers autrichiens adossés à la ville de Znaïm. Le général Marmont, du sommet des hauteurs situées à droite, de l'autre côté de la Taya, assistait à ce spectacle, impatient de seconder utilement le maréchal Masséna.

Ce dernier ne voulant pas s'en tenir à un premier acte de hardiesse, résolut d'attaquer les Autrichiens, de les culbuter sur Znaïm, d'y entrer à leur suite, et de les jeter au delà, dans l'espoir que les troupes de Marmont leur barreraient la route de Bohême. Mais il n'avait auprès de lui que la division Legrand, et devait être rejoint par la division Carra Saint-Cyr, celle qui avait été si imprudemment héroïque à Aderklaa. Il n'en aborda pas moins les troupes du prince de Reuss et les grenadiers avec la seule division Legrand, se faisant seconder par son artillerie restée en deçà de la Taya. Le pont franchi, il s'engagea dans le village allongé de Schallersdorf, l'enleva, s'empara à gauche d'un gros couvent appelé Kloster-Bruck, et dans la plaine à droite lança ses cuirassiers, qui exécutèrent plusieurs charges vigoureuses sur les Autrichiens. Masséna luttait en cet endroit, avec 7 ou 8 mille hommes contre plus de 30 mille, sans compter 30 mille autres rangés par delà Znaïm, dans les plaines que traversait la route de Bohême. Un épouvantable orage étant survenu, le combat fut presque suspendu par l'impossibilité de faire feu. Les grenadiers autrichiens, profitant de cette circonstance, s'avancèrent silencieusement à travers le village de Schallersdorf, surprirent nos soldats qui ne pouvaient se servir de leurs fusils, et pour un moment se rendirent maîtres du pont. Masséna voulut jeter sur eux les cuirassiers, mais le terrain devenu glissant ne pouvait les porter. Un grave accident était à craindre, quand par bonheur arriva la division Carra Saint-Cyr. Celle-ci, lancée sur le pont, le reprit, traversa dans sa longueur la colonne des grenadiers, en fit 800 prisonniers, et déboucha victorieuse dans la plaine de Znaïm. En ce moment, le général Marmont, ne voulant pas laisser le maréchal Masséna lutter tout seul, avait débouché de Teswitz, et, de moitié avec lui, poussait les Autrichiens sur Znaïm. On les avait acculés, on leur avait enlevé une masse considérable d'hommes, tué ou blessé beaucoup de monde, et on allait, en forçant Znaïm, les contraindre à une retraite désordonnée. Mais la garde n'étant pas encore arrivée, il n'y avait aucun espoir de les envelopper. Il est vrai que trois mille chevaux de cette garde avaient déjà paru, et que, joints à la cavalerie de Montbrun, aux cuirassiers de Saint-Sulpice, ils pouvaient rendre la retraite des Autrichiens singulièrement meurtrière.

<small>Juillet 1809.</small>

Mais Napoléon, survenu au milieu de ces entrefaites, avait rencontré l'envoyé du général Bellegarde, et reçu le prince Jean de Liechtenstein lui-même, qui venait demander une suspension d'armes, et promettre au nom de l'honneur militaire l'ouverture d'une négociation pour la conclusion immédiate de la paix. Napoléon, avec le major général Berthier, M. Maret, duc de Bassano, et le grand maréchal Duroc, conféra un instant sur le parti à prendre. Il pouvait, en occupant les Autrichiens quelques heures de plus par un combat opiniâtre, gagner peut-être assez de temps pour les tourner, et tout au moins lancer à leur suite dix mille chevaux, qui les auraient jetés dans un désordre épouvantable. Mais sans recourir à ce moyen il avait la certitude d'obtenir les conditions de paix les plus avantageuses, et son orgueil étant satisfait de voir le plus brillant, le plus noble officier de l'armée autrichienne, venir implorer humblement la fin de la guerre, il inclinait à s'arrêter dans sa marche victorieuse. Il y eut plusieurs avis sur ce sujet. Les uns disaient qu'il fallait en finir avec la maison d'Autriche, et briser sur sa tête le nœud de toutes les coalitions, pour qu'on ne les vît pas renaître quand on retournerait en Espagne pour y terminer la guerre. Les autres alléguaient le danger de pro-

<small>Arrivée de Napoléon à Znaïm, et entrevue avec le prince Jean de Liechtenstein.</small>

<small>Délibération sur la demande d'armistice faite par les Autrichiens.</small>

longer une lutte entreprise avec des moyens improvisés, finie en trois mois par un miracle de génie, mais qui, en durant, pourrait provoquer le soulèvement de l'Allemagne, entraîner même les Russes peu disposés à laisser détruire la maison d'Autriche, et embraser ainsi le continent tout entier. Napoléon, sentant confusément qu'il avait déjà fort abusé de la fortune, espérant que cette nouvelle leçon empêcherait désormais l'Autriche de le troubler dans sa lutte avec l'Espagne et l'Angleterre, voyant après l'Autriche vaincue l'Espagne facile à soumettre, et la paix générale couronnant ses immenses travaux, tandis que si au contraire il poussait les hostilités à outrance, jusqu'à la destruction par exemple de la maison d'Autriche, il amènerait probablement les Russes à se mêler de la querelle, et s'attirerait une guerre universelle, qui pourrait devenir le terme de sa grandeur, Napoléon, tout à la fois satisfait et fatigué, s'écria, après avoir entendu ceux que pour la première fois il admettait à donner un avis devant lui : Il y a assez de sang répandu !... faisons la paix ! —

Il exigea du prince Jean de Liechtenstein la promesse que des plénipotentiaires seraient envoyés sur-le-champ pour négocier, et laissa Berthier pour la France, M. de Wimpffen pour l'Autriche, stipuler sur le terrain du combat les conditions d'un armistice.

Tandis que les chefs d'état-major des deux armées discutaient ces conditions, on dépêcha le colonel Marbot et le général d'Aspre aux avant-postes, pour faire cesser les hostilités. Ils arrivèrent entre Schallersdorf et Znaïm au moment où les troupes de Masséna étaient aux prises avec les grenadiers autrichiens. L'acharnement était tel que les cris mille fois répétés de *Paix! Paix! Ne tirez plus!* ne suffirent point pour séparer les combattants. Le colonel Marbot et le général d'Aspre furent même légèrement blessés dans leurs efforts pour arrêter le combat. Ils y parvinrent enfin, et un profond silence, interrompu seulement par la joie des vainqueurs, succéda à une affreuse canonnade. Cette journée nous coûta, tant au corps du général Marmont qu'à celui du maréchal Masséna, environ 2 mille morts et blessés; mais elle en coûta plus de 3 mille aux Autrichiens, avec 5 à 6 mille prisonniers. C'était une dernière victoire qui couronnait dignement cette grande et belle campagne.

Entré en action à la fin d'avril avec des troupes formées à peine et encore éparses, contre l'archiduc Charles qui marchait avec une armée organisée de longue main et déjà réunie, Napoléon avait réussi en quelques jours à compléter la sienne, à la rallier, à la concentrer devant l'ennemi, à couper en deux celle de l'archiduc Charles, et à la jeter partie en Bohême, partie en Basse-Autriche. Tel avait été le premier acte de la campagne, terminé, comme on s'en souvient, devant Ratisbonne. Poursuivant ensuite jusqu'à Vienne les Autrichiens dispersés sur les deux rives du Danube, Napoléon avait marché si vite, et si sûrement, qu'il n'avait jamais permis leur ralliement avant Vienne, et était entré dans cette capitale un mois après l'ou-

*Juillet 1809.*

*Résumé de la campagne de 1809 en Autriche.*

verture de la campagne, réparant ainsi les revers de l'armée d'Italie, et arrêtant à leur origine tous les projets d'insurger le continent contre la France. Voulant franchir le Danube pour terminer la guerre par une bataille décisive, et ayant été interrompu dans son opération par une crue subite du fleuve, il avait, dans les deux journées d'Essling, soutenu par des prodiges d'énergie l'entreprise si dangereuse de combattre avec un fleuve à dos, grâce à la pensée admirable de choisir l'île de Lobau comme terrain de passage. Repassé sur la rive droite, il avait imaginé de magnifiques travaux pour annuler presque entièrement l'obstacle qui le séparait des Autrichiens, amené à lui les armées d'Italie et de Dalmatie, concentré ainsi toutes ses forces pour une lutte décisive, et alors, opérant en quelques heures le miracle de traverser en présence de l'ennemi un large fleuve avec 150 mille hommes et 500 bouches à feu, il venait, dans l'une des plus grandes batailles des siècles, de terminer cette quatrième guerre d'Autriche, guerre non moins mémorable que toutes celles qu'il avait dirigées, et dans laquelle le génie surmontant ses propres fautes avait suppléé par des merveilles d'industrie et de persévérance à toutes les ressources qu'une politique insensée faisait défaillir autour de lui : guerre pendant laquelle les avertissements de la fortune s'étaient renouvelés encore une fois, comme pour prémunir le grand capitaine contre les erreurs du politique imprudent et follement ambitieux !

Napoléon, dans la stipulation des termes de l'armistice, veilla surtout à bien assurer sa position militaire pour le cas d'une reprise d'hostilités, si cette reprise devait résulter de l'impossibilité de s'entendre sur les conditions de la paix. Il exigea d'abord qu'on lui laissât occuper d'une manière permanente toutes les provinces qu'il avait seulement traversées avec ses troupes : c'étaient la Haute et la Basse-Autriche, la moitié de la Moravie consistant dans les districts de Znaïm et de Brünn, la partie de la Hongrie qui s'étend de la Raab à Vienne, la Styrie, la Carinthie, une portion de la Carniole nécessaire pour communiquer avec la Dalmatie et l'Italie. De la sorte la ligne de séparation entre les armées belligérantes devait passer par Lintz, Krems, Znaïm, Brünn, Göding, Presbourg, Raab, Grätz, Laybach et Trieste. (Voir la carte n° 28.) En outre, comme appui de cette ligne, la citadelle de Brünn, la ville de Presbourg, les places de Raab, de Grätz et de Laybach, durent lui être ou laissées, ou livrées immédiatement. Napoléon occupait ainsi plus d'un tiers de l'empire d'Autriche. Établi au centre de cet empire, appuyé sur la capitale et les principales places, il pouvait, dans le cas d'hostilités prolongées, partir de Vienne, comme base d'opération, et pousser ses conquêtes jusqu'au fond des provinces les plus reculées. Il accorda un mois pour la durée de l'armistice, et stipula l'obligation, en cas de rupture, de se prévenir quinze jours d'avance. Un mois suffisait, pour les négociations si véritablement on voulait s'entendre, et pour l'arrivée des renforts mandés de France si on ne le voulait pas. Quelque dures que fussent les conditions de cet armistice, les troupes

*Juillet 1809.*

sa position militaire dans le cas d'une reprise des hostilités.

de l'archiduc étaient dans une situation trop fâcheuse, pour qu'on ne préférât pas tout à la continuation des hostilités. L'avis unanime dans l'état-major autrichien fut de céder, et on céda. M. de Wimpffen, au nom du généralissime, le major général Berthier, au nom de Napoléon, donnèrent leur signature. La grande armée autrichienne avait bravement combattu, et, malgré ses malheurs, elle pouvait se dire qu'elle avait plutôt relevé que laissé déchoir la puissance autrichienne, bien qu'il fallût s'attendre à de cruels sacrifices, si on voulait obtenir la paix d'un vainqueur justement enorgueilli de ses avantages.

L'armistice fut signé à Znaïm le 11 à minuit, et dut porter la date du 12 juillet. Napoléon, après avoir reçu les compliments de l'archiduc Charles et lui avoir fait porter les siens, après s'être fait promettre par le vaillant prince Jean de Liechtenstein qu'on imposerait silence en Autriche au parti de la guerre, et qu'on enverrait promptement des négociateurs à Vienne, partit pour Schœnbrunn, afin d'employer toutes ses ressources soit pour avoir la paix, soit pour terminer la guerre par un dernier effort, court et décisif. On pouvait dans le courant du mois d'août, avoir ou fini de négocier, ou réuni tous les moyens de recommencer en septembre une dernière campagne, qui mettrait fin à l'existence de la maison d'Autriche. Napoléon ordonna donc de nouveaux préparatifs, comme s'il n'avait rien fait encore, et comme s'il avait eu, non pas des victoires à exploiter diplomatiquement, mais des échecs à réparer.

D'abord il répartit ses troupes entre Vienne et le cercle tracé par l'armistice, de manière à y vivre largement, et à pouvoir se concentrer rapidement sur l'un des points quelconques de ce cercle. Il plaça le général Marmont à Krems, ce qui devait le ramener en Carinthie par Saint-Polten, quand il faudrait rentrer en Dalmatie; le maréchal Masséna à Znaïm, pays qu'il venait de conquérir; le maréchal Davout à Brünn, point vers lequel il se dirigeait; les Saxons entre Marchegg et Presbourg, ligne où ils étaient déjà; le prince Eugène sur la Raab, où il avait été victorieux. Le général Grenier devait aussi occuper la Raab; le général Macdonald, Grätz et Laybach. Le général Oudinot, avec son corps et la jeune garde, dut s'établir dans la plaine de Vienne. La vieille garde vint bivouaquer dans la belle résidence de Schœnbrunn. Comme l'un des avantages de l'armistice était de pouvoir employer juillet et août à la soumission du Tyrol, les Bavarois furent reportés en entier vers le Tyrol allemand, tandis que les troupes italiennes du prince Eugène marchèrent sur le Tyrol italien. De nouvelles forces furent envoyées dans le Vorarlberg et la Franconie.

Napoléon sachant qu'il avait beaucoup de jeunes soldats dans les cadres, craignant pour leur santé le séjour des villes, pour leur esprit militaire le repos d'un armistice, ordonna de les camper sous des baraques. La saison, le pays, tout était beau. Le vin, la viande, le pain abondaient. Les contributions levées sur les provinces autrichiennes, et payables soit en papier, soit en denrées, étaient un moyen d'acquitter la valeur de tout ce qu'on pren-

Juillet 1809.

Distribution et campement des troupes pendant la durée de l'armistice de Znaïm.

*Juillet 1809.*

*Soins de Napoléon pour nourrir, équiper et organiser l'armée pendant les mois de juillet et d'août.*

drait, sans ruiner personne, en pesant seulement sur les finances de l'État. La solde fut mise au courant, et des ateliers furent établis à Vienne, à Lintz, à Znaïm, à Brünn, à Presbourg, à Grätz, pour confectionner des habits, des souliers, du linge, du harnachement, toujours en payant les matières premières et la main-d'œuvre. En un mois l'armée nourrie, vêtue, reposée, instruite, devait reparaître florissante et terrible. Ce n'était pas tout : il fallait la rendre aussi nombreuse qu'elle serait disciplinée et bien pourvue. En vertu des ordres qu'il avait expédiés en juin, Napoléon allait recevoir, dès les premiers jours de juillet, 30 mille hommes de renfort, tous partis déjà de Strasbourg. C'était plus que les pertes de la campagne, surtout après la rentrée dans les rangs des *petits blessés*, qualification réservée à tous ceux dont on espérait la guérison sous trois ou quatre semaines. Il donna de nouveaux ordres pour ajouter au moins 50 mille hommes aux 30 mille qui lui arrivaient, ce qui devait porter à 250 mille Français, et à 50 mille alliés, l'armée agissante au centre de la monarchie autrichienne. C'était une force double de celle que pouvait réunir l'Autriche, dans l'hypothèse la plus favorable. Pour y parvenir Napoléon imagina un moyen singulièrement propre à faciliter le recrutement des corps. A l'armée, par suite des pertes, les cadres étaient loin d'être remplis, tandis que dans les dépôts il y avait abondance de conscrits, au delà même de ce que les cadres pouvaient contenir, de manière que, très-ordinairement, on manquait de soldats à l'extérieur, et de cadres dans l'intérieur.

*Renvoi des cadres des quatrièmes bataillons à la frontière, pour y chercher les conscrits déjà formés.*

Napoléon fit verser tous les soldats de la division Puthod, qui comprenait les quatrièmes bataillons du corps du maréchal Davout, dans les trois premiers bataillons de ce corps, ce qui devait les reporter à un effectif considérable, surtout après la rentrée des petits blessés. Il en fit de même pour l'ancienne division Barbou de l'armée d'Italie, laquelle contenait les troisièmes et quatrièmes bataillons du corps de Marmont. Elle eut ordre de verser ses soldats dans le corps du général Marmont, qui se trouva reporté de même à un effectif très-élevé. Les quatrièmes bataillons composant le corps du général Oudinot appartenaient à plusieurs des régiments du maréchal Masséna. Ils fournirent leurs soldats à ces régiments, et restèrent vides comme ceux des divisions Puthod et Barbou. Après avoir vidé ces cadres, par le versement de leurs soldats dans les corps dont ils dépendaient, Napoléon les expédia aussitôt sur Strasbourg, afin d'aller y chercher des conscrits tout formés, et revenir ensuite prendre rang dans l'armée active. Ils devaient, chemin faisant, rendre un autre service, c'était de conduire à Strasbourg vingt mille prisonniers, qu'on avait déposés dans l'île de Lobau, et qu'on ne voulait pas y laisser, dans le cas, qu'il fallait prévoir, d'un renouvellement d'hostilités.

Napoléon, comme nous l'avons dit bien des fois, avait créé des demi-brigades provisoires, avec les cinquièmes et quatrièmes bataillons de certains régiments plus avancés que les autres dans leur organisation. Il fit dissoudre onze de ces demi-brigades, comprenant au moins 20 mille hommes, lesquels eurent ordre de se rendre à Strasbourg où les cadres des quatrièmes bataillons devaient les recevoir. Il fit une nouvelle revue des dépôts qui ne s'étaient pas épuisés pour former des demi-brigades, et leur demanda à tous des bataillons de marche, distingués entre eux par les numéros des divisions militaires auxquelles ils appartiendraient. Une fois arrivés à Ratisbonne, ils auraient en quelque sorte achevé leur voyage, car des moyens de transport étaient préparés dans cette ville pour les conduire à Vienne par le Danube. Napoléon exigea en outre une dizaine de mille hommes de l'Italie. Quant à la cavalerie il n'avait presque pas d'hommes à demander, car, suivant l'usage, il avait perdu peu de cavaliers et beaucoup de chevaux. Pour réparer ces pertes il établit de nouveaux marchés de chevaux à Passau, à Lintz, à Vienne, à Raab. Enfin, satisfait du service de l'artillerie, il voulut la renforcer encore, et de 550 bouches à feu la porter à 700, non pas en augmentant l'artillerie des régiments, ce qui était un retour à d'anciennes coutumes peu justifié jusqu'ici, mais en augmentant l'artillerie des corps, et particulièrement celle de la garde impériale. Cette artillerie de la garde avait admirablement servi à Wagram, où elle comptait 60 pièces. Il décida qu'elle serait portée à 120. Dix-huit compagnies d'artillerie tirées des dépôts, et en particulier des dépôts d'Italie, fournirent le personnel de cette augmentation. Le matériel en fut tiré de Strasbourg et des places fortes d'Italie. Tous les calibres furent élevés. L'artillerie de marine dut remplacer l'artillerie de terre dans la garde des côtes, et les compagnies des côtes remplacer au dépôt des régiments les compagnies envoyées à l'armée active.

C'est ainsi que dans le courant du mois d'août 50 mille hommes allaient suivre les 30 mille qui étaient actuellement en marche vers les camps de l'armée d'Allemagne. Les travaux de défense à Raab, Vienne, Mölk, Lintz, Passau furent poussés avec une nouvelle activité. Les blessés furent divisés en trois catégories : les amputés furent expédiés sur Strasbourg; les hommes gravement atteints furent répartis entre Mölk, Lintz, Passau, de manière qu'ils pussent rejoindre leurs régiments dans deux ou trois mois. Les petits blessés furent dirigés sur chaque camp. De la sorte aucun embarras ne gênerait les mouvements de l'armée, si elle reprenait les hostilités. Tandis que tout se préparait pour la renforcer, elle devait faire succéder à ses moments de repos des exercices fréquents, mener ainsi une vie mêlée d'activité, de jouissances et de loisirs, car il régnait une abondance générale dans les camps. Afin de donner à tous l'exemple du dévouement, la jeune garde eut ordre de camper sous Vienne avec ses officiers, jusqu'au grade de colonel. Fusiliers, tirailleurs, conscrits, au nombre de huit régiments, furent baraqués entre Vienne et Wagram. Les grenadiers et chasseurs de la vieille garde, qui n'avaient rien à apprendre, furent seuls dispensés de cette tâche, et vécurent dans la paisible retraite de Schœnbrünn autour du maître qu'ils aimaient et dont ils étaient aimés.

A tant de travaux se joignirent les récompen-

*Juillet 1809.*

*décernées aux généraux, officiers et soldats, à la fin de la campagne de 1809.*

ses, en commençant comme d'usage par les chefs de l'armée. Le général Oudinot qui avait bien remplacé le maréchal Lannes à la tête du deuxième corps, le général Marmont qui avait fait du fond de la Dalmatie jusqu'au milieu de la Moravie une marche hardie et prudente, le général Macdonald qui avait montré dans toute la campagne d'Italie une profonde expérience de la guerre, et à Wagram la plus rare intrépidité, furent nommés maréchaux. Des gratifications furent accordées aux corps, et surtout aux blessés. Un acte de sévérité vint se mêler à ces actes de gratitude et de munificence. Le maréchal Bernadotte, qui, par sa faute ou celle de son corps, n'avait pas su garder le poste qui lui était assigné entre Wagram et Aderklaa, n'en avait pas moins publié un ordre du jour adressé aux Saxons, dans lequel il les remerciait de leur conduite dans les journées des 5 et 6 juillet, et leur attribuait pour ainsi dire le gain de la bataille. Cette manière de distribuer à lui-même et à ses soldats des louanges qu'il aurait dû attendre de Napoléon, blessa vivement celui-ci, parce qu'elle blessait l'armée tout entière et ses chefs. Napoléon rédigea, pour l'en punir, un ordre du jour des plus sévères, qui fut communiqué circulairement aux maréchaux seuls, mais qui était suffisant pour réprimer un tel emportement de vanité, car adressé à des rivaux il n'était pas probable qu'il restât secret[1].

ORDRE DU JOUR.

« Schœnbrunn, le 5 août 1809.

« S. M. témoigne son mécontentement au maréchal prince de Ponte-Corvo pour son ordre du jour daté de Léopoldau, le 7 juillet, qui a été

## WAGRAM.

Enfin Napoléon alla lui-même visiter ses camps de la Haute-Autriche, de la Moravie et de la Hongrie, sachant que par cette vigilance menaçante il assurait mieux la conclusion de la paix, que par tous les efforts de ses négociateurs. La ville d'Altenbourg venait d'être désignée pour les réunir. C'est inséré à une même époque dans presque tous les journaux dans les termes suivants :

*Juillet 1809.*

*Réunion des plénipotentiaires à Altenbourg, pour la négociation de la paix.*

« Saxons, dans la journée du 5 juillet, 7 à 8 mille d'entre vous ont percé le centre de l'armée ennemie et se sont portés à Deutsch-Wagram, malgré les efforts de 40 mille hommes soutenus par cinquante bouches à feu. Vous avez combattu jusqu'à minuit et bivouaqué au milieu des lignes autrichiennes. Le 6, dès la pointe du jour, vous avez recommencé le combat avec la même persévérance et au milieu des ravages de l'artillerie ennemie. Vos colonnes vivantes sont restées immobiles comme l'airain. Le grand Napoléon a vu votre dévouement : il vous compte parmi ses braves.

« Saxons, la fortune d'un soldat consiste à remplir ses devoirs ; vous avez dignement fait le vôtre.

« Au bivouac de Leopoldau, le 7 juillet 1809.

« *Le maréchal d'empire commandant le 9ᵉ corps,*
« *Signé* : J. BERNADOTTE. »

« Indépendamment de ce que S. M. commande son armée en personne, c'est à elle seule qu'il appartient de distribuer le degré de gloire que chacun mérite.

« S. M. doit le succès de ses armes aux troupes françaises et non à aucun étranger. L'ordre du jour du prince de Ponte-Corvo, tendant à donner de fausses prétentions à des troupes au moins médiocres, est contraire à la vérité, à la politique, à l'honneur national. S. M. doit le succès de ses armes aux maréchaux duc de Rivoli et Oudinot, qui ont percé le centre de l'ennemi en même temps que le duc d'Awerstaedt le tournait par sa gauche.

« Le village de Deutsch-Wagram n'a pas été en notre pouvoir dans la journée du 5. Ce village a été pris ; mais il ne l'a été que le 6, à midi, par le corps du maréchal Oudinot.

« Le corps du prince de Ponte-Corvo n'est pas resté immobile comme l'airain. Il a battu le premier en retraite. S. M. a été obligée de le faire couvrir par le corps du vice-roi, par les divisions Broussier et Lamarque commandées par le maréchal Macdonald, par la division de grosse cavalerie aux ordres du général Nansouty, et par une partie de la cava-

ainsi que cet infatigable génie employait le temps de l'armistice de Znaïm, infatigable génie, disons-nous, qui comprenait tout, excepté cette vérité si simple, que le monde n'était pas aussi infatigable que lui.

lerie de la garde. C'est à ce maréchal et à ces troupes qu'est dû l'éloge que le prince de Ponte-Corvo s'attribue.

« S. M. désire que ce témoignage de son mécontentement serve d'exemple pour qu'aucun maréchal ne s'attribue la gloire qui appartient aux autres. S. M., cependant, ordonne que le présent ordre du jour, qui pourrait affliger l'armée saxonne, quoique les soldats sachent bien qu'ils ne méritent pas les éloges qu'on leur donne, restera secret et sera seulement envoyé aux maréchaux commandant les corps d'armée et au ministre secrétaire d'État. »

*Au major général.*

« Schœnbrunn, le 5 août 1809.

« Vous trouverez ci-joint un ordre du jour que vous enverrez aux maréchaux, en leur faisant connaître que c'est pour eux seuls. Vous ne l'enverrez pas au général Reynier. Vous l'enverrez aux deux ministres de la guerre. Vous l'enverrez également au roi de Westphalie.

« NAPOLÉON. »

*Au ministre de la guerre.*

« Schœnbrunn, le 29 juillet 1809.

« Si vous avez occasion de voir le prince de Ponte-Corvo, témoignez-lui mon mécontentement du ridicule ordre du jour qu'il a fait imprimer dans tous les journaux, d'autant plus déplacé qu'il m'a porté pendant toute la journée des plaintes sur les Saxons. Cet ordre du jour contient d'ailleurs des faussetés. C'est le général Oudinot qui a pris Wagram le 6 à midi. Le prince de Ponte-Corvo n'a donc pas pu le prendre. Il n'est pas plus vrai que les Saxons aient enfoncé le centre de l'ennemi le 5; ils n'ont pas tiré un coup de fusil. En général, je suis bien aise que vous sachiez que le prince de Ponte-Corvo n'a pas toujours bien fait dans cette campagne. . . . . . . . . . La vérité est que cette colonne de granit a constamment été en déroute.

« NAPOLÉON. »

FIN DU LIVRE TRENTE-CINQUIÈME
ET DU DIXIÈME VOLUME.

# TABLE DES MATIÈRES

CONTENUES

## DANS LE TOME DIXIÈME.

---

### LIVRE TRENTE-QUATRIÈME.

#### RATISBONNE.

Arrivée de Napoléon à Paris dans la nuit du 22 au 23 janvier 1809. — Motifs de son brusque retour. — Profonde altération de l'opinion publique. — Improbation croissante à l'égard de la guerre d'Espagne, surtout depuis que cette guerre semble devoir entraîner une nouvelle rupture avec l'Autriche. — Disgrâce de M. de Talleyrand, et danger de M. Fouché. — Attitude de Napoléon envers la diplomatie européenne. — Il se tait avec l'ambassadeur d'Autriche, et s'explique franchement avec les ministres des autres puissances. — Ses efforts pour empêcher la guerre, mais sa résolution de la faire terrible, s'il est obligé de reprendre les armes. — Son intimité avec M. de Romanzoff, resté à Paris pour l'attendre. — Demande de concours à la Russie. — Vastes préparatifs militaires. — Conscription de 1810, et nouveaux appels sur les conscriptions antérieures. — Formation des quatrième et cinquième bataillons dans tous les régiments. — Développement donné à la garde impériale. — Composition des armées d'Allemagne et d'Italie. — Invitation aux princes de la Confédération de préparer leurs contingents. — Premiers mouvements de troupes vers le Haut-Palatinat, la Bavière et le Frioul, destinés à servir d'avertissement à l'Autriche. — Moyens financiers mis en rapport avec les moyens militaires. — Effet sur l'Europe des manifestations de Napoléon. — Dispositions de la cour d'Autriche. — Exaspération et inquiétude qu'elle éprouve par suite des événements d'Espagne. — Les embarras que cette guerre cause à Napoléon lui semblent une occasion qu'il ne faut pas laisser échapper, après avoir négligé de saisir celle qu'offrait la guerre de Pologne. — Encouragements qu'elle trouve dans l'irritation de l'Allemagne et l'opinion de l'Europe. — Ses armements extraordinaires entrepris depuis long-temps, et maintenant poussés à terme. — Nécessité pour elle de prendre une résolution, et de choisir entre le désarmement ou la guerre. — Elle opte pour la guerre. — Union de l'Autriche avec l'Angleterre. — Efforts du cabinet autrichien à Constantinople pour amener la paix entre les Anglais et les Turcs. — Tentatives à Saint-Pétersbourg pour détacher la Russie de la France. — Refroidissement d'Alexandre à l'égard de Napoléon. — Causes de ce refroidissement. — Alexandre redoute fort une nouvelle guerre de la France avec l'Autriche, et s'efforce de l'empêcher. — N'y pouvant réussir, et ne voulant point encore abandonner l'alliance de la France, il adopte une conduite ambiguë, calculée dans l'intérêt de son empire. — Grands préparatifs pour finir la guerre de Finlande et recommencer celle de Turquie. — Envoi d'une armée d'observation en Galicie sous prétexte de coopérer avec la France. — L'Autriche, quoique trompée dans ses espérances à l'égard de la Russie, se flatte de l'entraîner par un premier succès, et se décide à commencer la guerre en avril. — Déclaration de M. de Metternich à Paris. — Napoléon ne doutant plus de la guerre, accélère ses préparatifs. — Départ anticipé de tous les renforts. — Distribution de l'armée d'Allemagne en trois corps principaux. — Rôles assignés aux maréchaux Davout, Lannes et Masséna. — Le prince Berthier part pour l'Allemagne avec des instructions éventuelles, et Napoléon reste à Paris pour achever ses préparatifs. — Passage de l'Inn le 10 avril par les Autrichiens, et marche de l'archiduc Charles sur l'Isar. — Passage de l'Isar et prise de Landshut. — Projet de l'archiduc Charles de surprendre les Français avant leur concentration, en traversant le Danube entre Ratisbonne et Donauwerth. — Ses dispositions pour accabler le maréchal Davout à Ratisbonne. — Soudaine et heureuse arrivée de Napoléon sur le théâtre des opérations. — Projet hardi de concentration, consistant à amener au point commun d'Abensberg les maréchaux Davout et Masséna, l'un partant de Ratisbonne, l'autre d'Augsbourg. — Difficultés de la marche du maréchal Davout, exposé à rencontrer la masse presque entière de l'armée autrichienne. — Conduite habile et ferme de ce maréchal placé entre le Danube et l'archiduc Charles. — Sa rencontre avec les Autrichiens entre Tengen et Hausen. — Beau combat de Tengen le 19 avril. — Réunion du corps du maréchal Davout avec Napoléon. — Napoléon prend la moitié de ce corps, avec les Bavarois et les Wurtembergeois, et perce la ligne de l'archiduc Charles, qui s'étend de Munich à Ratisbonne. — Bataille d'Abensberg livrée le 20. — Napoléon poursuit cette opération en marchant sur l'Isar et en prenant Landshut le 21. — Il enlève ainsi la ligne d'opération de l'archiduc, et rejette son aile gauche en Bavière. — Apprenant dans la nuit du 21 au 22 que le maréchal Davout a eu de nouveau l'archiduc à combattre vers Leuchling, il se rabat à gauche sur Eckmühl, où il arrive à midi le 22. — Bataille d'Eckmühl. — L'archiduc, battu, se rejette en Bohême. — Prise de Ratisbonne. — Caractère des opérations exécutées par Napoléon pendant ces cinq journées. — Leurs grands résultats militaires et politiques. 1 à 182

# LIVRE TRENTE-CINQUIÈME.

## WAGRAM.

Commencement des hostilités en Italie. — Entrée imprévue des Autrichiens par la Ponteba, Cividale et Gorice. — Surprise du prince Eugène, qui ne s'attendait pas à être attaqué avant la fin d'avril. — Il se replie sur la Livenza avec les deux divisions qu'il avait sous la main, et parvient à y réunir une partie de son armée. — L'avant-garde du général Sahuc est enlevée à Pordenone. — L'armée demande la bataille à grands cris. — Le prince Eugène, entraîné par ses soldats, se décide à combattre avant d'avoir rallié toutes ses forces, et sur un terrain mal choisi. — Bataille de Sacile perdue le 16 avril. — Retraite sur l'Adige. — Soulèvement du Tyrol. — L'armée française concentrée derrière l'Adige, s'y réorganise sous la direction du général Macdonald donné pour conseiller au prince Eugène. — La nouvelle des événements de Ratisbonne oblige l'archiduc Jean à battre en retraite. — Le prince Eugène le poursuit l'épée dans les reins. — Passage de la Piave de vive force, et pertes considérables des Autrichiens. — Événements en Pologne. — Hostilités imprévues en Pologne comme en Bavière et en Italie. — Joseph Poniatowski livre sous les murs de Varsovie un combat opiniâtre aux Autrichiens. — Il abandonne cette capitale par suite d'une convention, porte la guerre sur la droite de la Vistule, et fait essuyer aux Autrichiens de nombreux échecs. — Mouvements insurrectionnels en Allemagne. — Désertion du major Schill. — Conduite de Napoléon après les événements de Ratisbonne. — Son inquiétude en apprenant les nouvelles d'Italie, que le prince Eugène tarde trop long-temps à lui faire connaître. — Il s'avance néanmoins en Bavière, certain de tout réparer par une marche rapide sur Vienne. — Ses motifs de ne pas poursuivre l'archiduc Charles en Bohême, et de se porter au contraire sur la capitale de l'Autriche par la ligne du Danube. — Marche admirablement combinée. — Passage de l'Inn, de la Traun et de l'Ens. — L'archiduc Charles, voulant repasser de la Bohême en Autriche, et rejoindre le général Hiller et l'archiduc Louis derrière la Traun, est prévenu à Lintz par Masséna. — Épouvantable combat d'Ebersberg. — L'archiduc Charles n'ayant pu arriver à temps ni à Lintz, ni à Krems, les corps autrichiens qui défendaient la haute Autriche sont obligés de repasser le Danube à Krems, et de découvrir Vienne. — Arrivée de Napoléon sous cette capitale le 10 mai, un mois après l'ouverture des hostilités. — Entrée des Français à Vienne à la suite d'une résistance fort courte de la part des Autrichiens. — Effet de cet événement en Europe. — Vues de Napoléon pour achever la destruction des armées ennemies. — Manière dont il échelonne ses corps pour empêcher une tentative des archiducs sur ses derrières, et pour préparer une concentration subite de ses forces dans la vue de livrer une bataille décisive. — Nécessité de passer le Danube pour joindre l'archiduc Charles, qui est campé vis-à-vis de Vienne. — Préparatifs de ce difficile passage. — Dans cet intervalle l'armée d'Italie dégagée par les progrès de l'armée d'Allemagne a repris l'offensive, et marche en avant. — L'archiduc Jean repasse les Alpes Noriques et Juliennes affaibli de moitié, et dirige les forces qui lui restent vers la Hongrie et la Croatie. — Évacuation du Tyrol et soumission momentanée de cette province. — Napoléon prend la résolution définitive de passer le Danube, et d'achever la destruction de l'archiduc Charles. — Difficulté de cette opération en présence d'une armée ennemie de cent mille hommes. — Choix de l'île de Lobau, située au milieu du Danube, pour diminuer la difficulté du passage. — Ponts jetés sur le grand bras du Danube les 19 et 20 mai. — Pont jeté sur le petit bras le 20. — L'armée commence à passer. — A peine est-elle en mouvement, que l'archiduc Charles vient à sa rencontre. — Bataille d'Essling, l'une des plus terribles du siècle. — Le passage plusieurs fois interrompu par une crue subite du Danube, est définitivement rendu impossible par la rupture totale du grand pont. — L'armée française privée d'une moitié de ses forces et dépourvue de munitions, soutient le 21 et le 22 mai une lutte héroïque, pour n'être pas jetée dans le Danube. — Mort de Lannes et de Saint-Hilaire. — Conduite mémorable de Masséna. — Après quarante heures d'efforts impuissants, l'archiduc Charles désespérant de jeter l'armée française dans le Danube, la laisse rentrer paisiblement dans l'île de Lobau. — Caractère de cette épouvantable bataille. — Inertie de l'archiduc Charles, et prodigieuse activité de Napoléon pendant les jours qui suivirent la bataille d'Essling. — Efforts de ce dernier pour rétablir les ponts et faire repasser l'armée française sur la rive droite du Danube. — Heureux emploi des marins de la garde. — Napoléon s'occupe de créer de nouveaux moyens de passage, et d'attirer à lui les armées d'Italie et de Dalmatie, pour terminer la guerre par une bataille générale. — Marche heureuse du prince Eugène, de Macdonald et de Marmont pour rejoindre la grande armée sur le Danube. — Position que Napoléon fait prendre au prince Eugène sur la Raab, dans le double but de l'attirer à lui et d'éloigner l'archiduc Jean. — Rencontre du prince Eugène avec l'archiduc Jean sous les murs de Raab, et victoire de Raab remportée le 14 juin. — Prise de Raab. — Jonction définitive du prince Eugène, de Macdonald et de Marmont avec la grande armée. — Alternatives en Tyrol, en Allemagne et en Pologne. — Précautions de Napoléon relativement à ces diverses contrées. — Inaction des Russes. — Napoléon, en possession des armées d'Italie et de Dalmatie, et pouvant compter sur les ponts du Danube qu'il a fait construire, songe enfin à livrer la bataille générale qu'il projette depuis long-temps. — Prodigieux travaux exécutés dans l'île de Lobau pendant le mois de juin. — Ponts fixes sur le grand bras du Danube; ponts volants sur le petit bras. — Vastes approvisionnements et puissantes fortifications qui convertissent l'île de Lobau en une véritable forteresse. — Scène extraordinaire du passage dans la nuit du 5 au 6 juillet. — Débouché subit de l'armée française au delà du Danube, avant que l'archiduc Charles ait pu s'y opposer. — L'armée autrichienne repliée sur la position de Wagram, s'y défend contre une attaque de l'armée d'Italie. — Échauffourée d'un moment dans la soirée du 5. — Plans des deux généraux pour la bataille du lendemain. — Journée du 6 juillet, et bataille mémorable de Wagram, la plus grande qui eût encore été livrée dans les temps anciens et modernes. — Attaque redoutable contre la gauche de l'armée française. — Promptitude de Napoléon à reporter ses forces de droite à gauche, malgré la vaste étendue du champ de bataille. — Le centre des Autrichiens, attaqué avec cent bouches à feu et deux divisions de l'armée d'Italie sous le général Macdonald, est enfoncé. — Enlèvement du plateau de Wagram par le maréchal Davout. — Pertes presque égales des deux côtés, mais résultats décisifs en faveur des Français. — Retraite décousue des Autrichiens. — Poursuite jusqu'à Znaïm et combat sous les murs de cette ville. — Les Autrichiens ne pouvant continuer la guerre, demandent une suspension d'armes. — Armistice de Znaïm et ouverture à Altenbourg de négociations pour la paix. — Nouveaux préparatifs militaires de Napoléon pour appuyer les négociations d'Altenbourg. — Beau campement de ses armées au centre de la monarchie autrichienne. — Caractère de la campagne de 1809.    183 à 506

FIN DE LA TABLE DU DIXIÈME VOLUME.

www.ingramcontent.com/pod-product-compliance
Lightning Source LLC
Chambersburg PA
CBHW071618230426
43669CB00012B/1979